CRIME SCENE
DARKSIDE

MIDNIGHT IN THE GARDEN OF GOOD AND EVIL
Copyright © 1994 by John Berendt
All rights reserved.

Imagem da Capa: *O Jardim das Delícias Terrenas*,
de Hieronymus Bosch (1504) e a estátua Bird Girl
fotografada por Jack Leigh (1994).

Tradução para a língua portuguesa
© Caco Ishak, 2023

Diretor Editorial
Christiano Menezes

Diretor Comercial
Chico de Assis

Diretor de MKT e Operações
Mike Ribera

Diretora de Estratégia Editorial
Raquel Moritz

Gerente Comercial
Fernando Madeira

Coordenadora de Supply Chain
Janaina Ferreira

Gerente de Marca
Arthur Moraes

Gerentes Editoriais
Bruno Dorigatti
Marcia Heloisa

Editor Assistente
Lucio Medeiros

Capa e Proj. Gráfico
Retina 78 e Vitor Willemann

Coordenador de Arte
Eldon Oliveira

Coordenador de Diagramação
Sergio Chaves

Designer Assistente
Aline Martins

Finalização
Sandro Tagliamento

Preparação
Fernanda Marão
Renato Ritto

Revisão
Maximo Ribera
Retina Conteúdo

Impressão e Acabamento
Gráfica Geográfica

DADOS INTERNACIONAIS DE CATALOGAÇÃO NA PUBLICAÇÃO (CIP)
Jéssica de Oliveira Molinari · CRB-8/9852

Berendt, John
 Meia-noite no jardim do bem e do mal / John Berendt; tradução de
Caco Ishak. – Rio de Janeiro: DarkSide Books, 2023.
 416 p.

 ISBN: 978-65-5598-302-9
 Título original: Midnight in the Garden of Good and Evil

 1. Williams, Jim, 1990 2. Homicídio – Georgia – Savannah
 I. Título II. Ishak, Caco

23-3669   CDD 975.8

Índices para catálogo sistemático:
1. Williams, Jim, 1990

[2023]
Todos os direitos desta edição reservados à
DarkSide® Entretenimento LTDA.
Rua General Roca, 935/504 – Tijuca
20521-071 – Rio de Janeiro – RJ — Brasil
www.darksidebooks.com

TRADUÇÃO Caco Ishak

DARKSIDE

Para meus pais

SUMÁRIO

1. UM FIM DE TARDE NA CASA MERCER 15
2. DESTINO DESCONHECIDO 36
3. O CAVALHEIRO SENTIMENTAL 50
4. ADAPTAÇÃO 64
5. O INVENTOR 74
6. A DAMA DAS SEIS MIL CANÇÕES 90
7. A GRANDE IMPERATRIZ DE SAVANNAH 108
8. SWEET GEORGIA BROWN'S 139
9. UMA MÁQUINA DE SEXO AMBULANTE 143
10. NÃO É SE GABAR SE VOCÊ, DE FATO, FEZ 156
11. NOTÍCIA URGENTE 181
12. TROCA DE TIROS 187
13. PESOS E CONTRAPESOS 196
14. A FESTA DO ANO 203
15. DEVER CÍVICO 219

SUMÁRIO

16. JULGAMENTO 228
17. UM BURACO NO CHÃO 251
18. MEIA-NOITE NO JARDIM DO BEM E DO MAL 257
19. PRAÇA LAFAYETTE, CÁ ESTAMOS 273
20. SONNY 283
21. NOTAS SOBRE UMA REPRISE 297
22. O CASULO 312
23. ALMOÇO 320
24. MINUETO NEGRO 330
25. O ASSUNTO NA CIDADE 350
26. OUTRA HISTÓRIA 362
27. NÚMERO DA SORTE 373
28. GLÓRIA 387
29. E OS ANJOS CANTAM 393
30. POSFÁCIO 407

NOTA DO AUTOR

Todas as personagens deste livro são pessoas reais, mas devo dizer que usei pseudônimos para resguardar a privacidade de algumas delas. Embora se trate de um trabalho de não ficção, tomei certas liberdades narrativas, em particular aquelas relacionadas ao tempo dos acontecimentos. Sempre que a narrativa decorre da realidade estrita, minha intenção foi a de me manter fiel aos personagens e ao desenrolar essencial dos acontecimentos conforme de fato ocorreram.

1
UM FIM DE TARDE NA CASA MERCER

Era um homem alto, na faixa dos 50 anos, com boa aparência, embora carregada, quase sinistra: bigode aparado com esmero, cabelos já um tanto grisalhos na altura das têmporas e olhos tão escuros quanto as janelas de uma lustrosa limusine: ele via o exterior, mas o interior não era visto. Estávamos sentados na sala de sua casa vitoriana. Uma mansão, a bem da verdade, com pé-direito de 4,5 metros e cômodos amplos, bem distribuídos. Um primor de escadaria espiralava do hall central rumo à cúpula da claraboia. Havia até um salão de baile no segundo andar. Era a Casa Mercer, um dos últimos casarões de Savannah ainda em posse de particulares. Com o jardim murado e a cocheira, ocupava todo um quarteirão. Mesmo não sendo a maior propriedade privada nas cercanias, decerto a Casa Mercer era a de maior brio na decoração. A revista *Architectural Digest* havia lhe dedicado seis páginas. Um livro sobre os interiores das maiores casas do mundo a elencou ao lado de Sagamore Hill, Biltmore e Chartwell. A Casa era alvo de inveja naquele região, uma área igualmente invejada por suas casas. Jim Williams morava ali sozinho.

Williams fumava uma cigarrilha King Edward. "O que mais me agrada", disse ele, "é viver como um aristocrata sem o fardo de *ser* um aristocrata. Essa gente de sangue azul é muito frágil e parecida entre si. Há todo o prestígio e a solenidade de gerações a se fazer jus. Não é de se admirar que lhes falte ambição. Não os invejo. Mas os adornos da aristocracia, esses sim me interessam: a mobília refinada, as pinturas, a prataria; justo o que são obrigados a vender quando o bolso aperta. E sempre aperta. Aí, então, tudo o que lhes resta são seus modos encantadores."

Sua fala era mansa, tão macia quanto veludo. As paredes da casa eram decoradas com retratos de aristocratas europeus e norte-americanos: dos Gainsborough, Hudson, Reynolds, Whistler. A procedência de suas posses remontava a duques, duquesas, reis, rainhas, czares, imperadores e ditadores. "Em todo caso", ponderou, "tanto melhor a realeza."

Williams bateu as cinzas em um cinzeiro de prata. Um gato rajado, cinzento, deu um pulo e se acomodou em seu colo. Ele o acariciou com delicadeza. "Sei que posso acabar passando a impressão errada, vivendo desse jeito. Contudo não estou tentando enganar ninguém. Há alguns anos, eu mostrava a casa a um grupo de visitantes e notei um senhor sinalizando à esposa. Consegui ler os lábios dele: 'Herança!' O referido senhor era David Howard, o maior especialista do mundo em heráldica no porcelanato chinês. Mais tarde, o puxei no canto e disse: 'Sr. Howard, nasci em Gordon, na Geórgia. É uma cidadezinha próxima a Macon. A coisa mais grandiosa em Gordon é uma mina de carvão. Meu pai era barbeiro e minha mãe trabalhava como secretária da tal mina. Minha fortuna, o que sobrou dela, tem cerca de onze anos.' Olha, o homem ficou totalmente desconcertado. 'Sabe o que me fez pensar que você era de uma família tradicional', ele perguntou, 'além dos retratos e das antiguidades? Aquelas cadeiras ali. O bordado nos estofados está puído. Um novo-rico as teria reformado de pronto. Herdeiros as deixariam do jeito que estão.' 'Eu sei', retruquei. 'Alguns dos meus melhores clientes são herdeiros.'"

Ouvi com frequência menções ao nome de Jim Williams durante os seis meses em que morei em Savannah. A casa era um dos motivos, dentre outros tantos. Ele era um bem-sucedido antiquário e restaurador de casarões antigos. Foi presidente do Instituto Telfair, o museu de arte local. Assinou artigos na revista *Antique*, e o editor, Wendell Garrett, referia-se a ele como um gênio: "Ele possui um olho extraordinário pra novos achados. Confia no próprio discernimento e se dispõe a correr riscos. Pula num avião e vai a qualquer lugar rumo a um leilão. Nova York, Londres, Genebra. Porém, lá no fundo, não passa de um chauvinista do Sul, uma típica cria daquela região mesmo. Acho que ele não dá a mínima pros Yankees".

Williams participou ativamente da restauração do distrito histórico de Savannah a partir de meados de 1950. Geórgia Fawcett, preservacionista de longa data, relembrou o quanto foi difícil mobilizar interessados em salvar a região central daquela localidade naqueles tempos. "A parte antiga da cidade se transformou num cortiço", disse ela. "Os bancos tinham suspendido as atividades na área toda. Os casarões antigos estavam caindo aos pedaços ou sendo demolidos pra dar lugar a postos de gasolina ou estacionamentos, não dava nem pra tomar um empréstimo com os bancos na tentativa de proteger as casas. As prostitutas desfilavam pelas ruas. Casais com filhos já estavam com medo de morar no centro, pois era considerado perigoso." A sra. Fawcett foi afiliada de um pequeno grupo de distintos preservacionistas que tentavam, desde 1930, evitar postos de gasolina e socorrer as casas. "Uma coisa de fato fizemos", salientou. "Conquistamos o interesse dos solteirões."

Jim Williams era um desses solteirões. Ele comprou um conglomerado de conjuntos habitacionais de piso único na rua East Congress, reformou tudo e vendeu. Logo, começou a comprar, reformar e vender dezenas de imóveis por todo o centro de Savannah. Reportagens nos jornais destacaram seus restauros, e seus negócios no ramo de antiguidades prosperaram. Passou a viajar para a Europa uma vez ao ano atrás de mercadorias. Foi descoberto pelas damas da sociedade. O avanço da fortuna de Williams acompanhou o renascimento do centro histórico de Savannah. Já no início dos anos 1970, casais com filhos voltaram a morar na região e as prostitutas se mudaram para a rua Montgomery.

Sentindo-se abastado, Williams comprou a ilha Cabbage, uma das ilhas marítimas que formam o arquipélago ao longo da costa da Geórgia. Que disparate. Cabbage cobria 1.800 acres, e praticamente toda área, com exceção de cinco ilhas, ficava submersa na maré alta. Para adquiri-la pagou 5 mil dólares em 1966. Velhos marinheiros do porto lhe disseram que o comprador fora ludibriado: um ano antes a ilha Cabbage estava à venda pela metade do valor. Cinco mil dólares era bastante dinheiro por um pedaço encharcado de chão, onde nem sequer dava para construir uma casa. Alguns meses depois, porém, descobriram fosfato no subsolo de várias ilhas costeiras, inclusive da ilha Cabbage. Williams a vendeu para Kerr-McGee, de Oklahoma, por 660 mil dólares. Não foram poucos os donos de ilhas vizinhas que riram de sua cara por ter pulado do barco cedo demais. Esperavam por um preço melhor. Semanas depois, o Governo da Geórgia proibiu perfurações ao longo da costa. A febre do fosfato morreu e, conforme se constatou, Williams acabou sendo o único a vender em tempo hábil. Seu lucro, descontados os impostos, foi de meio milhão de dólares.

Passou, então, a comprar imóveis bem mais imponentes. Um deles foi a monumental Casa Armstrong, um palacete renascentista italiano bem em frente à Agremiação Oglethorpe, na rua Bull. A Casa Armstrong ofuscava a Agremiação Oglethorpe e, segundo rezava a lenda, era exatamente essa a intenção. Dizia-se que George Armstrong, um magnata da navegação, havia construído a casa no ano de 1919 em resposta a sua expulsão do grêmio. Muito embora tal história não fosse realmente verdade, era mesmo um senhor imóvel. Emanava júbilo, sanha e intimidação. Desfrutava até de uma colunata côncava que parecia estender uma garra gigantesca ao outro lado da rua como se para derrubar a Agremiação Oglethorpe do cavalo.

A magnificência afrontosa da Casa Armstrong seduzia Williams e seu apetite insaciável por grandeza. Ele não era membro da Agremiação Oglethorpe. Solteirões provenientes da região mais ao centro da Geórgia que negociavam antiguidades não costumavam ser convidados a participar. Não que isso o incomodasse. Instalou seu antiquário na Casa Armstrong por um ano e depois vendeu o imóvel à firma de advocacia Bouhan, Williams & Levy, seguindo em frente no ramo de viver como, se não o ser de fato, um aristocrata. Fazia viagens de negócios à Europa com frequência cada vez maior, em grande estilo, a bordo do *Queen Elizabeth 2*, e enviava de volta todo um container de pinturas e refinadas mobílias inglesas. Comprou suas primeiras peças Fabergé. Williams foi ganhando peso em Savannah, para o incômodo de certos aristocratas. "Qual é a sensação de ser um *nouveau riche?*", perguntaram-lhe em certa ocasião. "É o *riche* que conta", respondeu Williams. Dito isso, comprou a Casa Mercer.

A Casa Mercer permanecera desocupada por mais de uma década. Ficava no extremo oeste da praça Monterey, a mais elegante de tantas praças arborizadas em Savannah. Era uma mansão italianizada de tijolos vermelhos com janelas altas e arqueadas, realçadas por sacadinhas de ferro. Era recuada, distante da rua, elevada em relação ao gramado e a cerca de ferro fundido, nem tão de frente para a praça apesar de regê-la. Os residentes anteriores da casa, usavam-na como sede da casa maçônica Alee Shriners. Penduravam uma cimitarra iluminada por néon na porta de entrada e ficavam dando voltas de motocicleta lá dentro. Williams se propôs a restaurar a casa de modo que superasse a elegância original. Quando, em 1970, o trabalho terminou, houve uma festa de gala no Natal e convidou a nata da sociedade de Savannah. Na noite de sua festa, todas as janelas da Casa Mercer resplandeciam à luz de velas; em todos os cômodos havia candeeiros cintilando. Os enxeridos se aglomeravam do lado de fora para assistir às chegadas ilustres, fascinados diante de tão bela casa que por tanto tempo estivera na penumbra. Um pianista tocava músicas lounge no andar de baixo; um organista executava peças clássicas no salão de baile no andar de cima. Copeiros vestidos com ternos brancos circulavam com travessas de prata. Senhoras em vestidos longos subiam e desciam a escadaria caracol em rios de seda e cetim. A velha Savannah estava deslumbrada.

A festa logo se tornou um evento permanente no calendário social de Savannah. Williams sempre a agendava para que ocorresse no clímax da estação de inverno, na noite anterior ao baile de debutantes do Clube Cotillion. Tal noite de sexta-feira se tornou conhecida como a noite da festa de Natal de Jim Williams. Era a festa do ano, e isso não era pouco para ele. "Você precisa entender uma coisa", declarou uma savaniana da velha-guarda, "Savannah leva suas festas muito a sério. É uma cidade em que os cavalheiros possuem seus próprios fraques. Não alugamos vestimentas. Os méritos de Jim, portanto, são consideráveis, já que ele vem conquistando uma posição bastante proeminente na cena social, apesar de não ser natural daqui e ser um solteirão."

As refeições nas festas de Williams eram sempre providas pela fornecedora mais requisitada da região, Lucille Wright. A sra. Wright era negra de pele clara cujos serviços eram tão bem recomendados que as mais altas damas de Savannah costumavam reagendar uma festa caso a profissional não estivesse disponível. O toque da sra. Wright era fácil de ser reconhecido. Convidados beliscavam um palito de queijo ou comiam um camarão marinado ou davam uma mordida em um sanduíche de tomate e sorriam em reconhecimento. "Lucille...", diziam, e nada mais precisava ser dito. (Os sanduíches de tomate de Lucille Wright nunca estavam empapados. Ela secava as fatias de tomate com papel-toalha antes de prepará-los. E este era apenas um de seus inúmeros segredos.) Seus clientes a tinham na mais alta estima. "É uma dama genuína", diziam com frequência e dava para notar, pela maneira como o diziam, que consideravam aquilo um grande elogio para uma mulher negra. A admiração era recíproca, muito embora a sra. Wright tenha confidenciado que as damas de Savannah, mesmo as mais ricas, tendiam a abordá-la dizendo "Olha, Lucille, eu quero uma festa boa, sabe, no entanto não quero gastar demais." Jim Williams era diferente. "Ele gosta das coisas feitas em grande estilo", observou a sra. Wright, "e é muito generoso com o próprio dinheiro. Muito. Muito. Ele sempre me fala, 'Lucille, eu vou receber duzentas pessoas e quero comidas típicas do Sul, e bastante. Não quero que falte comida. Compre o que você precisar. Não importa quanto custe'."

A festa de Natal de Jim Williams era, nas palavras do jornal Geórgia Gazette, o acontecimento pelo qual as socialites de Savannah "davam suas vidas". Ou viviam sem, já que Williams adorava mudar sua lista de convidados de ano em ano. Escrevia os nomes em fichas de papel e as ordenava em duas pilhas: "dentro" e "fora". Alternava as fichas de uma pilha à outra e não fazia o menor segredo disso. Se alguém o desagradasse de algum modo durante o ano, tal pessoa haveria de fazer penitência quando o Natal chegasse. "Minha pilha de *personas non gratas*", chegou a declarar ao *Gazette*, "tem mais de dois centímetros de espessura."

Uma névoa no fim da tarde transformou a paisagem da praça Monterey em um cenário desfocado com azaleias cor-de-rosa esvoaçando sob as franjas puídas das barbas-de-velho pensas dos carvalhos. O pedestal de mármore do monumento Pulaski reluzia vagamente ao fundo. Uma cópia do livro *At Home in Savannah: Great Interiors* repousava sobre a mesa de centro de Williams. Já havia visto o mesmo livro em várias outras mesas de centro em Savannah, mas ali o efeito era surreal: a fotografia da capa era daquele exato cômodo.

Por quase uma hora, Williams me conduziu por um tour na Casa Mercer e seu antiquário, que ficava na cocheira. No salão de baile, ele tocou o órgão de tubos, primeiro uma peça de Bach, depois "I Got Rhythm". Por fim, no intuito de demonstrar todo o poderio ensurdecedor do órgão, executou uma passagem de "Pièce Héroïque", de César Franck. "Quando meus vizinhos deixam seus cães latirem a noite toda", disse Williams, "é isso que recebem de volta." Na sala de jantar, mostrou-me seus tesouros da realeza: a prataria da rainha Alexandra, o porcelanato da duquesa de Richmond e um faqueiro de prata para sessenta pessoas que pertencera ao grão-duque da Rússia. O brasão de armas da porta da carruagem de Napoleão pendurado na parede do estúdio. Aqui e acolá, por toda a casa, havia artefatos Fabergé, cigarreiras, adereços, porta-joias, os adornos da aristocracia, da nobreza, da realeza. Quando passávamos de um cômodo ao outro, feixes de luz vermelha piscavam ao identificarem nossa presença.

Williams vestia calças acinzentadas e uma camisa azul de algodão com as mangas dobradas. Seus sapatos pretos, robustos, com solas grossas de borracha, destoavam da elegância da Casa Mercer, embora fossem práticos: ele passava várias horas do dia em pé restaurando mobílias antigas em sua oficina no porão. Suas mãos eram grossas e calejadas, mas estavam limpas, sem tintura nem graxa.

"Se tem algo em comum a todos os savanianos", dizia, "é o amor que sentem pelo dinheiro e a relutância em gastá-lo."

"Então, quem compra aquelas antiguidades caríssimas que acabei de ver na sua loja?"

"Esse é exatamente o meu ponto", retrucou. "Pessoas de outras cidades. Atlanta, New Orleans, Nova York. É com quem faço a maioria dos meus negócios. Quando encontro uma peça de mobília especialmente refinada, envio uma fotografia dela a um negociante de Nova York. Nem perco meu tempo tentando vendê-la aqui na cidade. Não que as pessoas em Savannah não sejam ricas o bastante. São é sovinas demais. Vou dar um exemplo.

"Tem uma senhora aqui, uma *grande dame*, altíssima sociedade mesmo, e uma das pessoas mais abastadas do Sudeste, então pense só o que representa em Savannah. Dona de uma mina de cobre. Construiu um casarão numa área seleta da cidade, réplica de uma famosa casa de campo de Louisiana com enormes colunas brancas e escadaria circular. Dá pra ver a casa lá do rio. Todos ficam pasmos quando passam por lá. Eu adoro essa mulher, sabe. É como uma mãe pra mim. Contudo é a mulher mais sovina que já existiu! Há alguns anos, ela encomendou um par de portões de ferro pra sua casa. Foram projetados e confeccionados sob medida. Só que, quando os entregaram, minha amiga deu chilique, disse que eram horríveis, que eram uma porcaria. 'Levem embora', falou, 'nunca mais quero ver isso na minha frente!' E picotou a conta, que era de 1.400 dólares, uma quantia considerável naqueles tempos. A forjaria levou os portões de volta, porém não sabia o que fazer com eles.

"Afinal, não havia tanta demanda assim por um par de portões ornamentais daquele tamanho. A única coisa que poderiam fazer era vender o ferro pela cotação da sucata. E aí acabaram reduzindo o valor dos portões de 1.400 dólares pra 190 dólares. Naturalmente, no dia seguinte, ela mandou um funcionário até a forjaria com os 190 dólares, e hoje lá estão os portões devidamente instalados onde foram projetados desde sempre para estar. Isso é Savannah em seu estado puro. E é isso que quero dizer com sovina. Não se deixe ludibriar pelas magnólias e pelo luar. Há bem mais neste lugar do que apenas isso. As coisas por aqui podem ficar bem turvas." Williams acariciou o gato e bateu de novo as cinzas no cinzeiro antes de prosseguir:

"Nós tínhamos um juiz nos anos 1930, membro de uma das principais famílias da cidade. Ele morava a um quarteirão daqui, numa casa enorme com colunas altas, brancas. Seu filho mais velho ficava passeando pela cidade com a namorada de um gângster. O mafioso o alertou pra que parasse com aquilo, todavia o filho do juiz nem deu bola. Certa noite, a campainha tocou e, quando o juiz abriu a porta, encontrou o filho caído na varanda, esvaindo-se em sangue com as partes privadas enfiadas na lapela. Os médicos ainda costuraram a genitália do rapaz de volta no lugar, contudo o organismo rejeitou e o rapaz acabou morrendo. No dia seguinte, a manchete no jornal dizia: QUEDA FATAL DA VARANDA. A maioria dos membros daquela família ainda hoje nega que o assassinato tenha ocorrido, mas a irmã da vítima me confirmou a veracidade.

"E não termina por aí. O mesmo juiz tinha outro filho. Esse morava numa casa na rua Whitaker, e costumava brigar muito com a esposa. Briga mesmo, pra valer, empurrando-se pelos cômodos, esse tipo de coisa. Durante uma dessas brigas, a filha de três anos desceu as escadas sem ser notada, bem na hora em que o marido se preparava pra arremessar a esposa contra uma mesa com tampo de mármore. Quando a mulher se chocou contra a mesa, o tampo tombou e esmagou a menina. Os dois só foram se dar conta do ocorrido uma hora depois, quando resolveram recolher os estilhaços da briga. Até onde a família tem conhecimento, o incidente tampouco ocorreu."

Williams pegou o decantador do vinho e reabasteceu nossas taças. "Beber um Madeira é um grande ritual de Savannah, sabe", comentou. "Uma celebração ao fracasso, na verdade. Os ingleses enviaram carregamentos inteiros de videiras direto da ilha da Madeira no século XVIII na esperança de tornar a Geórgia uma colônia produtora de vinho. Esta localidade fica na mesma latitude que a ilha. Bom, as videiras morreram, porém Savannah nunca perdeu o gosto pelo Madeira. Nem por qualquer outro tipo de bebida alcóolica, diga-se. As proibições nem sequer fizeram cócegas por aqui. Todo mundo arrumava um jeito de conseguir bebida, inclusive as senhorinhas. Especialmente as senhorinhas. Algumas delas se reuniram e compraram um navio contrabandista cubano, iam e vinham de Cuba pra cá."

Williams bebericou de seu vinho e prosseguiu. "Uma dessas senhoras morreu faz poucos meses. A velha sra. Morton. Ela era uma maravilha. Fez precisamente só o que a agradava por toda a vida, que Deus a tenha. Seu filho a visitou nas férias de Natal, num determinado ano, e trouxe consigo um colega de quarto da faculdade. Mamãe e o coleguinha da faculdade se apaixonaram; o colega de quarto se mudou para a suíte principal com ela; papai se mudou para o quarto de visitas, e o filho se mandou de volta pra faculdade e nunca mais os visitou. Daí em diante, o sr. e a sra. Morton e o colega de quarto viveram naquelas circunstâncias até o velho morrer. Mantiveram as aparências e fingiram que absolutamente nada ultrajante estava acontecendo. O namoradinho da mamãe a servia como chofer. Sempre que a deixava e a buscava nos joguinhos de bridge, as outras senhoras ficavam espiando os dois pelas venezianas. Contudo nunca deixavam transparecer o interesse pelo casal. Ninguém, absolutamente *ninguém*, mencionava o nome do rapaz na presença dela."

Williams ficou em silêncio por um momento, na certa pensando sobre a recém-falecida sra. Morton. Pela janela aberta, via-se a praça Monterey, pacata a não ser pelo cricrilar de um grilo e a passagem, de quando em quando, de um carro transpondo, sem pressa, as curvas da praça.

"O que você acha que aconteceria", perguntei, "caso as guias turísticas contassem esse tipo de história naqueles ônibus lotados de turistas?"

"Impossível", respondeu. "Elas sabem manter o decoro."

Contei a Williams que, enquanto caminhava pela calçada mais cedo, escutara a guia de um dos ônibus de turismo discorrendo sobre sua casa.

"Que dó daqueles pobres corações", exclamou. "O que a guia falou?"

"Ela disse que a casa foi onde nasceu o famoso compositor Johnny Mercer, o rapaz que compôs 'Moon River', 'I Wanna Be Around', 'Too Marvelous for Words' e outros sucessos."

"Um equívoco, embora não de todo descabido", rebateu meu anfitrião. "O que mais?"

"Que, no ano passado, a Jacqueline Onassis fez uma oferta pra comprar a casa com tudo dentro por 2 milhões de dólares."

"Essa guia não foi nada precisa", alfinetou. "Agora vou lhe contar o que de fato aconteceu.

"A construção da casa teve início em 1860 pelas mãos do general confederado Hugh Mercer, tataravô de Johnny Mercer. Ainda estava inacabada quando a Guerra Civil eclodiu e, depois da guerra, o general Mercer foi preso e julgado pelo assassinato de dois desertores. Acabou sendo absolvido, em grande parte devido ao testemunho do próprio filho, porém o homem que saiu da prisão era amargurado e bastante irritadiço. Ele vendeu a casa e os novos proprietários a finalizaram. Sendo assim, nenhum dos Mercer jamais morou aqui, nem mesmo Johnny. Já no fim da vida, porém, Johnny costumava aparecer por aqui quando vinha à cidade. Até gravou uma entrevista para o programa do Mike Douglas lá no jardim. Certa vez, chegou até a me fazer uma oferta para comprar a casa, mas eu lhe disse: 'Johnny, você não precisa disso, vai acabar se prestando ao papel de dono de casa, exatamente como estou fazendo.' E isso foi o mais perto que um Mercer chegou de morar aqui."

Williams se recostou e baforou um fiapo de fumaça para o alto. "Já vou chegar na história com a Jacqueline Onassis", comentou, "no entanto antes quero te contar um outro caso que as guias turísticas nunca mencionam. Um incidente que chamo de 'Dia da Bandeira'. Aconteceu faz uns dois anos."

Ele então se levantou e foi até a janela. "A praça Monterey é adorável. Na minha opinião, é a mais bela de todas as praças daqui. A arquitetura, as árvores, o monumento, a maneira como tudo se encaixa. Os cineastas a adoram. Nos últimos seis anos, rodaram perto de vinte longas-metragens em Savannah, e a praça Monterey é uma das locações favoritas deles.

"Sempre que as filmagens começam, a cidade vai à loucura. Todos querem ser figurantes e conhecer as estrelas e ficar assistindo a tudo dos bastidores. O prefeito e os vereadores acham tudo maravilhoso já que, além de as produtoras torrarem uma nota aqui, a cidade ainda fica famosa e isso incentiva o turismo.

"Todavia nem é tão maravilhoso assim. Longe disso. Os cineastas pagam aos figurantes locais o cachê mínimo e Savannah não recebe publicidade alguma no fim das contas, uma vez que o público geralmente não faz a menor ideia de onde os filmes foram rodados. A verdade é que os custos para o município acabam ficando bem maiores que as contrapartidas, se acrescentarmos o pagamento de horas extras aos garis e à polícia, fora a paralisação do trânsito. E as equipes de produção são um bando de mal-educados. Deixam pilhas de lixo. Destroem arbustos. Pisoteiam os gramados. Uma equipe chegou até a derrubar uma palmeira do lado de lá da praça pois a árvore não lhes convinha.

"Bem, o bando mais rude de todos veio à cidade faz uns dois anos pra rodar um filme da CBS, pra TV mesmo, sobre o assassinato de Abraham Lincoln. Selecionaram a praça Monterey para uma importante cena externa, no entanto, é claro, não fomos consultados. Na noite anterior ao início das filmagens, a polícia fez uma ronda e, sem mais, ordenou que todos retirássemos nossos carros da praça e nos proibiu de entrar ou sair das nossas casas entre dez da manhã e cinco da tarde. A equipe de produção, então, despejou oito carregamentos de terra nas ruas para parecerem com vias não pavimentadas de 1865. Na manhã seguinte, acordamos e demos de cara com a praça cheia de cavalos e charretes, senhoras usando saiotes e uma camada grossa de poeira por todo canto. Intolerável, sabe. As câmeras estavam no meio da praça apontadas direto para esta casa.

"Vários dos meus vizinhos me pediram, como fundador e ex-presidente da Associação dos Moradores do Centro, pra fazer algo a respeito. Fui lá fora e solicitei ao produtor que fizesse uma doação de mil dólares à Sociedade Humana de modo a demonstrar suas boas intenções. Como resposta, me disse que pensaria no assunto e me retornaria até o meio-dia.

"Meio-dia chegou, passou e nada do produtor responder. Em vez disso, as câmeras começaram a rodar. Decidi, então, arruinar a cena e fiz o seguinte."

Williams abriu um armário à esquerda da janela e retirou uma peça dobrada de tecido vermelho. Suspendeu-o acima da cabeça e o estirou chão abaixo. Era um estandarte nazista de quase três metros.

"Pendurei isso aqui do lado de fora da janela na varanda", arrematou. Fez questão de levantar ao máximo o estandarte a fim de que eu pudesse ver bem a enorme suástica preta em contraste com o círculo branco em meio ao vermelho vivo.

"Aposto que isso interrompeu as filmagens", pontuei.

"Sim, sim, mas só por um tempo", esclareceu. "O cinegrafista enquadrou o outro lado da casa, e aí troquei a bandeira de lugar, e a estendi na janela do estúdio. Mesmo assim eles conseguiram rodar a cena como queriam, contudo ao menos me fiz entender."

Williams dobrou o estandarte e o guardou de volta no armário. "Só não pude prever o furor que se seguiu. O *Savannah Morning News* estampou a história de ponta a ponta na capa do jornal, repleta de fotografias. Escreveram editoriais injuriosos e publicaram cartas coléricas dos leitores. As agências de notícias também cobriram, bem como os jornais da noite em todos os canais de TV.

"Me vi tendo de explicar que, não, eu não era nazista, e que tinha usado a bandeira pra criar um lapso temporal de modo a dar um basta à falta de consideração de certos cineastas, que nem sequer eram judeus, até onde era do meu conhecimento. Porém, de fato, cometi uma gafe terrível. Tinha me esquecido de que havia uma sinagoga da Congregação Mickve Israel bem do outro lado da praça. O rabino me escreveu uma carta perguntando onde eu havia conseguido uma bandeira nazista. Escrevi de volta respondendo que meu tio Jesse a trouxera como troféu da Segunda Guerra. Lhe disse ainda que colecionava relíquias dos mais variados tipos de impérios derrubados e que a bandeira e alguns outros itens da Segunda Guerra eram tão somente parte do tal lote.

"Então não me enganei", inferi. "Era mesmo uma adaga nazista o que vi sobre a mesa no salão dos fundos."

"Possuo várias", admitiu, "além de algumas pistolas e um ornamento de capô de um carro oficial nazista. Mas para por aí. Artefatos do regime de Hitler não são populares, embora tenham seu valor histórico. A maioria das pessoas entendem isso e sabem que não houve nada de político no meu protesto. Toda aquela tempestade acabou arrefecendo algumas semanas depois, ainda que de vez em quando depare com olhares me fuzilando ou pessoas cruzando a rua para me evitar."

"Contudo suponho que não tenha sido marginalizado."

"De modo algum. Seis meses depois do Dia da Bandeira, Jacqueline Onassis me procurou."

Williams cruzou a sala e levantou a tampa de uma cômoda-papeleira. "Duas vezes por ano", relatou, "a casa leiloeira Christie's oferta peças Fabergé em Genebra. Ano passado, o carro-chefe do leilão era uma requintada caixinha de jade. Foi amplamente divulgada e causou um tremendo frenesi. O homem responsável por tais lotes era Geza von Habsburg; ele seria o arquiduque do Império Austro-Húngaro hoje, caso ainda existisse. Ele é meu amigo. Compareci a todos aqueles leilões por anos. Naturalmente, fui ao do ano passado também, lhe disse: 'Geza, estou aqui para comprar aquela caixinha.' Meu amigo deu uma risada e rebateu: 'Jim, um número considerável de pessoas está aqui pra comprar aquela caixinha.' Me vi tendo de competir com Malcolm Forbes e a laia dele, porém julguei que ao menos me divertiria fazendo o valor subir. Aí, eu o provoquei: 'Bem, Geza, vamos dizer o seguinte: se alguém cobrir meu lance e arrematar aquela caixa, valha-me Deus, esse alguém terá certeza de que comprou uma caixa!' Os lances começaram na estimativa mais alta. Enfim comprei a caixa por 70 mil dólares. Depois, cruzei de volta o Atlântico no Concorde e tomei um coquetel de champanhe com a caixinha sobre minha bandeja forrada com uma toalhinha de linho.

"Logo na manhã seguinte, enquanto estava lá embaixo no porão, restaurando uma mobília na oficina, quando a campainha tocou. Pedi pra que um dos meus assistentes, o Barry Thomas, atendesse a porta. Ele desceu de volta correndo pelas escadas, totalmente sem fôlego, e disse que uma guia turística estava à porta querendo saber se eu poderia mostrar a casa a Jacqueline Onassis. Na hora, pensei 'que brincadeira é essa, oras', contudo subi mesmo assim e lá estava a guia turística, de fato, e a sra. Onassis à espera no carro.

"Pedi que ela desse umas voltas no quarteirão pra que pudesse me barbear e dar um jeito na casa. Enquanto isso, me arrumei e pedi aos rapazes que providenciassem o que chamamos de um *tour* pela casa. Trata-se de uma rotina fixa que leva exatos dez minutos acendendo as luzes, abrindo as persianas, esvaziando cinzeiros e recolhendo jornais. No exato momento em que estávamos terminando tudo, a campainha tocou de novo e lá estavam a sra. Onassis e seu amigo Maurice Tempelsman. 'Sinto muitíssimo por não ter podido recebê-los antes', me desculpei, 'mas acabo de voltar do leilão de Fabergé em Genebra.' Dito isso, o sr. Tempelsman perguntou: 'Quem comprou a caixa?' Ao que respondi: 'O senhor não quer entrar e ver?' Sem mais palavras, ele tomou a sra. Onassis pelo braço e disse: 'Lá está. Eu a avisei que devíamos tê-la comprado'."

Williams me estendeu a caixa. Um quadrado com cerca de dez centímetros, de um verde profundo e rico. O topo era coberto por uma treliça brilhante de diamantes acentuada com rubis cabochões. No centro, um medalhão esmaltado oval, branco, trazia as iniciais de Nicholas ii em ouro e diamante.

"Ficaram pela casa por cerca de uma hora", me contou. "Olharam tudo. Fomos lá em cima, toquei o órgão de tubos e então nós todos jogamos roleta. Duas pessoas encantadoras. Tempelsman usava o cabelo de um jeito que chamo de pintura de convés. Você pega o sujeito e o mergulha de cabeça pra baixo até as orelhas numa tintura de cabelo. Um homem interessante, que entendia bastante de antiguidades. Na verdade, ambos eram interessantes. Estavam há um bom tempo velejando pela costa no iate dele, porém a sra. Onassis era bem pé no chão. Vestia um blazer de linho branco e nem sequer se preocupou em tirar a poeira da cadeira quando nos sentamos no jardim. Convidou-me para uma visita ao seu 'chalé' na próxima vez que eu visitasse Nova York. Quando foram embora, me perguntou como chegar ao Burger King mais próximo."

"E a oferta de compra da casa de 2 milhões de dólares?", questionei.

"Ela não foi tão vulgar assim, porém ao que parece confessou a Tempelsman, na frente da guia turística — que, evidente, acabou declarando aos jornais —, que gostaria de ser a proprietária da casa com tudo dentro. 'Exceto Jim Williams', comentou ela, 'eu não daria conta de bancá-lo'."

Corri os dedos pela caixa Fabergé. A tampa se moveu suavemente. O fecho de ouro se prendeu com um clique suave. Enquanto contemplava um objeto tão deslumbrante, mal me dei conta da chave girando na porta da frente da Casa Mercer e dos passos se aproximando pelo hall de entrada. De repente, uma voz aguda atravessou o cômodo.

"Desgraçada! Vadia do caralho!"

Um rapaz loiro se encontrava à porta. Parecia ter uns 19 ou 20 anos. Vestia calça jeans e uma camiseta preta sem mangas com um "foda-se" estampado em letras brancas sobre o peito. Tremia, mal conseguindo controlar a raiva. Seus olhos, azuis feito safira, estavam em chamas.

"Qual é o problema, Danny?", perguntou Williams com toda calma do mundo, sem se levantar da cadeira.

"A Bonnie! Aquela vadia do caralho. Ela me deu um cano! Agora tá batendo perna por aí, por todos os bares do mundo. Porra! Eu não vou mais engolir as merdas dela!"

O rapaz pegou uma garrafa de vodca sobre a mesa e encheu uma taça de cristal até a borda. Bebeu de uma golada. Seus braços eram tatuados — uma bandeira dos Estados Confederados em um dos braços, uma folha de maconha no outro.

"Tente se controlar, Danny", disse Williams, de modo deliberado. "E diga de uma vez o que aconteceu."

"Pode até ser que eu tenha atrasado alguns minutos! Perdi mesmo a noção do tempo. Mas e daí?! Porra! A amiga da Bonnie me disse que ela se mandou porque eu não tava lá na hora marcada." Ele encarou Williams. "Me dá 20 dólares aí! Tô precisando dessa grana. Tô puto da vida!"

"Pra que você precisa desse dinheiro?"

"Não é da sua conta, porra! Preciso encher a cara, se quer saber tanto assim. Só isso!"

"Acho que você já está bem calibradinho, meu chapa."

"Ainda não tô nem perto disso!"

"Olha, Danny, vê se não vai beber e sair dirigindo por aí. Se fizer isso, com certeza vai acabar preso. Já tem aquelas acusações contra você por conta da última vez que, abre aspas, se fodeu. Não vão livrar sua cara dessa vez."

"Tô cagando pra você e pra Bonnie e pra porra da polícia!"

O rapaz deu meia-volta e sumiu de vista. A porta de entrada bateu. Do lado de fora, a porta do carro se abriu e fechou. Um guincho agudo e prolongado de pneus atravessou o sossego da noite. Os pneus ainda cantaram uma outra vez quando o carro dobrou a esquina da praça Monterey, e mais uma ao dobrar de novo e acelerar pela rua Bull. Depois: tudo quieto.

"Perdão", disse Williams. Pôs-se de pé e serviu-se de um drinque, nada de um Madeira dessa vez, apenas vodca pura. Então, em silêncio, quase que imperceptível, soltou um suspiro e se permitiu relaxar os ombros.

Baixei os olhos e vi que ainda segurava a caixa Fabergé. Eu a agarrava de forma tão firme que, por um instante, tive receio de ter deslocado uma ou outra joia do topo. Contudo ela parecia intacta. Lhe devolvi a caixa.

"Esse é o Danny Hansford", me contou. "Trabalha pra mim durante meio período, retocando o mobiliário na minha oficina."

Após dizer isso, examinou a guimba que havia sobrado em sua cigarrilha. Estava sereno, comedido.

"Não é a primeira vez que algo do tipo acontece", prosseguiu. "Tenho uma vaga ideia de como isso vai terminar. Mais tarde, por volta das três e meia, o telefone irá tocar. Será Danny. Estará manhoso e todo meigo. Então, dirá 'E aí, Jim! É o Danny. Desculpa te acordar, de verdade. Cara, que merda fui fazer essa noite! Ma-a-a-ano, eu pisei na bola pra valer!' E perguntarei 'Bom, Danny, o que aconteceu dessa vez?' Ele irá responder: 'Eu tô ligando da prisão. Pois é, me jogaram aqui de novo. Mas eu não fiz nada de errado. Eu tava descendo a rua Abercon pra ver se encontrava a Bonnie e acabei cantando pneu quando dobrei a esquina meio rápido, e tinha a bosta de uma viatura! Luz azul, sirenes. Cara, tô ferrado. Ei, Jim? Será que dava pra você dar um pulo aqui e livrar minha cara?' Então lhe direi: 'Danny, já está tarde, estou cansado disso. Por que você não tenta esfriar a cabeça e descansar um pouco essa noite? Na cadeia.'

"Danny não vai gostar nada disso, porém não perderá a ternura. Não ainda. Continuará calminho. Vai dizer 'Eu te entendo, você tá certo. Eu devia ficar aqui pelo resto dessa bosta de vida. Tá toda cagada mesmo'. Vai tentar conquistar minha simpatia. 'Tá tudo bem, Jim,' dirá. 'Me deixa aqui mesmo. Fica tranquilo. Porra, eu nem ligo mesmo. Só espero não ter te incomodado. Tomara que você consiga voltar a dormir. A gente se fala depois.'

"Por dentro, Danny vai ferver de raiva por eu não ir correndo até lá. Porém não vai deixar transparecer, pois sabe que sou a única pessoa disposta a ajudá-lo. Sabe que vou acabar ligando pro agente de fiança e pedindo que o tire de lá, e assim será feito. Todavia só farei isso pela manhã, depois que o efeito das drogas tenha passado."

Williams não demonstrou o menor sinal de estar constrangido por conta do tornado humano que acabara de passar por sua casa.

"Danny tem duas personalidades distintas", completou. "Consegue mudar de uma para a outra como se estivesse virando as páginas de um livro." Williams discorria sobre Danny com um distanciamento sereno, da mesma maneira como discorrera mais cedo a respeito do lustre de cristal Waterfod na sala de jantar, ou o retrato de Jeremiah Theus no salão, ou sobre o filho do juiz e a acompanhante do gângster. Não tratou, porém, da questão mais curiosa de todas: a presença de Danny na Casa Mercer e o fato de aparentemente ter o controle da situação. A incongruência era estarrecedora. O que talvez estivesse estampado em minha cara, pois Williams apresentou uma espécie de explicação.

"Eu sofro de hipoglicemia", retomou, "e ultimamente tenho desmaiado. Danny às vezes fica aqui cuidando de mim quando não me sinto bem."

Talvez tenha sido o Madeira ou o ar de franqueza despertado pelas histórias de Williams — em todo o caso, me senti à vontade para observar que desmaiar sozinho talvez pudesse ser melhor do que ter alguém assim circulando solto pela casa. Meu anfitrião sorriu. "A bem da verdade, acho que Danny pode estar melhorando um pouco."

"Melhorando? Como?"

"Duas semanas atrás, tivemos um episódio similar, que terminou de modo um tantinho mais dramático. Danny estava agitado, na ocasião, porque seu melhor amigo tinha feito um comentário depreciativo alusivo a seu carro e sua namorada tinha recusado seu pedido de casamento. Ele apareceu e ficou reclamando da vida e, antes que eu me desse conta do que estava acontecendo, já havia chutado uma mesinha, arremessado uma luminária de bronze contra a parede e atirado uma jarra de cristal lapidado no chão com tanta força que deixou uma marca permanente no assoalho de madeira. E não acabou por aí. Ainda pegou uma das minhas Lugers alemãs e disparou contra o piso no andar de cima. Então, saiu correndo pela porta da frente e fez um novo disparo em direção à praça Monterey, tentando acertar um semáforo.

"Evidentemente, liguei para a polícia. Quando Danny ouviu as sirenes, jogou a arma nos arbustos, correu de volta pra dentro, subiu as escadas em disparada e pulou na cama com roupa e tudo. Os policiais não levaram nem um minuto pra aparecer, porém, quando chegaram lá em cima, ele fingiu que estava num sono profundo. Quando o 'acordaram', se fez de desentendido e negou que tivesse quebrado algo ou disparado o que quer que fosse. Só que a polícia notou algumas gotículas de sangue em seus braços causadas pelos estilhaços que ricochetearam quando a jarra se espatifou no chão. E aí o levaram preso. Imaginei que, quanto mais o deixasse lá, mais ensandecido ficaria, então, na manhã seguinte, retirei a queixa e o soltaram."

Não perguntei o óbvio: que tipo de relação há entre vocês? Em vez disso, optei por uma questão de maior relevância: "Você disse que Danny tinha disparado 'uma de' suas Lugers alemãs. Quantas você têm?"

"Várias", declarou. "Tenho para minha segurança. Fico bastante sozinho nesta casa e já sofri dois assaltos. O segundo foi realizado por um sujeito armado com uma submetralhadora, e eu estava dormindo na ocasião. Foi quando instalei o sistema de alarme. Funciona bem quando estou fora ou lá em cima, porém não dá pra acioná-lo quando estou circulando pela casa, pois acionaria a polícia. De modo que guardo pistolas em lugares estratégicos. Há uma Luger na biblioteca dos fundos, outra na escrivaninha do meu escritório, uma terceira na cômoda irlandesa do corredor e uma Smith & Wesson na sala de estar. Tenho ainda uma escopeta e três ou quatro rifles no andar de cima. As pistolas estão carregadas."

"São quatro pistolas carregadas no total", observei.

"Arriscado, eu sei. No entanto gosto de apostas. Sempre fui assim. Você tem de gostar se negocia antiguidades e restaura imóveis e se enche de dívidas pra fazer tudo isso como tenho feito. Contudo, quando aposto, sei minimizar os riscos. Venha, vou lhe mostrar."

Williams me levou até uma mesinha de gamão. Removeu o tabuleiro e colocou outro no lugar, forrado com feltro verde.

"Acredito no controle da mente", comentou. "Julgo ser possível influenciar os acontecimentos através da mentalização. Inventei um jogo chamado PsicoDados. É bem simples. Você pega quatro dados e escolhe quatro números entre um e seis — por exemplo: um quatro, um três e dois seis. Aí, joga os dados e, se algum dos seus números sair, os deixa no tabuleiro. E continua jogando os dados remanescentes até que todos estejam no tabuleiro mostrando seus números. Você é eliminado se jogar três vezes seguidas sem tirar nenhum dos números que escolheu. O objetivo é conseguir todos os quatro números com o mínimo de jogadas possível."

Williams tinha certeza de que poderia aumentar suas chances por meio da mentalização. "Um dado tem seis lados", explicou, "então há uma chance em seis de tirar seu número ao jogar. Qualquer coisa melhor que isso e você supera a lei das probabilidades. A mentalização definitivamente ajuda. Já foi provado. Ainda na década de 1930, a Universidade de Duke realizou um estudo com uma máquina que era capaz de lançar dados. Primeiro, ela os jogou quando não havia ninguém no local e os números saíram de acordo com a lei das probabilidades. Em seguida, colocaram um homem na sala ao lado e o fizeram mentalizar vários números pra ver se isso superava as probabilidades. Dito e feito. Então, colocaram o sujeito na mesma sala, concentrado, e a máquina superou as probabilidades outra vez, com margem um tanto mais ampla. Quando o homem jogou os dados por si só, valendo-se de uma caneca, se saiu ainda melhor. Quando enfim jogou os dados com as próprias mãos, teve o melhor resultado de todos."

Considerando as rodadas que jogamos, não saberia dizer se o Psico-Dados de fato funcionava. Williams não tinha a menor dúvida de que sim. Contemplava novos indícios a cada lance. Quando eu precisava de um cinco e tirava um dois, ele exclamava "Aha! Você sabe o que tem no lado oposto ao dois, não sabe? Cinco!".

Não pude deixar essa passar em branco. "Se estivéssemos apostando, eu teria perdido de todo modo, não teria?"

"Sim, mas veja o quão perto você chegou. Sabe, a mesma mentalização que faz o PsicoDados funcionar pode também fazer com que a maioria das coisas na nossa vida deem certo. Nunca fiquei doente, nem um dia sequer em toda minha vida, a não ser por uma gripezinha de vez em quando. Nem me incomodo. Não tenho tempo pra isso. Ficar doente é um luxo. Me concentro em ficar bem. Danny só não foi além de ladrar hoje à noite porque o acalmei. Me concentrei nisso."

Fiquei tentado a não deixar aquele comentário passar em branco também. Porém já estava tarde. Levantei-me para ir embora. "E se as pessoas voltassem a energia mental delas contra você?", perguntei.

"Elas sempre tentam", me respondeu com um sorriso irônico. "Dizem que algumas pessoas rezam fervorosamente noite após noite pra que eu as convide às minhas festas de Natal."

"Compreensível", retruquei. "Pelo que ouvi falar, é a melhor festa de Savannah."

"Você será convidado pra próxima, aí poderá tirar suas próprias conclusões." Williams me lançou um olhar misterioso. "Sabe, faço duas festas de Natal, não só uma. Ambas são festas de gala. A primeira é a mais famosa. É a que sai em todos os jornais, à qual os ricos e poderosos de Savannah comparecem. A segunda festa acontece na noite seguinte. A que os jornais sempre ignoram. Restrita... a cavalheiros apenas. Pra qual delas você gostaria de ser convidado?"

"Pra festa com menor probabilidade de troca de tiros", respondi.

2
DESTINO DESCONHECIDO

Seria um tanto exagerado de minha parte dizer que deixara Nova York rumo a Savannah por ter jantado um *paillard* de vitela servido em leito de chicória salteada. Há, todavia, uma conexão plausível.

    Morei em Nova York por vinte anos, escrevendo e editando revistas. Thomas Carlyle certa vez disse que trabalhar em uma revista era menos digno do que varrer ruas, contudo, na Grande Maça de meados do século xx, até que era uma profissão razoavelmente respeitável. Colaborei como colunista para a Esquire e trabalhei como editor da *New York Magazine*. Em todo caso, no começo dos anos 1980, calhou de a cidade ter embarcado em uma compulsão alimentar pela *nouvelle cousine*. Toda semana, dois ou três novos restaurantes chiques abriam as portas com ostentação. A decoração costumava ser pós-moderna e elegante, a comida superlativa e os preços exorbitantes. Jantar fora se tornou a atividade de lazer mais popular da cidade; substituiu as idas a discotecas, teatros e apresentações musicais. Assuntos culinários e dicas de restaurantes dominavam as conversas. Certa noite, enquanto o garçom de um desses recintos recitava um extenso monólogo de pratos da casa, sondei os preços das entradas no menu — 19, 29, 39, 49 dólares — e me dei conta de que havia visto aquela mesma tabela de valores horas antes. Mas onde? De repente, me lembrei: em um anúncio de jornal sobre tarifas aéreas com descontos de Nova York para cidades por toda a América do Norte. Se bem me lembro, a entrada de vitela com chicória custava o mesmo que uma passagem de Nova York a Louisville ou a quaisquer das seis cidades equidistantes. Com tudo incluso — bebidas, sobremesa, café e gorjeta —, a conta para cada pessoa naquela noite saiu pelo valor que custaria passar um fim de semana prolongado em outra cidade.

Uma semana mais tarde, dispensei a vitela com chicória e viajei até New Orleans.

Depois disso, a cada cinco ou seis semanas aproveitava as recém-desreguladas tarifas aéreas para ir embora de Nova York na companhia de um pequeno grupo de amigos interessados em uma mudança de ares. Uma dessas viagens nos levou a Charleston, na Carolina do Sul. Ficamos passeando em um carro alugado com um mapa aberto no banco do passageiro. Na base do mapa, a cerca de 160 km descendo pela costa, ficava Savannah.

Nunca estivera em Savannah, apesar disso eu tinha uma imagem vívida da cidade mesmo assim. Várias imagens, a bem da verdade. A mais memorável, pois fora formada em minha infância, era associada ao livro *A Ilha do Tesouro*, que li aos 10 anos. Foi lá o lugar onde o capitão John Flint, o pirata sanguinário de cara azul, havia morrido em decorrência do excesso de rum antes de a história começar. É em seu leito de morte que Flint exclama sua última ordem — *Pega o rum, Darby!* — e entrega a Billy Bones um mapa da Ilha do Tesouro. "Ele me deu o mapa em Savannah", diz Bones, "já no leito de morte." Havia no livro um desenho do mapa de Flint com um X marcando o local do tesouro enterrado. Voltava ao desenho várias e várias vezes enquanto lia e em todas elas me lembrava da cidade, pois justo na base do mapa encontravam-se as anotações rabiscadas de Billy Bones. "Cedido pelo supracitado JF ao sr. W. Bones. Savannah, neste 20 de julho, 1754."

O próximo encontro com a cidade foi em... *E o Vento Levou*, que se passava um século mais tarde. Em 1860, Savannah já não era o *rendez-vous* pirata por mim fantasiado. Tornara-se, nas palavras de Margaret Mitchell, "aquela cidade de boas maneiras à beira-mar". O lugar estava presente nos bastidores de... *E o Vento Levou*, tal como estava em *A Ilha do Tesouro*. Mantinha-se distante na costa da Geórgia — distinta, serena, refinada — torcendo o nariz para Atlanta, que então era uma cidade fronteiriça a 480 km do mar e 21 anos de fundação. Do ponto de vista de Atlanta, especificamente na visão da jovem Scarlett O'Hara, Savannah e Charleston eram "como duas avós bem idosas se abanando, plácidas, ao sol".

Minha terceira ligação com essa cidade era um tanto mais peculiar. Formou-se a partir das páginas amareladas de jornal que forravam o interior de um baú de madeira que mantinha aos pés da minha cama. Tratava-se de uma edição do *Savannah Morning News* de 2 de abril de 1914. Sempre que levantava a tampa do baú, era confrontado por uma breve história onde estava escrito:

TANGO NÃO É SINAL DE INSANIDADE, SUSTENTA JÚRI

JÚRI SENTENCIA QUE SADIE JEFFERSON NÃO É INSANA

Não há o menor indício de insanidade no ato de dançar tango.
Tal foi o estabelecido no dia de ontem por uma comissão de
doenças mentais que sentenciou que Sadie Jefferson é sã.
Foi alegado que a mulher dançou tango por todo o caminho
até a delegacia de polícia, recentemente, ao ser presa.

A história, na íntegra, era essa. Sadie Jefferson não era identificada e a reportagem nada dizia sobre o porquê de sua prisão, para começo de conversa. Imagino que tenha bebido além da conta o rum deixado pelo capitão Flint. Qualquer que tenha sido o motivo, ela parecia ser da mesma estirpe que a heroína da música "Hard-hearted Hannah, the Vamp of Savannah". Essas duas mulheres conferiam uma dimensão exótica à imagem de Savannah que se formava em minha cabeça.

Então, Johnny Mercer morreu em meados dos anos 1970, e li que ele era nascido e criado justamente lá. Mercer escrevera as letras e por vezes também compusera a melodia de dezenas de canções que conheço desde criança, canções doces com uma eloquência melodiosa: "Jeepers Creepers", "Ac-cent-tchu-ate the Positive", "Blues in the Night", "One for My Baby", "Goody Goody", "Fools Rush In", "That Old Black Magic", "Dream", "Laura", "Satin Doll", "In the Cool, Cool, Cool of the Evening" e "On the Atchison, Topeka and the Santa Fe".

Segundo o obituário, Mercer nunca perdeu o contato com sua cidade natal. Savannah, disse ele, fora "um ambiente agradável e indolente para um menino crescer". Mesmo depois de ter se mudado, manteve uma casa nas imediações da cidade para que pudesse visitá-la quando quisesse. O pátio nos fundos de sua casa tinha vista para um esteiro que serpenteava por uma vasta extensão de terreno pantanoso. Em sua homenagem, a cidade rebatizou o riacho com o nome de uma das quatro músicas ganhadoras do Oscar com letras dele, "Moon River".

Eram esses, portanto, os recortes de meu imaginário geográfico ligados ao lugar: piratas bêbados de rum, mulheres determinadas, modos palacianos, excentricidades, palavras gentis e música adorável. Isso e a beleza do nome em si: Savannah.

No domingo, meus companheiros de viagem voltaram para Nova York, porém eu permaneci em Charleston. Tinha decidido ir até Savannah, passar a noite e embarcar de volta para casa.

Não havendo rota direta de Charleston para Savannah, tomei um caminho em ziguezague que me levou pelas planícies de maré das áreas baixas da Carolina do Sul. À medida que me aproximava de meu destino, a estrada foi se estreitando até se tornar uma via asfaltada de pista dupla sombreada por árvores altas. Ali havia bancas de frutas aleatórias na beira da estrada e uns poucos chalés em meio às folhagens, porém nada que remetesse a um perímetro urbano. A voz no programa que tocava no rádio do carro informou que eu havia entrado em uma zona chamada Coastal Empire. "A previsão do tempo para Coastal Empire", noticiou, "é de máxima em torno de 27°C, com mar moderado e águas ligeiramente crispadas no interior."

De súbito, as árvores abriram caminho ao vasto panorama de um carriçal da cor do trigo. Logo adiante, uma ponte elevada se ergueu da planície. Do alto da ponte, mirei o rio Savannah e, mais ao longe, uma fileira de antigas construções de tijolo em frente a uma estreita esplanada. Passando as construções, um mar de árvores se estendia no horizonte, pontuado por campanários, cornijas, cumeeiras e domos. Ao descer da ponte, encontrei-me imerso no verde de um jardim luxuriante.

Paredes de densa vegetação se erguiam por todos os lados e arqueavam-se ao alto em um toldo rendado que filtrava a luz a tons suaves. Havia acabado de chover; o ar estava quente e úmido. Me senti como se estivesse em um viveiro semitropical, isolado de um mundo que de repente parecia estar a uns mil quilômetros dali.

As ruas eram ladeadas por casarões de tijolo e estuque, belas construções antigas com elevadas escadarias externas e janelas cerradas. Entrei em uma praça com arbustos floridos e um monumento no centro. A poucos quarteirões dali, havia outra praça. Mais adiante, pude ver uma terceira no mesmo perímetro, e uma quarta logo depois. À esquerda e à direita, outras duas praças. Havia praças por todas as direções. Contei oito. Dez. Quatorze. Ou foram vinte?

"Existem exatas 21 praças", uma senhora de idade me contou naquela mesma tarde. Seu nome era Mary Harty. Conhecidos em comum de Charleston nos colocaram em contato; ela me aguardava. Cabelos brancos e sobrancelhas arqueadas lhe conferiam um ar de permanente surpresa. Ficamos na cozinha de sua casa enquanto a anfitriã preparava martínis em uma coqueteleira de prata. Quando terminou, colocou o recipiente com a bebida em uma cesta de vime. Disse que me levaria para um passeio. O dia estava dos mais agradáveis e meu tempo era curto demais para ser desperdiçado dentro de casa.

Na opinião da srta. Harty, as praças eram as joias de Savannah. Nenhuma outra cidade no mundo desfrutava de nada parecido. Havia cinco na rua Bull, cinco na Barnard, quatro na Abercorn, e por aí vai. James Oglethorpe, o fundador da Geórgia, fora o responsável por elas, disse-me a srta. Harty. Ele decidira que o local seria organizado com praças, inspirado no design de um acampamento militar romano, mesmo antes de zarpar da Inglaterra — mesmo antes de saber ao certo onde assentaria Savannah. Ao chegar, em fevereiro de 1733, escolheu um terreno para a cidade no topo de uma ribanceira a 12 metros do chão na margem sul do rio Savannah, a 30 km da costa atlântica. O homem já havia arquitetado um plano. As ruas seriam dispostas de forma ortogonal, cruzando-se em ângulos precisos, e haveria praças a intervalos regulares. Com efeito, a cidade se transformou em um canteiro de jardim gigantesco. Oglethorpe construiu sozinho as primeiras quatro praças. "O que mais gosto nas praças", disse a srta. Harty, "é que os carros não podem cruzá-las, precisam *contorná-las*. O trânsito, então, é obrigado a fluir num ritmo bem moroso. As praças são nosso pequeno oásis de tranquilidade."

Enquanto falava, reconheci em sua voz o sotaque costeiro descrito em... *E o Vento Levou* — "manso e arrastado, fluido nas vogais, gentil com as consoantes".

"Porém, na verdade", prosseguiu, "Savannah inteira é um oásis. Estamos isolados. Gloriosamente isolados! Somos um pequeno enclave na costa — por nossa conta, cercados por nada além de carriços e pinhais. Não é nada fácil de se chegar aqui, como você deve ter notado. Pra vir de avião, geralmente é preciso fazer pelo menos uma conexão. E os trens não são lá muito melhores. Até tem um romance da década de 1950 que capturou isso direitinho, na minha opinião. *The View from Pompey's Head*. É do Hamilton Basso. Você já leu? A história começa com um rapaz pegando o trem de Nova York pra Pompey's Head e tendo de desembarcar no ingrato horário das 5h da manhã. Pompey's Head seria o nome fictício de Savannah, e eu não tenho o menor problema com isso. Somos um destino dos mais inconvenientes mesmo!" A risada da srta. Harty era suave como um sino dos ventos. "Antigamente, havia um trem que ia daqui até Atlanta. O *Nancy Hanks*. Parou de funcionar da noite pro dia há vinte anos, e não faz a menor falta."

"A senhora não se sente excluída?", a interroguei.

"Excluída do quê? Não, não. Eu até diria que apreciamos nosso isolamento. Se isso é bom ou mau, não faço ideia. As empresas dizem que gostam de testar seus produtos aqui — pastas de dente, desinfetantes, essas coisas — pois somos totalmente imunes à influência externa. Não que as pessoas já não tenham *tentado* nos influenciar! Meu Deus, tentam o tempo todo. Gente de todo o país nos visita e se apaixona pela cidade. Então essas pessoas se mudam pra cá e em pouco tempo já estão nos dizendo que Savannah poderia ser bem mais animada e próspera se soubéssemos o que temos em mãos e como tirar proveito disso. Chamo essa gente de 'oportunistas de Gucci', que sabem ser bastante insistentes. Até rudes. Sorrimos cordialmente e concordamos com a cabeça, no entanto não cedemos um milímetro. Têm brotado centros urbanos em cidades por tudo em volta: Charleston, Atlanta, Jacksonville — mas não aqui. Nos anos 1950 a Prudential Insurance, aquela seguradora, quis instalar aqui sua sede regional. Seriam criados centenas de empregos e nos tornaríamos um importante polo lucrativo e não poluente. Porém dissemos não. Grande demais. Acabaram ficando com Jacksonville. Nos anos 1970, o Gian Carlo Menotti considerou tornar nosso refúgio a sede permanente do Spoleto Festival nos Estados Unidos. Da mesma forma, não nos interessamos. Ficou sendo Charleston. Sabe, não estamos tentando dificultar as coisas. É que gostamos das coisas do jeitinho que estão!"

A srta. Harty abriu um guarda-louça e retirou dois cálices de prata. Embrulhou cada um em um guardanapo de linho e os acomodou na cesta de vime ao lado dos martínis.

"Podemos até ser reservados", prosseguiu, "contudo não somos hostis. Temos fama de hospitaleiros, pra dizer a verdade, mesmo pros padrões do sul. Somos chamados de 'Cidade Anfitriã do Sul', sabe. Sempre fomos uma cidade festiva. Adoramos companhia. Sempre gostamos. Acredito que isso tenha se originado por sermos uma cidade portuária e termos hospedado pessoas de tantos lugares por tanto tempo. A vida por aqui sempre foi mais fácil do que no campo. Savannah foi uma cidade de ricos negociantes de algodão que moravam em casas elegantes com alguns passos de distância entre uma e outra. As festas se tornaram um estilo de vida, e isso fez toda a diferença. Não temos nada a ver com o resto da Geórgia. Temos um ditado: se você for a Atlanta, a primeira pergunta que lhe farão é 'com o que você trabalha?'. Em Macon, perguntam 'a qual igreja você vai?'. Em Augusta, querem saber o nome da doméstica da sua avó. Em Savannah, porém, a primeira coisa que as pessoas perguntam é: 'o que você quer beber?'."

Ela deu uns tapinhas na cesta com os martínis. O grito por rum do Capitão Flint ecoou em meus ouvidos.

"Savannah sempre foi úmida", me informou, "mesmo quando o resto da Geórgia fica seco. Durante a Proibição, os postos de gasolina na rua Abercorn vendiam uísque nas bombas de combustível. Ah, sempre dá pra arrumar um drinque por aqui. Isso nunca foi segredo. Lembro de quando eu era criança e o Billy Sunday trouxe pra cidade a tal da cruzada da sagrada ressurreição. Ele se instalou no parque Forsyth, e todos foram ouvi-lo. A emoção foi grande! O sr. Sunday se levantou e declarou a plenos pulmões que aqui era *a cidade mais perversa do mundo*! Bem, claro que nós todos achamos isso perfeitamente maravilhoso!"

A srta. Harty me passou a cesta e tomou a dianteira pelo hall e porta afora até meu carro. Separados pela cesta no assento entre nós dois, ela foi me guiando enquanto eu dirigia pelas ruas da cidade.

"Vou levá-lo pra uma visitinha aos mortos", avisou.

Tínhamos acabado de entrar na rua Victory, uma longa alameda recoberta de ponta a ponta por carvalhos-robes arqueados de onde jorravam barbas-de-velho. Cortando a via, uma colunata dupla de palmeiras avançava ao longo do canteiro central como se prestasse suporte arquitetônico ao conjunto das copas de carvalho e musgo.

Eu a olhei de relance, sem saber se havia escutado direito. "Os mortos?"

"Os mortos estão bem presentes em Savannah", me respondeu. "Pra onde quer que olhe, há uma lembrança das coisas que existiram, das pessoas que viveram. Temos profunda consciência do nosso passado. Essas palmeiras, por exemplo. Foram plantadas em homenagem aos soldados da Geórgia que morreram na Primeira Guerra Mundial."

Após percorrer 5 ou 6 km, deixamos a rua Victory para trás e adentramos uma estrada ventilada que nos levou até os portões do Cemitério Bonaventure. Uma floresta de carvalhos-robes com dimensões primitivas despontou a nossa frente. Estacionamos logo que entramos pelos portões e seguimos a pé, chegando quase de imediato a um enorme mausoléu de mármore branco.

"Bom, caso você morra durante sua estadia em Savannah", provocou a srta. Harty com um sorriso gentil, "o colocarei bem aqui. É nossa tumba reservada aos forasteiros. Foi construída em homenagem a um homem chamado William Gaston. Ele foi um grande anfitrião e dava as melhores festas da cidade, e morreu no século xix. Essa tumba é um memorial à sua hospitalidade. Tem um espaço vazio reservado aos forasteiros que morrem enquanto nos visitam. Uma chance de descansar um pouco num dos cemitérios mais belos do mundo, até que os familiares consigam tomar as providências pra levá-los embora."

Frisei que esperava não ter de contar com tamanha hospitalidade. Passamos a tumba e seguimos por uma avenida margeada por carvalhos magníficos. Em ambos os lados, estátuas recobertas de musgo em meio a arbustos crescidos pareciam resquícios de um templo abandonado.

"Nos tempos coloniais, tudo aqui não passava de uma adorável plantação", disse a srta. Harty. "Bem no centro, havia uma mansão construída com tijolos vindos da Inglaterra. Havia terraços-jardins por todo o caminho até o rio. A propriedade foi construída pelo coronel John Mulryne. Quando sua filha se casou com Josiah Tattnal, o pai da noiva celebrou a feliz união das duas famílias plantando grandes avenidas de árvores que formavam as iniciais M e T, entrelaçadas. Ouvi dizer que as árvores originais sobrevivem até hoje em número suficiente pra que ainda seja possível traçar o monograma, com um pouco de empenho." A srta. Harty fez uma pausa quando nos aproximamos de um morro recoberto por videiras à beira da trilha.

"Isso foi tudo o que restou da casa de campo", observou. "É um pedaço da fundação. A casa queimou lá pelo fim do século xviii. Foi um espetáculo de fogo, se me permite dizer. Um banquete formal estava em curso, com criados uniformizados por trás de cada cadeira. No meio do jantar, o copeiro abordou o anfitrião e sussurrou que o teto estava em chamas e que nada se podia fazer a respeito. O anfitrião se pôs de pé, sereno, fez tinir sua taça e convidou os presentes a pegarem seus pratos e o seguirem até o jardim. Os criados carregaram as mesas e as cadeiras, e o jantar prosseguiu à luz do fogo ardendo. O anfitrião tirou máximo proveito da situação. Presenteou os convidados com histórias e pilhérias divertidas enquanto sua casa era consumida pelas labaredas. Então, em troca, cada um dos convidados se levantou e ofereceu um brinde ao anfitrião, à casa e ao delicioso repasto. Quando enfim terminaram de brindar, o anfitrião atirou sua taça contra o tronco de um antigo carvalho, ao que todos seguiram o exemplo. Reza a tradição que, se alguém escutar com atenção em noites tranquilas, ainda é possível ouvir as gargalhadas e o cristal se espatifando. Gosto de pensar nesse lugar como o cenário da Festa Eterna. E existe lugar melhor, em Savannah, pra se descansar em paz pela eternidade? Só mesmo aqui, onde a festa nunca termina."

Nossa caminhada chegou ao fim e, em instantes, estávamos em um pequeno jazigo familiar encoberto pelas sombras de um enorme carvalho-robe. Cinco túmulos e duas pequenas tamareiras estavam dispostos assim que se passava por um meio-fio baixo. Um dos túmulos, uma placa de mármore branco em peça única, estava recoberto de poeira e folhas secas. A srta. Harty espanou a sujeira, e um epitáfio surgiu: JOHN HERNDON MERCER (JOHNNY).

"A senhorita o conhecia?", inquiri.

"Todos nós o conhecíamos", respondeu, "e o adorávamos. Sempre achamos que podíamos reconhecer algo do Johnny em cada uma das músicas dele. Suas canções tinham uma vivacidade e um frescor, e ele era assim mesmo. Era como se ele nunca tivesse deixado Savannah." Espanou mais algumas folhas, revelando o epitáfio: E OS ANJOS CANTAM.

"Pra mim", disse ela, "o Johnny era o vizinho bonito. Eu morava na 222 da rua East Gwinnett; ele morava na 226. O bisavô do Johnny construiu uma casa imensa na praça Monterey, contudo Johnny nunca morou lá. O senhor que hoje mora lá restaurou o imóvel de forma magnífica e o transformou numa atração e tanto. Jim Williams. Meus amigos da alta sociedade são loucos por ele. Porém eu não sou."

A srta. Harty endireitou a postura e nada mais declarou sobre os Mercer e Jim Williams. Retomamos a trilha em direção ao rio, só então avistável, logo mais adiante, aos pés das árvores.

"E agora quero lhe mostrar mais uma coisinha", declarou.

Caminhamos até o cume de uma ribanceira não muito alta e com vista para uma vasta extensão de água que corria vagarosa, nitidamente a melhor escolha no mais tranquilo dos cenários. A srta. Harty me levou até uma pequena área cercada, onde havia uma lápide e um banco de granito. Ela se sentou no banco e fez um sinal para que eu me sentasse ao seu lado.

"Até que enfim", comemorou, "podemos beber nossos martínis." Abriu a cesta de vime e serviu os drinques nos cálices de prata. "Se você prestar atenção na lápide", prosseguiu, "verá que ela é um pouquinho fora do comum." Era uma lápide dupla ostentando os nomes do dr. William F. Aiken e de sua esposa, Anna. "Eram os pais de Conrad Aiken, o poeta. Veja as datas."

Ambos morreram no mesmo dia: 27 de fevereiro de 1901.

"Aconteceu o seguinte", começou a me explicar. "Os Aiken moravam na avenida Oglethorpe, numa grande casa de tijolos. O consultório do dr. Aiken ficava no térreo, e a família morava nos dois andares de cima. Conrad tinha 11 anos. Certa manhã, acordou com o barulho dos pais brigando no quarto deles no fim do corredor. A briga parou por um momento. Então, o menino ouviu seu pai contando: 'Um! Dois! Três!' Escutou um grito meio abafado e depois um disparo de pistola. Aí, outra contagem até três, outro disparo e, por fim, um baque. O garoto saiu correndo descalço pela avenida até a delegacia onde anunciou: 'O papai acabou de matar a mamãe e depois se matou.' Ele acompanhou os policiais até a casa e os guiou até a cama dos pais no último andar."

A srta. Harty ergueu seu cálice em um brinde silencioso ao casal Aiken. Em seguida, derramou algumas gotas no chão.

"Acredite ou não", continuou, "uma das razões do assassinato foram... festas. O jovem Aiken fez referência a isso em 'Estranho Luar', um de seus contos. Na história, o pai reclama pra mãe que ela tem negligenciado a família. Diz que 'São duas festas *toda* semana, e às vezes três ou quatro, isso é um exagero.' A história era autobiográfica, evidentemente. A família vivia bem além da realidade que seus meios permitiam na época. Anna Aiken ia pras festas praticamente a cada duas noites. Chegou a oferecer seis jantares no mês que antecedeu sua morte.

"Depois do massacre, alguns parentes levaram Conrad e o criaram no Norte. Ele estudou em Harvard e teve uma carreira brilhante. Ganhou o Pulitzer e foi indicado à cadeira de poesia na Biblioteca do Congresso. Quando se aposentou, voltou pra passar os últimos anos de vida aqui na cidade, o que ele sempre soube que faria. Tinha escrito um romance chamado *Great Circle*; era sobre terminar a vida onde se começou. E foi exatamente o que aconteceu com o próprio Aiken. Morou em Savannah nos primeiros onze anos e nos últimos onze anos da sua vida. Nos últimos, foi vizinho da casa onde morou quando criança, separado da sua trágica infância por nada além de uma parede de tijolo.

"Claro que, ao retornar à sua cidade de origem, deixou a comunidade da poesia toda agitada, como dá pra imaginar. Mas Aiken era muito reservado. Recusava com toda educação a maioria dos convites. Justificava dizendo estar sem tempo por causa do trabalho. Com frequência, porém, ele e a esposa vinham aqui e ficavam sentados por cerca de uma hora. Traziam uma coqueteleira com martínis e cálices de prata e conversavam com os pais dele e lhes fazia libações."

A srta. Harty ergueu seu cálice e brindou com o meu. Um par de sabiás conversava em algum canto entre as árvores. Um barco camaroeiro passou devagar.

"Aiken adorava vir aqui e ficar vendo os barcos passarem", afirmou. "Certa tarde, avistou um com o nome *Marujo do Cosmos* pintado na proa. Isso o deixou encantado. A palavra 'cosmos' aparece sempre nos poemas dele, sabe. Naquela tarde, foi pra casa e saiu procurando menções ao *Marujo do Cosmos* nas notícias sobre navegação. E lá estava, em letras minúsculas, na lista das embarcações no porto. O nome vinha acompanhado da observação 'destino desconhecido'. O que o encantou ainda mais."

"Onde Aiken está enterrado?" Não havia nenhuma outra lápide no entorno.

"Ah, aqui mesmo", me respondeu. "Pra ser sincera, no momento, nós somos precisamente os convidados pessoais dele. Foi um desejo seu que as pessoas viessem a esse lugar tão bonito depois que ele morresse e tomassem martínis enquanto observassem os barcos, como o próprio poeta costumava fazer. Mandou construírem sua lápide no formato de um banco.

Um reflexo involuntário me impeliu a me levantar. A srta. Harty deu uma risada e, então, também se levantou. O nome de Aiken estava inscrito no banco, acompanhado das palavras MARUJO DO COSMOS, DESTINO DESCONHECIDO.

Eu estava encantado por Savannah. Na manhã seguinte, ao fechar a conta no hotel, perguntei à recepcionista como poderia alugar um apartamento por cerca de um mês — não de imediato, mas talvez em breve.

"É só digitar 'aluguel'", respondeu ela. "No telefone. A-L-U-G-U-E-L. É o número de um serviço de referência pra casas de hospedagem. Eles têm acomodações."

Suspeitava ter tropeçado em um raro vestígio do Antigo Sul em Savannah. Parecia-me que a cidade era, sob certos aspectos, tão remota quanto a ilha Pitcairn, uma rocha minúscula no meio do Pacífico onde os descendentes dos amotinados do navio inglês H.M.S. *Bounty* viveram em isolamento endogâmico a partir do século XVIII. Por volta do mesmo período, sete gerações de savanianos ficaram ilhadas na privação de sua pacata e reclusa cidade na costa da Geórgia. "Somos todos uma grande família", confidenciou-me a srta. Harty. "Por aqui, tem de se andar na linha: todo mundo é parente de alguém."

Uma ideia começava a tomar forma em minha cabeça, uma variação dos meus fins de semana pulando de cidade em cidade. Eu faria de Savannah minha segunda casa. Passaria talvez um mês seguido aqui, por tempo o suficiente para que me tornasse mais do que um mero turista, se não exatamente um autêntico morador. Poderia entrevistar, observar e dar umas bisbilhotadas pela cidade, onde quer que minha curiosidade me levasse ou para onde quer que fosse convidado. Não presumiria nada. Anotaria tudo.

Foi o que fiz por um período de oito anos, com a diferença que minhas estadas em Savannah ficaram mais longas e meus retornos a Nova York ficaram mais curtos. Às vezes, cheguei a pensar que morava na cidade. Me vi envolvido em uma aventura povoada por uma gama peculiar de personagens e vivificada por uma série de eventos estranhos, incluindo até um assassinato. Porém uma coisa de cada vez. Fui até o telefone e digitei "aluguel".

3
O CAVALHEIRO SENTIMENTAL

A voz que falou comigo quando digitei "aluguel" me levou a meu novo lar em Savannah — o segundo andar de uma cocheira na travessa East Charlton. Dois cômodos apertados com vista para um jardim e os fundos de um casarão. No jardim, uma fragrante magnólia e uma pequena bananeira.

Entre a decoração do apartamento estava um antigo globo de navegação, guardado em uma estante. Em minha primeira noite no imóvel, coloquei a ponta do dedo em Savannah e, girando o globo, segui o paralelo 32 ao redor do mundo. Marrakesh, Tel Aviv e Nanquim passaram por sob meu dedo. Savannah despontou no ponto mais extremo ao oeste da Costa Leste, rumo sul de Cleveland. A nove graus de latitude ao sul de Nova York, o que bastaria para fazer toda a diferença no ângulo com a lua, imaginei. A lua crescente estava ligeiramente mais inclinada à direita naquela noite, de modo que parecia mais com a letra U do que com a letra C como na noite anterior em Nova York. Ou seria o contrário? Fui até a janela para ver, porém a lua acabara de se esconder por trás de uma nuvem.

Foi por volta dessa mesma época, enquanto tentava descobrir o ponto exato do universo em que me encontrava, que me dei conta das vozes em meio a gargalhadas e do som de um piano honky tonk vindo por cima do muro do jardim. A música era "Sweet Georgia Brown" e estava sendo cantada pela voz suave de um barítono. A música seguinte foi "How Come You Do Me Like You Do?" Uma festa acontecia já há algumas horas e considerei aquilo um bom sinal. A música fornecia uma trilha sonora aceitável, talvez um pouco cafona, e o pianista era bastante bom. Incansável, também. A última música que me lembro antes de dormir foi "Lazybones". Composta, de maneira muito apropriada, por Johnny Mercer.

Poucas horas mais tarde, logo após o sol nascer, a música começou outra vez. "Piano-roll Blues" foi a primeira faixa daquela manhã, se não me falha a memória; então veio "Darktown Strutters' Ball". A música seguiu nesse mesmo estilo, sem parar, ao longo do dia e até tarde da noite. E prosseguiu sendo executada no dia seguinte e no outro. O piano fazia parte permanente da atmosfera, ao que parecia, bem como a festa em si — se é que aquilo era mesmo uma festa.

Segui o rastro da música até a rua East Jones, 16, um casarão de estuque amarelo a quatro casas de distância. Em vários aspectos, era igual a todas as outras do quarteirão a não ser por um fluxo contínuo de visitantes que entravam e saíam a qualquer hora do dia e da noite. Não havia um denominador comum entre eles — eram jovens e velhos, sozinhos e acompanhados, brancos e negros — todavia notei algo: ninguém tocava a campainha nem batia antes de entrar. Portas destrancadas eram coisa extremamente rara, mesmo em Savannah. Supus que, cedo ou tarde, aquilo tudo acabaria se esclarecendo e, enquanto isso, tratei de ficar conhecido em minha nova vizinhança.

A parte ajardinada da cidade, com suas praças geometricamente dispostas, abarcava os 5 km² do centro histórico, construído antes da Guerra Civil. Os patronos da cidade posteriormente abandonaram as praças quando a cidade se expandiu ao sul. Bem ao sul do centro histórico havia uma extensa fileira de casarões vitorianos que davam acesso ao parque Ardsley, um enclave de casas do início do século xx com fachadas suntuosas que ostentavam colunas, frontões, pórticos e terraços. Ao sul do parque Ardsley, as dimensões das casas diminuíam. Havia bangalôs construídos nos anos 1930 e 1940, casas de campo dos anos 1950 e 1960, e, por fim, mais ao sul, um terreno plano, semirrural, que poderia estar em qualquer outro canto dos Estados Unidos a não ser por ecos ocasionais da região como o Twelve Oaks Shopping Plaza e a rede Tara Cinemas.

Na Sociedade Histórica da Geórgia, uma prestativa bibliotecária me esclareceu alguns pontos. Ela me disse que jamais existira por aqui uma mulher chamada Hard-hearted Hannah, como na canção. A bibliotecária suspeitava que o nome tenha surgido durante a busca do compositor por uma rima. Acrescentou com um suspiro que às vezes desejava que Hannah tivesse sido a vampira de Montana. A cidade poderia reivindicar tantas histórias reais, disse ela, que nem precisava de falsas honrarias. Por acaso eu sabia que Eli Whitney havia inventado o descaroçador de algodão na Fazenda Mulberry em Savannah? Ou que Juliette Gordon Low havia fundado as Escoteiras da América em uma cocheira na rua Drayton?

A bibliotecária listou todo um rol de feitos históricos locais: a primeira escola dominical da América do Norte foi fundada lá em 1736, o primeiro orfanato do país em 1740, a primeira congregação batista negra em 1788, o primeiro campo de golfe dos Estados Unidos em 1796. John Mesley, o fundador do Metodismo, foi o ministro da Igreja de Cristo em Savannah no ano de 1736 e, durante seu ministério, escreveu um livro de cantos que se tornou o primeiro hinário usado na Igreja da Inglaterra. Um comerciante da cidade havia financiado o primeiro navio a vapor a cruzar o Atlântico, o *Savannah*, que fez sua viagem oceânica inaugural do porto local a Liverpool em 1819.

O peso acumulado de todas essas *premières* históricas sugeria que aquela cidade adormecida com 150 mil habitantes já fora bem mais importante no panorama geral do que naquele momento. Patrocinar o primeiro navio a vapor oceânico do mundo em 1819, por exemplo, teria sido o equivalente a lançar o primeiro ônibus espacial nos dias de hoje. O presidente James Monroe havia feito uma visita especial a Savannah em homenagem à viagem inaugural — um indicativo considerável de tal importância.

Folheei livros, folhetos e mapas na biblioteca da associação, um espaçoso salão com pé-direito alto e uma fileira dupla de estantes ao longo das paredes. O espírito da Guerra Civil pairava pela sala, e o papel da cidade na guerra era uma história à parte que parecia contar muito sobre a cidade:

Na eclosão dos combates, a cidade era líder mundial na exportação de algodão. O general William Tecumseh Sherman a elegeu como o ápice de sua triunfal marcha ao mar, levando 7 mil tropas contra as mil de Savannah. Ao contrário de seus pares em Atlanta e Charleston, as autoridades civis locais eram homens de negócio bastante práticos, e seus arroubos secessionistas eram atenuados pela severa consciência da devastação prestes a recair sobre eles. Quando Sherman já estava próximo, o prefeito liderou uma delegação que foi ao encontro do general. Propuseram render a cidade sem um único disparo caso Sherman prometesse que não a queimaria. A proposta foi aceita e então foi enviado o célebre telegrama ao presidente Lincoln: PERMITA-ME PRESENTEÁ-LO, COMO UM PRESENTE DE NATAL, COM A CIDADE DE SAVANNAH E SUAS 150 ARMAS, BASTANTE MUNIÇÃO E CERCA DE 25 MIL FARDOS DE ALGODÃO. O militar permaneceu um mês na cidade, depois marchou rumo a Columbia, na Carolina do Norte, e a reduziu a cinzas.

Savannah saiu empobrecida da guerra, no entanto recuperou-se em poucos anos e voltou a prosperar. Até lá, todavia, os alicerces financeiros do município já tinham começado a erodir. O trabalho rural vinha perdendo espaço para o Norte industrializado; anos sem cultivar outra coisa além do algodão acabou lixiviando o solo de nutrientes, e o epicentro da Zona do Algodão se deslocara mais ao leste. Durante o pânico financeiro de 1892, o preço de uma libra de algodão caiu de um dólar para nove centavos. Em 1920, o bicudo-do-algodoeiro acabou por apagar do mapa o que ainda sobrava do cultivo de algodão. Daí em diante, Savannah entrou em declínio. Várias das grandiosas casas de outrora foram abandonadas. A viscondessa Astor, de passagem pela cidade em 1946, lembrou que Savannah era como "uma bela mulher de cara suja". Aguilhoados pela crítica, um grupo de cidadãos apreensivos começou, na década de 1950, a restaurar o centro de Savannah. O esforço conjunto resultou na preservação do centro histórico da cidade.

Antes de deixar a sala de leitura, pensei em procurar na lista telefônica de 1914 pelo nome de Sadie Jefferson, a mulher que havia dançado tango durante todo o trajeto até a delegacia. Não estava listada. Não havia entrada com esse sobrenome na lista, a bem da verdade. A bibliotecária passou a vista por meu arquivo de matérias antigas e me disse que eu provavelmente havia consultado a parte errada da lista telefônica.

"Dá pra ver pelas palavras utilizadas que Sadie Jefferson era negra", comentou, "porque o pronome de tratamento, 'senhor' ou 'senhora', foi omitido. Era o costume até a integração. Assim como também listar pessoas negras numa seção à parte da lista telefônica. Deve ser por isso que você não a encontrou." De fato, o nome constava na seção "de cor" da lista telefônica de 1914 — era a esposa de James E. Jefferson, um barbeiro. Ela morreu na década de 1970.

A história dos negros em Savannah foi, evidentemente, bem diferente da dos brancos. A escravidão foi proibida na Geórgia em 1735 (o que Oglethorpe chamou de "um crime horrendo"), porém, em 1749, os mandatários da colônia cederam às pressões dos colonos e a legalizaram. A despeito de uma longa história de opressão, na década de 1960, o movimento dos direitos civis na cidade era quase que inteiramente não violento. Os líderes do movimento organizaram protestos pacíficos nas lanchonetes, nas praias, nas igrejas e um boicote de quinze meses às lojas segregadas. O clima de tensão se acirrou, contudo a paz prevaleceu em grande parte graças aos esforços incansáveis de um prefeito visionário, Malcolm Maclean, e uma estratégia não violenta adotada pelos líderes negros, sobretudo W. W. Law, o cabeça do braço local da National Association of the Advancement of Colored People, a NAACP.* Em 1964, Martin Luther King proclamou Savannah como "a cidade mais dessegregada do Sul." Em 1980, a população local era metade branca e metade negra.

---

* A National Association of the Advancement of Colored People (NAACP) é uma instituição criada em 1909 que atua, desde então, na luta pelos direitos civis da população negra norte-americana. Saiba mais em aacp.org [Nota da Tradução]

Havia várias evidências nos registros da sociedade histórica que, em seus dias de glória, ela fora uma cidade cosmopolita, e seus cidadãos, singularmente mundanos. O prefeito Richard Arnold, que havia convencido o general Sherman a entrar e a sair da cidade durante a Guerra Civil, era uma figura típica dessa geração: médico, acadêmico, epicurista, apreciador de bons vinhos e um cavalheiro que levava seus compromissos sociais a sério. Escreveu em uma carta: "Ontem, entretive o Ex.mo Howell Cobb num jantar amigável. Sentamo-nos às três da tarde e nos levantamos às nove e meia da noite". O jantar de seis horas e meia de duração do prefeito Arnold deu peso à fama do gosto de Savannah por festas, o que me fez lembrar da refinada folia sem fim no casarão número 16, meu vizinho da rua East Jones.

Minha vigilância esporádica à casa acabou sendo recompensada certo dia por volta da hora do almoço. Um carro subiu na calçada e cantou pneus ao frear em uma parada brusca. Ao volante, uma dama da sociedade já idosa, muito bem-vestida, e com cabelos brancos tão impecáveis quanto a cobertura de uma torta. Nem sequer tentou uma baliza. Deixou o carro atravessado mesmo, como se amarrasse um cavalo em um poste. Saiu do carro, caminhou até a entrada, tirou um martelo de mecânico da bolsa e, metódica, estilhaçou todos os pequenos painéis de vidro da porta. Então, guardou o martelo de volta na bolsa e retornou ao carro. O incidente não pareceu causar o menor impacto nas pessoas da casa. O piano seguiu tocando, e as vozes, gargalhando. Os painéis de vidro foram substituídos dali a uns tantos dias.

Conforme eu esperava, não demorou para que tudo se esclarecesse. Certa noite, após o jantar, escutei o som de saltos altos subindo as escadas, seguido de batidas gentis à porta. Assim que a abri, dei de cara com uma bela mulher banhada pelo luar. Sua cabeça estava enfiada em uma nuvem platinada de cabelos de algodão-doce. Usava um vestido curto, cor-de-rosa, o qual preenchia com volúpia, e estava risonha.

"Quem diria, hein", ela falou, "foram lá e cortaram a luz do Joe outra vez."

"Ah, foi?", retruquei. "Quem é Joe?"

Ela ficou momentaneamente confusa. "Você não conhece o Joe? Achava que todo mundo conhecia o Joe. É o seu vizinho. Quer dizer, quase seu vizinho. Joe Odom." Disse e fez um aceno no sentido oeste. "Mora algumas casas mais pra baixo."

"Não é a casa com o piano?"

O comentário fez a mulher cair em uma bela risada. "A-hã. Essa mesma."

"E é o próprio Joe Odom quem toca o piano?"

"E como toca", respondeu, "e eu sou a Mandy. Mandy Nichols. Não quero atrapalhá-lo nem nada, mas vi a luz acesa. Enfim, nosso gelo acabou, e eu meio que estou pensando se você não poderia dar uns pra gente."

Convidei-a para entrar. Quando passou por mim, senti a essência de gardênia. Eu a reconheci como uma das várias pessoas que vi entrando na casa. Não havia a menor possibilidade de me esquecer dela. Dotada de uma beleza escultural, sem um único contorno anguloso, em seu corpo gracioso e voluptuoso. Os olhos azuis dela estavam realçados por uma moldura radiante de maquiagem aplicada com toda extravagância. Tirei quatro bandejas de gelo do freezer e os esvaziei no balde. Confessei que andava me perguntando quem seriam os moradores daquela casa.

"Oficialmente, é só o Joe", informou, "porém às vezes é difícil de dizer, com tanta gente passando a noite ou a semana ou o mês lá. Moro em Waycross e venho seis vezes por semana pra cantar nos clubes aqui da cidade. Quando estou muito cansada pra voltar dirigindo pra casa, fico lá no Joe mesmo."

Mandy contou que havia estudado na Universidade do Tennessee com meia bolsa de estudos graças à ginástica rítmica. Contou também que fora coroada Miss BBW em Las Vegas no ano anterior.

"Miss BBW?"

"É a sigla pra Miss Big Beautiful Woman", esclareceu. "É um concurso de beleza pra mulheres de manequim GG. Eles publicam uma revista e uma linha de roupas — o pacote completo. Na verdade eu nem pensava em entrar no desfile, sabe. Meus amigos que me inscreveram."

Entreguei-lhe o balde de gelo.

"Ei", ela falou, "por que você não passa lá e toma um drinque com a gente?"

Estava quase sugerindo aquilo mesmo, então aceitei sem hesitar e a acompanhei escadas abaixo. Mandy andava com cautela; os seixos da rua estalavam e deslizavam sob seus saltos agulha.

"É uma viagem longa de Waycross até Savannah, não?", perguntei.

"Coisa de uma hora e meia", respondeu, "cada trecho."

"Não acaba ficando meio chato fazer isso todo dia?"

"Nem tanto. Eu aproveito pra fazer as unhas."

"As unhas?"

"Claro, né", comentou rindo. "Por que não?"

"Sei lá. Só me parece um pouco complicado", argumentei. "Dirigir e fazer as unhas ao mesmo tempo."

"É muito fácil depois que você pega o jeito", garantiu. "Eu dirijo com os joelhos."

"Com os joelhos!"

"A-hã. Na verdade, deixo as unhas por último. Primeiro me maquio e depois arrumo o cabelo."

Observei a luminosa paleta de cores no rosto sorridente de Mandy. Não era uma mera aplicação de batom e blush. Era uma composição complexa que envolvia a mescla de vários tons e matizes. Havia nuances de rosa, azul e marrom, rematado com o nimbo loiro-platinado dos cabelos.

"Arrumo o meu cabelo e tudo", continuou.

"Você deve chamar bastante atenção na estrada", rebati, "fazendo tudo isso."

"Sim, sim, às vezes", confirmou. "Ontem estacionei num posto de gasolina e um caminhoneiro veio logo atrás de mim e parou do meu lado. Ele falou: 'Moça, eu tô seguindo o seu carro faz 45 minutos, e fiquei só observando. Primeiro você se maquiou. Depois arrumou o cabelo. E aí fez as unhas. Só queria te ver de perto mesmo e confirmar como você era.' Então piscou pra mim e falou que eu era bem bonita. Daí ele disse: 'Deixa eu perguntar uma coisa. Reparei que a cada dois ou três minutos você se virava e discutia com alguma coisa no banco do passageiro. O que que tinha lá?'. 'Era a minha TV', lhe respondi, 'não perco minhas novelas por nada!'"

Passamos da rua ao jardim de Joe Odom. Luzes de velas cintilavam nas janelas da casa escura. Dois homens se acocoravam ao muro do jardim. Um deles segurava uma lanterna enquanto o outro estava de joelhos diante do medidor de energia. O homem ajoelhado usava grandes luvas de borracha com as quais segurava um enorme alicate. Parecia estar emendando dois cabos.

"Cuidado, Joe", alertou o homem com a lanterna.

Uma chuva de faíscas jorrou do cabo e as luzes da casa vizinha esmaeceram por uns instantes. Ao retornarem com força total, as luzes na casa de Joe piscaram e acenderam. A comemoração ecoou porta afora. Joe se pôs de pé.

"Bem, não foi dessa vez que fui eletrocutado", declarou. "Quem sabe na próxima?" Curvou-se em silêncio na direção da casa vizinha.

Joe Odom tinha bigode e cabelos loiros já quase grisalhos. Vestia uma camisa azul clara aberta no colarinho, calça de sarja e sapatos bicolores marrons e brancos. Tinha cerca 35 anos e um semblante extraordinariamente sereno, pensei, para alguém que acabara de furtar tamanha alta voltagem de forma tão arriscada à própria vida.

"Trouxe o gelo", lhe informou Mandy.

"E o homem do gelo também, pelo que vejo." Joe abriu um sorriso luminoso. "Não sou de ficar de enrolação pelo jardim até tão tarde da noite", prosseguiu, "mas, bem... tínhamos uns probleminhas por aqui que precisavam de atenção."

Tirou as luvas de borracha. "Reconheço que tô ficando bom nisso. Também religo água e gás. Lembre-se disso. Talvez algum dia você precise dos meus serviços. Aviso que pra telefone só dou pro gasto, viu? Até consigo reconectar uma linha cortada, porém só pra receber chamadas mesmo. Não dá pra telefonar."

De algum canto, sob os degraus, o condensador de um ar-condicionado disparou.

"Barulhinho adorável, não é?", perguntou Joe. "Por que a gente não entra e faz um brinde a ele? E às luzes, e à lavadora de louças, e ao micro-ondas, e às geladeiras, e à companhia de energia elétrica de Savannah. E ao...", ergueu uma taça imaginária em direção à casa vizinha. "Seja quem for."

O casarão de Joe Odom era mobiliado de um modo que jamais imaginaria, levando-se em conta o fato de ser o lar de um usurpador de energia elétrica. No salão do segundo andar, vi um refinado aparador inglês, várias pinturas a óleo do século XVIII, um par de antigos candeeiros de prata, um piano de cauda Steinway e dois ou três tapetes orientais incríveis. Havia gente em todos os cômodos, ao que parecia — não era exatamente uma festa, era mais um open house.

"Sou advogado tributarista", falou ao se apresentar, "corretor de imóveis e pianista. Já fui sócio numa firma de direito, no entanto cai fora faz uns dois anos e mudei meu escritório pra essa casa a fim de poder misturar negócios e prazer do jeito que eu quisesse. Foi quando minha terceira esposa me deixou."

Joe lançou um olhar em direção a um rapaz adormecido no sofá da sala. "Aquele lá é o Clint. Se você algum dia precisar de uma carona pra Atlanta, o Clint o levará com prazer. É motorista de caminhões de reboque pra cima e pra baixo, e gosta de ter companhia na cabine. Contudo já vou avisando que a viagem é feita em menos de três horas. Ninguém que tenha encarado uma dessas viagens malucas ao seu lado voltou a repetir a dose."

Uma menina de cabelo ruivo preso em um rabo de cavalo falava ao telefone na cozinha. Joe me disse que era a DJ de uma das estações de rádio no Top 40 de Savannah. Acrescentou que o sujeito com quem ela namorava acabara de ser preso por tráfico de cocaína e ameaça terrorista contra a polícia. Na sala de jantar, um homem loiro vestindo uma camisa branca e calças brancas cortava os cabelos de uma mulher. "Aquele é o Jerry Spence", me informou. "Ele corta o cabelo de todo mundo aqui, e está ali cortando o cabelo da Ann, minha primeira e segunda esposa. A Ann e eu éramos namoradinhos de infância. A gente se casou pela primeira vez quando eu estava na faculdade de Direito e, pela segunda vez, no aniversário do nosso primeiro divórcio. E, é claro, você já conheceu a Mandy. Ela está esperando pra ser minha quarta esposa."

"Mas o que ela está esperando?"

"O divórcio dela sair", respondeu. "Não dá pra prever quando vai acontecer, o advogado dela é um traste preguiçoso que ainda não terminou de preencher a papelada. Porém acho que a gente nem tem com quem reclamar, na verdade, porque o advogado dela sou eu."

O epicentro social da casa era a cozinha com vista para o jardim. Ali havia um piano, e era daquele cômodo que a música e as gargalhadas ecoavam por sobre os muros do jardim até a rua.

"Reparei que você deixa a porta da frente destrancada", falei.

"Deixo, sim. Dá trabalho demais ter de abrir a toda hora. Era uma das reclamações da minha terceira esposa." Odom sorriu.

"Olha, acontece que a porta da frente também é uma das minhas reclamações", disse Mandy. "Especialmente depois do assalto na semana passada. O Joe diz que não foi assalto, porém eu digo que foi sim. Eram 4h da manhã, e nós já estávamos na cama. Acordei, escutei uns barulhos aqui embaixo e sacudi o Joe. 'Joe, tem ladrão na casa', avisei. No entanto ele nem deu bola. 'Ah, deve ser alguém', se limitou a responder. Sei que eram os ladrões, tenho certeza. Ficaram abrindo os armários e as gavetas e sei lá mais o quê. Aí eu o chamei de novo e disse: 'Joe, vai lá embaixo e vê'. Então o sr. Cabeça-Fria só desgrudou a cara uns dois centímetros do travesseiro e berrou, 'Angus? É você, Angus?' Silêncio total, claro. Aí o Joe vira pra mim e diz 'Bom, se tem ladrão mesmo, o nome dele não é Angus.' E voltou a dormir. Mas *era* um ladrão, e a gente teve sorte de não ser assassinado."

Joe começou a tocar o piano no meio da história de Mandy. "No dia seguinte", comentou, "três garrafas de bebida e meia dúzia de taças tinham sumido. Não me parece um assalto. Tá mais com cara de festa. E a única coisa que me incomoda nisso tudo é não termos sido convidados."

O sorriso de Joe indicava que o assunto estava encerrado, ao menos no que lhe dizia respeito. "De todo modo, como eu dizia, a princípio a porta destrancada por pura conveniência. Todavia logo percebi que, sempre que a campainha *de fato* tocava, era alguém que eu não conhecia. Então a campainha virou um sinal de que um estranho estava à porta. Acabei aprendendo a nunca atender quando isso acontece, porque é bem provável que seja um oficial de justiça querendo me entregar algum papel, e é claro que não preciso estar em casa pra esse tipo de coisa."

"Nem pra velhinhas e seus martelos", complementei.

"Martelos? Acho que não conheço nenhuma velhinha que carrega um martelo por aí."

"Aquela que estraçalhou seus painéis de vidro com certeza tinha um martelo."

"Foi uma velhinha que fez aquilo?" Joe parecia surpreso. "Fiquei me perguntando como aquilo tinha acontecido. A gente pensou que alguém tinha batido a porta com força. Você então viu quem fez, foi isso?"

"Vi."

"É, a gente tem nossa cota de velhinhas aqui em Savannah", observou, "e parece que uma delas não tá nada satisfeita comigo". Ele não se mostrava nadinha preocupado. "Bem, agora você já sabe um pouco sobre a gente", retomou. "Fale um pouco de você."

Eu disse que era um jornalista de Nova York.

"Ah, então você deve ser o forasteiro de quem estão falando. Nada aqui passa em branco, tá vendo? Savannah é uma cidade pequena de verdade. Tão pequena que todo mundo sabe da vida de todo mundo, o que até pode ser um saco, porém também significa que a gente conhece todos os policiais à paisana, o que pode ter suas vantagens. Agora, quanto a você, vou dizer, é bom que saiba que despertou um bocado de curiosidade. As pessoas acham que você está escrevendo uma matéria bombástica a respeito de nossa cidade, então estão meio nervosas. Acho que não deve perder tempo se estressando com isso. Aqui entre nós, todos esperam entrar no livro." Joe riu e deu uma piscada.

"Savannah é um lugar bastante peculiar, porém, se você escutar o tio Joe aqui, vai se dar bem. Você só precisa saber de algumas regrinhas básicas.

"Regra número um: *Sempre fique para mais um drinque*. É quando as coisas acontecem. É quando descobre tudo que queria saber."

"Acho que dá pra viver com isso", rebati.

"Regra número dois: *Jamais desça a rua Gaston no sentido sul*. Um genuíno savaniano é um NG. NG significa 'norte da Gaston'. Ficamos na parte antiga da cidade. Não vamos ao shopping. Nem pro lado sul da cidade, a menos que sejamos convidados a uma festa com pessoas ricas lá pras bandas do Landings, aquele clube de golfe. Tudo ao sul da rua Gaston pra gente não passa de uma Jacksonville do Norte, e normalmente não damos atenção pra lugares desse tipo.

"Regra número três: *Guarde os dias santos — Dia de São Patrício e o dia do jogo de futebol americano entre Geórgia e Flórida*. Savannah tem a terceira maior procissão do dia de São Patrício dos Estados Unidos. As pessoas vêm de todo o Sul pra ver. Todo o comércio fecha, a não ser por restaurantes e bares, e a bebedeira começa por volta das 6h da manhã. Bebida alcóolica também é um item fundamental no jogo entre Geórgia e Flórida, entretanto as semelhanças param por aí. O jogo não passa de uma guerra entre os cavalheiros da Geórgia e os bárbaros da Flórida. Ficamos tensos com uma semana de antecedência e depois, no fim das contas, levamos de uma semana a dez dias pra lidar com a pressão emocional por ter perdido ou ganhado. Os homens da Geórgia já crescem entendendo a seriedade desse jogo."

"As mulheres da Geórgia também já crescem entendendo isso", protestou Mandy. "Pode perguntar pra qualquer menina aqui do sul da Geórgia. Ela vai te dizer na lata: não se veste meia-calça até o fim do jogo entre Geórgia e Flórida." Estava me sentindo cada vez mais amigo de Joe e Mandy.

"Mas tem uma coisa", alertou. "Agora que você tá sob a nossa tutela, a gente não vai ficar nada feliz se você precisar de alguma coisa e não pedir, ou se você se meter em confusão e não berrar."

Mandy pulou no colo de Joe e roçou o nariz na orelha dele.

"Só se certifica de colocar a gente no seu livro", postulou. "Dá pra entender, né, que vamos querer interpretar a nós mesmos na versão pro cinema. Né, Mandy, não vamos?"

"Hum-hummm", retrucou ela.

Joe tocou alguns compassos de "Hooray for Hollywood" (outra canção de Johnny Mercer).

"Nesse seu livro aí", sugeriu, "pode usar meu nome verdadeiro se você quiser. Ou então me chama só de o 'Cavalheiro Sentimental da Geórgia' porque é quem eu sou mesmo."

I'm just a sentimental gentleman from Georgia, Georgia,
Gentle to the ladies all the time
And when it comes to lovin' I'm a real professor,
Yes sir!
Just a Mason-Dixon valentine.

Oh, see those Georgia peaches
Hangin' around me now.
'Cause what this baby teaches nobody else knows how.
This sentimental gentleman from Georgia, Georgia,
Gentle to the ladies all the time. *

Joe cantava com um charme tão cativante que tive que me lembrar de que se tratava da mesma pessoa que roubava a energia do vizinho e que, em suas próprias palavras, vinha se esquivando de oficiais de justiça por transgressões financeiras de, sabe-se Deus, quais proporções. Seus modos solícitos faziam tudo parecer pura e simples diversão. Mais tarde, ao me acompanhar até a saída, fez um gracejo com tamanha elegância que só quando já estava em casa me dei conta de que, enquanto se despedia de mim, acabou pegando 20 dólares emprestados.

---

* Em tradução livre: Sou só um cavalheiro sentimental da Geórgia, Geórgia / Gentil com as damas o tempo todo / E quando se trata de amor eu sou um autêntico professor / Ah, se sou! / Apenas um enamorado na Mason-Dixon / Ah, olha só os pesseguinhos da Geórgia / Passeando comigo por aí / Porque o que essa pequena ensina mais ninguém sabe ensinar / Este cavalheiro sentimental da Geórgia, Geórgia / Gentil com as damas o tempo todo. [Nota da Edição]

4
ADAPTAÇÃO

Tendo feito o que considerei ser uma promissora, senão heterodoxa, iniciação em uma vida social, tratei de organizar meu apartamento de modo que pudesse morar e trabalhar nele com certo conforto. Para coisas essenciais como estantes, arquivos e abajures, visitei uma loja de tralhas antigas na saída da cidade. Era um depósito, quase um celeiro, cheio de entulhos, que se estendia por uma série de salas repletas de conjuntos de mesa e cadeiras de fórmica, sofás, mobília de escritório e toda sorte de maquinário, de lavadoras de roupa a destiladores de maçã. O dono ficava sentado feito um Buda atrás do balcão intercalando berros de "olá" aos clientes e de ordens ao vendedor.

O vendedor era um homem sem expressão facial alguma, com uns 30 e tantos anos. Tinha cabelo castanho-claro repartido ao meio e seus braços pendiam caídos ao lado do corpo. Suas roupas estavam limpas, apesar de desbotadas, como os ternos e as camisas pendurados em uma arara no canto da loja. Fiquei impressionado com a memória instantânea do sujeito quanto ao vasto inventário da loja. "Temos sete unidades daquele item", informou. "Uma é praticamente nova, quatro funcionam muito bem, uma está quebrada mas tem conserto, e a outra está reservada." Além de ter um catálogo mental do lugar, ele ainda era um talento nos prós e contras de praticamente qualquer marca de eletrodoméstico, em particular das marcas que já não existiam. "A Kelvinator fez um que era até bom no começo dos anos 1950", continuou. "Tinha cinco velocidades. Era bem fácil mesmo de limpar, e dava pra conseguir as peças de reposição muito rápido."

Por mais impressionado que tenha ficado com tudo isso, fiquei ainda mais chocado com outra coisa — um arco cuidadosamente aplicado de sombra lilás que brilhava feito um sol poente, extravagante, em sua pálpebra esquerda.

A princípio, tive certa dificuldade em escutar o que me dizia, distraído que estava com a sombra lilás. Perguntei-me qual transformação noturna seria calcada sobre aquele olho pintado. Vislumbrei uma tiara e um vestido sem alças, um tremulante leque de plumas de avestruz na extremidade de uma longa luva branca. Ou seria algo diferente? Talvez fosse a pintura de guerra de um punk? Será que aquele sujeito bem-educado passava seus momentos privados com coturnos, camisetas rasgadas e cabelo espetado?

Algum tempo depois, minha atenção acabou se voltando outra vez ao que o homem dizia e comprei o que me mostrou sem nem saber ao certo por quê. Na semana seguinte, passei na loja de novo e, dessa vez, tentei com toda minha força não encarar a sombra lilás no olho esquerdo do vendedor. De tempo em tempo, enquanto me atendia, o chefe lhe gritava perguntas de trás do balcão sobre se tal ou qual item ainda estava em estoque. O funcionário ficava de orelhas em pé e gritava as respostas por trás do ombro sem olhar diretamente para o chefe. Depois de um desses diálogos, ele disse em voz baixa: "O que o patrão não fica sabendo não o deixa ofendido".

"Como assim?"

"Ele não gostava disso", respondeu apontando para seu olho esquerdo. "Não sou drag nem nada. Só maquio meus olhos. Costumava pintar o outro do mesmo jeito. O chefe me disse pra parar, e já estava pronto pra ir embora e nunca mais voltar. Mas aí me toquei: 'Pera aí. Ele nunca sai daquela cadeira, sabe, e minha mesa fica do lado esquerdo dele. Se eu pintar só o olho do lado oposto, talvez ele nem note.' Isso já tem dois anos e desde então nunca mais falou nadinha."

Em uma visita seguinte à loja, o vendedor estava no horário do almoço, no entanto logo estaria de volta. O chefe e eu conversamos um pouco. "O Jack é um bom sujeito", relatou, falando de seu funcionário. "O melhor que já vi. Embora seja um tipo estranho. É meio solitário. Essa loja e tudo aqui dentro são a vida dele. Costumo chamá-lo de 'Jack, o caolho Jill' — não na frente dele, claro. Ele usava aquela maquiagem nos dois olhos, sabe. Deus do céu, era horrível. Um dia eu lhe disse: '*Não dá pra ficar assim na minha loja! Tira isso ou você tá fora!*'. Aí, ele fez o quê? Apareceu no dia seguinte sem maquiagem nenhuma nos olhos, não pelo que dava pra ver. E ficava andando de lado pela loja que nem um maldito caranguejo, e se contorcendo pra lá e pra cá. Um belo dia ele passou pela frente de um guarda-roupa espelhado e deu pra ver bem claro como a luz do dia: Jack tinha passado maquiagem num único olho.

"Estava pronto pra chutar a bunda dele pela porta, ali mesmo. No entanto ele é bom no que faz e isso não parece incomodar os clientes. Por isso resolvi ficar de bico fechado. E desde aquele dia ele tenta esconder o bendito olho de mim. Deve pensar que sou cego ou meio idiota, mas por mim tudo bem. Jack finge que não está usando maquiagem e eu finjo não saber que minhas ordens foram ignoradas. Enquanto isso, ele continua andando de lado e se contorcendo todo, falando pelo canto da boca na esperança de que eu não repare nada. E faço de conta que não reparo. Nem sei quem é o mais maluco, se o Jack, o caolho Jill, ou eu. O que importa é que a gente se dá bem."

Não demorou para que eu me desse conta de estar estabelecendo um padrão de rotinas diárias: uma corrida em volta do parque Forsyth com o sol raiando, café da manhã no Clary's, uma caminhada pela rua Bull no fim da tarde. Descobri que minhas atividades coincidiam com os rituais diários de outras pessoas. Não importava o quanto nossos caminhos tivessem divergido ao longo do dia, acabavam coincidindo repetidas vezes em horários e locais marcados. O homem negro que corria em volta do parque Forsyth no mesmo horário que eu era uma dessas pessoas.

Era magro, com a pele bem escura e tinha pouco mais de um metro e oitenta de altura. Quando me vi atrás dele pela primeira vez, percebi que o homem carregava uma correia curta de couro azul. A maior parte da correia ficava enrolada em sua mão; apenas uns vinte centímetros se projetavam. Ele estalava a extremidade solta contra o quadril a cada dois ou três passos, produzindo um *plaft* rítmico que me forçava a correr na mesma toada ou completamente fora do compasso. Corri dentro do ritmo; era mais fácil. Ao dobrar a esquina no extremo sul do parque naquele primeiro dia, o homem olhou para trás em minha direção, mas não exatamente para mim, às minhas costas. Espiei por trás do ombro. A cerca de 50 metros de distância havia uma loira fazendo cooper com um pequeno terrier saltitando a seu lado.

No dia seguinte de corrida, a loira e seu cachorro corriam a minha frente. O cachorro saía disparado parque adentro, então dava meia-volta e se juntava à dona de novo. Conforme fui me aproximando, ela virou a cabeça para olhar em direção à rua Drayton, do outro lado do parque. O homem que corria pela rua, já tendo contornado ambas as extremidades, olhou de volta para ela.

Depois disso, nunca cheguei a ver um deles sem que também visse o outro. Ele sempre carregava a correia de couro azul. Ela sempre estava com o cachorro. Às vezes, ele estava na dianteira; às vezes, era ela. Estavam sempre separados por, no mínimo, cem metros.

Certa vez, vi o sujeito no supermercado M&M empurrando um carrinho. Em outra ocasião, avistei-o entrando em um modelo antigo de Lincoln verde na praça Wright. Entretanto nada da correia azul nem da loira. Dias depois, vi a loira saindo de um banco. Estava desacompanhada a não ser por seu terrier, que trotava a seu lado. O cachorro estava preso a uma coleira de couro azul.

"A gente não mistura negros com brancos por aqui", disse-me Joe Odom quando mencionei ter visto o casal. "Especialmente homens negros com mulheres brancas. Muita coisa pode ter mudado por aqui nos últimos vinte anos, mas isso não. A Badness é a única mulher que conheço que teve um amante negro e não enfrentou problemas. A Badness era a esposa de um empresário influente de Savannah e teve amantes durante quase todo o casamento. E era tudo perfeitamente aceitável. Nossa cidade sempre tolera casos notórios de infidelidade, não importa o quão flagrante sejam. Nós adoramos essas coisas. Nunca se dá por satisfeita. Porém mesmo a Badness soube ser sensata e se mudou daqui para Atlanta quando se sentiu tentada a ter um caso com um negro."

Compreendia aquilo tudo, porém ainda me perguntava sobre certos pequenos detalhes a respeito de meus companheiros de corrida. Por que, por exemplo, o homem carregava a coleira? E quando e onde os dois se aproximavam o suficiente para que lhe fosse entregue? A grande questão, por fim percebi, era que eu jamais saberia.

Caso eu resolvesse caminhar pela rua Bull no fim da tarde, invariavelmente veria um senhor negro já bem idoso e bastante arrumado. Vestia sempre terno e gravata, camisa branca engomada e um chapéu fedora. Suas gravatas eram de caxemira, listradas, e seus ternos eram finos, bem costurados, embora aparentemente feitos sob medida para alguém um pouco maior.

Todo dia, no mesmo horário, esse senhor passava em frente aos portões de ferro da grandiosa Casa Armstrong no extremo norte do parque Forsyth. Dobrava à esquerda e seguia pela rua Bull até a prefeitura, para então fazer o caminho de volta. Era de fato um cavalheiro e tanto. Tirava o chapéu e curvava-se ao cumprimentar quem encontrasse. Mas notei que as pessoas com quem ele conversava — geralmente empresários bem-vestidos — tinham uma brincadeira bem estranha. Os homens lhe perguntavam: "Ainda levando o cachorro pra passear?". Estava perfeitamente claro que não estava passeando com cachorro algum, apesar disso ele respondia: "Ah, sim. Ainda levando o cachorro pra passear". Então olhava por trás do ombro e dizia para o nada: "Vem, Patrick!". E seguia em frente.

Certo dia, ao voltar pela praça Madison, o vi ao lado do monumento, de frente para um semicírculo de turistas. Estava cantando. Não consegui distinguir a letra, contudo pude ouvir sua voz de tenor esganiçado.

Os turistas o aplaudiram quando terminou, e uma das guias turísticas enfiou algo na mão dele, que se curvou e os deixou. Alcançamos a calçada no mesmo instante.

"Aquilo foi muito bom", falei.

"Ora pois, muitíssimo obrigado", retrucou com seus bons modos. "Meu nome é William Simon Glover."

Apresentei-me e disse ao sr. Glover que, pelo visto, nós sempre fazíamos a mesma caminhada, na mesma hora. Nada comentei a respeito do cachorro, imaginando que o assunto acabaria vindo à tona por si.

"Ah, sim", começou a falar. "Tenho 86 anos e, toda manhã, às 7h em ponto, estou no centro. Sou aposentado, mas não consigo ficar parado. Trabalho como porteiro no escritório de advocacia Bouhan, Williams & Levy." O sr. Glover tinha uma voz cadenciada. Pronunciou o nome do escritório de direito como se um ponto de exclamação viesse após cada um dos nomes dos associados.

"Sou porteiro, porém todo mundo me conhece como cantor", prosseguiu ao cruzarmos a rua. "Aprendi a cantar na igreja quando tinha 12 anos. Eu bombeava o ar para os tubos do órgão por 25 centavos enquanto uma senhorita tocava e outra cantava. Não sabia nada de alemão, francês ou italiano, porém, de tanto ouvir a senhorita cantando, aprendi a dizer as palavras, sabendo ou não o que significavam. Uma vez, num domingo de manhã, a senhorita não pôde cantar, então cantei no lugar dela. E cantei em italiano. Cantei 'Hallelujah'."

"E como foi?"

O sr. Glover ficou parado me olhando. Então, escancarou os dentes e tomou fôlego. Do fundo de sua garganta, irrompeu um som alto, rouco: "Aaaaa le luuuu-iah! A-leeeee-luu iah!" Já havia saído do tom e cantava em falsete, vacilando. Grudada em sua mente, ao que parecia, "Hallelujah" seria uma peça para soprano, conforme interpretada pela mulher na igreja há tantos anos. "Allei-*luu*-iah, a-lei-lu iah, a-lei-lu iah, a-*lei*-lu iah, a-lei-lu iah, a-lei-lu iah!" O sr. Glover fez uma pausa para tomar fôlego. "... e aí a senhorita sempre terminava com 'AAAAAAAA*hh* lei *luuuuuuu* iah!'."

"Então essa foi sua estreia", observei.

"Isso mesmo! Foi como tudo começou. Aquela senhorita me ensinou a cantar em alemão, francês e italiano! Oras! E sou o diretor musical da Primeira Igreja Afro-Batista desde 1916. Dirigi um coral de quinhentas vozes em homenagem a Franklin D. Roosevelt quando ele visitou Savannah, em 18 de novembro de 1933. Me lembro da data porque foi nesse exato dia que minha filha nasceu. Eu a batizei como Eleanor Roosevelt Glover. Também me lembro da música que a gente cantou: 'Come By Here'. O médico mandou um recado pra mim: 'Avisa que o Glover pode cantar "Come By Here" pro presidente do jeito que quiser, e que acabei de passar na casa dele e deixei uma bebezinha lá e quero que ele venha até meu consultório e me pague 15 dólares'."

Quando nos separamos na esquina da avenida Oglethorpe, me dei conta de que ainda estava sem saber nada do cachorro imaginário, Patrick. Mais ou menos uma semana depois, ao me encontrar novamente com o sr. Glover, fiz uma anotação mental para mencionar o assunto. Todavia o sr. Glover tinha outras coisas a tratar primeiro.

"A gente entende de psicologia", afirmou. "Aprendemos isso na escola. A gente aprende 'pessoa-logia' na Pullman. Já fui carregador de malas lá na Pullman durante a guerra. Precisávamos deixar os passageiros bem satisfeitos pra ganhar umas gorjetas de 50 centavos, um dólar. A gente falava: 'Espera um pouco, senhor. O senhor está indo pro torneio de golfe, o Club Card? Sua gravata está torta.' Veja bem, a gravata dele podia até estar retinha feito uma flecha, mas dávamos uma entortada e aí endireitávamos de novo, e ele gostava. Isso é 'pessoa-logia'!

"Levávamos uma escovinha no bolso, e escovávamos o moço! Não que ele precisasse ser escovado, mas ele nem sabia disso! Escovávamos o moço mesmo assim e endireitávamos o colarinho dele. Entortávamos um pouco e endireitávamos de novo. A srta. Mamie não precisava de uma caixa pra guardar seu chapéu, porém a gente se certificava de que o chapéu dela estava numa caixa! Se ficar sentado e não fizer nada, não vai ganhar nada!

"Outra coisa que aprendi: jamais pergunte a um homem, 'Como vai a sra. Brown?' A pergunta a se fazer é: 'Como vai a srta. Julia? Diga que perguntei por ela.' Nunca perguntei pro sr. Bouhan sobre a sra. Bouhan.

Eu perguntava: 'Como vai a srta. Helen? *Diga à srta. Helen que perguntei por ela.*' Ele gostava e ela gostava. O sr. Bouhan me deu umas roupas usadas e uns sapatos dele. A srta. Helen me deu uns discos da coleção dela, todo tipo de disco. Tenho discos que nem sei que tenho. Tenho até o disco daquela grande cantora de ópera... Henry Coca-ruso!

"Eu me mantenho ocupado", declarou o sr. Glover. "Não fico sentado de braços cruzados. Tenho 500 dólares de seguro de vida, e tudo pago já. Paguei 25 centavos por semana durante setenta anos! E na semana passada a seguradora de vida Metropolitan me enviou um cheque de mil dólares!"

Os olhos do sr. Glover brilhavam. "Não, senhor, não fico sentado de braços cruzados."

"Glover!", retumbou uma voz às nossas costas. Um homem alto de cabelos brancos vestindo um terno cinza se aproximou. "Ainda levando o cachorro pra passear?"

"Ora pois, sim, senhor, ainda passeio com ele sim." O sr. Glover curvou a cabeça, como de hábito, tirou seu chapéu e fez sinal em direção ao cachorro invisível por trás dele. "Ainda levo o Patrick pra passear."

"Bom saber, Glover. Continue assim! E se cuide." Dito isso, o homem saiu andando.

"Faz quanto tempo que você passeia com o Patrick?"

O sr. Glover endireitou a postura. "Ah, faz tempo já. O Patrick era o cachorro do sr. Bouhan, que costumava dar uísque escocês, Chivas Regal, pra ele beber. Eu passeava com o cachorro e era o *barman* do cachorro também. O sr. Bouhan disse que, depois de sua morte, eu receberia 10 dólares por semana pra tomar conta do Patrick. Ele colocou isso no testamento. Eu teria de levar o cachorro pra passear e comprar uísque escocês pro Patrick. Quando o cachorro morreu, fui me encontrar com o juiz Lawrence. O juiz era o testamenteiro. Aí eu disse: 'Seu juiz, o senhor não pode parar de me pagar 10 dólares agora só porque o Patrick morreu'. E o juiz Lawrence falou: 'Como assim, morreu? Como pode? Tô vendo ele bem ali! Lá no tapete, olha'. Olhei pra trás e não vi cachorro nenhum. Mas aí eu parei, pensei por um minuto e disse: 'Ah! Eu acho que tô vendo também, seu juiz!'. E o juiz falou: 'Que bom. Então continue a levá-lo pra passear e nós continuaremos lhe pagando'. Já faz vinte anos que o cachorro morreu, mas ainda passeio com ele. Subo e desço a rua Bull e olho por trás do ombro e digo 'Vamos, Patrick!'."

Quanto à misteriosa senhorinha que estilhaçou os painéis de vidro do carro de Joe Odom com um martelo, nunca mais a vi. Fiquei sabendo, todavia, de algumas tantas pessoas em Savannah que poderiam ter se sentido no direito de estraçalhar os painéis de Joe por conta de negócios realizados com ele. A lista dessas pessoas incluía algumas senhorinhas.

Ao menos meia dúzia de pessoas, por exemplo, havia sido prejudicada no mais recente contrato de empreendimento imobiliário de Joe — a transformação de um prédio comercial em um condomínio de luxo: o Lafayette. Pouco antes de finalizar a reforma, Joe recepcionou um baile de gala no edifício como uma festa promocional a potenciais compradores. Dezesseis dos convidados fecharam contratos de compra no ato, e seis pagaram em dinheiro vivo. Os novos proprietários estavam prestes a mudar-se para o prédio quando a situação tomou um rumo inesperado: uma companhia de penhora apareceu do nada e retomou a posse dos apartamentos. Mas como? As pessoas haviam comprado os apartamentos à vista! A resposta não demoraria a chegar. O corretor imobiliário estava inadimplente com seu financiamento e nunca se preocupou em transferir os títulos aos novos proprietários. No momento da execução, os apartamentos ainda estavam em seu nome, de modo que todos foram apreendidos em garantia. Os proprietários legítimos foram obrigados a procurar a justiça para reaver os imóveis.

Joe nunca perdeu o bom humor ao longo do caso. Qual um mestre de cerimônias inabalável, garantiu a seus clientes, animado, que as coisas se resolveriam. Se acreditaram nele ou não, fato é que a maioria optou por perdoá-lo. Uma senhora comungou com o Senhor, que lhe orientou a não o processar. Outra simplesmente recusou-se a crer que um jovem tão adorável poderia ter feito algo impróprio. "Acho que eu deveria odiá-lo", disse um osteopata que levara prejuízo em outro dos esquemas financeiros do corretor de imóveis, "mas aquele demônio é simpático demais."

Correram rumores de que Joe havia esbanjado o dinheiro do financiamento do Lafayette, que havia fretado um avião particular e levado uma dezena de amigos para New Orleans a fim de escolher um lustre para o saguão e, incidentalmente, comparecer às finais do campeonato de futebol americano. Após a execução da hipoteca, todavia, ficou claro que ele não havia, de modo algum, enriquecido com o fiasco. A bem da verdade, acabou perdendo seu carro, seu barco, seu mordomo, sua esposa e a escritura da própria casa.

Em consequência do caso Lafayette, Joe julgou necessário incrementar sua renda tocando piano em festas particulares e abrindo as portas de sua casa a excursões por vários dias da semana ao custo de 3 dólares por cabeça como parte de um pacote turístico que incluía almoço em um casarão histórico. As companhias de turismo enviavam o serviço de buffet à casa de Joe às 11h45 da manhã com travessas e terrinas de comida; os ônibus turísticos chegavam ao meio-dia; os turistas passeavam pela casa, almoçavam no buffet e o escutavam tocar algumas canções no piano. Então, às 12h45, os turistas retornavam aos ônibus e os funcionários do buffet empacotavam tudo e iam embora.

As gargalhadas e a música seguiram ressoando pela casa 16 da rua East Jones dia e noite como antes. No entanto Joe já não passava de um mero inquilino. Nem a casa nem nada no interior lhe pertencia mais. Nem os retratos nem os carpetes nem a prataria. Nem mesmo os painéis de vidro nos quais a misteriosa senhorinha, quem quer que fosse, descarregara toda sua fúria.

5
O INVENTOR

A voz surgiu de trás de mim feito uma brisa que murmurava: "Ah, não faça isso", disse. "O que quer que vá fazer, esqueça." Eu estava no balcão do Clary's depois do café da manhã e, quando me virei, fui confrontado por um homem que mais parecia um espantalho. Tinha um pescoço comprido e um pomo-de-adão protuberante. Cabelo castanho liso, escorrido sobre a testa. Caiu a ficha de que, se um dos dois devesse se sentir envergonhado, era eu. Tinha acabado de perguntar para a atendente sobre o que fazer com o anel cristalizado e sujo que não saía do vaso sanitário. Ela me disse para usar palha de aço.

O sujeito sorriu, sem graça. "Palha de aço deixa uns arranhões na porcelana", explicou. "Aqueles depósitos de cálcio na porcelana. Vem tudo da água. Tem que esfregar com um tijolo vermelho. O tijolo é mais duro que os depósitos de cálcio, porém não é tão duro quanto a porcelana e não vai deixar arranhão algum."

Vira aquele homem várias vezes, bem ali mesmo. Era um dos clientes regulares que tomavam o café da manhã por lá todos os dias. Muito embora jamais tenhamos nos falado, sabia quem ele era. Essa era uma das coisas mais importantes no Clary's. Aquele lugar era uma câmara de compensação das informações, uma bolsa de valores das fofocas.

Apesar do cheiro permanente de gordura de bacon queimada e da probabilidade de Ruth ou Lillie confundirem os pedidos, o Clary's tinha uma clientela fiel tanto no café da manhã quanto no almoço. As pessoas apareciam, esgueirando-se ou tropeçando, e mal eram notadas atrás dos jornais abertos. Os clientes se cumprimentavam de mesa em mesa, ou da mesa ao balcão, e tudo o que era dito era ouvido por acaso e passado adiante em seguida. A freguesia, a qualquer hora do dia, podia ser constituída por uma dona de casa, um corretor de imóveis, um advogado, um estudante de arte e talvez uma dupla de carpinteiros de serviço em um casarão descendo a rua. Bastaria um dos carpinteiros dizer: "Tudo que a gente tem pra fazer hoje é selar o vão da porta entre o quarto dela e o dele", e a notícia de que um período glacial pairava no matrimônio dos moradores do casarão em pauta se tornaria lugar comum até o fim do dia. Comentários ouvidos sem querer eram uma mercadoria no restaurante tanto quanto os analgésicos ou antiácidos que vendiam.

O homem que me aconselhou a esfregar meu vaso sanitário com um tijolo realizava um ritual diário e peculiar ali. Sempre pedia o mesmo desjejum: ovos, bacon, uma aspirina da Bayer e um copo de Coca-Cola com *spirit* de amônia. Porém nem sempre consumia seu pedido. Às vezes, ficava só olhando para a comida. Colocava as mãos abertas sobre a mesa como que para firmar a vista e ficava encarando o prato. Então, ou começava a comer, ou levantava-se sem dizer nada e saía porta afora. No dia seguinte, Ruth lhe servia a mesma refeição e voltava a empoleirar-se nos fundos do balcão para dar uns tragos no cigarro e ficar de olho no que ele faria. Eu também passei a observá-lo.

Sempre que o homem saía sem tocar na comida, Ruth dizia a ninguém em particular: "O Luther não vai comer". Então recolhia o prato dele e colocava a conta ao lado do caixa. Pelos comentários que se seguiam às saídas dele, fiquei sabendo que o nome do sujeito era Luther

Driggers e que, alguns anos antes, havia conquistado certa notoriedade em Savannah. Havia feito uma descoberta — envolvendo um determinado pesticida e a capacidade deste de atravessar plástico — que levara à invenção da coleira antipulgas e das tiras repelentes contra insetos.

Nesse sentido, daria para afirmar que Luther Driggers era o equivalente moderno de outro famoso inventor de Savannah, Eli Whitney. Na prática, nenhum dos dois ganhou um centavo sequer com suas invenções. Whitney manteve seu descaroçador de algodão cuidadosamente em segredo enquanto aguardava a patente sair, entretanto cometeu um erro tático permitindo que mulheres pudessem dar uma espiada no invento, presumindo que elas não compreenderiam o que estavam vendo. Acabou que um empreendedor colocou um vestido e se infiltrou em um grupo de mulheres visitantes, depois foi para casa e montou seu próprio descaroçador. O caso de Luther Driggers se complicou por ele ser funcionário público quando fez sua descoberta. Funcionários públicos não podiam reivindicar contrapartidas financeiras pelo próprio trabalho. A única maneira que lhe possibilitaria ter lucrado com sua invenção seria vendendo em sigilo as informações pertinentes a uma empresa privada. Enquanto sobrepesava os prós e os contras morais de sua ação, um de seus colegas o deixou comendo poeira.

Luther Driggers tinha um semblante pesaroso, contudo seu fracasso em fazer qualquer dinheiro com a coleira antipulgas não era a única razão disso. Sua vida parecia marcada por uma sucessão de desventuras infelizes. O casamento com a namoradinha da escola havia durado pouco mais de um ano. O pai dela era dono de um supermercado e o dote da moça consistia em uma casa e mantimentos de graça à vontade. Quando o casamento chegou ao fim, a casa e os mantimentos se foram com ela. Luther se mudou para um antigo mortuário na esquina da Jones com a Bull, onde a primeira coisa que fez foi transformar a sala azulejada de embalsamento em um banheiro. Mais tarde, vendeu algumas propriedades herdadas e comprou um antigo casarão. Arrendou a casa e transformou a cocheira dos fundos em um alojamento para si. Ao longo do processo de reforma, dedicou atenção considerável a um pequeno detalhe no design da escadaria — o chamado degrau em falso.

O espelho do tal degrau em falso era dois centímetros mais alto que os demais, de modo que uma pessoa desavisada poderia tropeçar, servindo de alarme primitivo antirroubo. Esse recurso foi empregado em várias casas antigas, no entanto era um perigo a Driggers, pois ele geralmente chegava em casa sem a menor condição de lidar com um degrau normal, muito menos com os traiçoeiros. Além disso, assim que a escadaria ficou pronta, ele se deu conta de que havia deixado passar um ponto dos mais importantes: a saber, onde instalar a escada, para começar. Acabou colocando justo contra a única parede que poderia ter uma janela com vista para o jardim. Com isso, à sala de estar restou a vista de um beco escuro e um container marrom de lixo.

Certa vez, enquanto cuidava do queixo machucado em decorrência de uma queda provocada pelo degrau em falso, Luther dirigiu-se à agência dos correios da praça Wright para conferir o peso de meio quilo de maconha que estava prestes a comprar. Queria certificar-se de que não estava sendo enganado. Para sua surpresa, foi detido na entrada, teve seu pacote confiscado e o levaram preso. Conforme o jornal *Savannah Evening Press* explicou na cobertura do caso, a agência dos correios havia recebido uma ameaça de bomba minutos antes. A matéria dizia que o pacote continha "um pouco menos de meio quilo de maconha". Luther tinha sido ludibriado, bem como temera.

Esses infortúnios afligiam seus amigos, em particular a obstinada Serena Dawes. Luther e Serena formavam uma dupla bastante incomum. Ela era bem mais velha que ele, e passou a maior parte da vida repousando em meio ao dossel de sua cama, encostada contra uma barricada de travesseiros minúsculos. De seu estrado de seda, persuadia o amigo a preparar-lhe um drinque, a procurar suas meias-calças, a atender a porta, a pegar gelo, a passar-lhe um pente, a afofar seus travesseiros, a massagear seus tornozelos. Em contrapartida, e sem um pingo de ironia, o estimulava a lutar por seus direitos. "Uma dama", dizia com sua pronúncia mais lânguida, multissilábica, "espera que um cavalheiro tome o que lhe pertence!". Quando Serena se valia de tal discurso, geralmente estava pensando nos lucros da coleira antipulgas e da tira repelente contra insetos. Ela havia até calculado quantas quinquilharias os tais lucros poderiam ter bancado.

Serena Vaughn Dawes fora uma beldade bastante celebrada quando mais nova. Era tão atraente que Cecil Beaton a chamou de "uma das belezas naturais mais perfeitas que já fotografei". Filha de um ilustre advogado de Atlanta, conheceu o jovem Simon T. Dawes de Pittsburgh, neto de um magnata do aço, quando estava de férias em Newport antes da Segunda Guerra Mundial. Dawes ficou encantado por ela. Colunistas sociais de todo o país escreveram, incansáveis, notas relacionadas ao romance. Entretanto quando o *Daily News*, de Nova York, divulgou que o casal havia noivado, a mãe de Dawes — a formidável Theodora Cabot Dawes — enviou um telegrama com uma única e desdenhosa palavra que estourou nas manchetes: FILHO NOIVO? "ABSURDO!" DECLARA A SRA. DAWES. A oposição da mãe ao noivado de seu filho tornou-se irrelevante pela subsequente fuga dos noivos para casarem-se às escondidas. Após a lua de mel do casal no antigo DeSoto Hotel, em Savannah, os recém--casados retornaram a Pittsburgh, onde decidiram morar.

Como sra. Simon T. Dawes, Serena tornou-se um ícone do glamour da elite nas décadas de 1930 e 1940. Sua imagem estampava anúncios de cigarro de página inteira na revista *Life*. O conteúdo sempre carregava uma mensagem de que era uma dama de fino trato, que viajava na primeira classe e hospedava-se em suítes presidenciais onde quer que fosse. Nos anúncios, Serena aparecia sentada com todo seu esplendor, cabeça inclinada para trás e um fiapo de fumaça subindo do cigarro em sua bela mão.

Sob o manto de serenidade, porém, havia fogo — e a sogra bem o sabia. A velha sra. Dawes fez o que pôde para dobrar a nora às suas vontades. Costumava estimulá-la a doar os cachês desses anúncios à caridade, e assim era feito. Porém quando Serena descobriu que a sogra embolsava em segredo os próprios cachês dos anúncios que participava, deu um tapa no rosto da mulher e a chamou de "cadela pagã". As duas abominavam uma à outra.

Quando Simon Dawes, por acidente, deu um tiro na própria cabeça e morreu, a mãe se vingou de Serena. Os negócios da família foram organizados de modo que o grosso do patrimônio de Simon não fosse para esposa e sim para os filhos do casal. Mas a nora não se daria por vencida; comunicou sua intenção de vender a mansão em Pittsburgh para uma família negra. Um grupo de vizinhos ricos implorou que lhes fosse dada preferência na compra da casa. O que ela acabou fazendo, por uma fortuna, e mudou-se para Savannah.

Foi em Savannah que ela mergulhou de cabeça na meia-idade. Ganhou peso, caiu em uma autoindulgência sem fim e tornou-se a alma do egocentrismo paparicado. Passava a maior parte do dia na cama, entretendo suas visitas, bebendo martínis e Pink Ladies e brincando com seu poodle toy branco, Lulu.

Por mais que detestasse a família de seu ex-marido, regozijava-se de sua conexão com eles. Nunca se cansou de contar às pessoas que a cama em que se deitava já pertencera a Algernon Dawes, o milionário do aço. Fotografias dos Dawes e dos Cabot montavam guarda na mesa de cabeceira. Um retrato de corpo inteiro de sua odiada sogra ficava pendurado na sala de jantar, bem como as fotografias de si própria tiradas por Cecil Beaton adornavam as paredes de seu quarto. Serena prosperava nesse museu de seu eu anterior. Tinha um armário que consistia basicamente de vestidos curtinhos e penhoares, os quais revelavam suas pernas ainda em forma e discretamente deixavam seu tronco à mostra em meio a nuvens de plumas e chiffons de seda. Pintava os cabelos de vermelho flamejante e as unhas das mãos e dos pés de verde-escuro. Ela intimidava e adulava; rugia e ronronava. Falava arrastado, praguejava e seguia em frente. Para enfatizar o que dizia, atirava objetos pelo quarto — travesseiros, bebidas, até mesmo Lulu. Vez ou outra, varria os Dawes e os Cabot da mesinha de cabeceira, esbravejando e derrubando tudo no chão.

Serena não escolheu misturar-se à sociedade de Savannah, nem foi convidada para isso. No entanto a elite local nunca se cansou de comentar a seu respeito. "Ela não recebe visitas de casais", disse uma senhora que vivia a algumas casas de distância, na própria rua Gordon, "só homens mais jovens. Nunca vi uma única moça entrando naquela casa. Ela não é, até onde sei, membro de nenhum clube de jardinagem. E não é nada sociável com os vizinhos." À maneira dos dois, porém, Serena amava Luther e era correspondida nesse amor.

O despretensioso, tímido e desafortunado Luther Driggers tinha um lado mais sombrio. Era possuído por demônios interiores que se manifestavam de maneiras perturbadoras. Insônia crônica era uma delas. Isso fez com que, certa vez, passasse nove dias sem dormir. O sono, quando vinha, raramente era tranquilo. Costumava dormir com os dentes rangendo e os punhos cerrados com força. Pela manhã, acordava com o maxilar doendo e pequenos cortes em forma de lua crescente nas palmas das mãos. As pessoas se preocupavam com os demônios de Luther. Porém nem tanto assim com o café da manhã intocado, nem com a falta de sono, nem com as mãos sangrando. O que as deixava receosas era algo bem mais sério.

Havia rumores de que Luther possuía um frasco de veneno quinhentas vezes mais mortal que arsênico, algo tão letal que, caso fosse jogado no reservatório de água da cidade, mataria todos os homens, mulheres e crianças da cidade. Anos antes, uma delegação de cidadãos apreensivos havia informado à polícia a esse respeito que, no entanto, vasculhara a casa de Luther sem nada encontrar. Ninguém se deu por satisfeito, evidentemente, e os rumores persistiram.

É certo que Luther sabia tudo de venenos e como administrá-los. Exercia cargo técnico no insetífero governamental nas imediações de Savannah. Seu emprego exigia que examinasse jarros com amostras de celeiros, classificasse os gorgulhos e besouros e os criasse em colônias a fim de testar inseticidas variados. A parte difícil do trabalho era a exigência de injetar inseticida na cavidade torácica de cada inseto individualmente. Tal manobra demandava a destreza de um mestre-relojoeiro. Já era complicado o suficiente quando sóbrio; de ressaca e com tremores pelo corpo, era quase impossível. "Deus do céu, esse trabalho é um tédio", declarou.

Às vezes, para aliviar a monotonia, anestesiava moscas comuns e colava fios compridos nas costas delas. Quando as moscas acordavam, voavam em círculos no rastro dos fios. "Fica mais fácil de pegá-las", contou.

Em certas ocasiões, perambulava por Savannah segurando uma dezena ou mais desses fios, cada um de uma cor. Algumas pessoas passeiam com cachorros; Luther passeava com moscas. De vez em quando, ao visitar amigos, levava algumas moscas consigo e as deixava soltas na sala de estar.

Em outros momentos, grudava as asas de uma vespa no topo das asas de uma mosca a fim de aprimorar a aerodinâmica. Ou então deixava uma das asas ligeiramente menor que a outra de modo que a mosca voasse em círculos para o resto da vida.

Era só esse lado de Luther, suas experiências excêntricas, que deixava as pessoas com um certo desconforto persistente quanto à possibilidade de um dia ele despejar o frasco de veneno no reservatório de água de Savannah. Ficavam ainda mais preocupadas quando seus já conhecidos demônios levavam a melhor sobre ele. E sempre que Luther saía do Clary's sem tomar o café da manhã — o que vinha fazendo nos últimos tempos — era um sinal de que seus demônios estavam agitados.

Tal preocupação dominava meus pensamentos, a bem da verdade, enquanto Luther me explicava por que eu deveria esfregar meu vaso sanitário com um tijolo. Dentre todas as coisas possíveis, ele estava falando justo do reservatório de água de Savannah. A água da cidade vinha de um aquífero de calcário, ele me explicou. Era rica em bicarbonato de cálcio, o qual perde uma molécula e transforma-se em cristais de carbonato de cálcio quando seco. "Olha, escuta só", tinha vontade de dizer, "que história é essa de que você tem um veneno letal?". Porém não fiz isso. Limitei-me a agradecê-lo pela dica.

Na manhã seguinte, quando ele se sentou à mesa ao lado da minha, inclinei-me e comuniquei-lhe as boas novas. "O tijolo funcionou", falei. "Obrigado."

"Que bom", retrucou. "Você podia ter usado uma pedra pomes também. Teria funcionado tão bem quanto o tijolo."

Ruth serviu o café da manhã de Luther que, como de costume, se pôs a encarar a comida. Notei um fio verde-claro amarrado à casa do botão de sua lapela. Pendia sobre sua jaqueta. Enquanto ele mirava seus ovos, o fio verde retesou; depois girou no sentido anti-horário e aquietou-se em seu ombro esquerdo. Permaneceu lá por uns instantes, então saiu flutuando como se capturado por uma corrente de ar. Ficou suspenso no espaço, ainda ancorado à lapela, e por fim desceu pairando até repousar sobre seu peito. Luther estava alheio aos movimentos do fio e às estripulias da mosca na extremidade dele.

Percebeu que eu o observava. "Sei lá", disse com um suspiro. "Às vezes, simplesmente não consigo enfrentar o café da manhã."

"Reparei", rebati.

Luther ficou corado com a ideia de que seus hábitos alimentares vinham sendo observados, e se pôs a comer. "Tenho uma deficiência de ácido gástrico", explicou. "Nada sério. Chama hipocloridria. Me disseram que Rasputin sofria do mesmo mal, contudo eu não saberia dizer com certeza. Tudo que sei é que, em dias de estresse, meu suco gástrico simplesmente me deixa na mão e não consigo digerir os alimentos. Porém logo passa."

"E esse suco gástrico?", perguntei. "Você tem passado por muita pressão ultimamente?"

"Bom, mais ou menos", respondeu. "Estou trabalhando em algo novo. Algo que pode acabar rendendo um monte de dinheiro, se funcionar. O problema é que ainda não consegui fazer funcionar." Luther fez uma breve pausa, ponderando se eu era digno de sua confiança.

"Você sabe o que é a luz negra?", retomou a palavra. "Aquelas lâmpadas fluorescentes de cor lilás que fazem as coisas brilharem no escuro? Bom, sabe, muitos bares têm aquários de peixes iluminados por essas lâmpadas. O Purple Tree, lá na praça Johnson, tem. Aí, fiquei pensando: que pena os peixes dourados não brilharem no escuro. Então, estou tentando descobrir um jeito de fazê-los brilhar. Se eles brilharem mesmo, vai parecer que estão flutuando no ar feito uns vagalumes gigantes — justamente o tipo de visão maluca que um cara tomando todas num bar passaria horas olhando. Pelo menos *eu* passaria. Todo e qualquer bar nos Estados Unidos desejaria de ter esses peixes. Por isso, quero descobrir um jeito de fazer com que eles brilhem."

"Acha que vai conseguir?"

"Estou fazendo umas experiências com tinta fluorescente", respondeu. "A primeira coisa que tentei foi mergulhar os peixes dourados direto na tinta, o que acabou por matá-los. Aí, tentei uma abordagem mais sutil e joguei a tinta no aquário, só uma colherzinha de chá, e esperei. Uma semana depois, apareceu um brilho fraquinho nas guelras e nas pontas das barbatanas, porém não era o suficiente para causar tanto impacto assim num bar. Pouco a pouco, fui jogando mais tinta na água, contudo os peixes não ficavam nadinha mais brilhantes e o brilho não passava para nenhuma outra parte deles. Tudo o que aconteceu foi que o nível do pH da água aumentou e, em uns dois dias, os peixes estavam mortos. Estou neste ponto agora."

A mosca havia pousado na sobrancelha de Luther. O fio verde ficou pendurado sobre sua bochecha como se estivesse fixo a um monóculo.

Os Peixes Dourados Fluorescentes de Driggers. Claro, por que não? Fortunas já foram feitas por menos. "Gostei", afirmei. "Espero que dê certo."

"Eu o aviso", afirmou Luther.

Nossas conversas nos dias que se seguiram foram breves. Por várias vezes, Luther só acenou e fez um sinal positivo. Em certa ocasião, pensei ter visto uma pequena mutuca pairando sobre ele. Não soube dizer se estava amarrada a um fio, mas a mosca o seguiu até a caixa registradora e, quando saía do estabelecimento, me pareceu ter segurado a porta para o inseto.

Certa manhã, quando entrei no Clary's, ele me cumprimentou de longe. "Estou tentando uma nova abordagem", comentou. "Estou misturando a tinta fluorescente à ração de peixe e já estou começando a ver resultados. As guelras e as pontas das barbatanas estão brilhando forte, tem até uma certa fluorescência nos olhos e em volta da boca."

Luther me contou que planejava ir ao Purple Tree à noite para o primeiro teste público. Eu era bem-vindo se quisesse acompanhá-lo. Poderia encontrá-lo na casa de Serena Dawes às 22h e nós três seguiríamos juntos ao bar.

Às 22h em ponto, a governanta de Serena Dawes, Maggie, atendeu a porta do casarão. Ela me levou até uma antessala, mobiliada em grande estilo — mobília estilo império francês, pesadas cortinas com babado, e uma abundância de folhas de ouro. Em seguida, adentrou para os fundos da casa e sumiu de vista. A julgar pelos ruídos vindos daquela direção, Serena ainda demoraria a ficar pronta. Dava para escutar os rompantes agudos de uma conversa de mão única: "Põe de volta! Põe de *volta*!", berrava a dona da casa. "Não, caramba, *aquele* ali! Não posso usar esses sapatos. Maggie, você tá me machucando! Seja mais cuidadosa da próxima vez, e escute o que estou dizendo. Você ligou pra polícia como lhe disse para fazer? Pegaram aqueles canalhas caipiras nojentos? Pegaram? Deviam ter atirado neles! Para matar! Quase explodiram a maldita casa. Luther, querido, segure o espelho mais alto um pouco para que eu consiga ver. Melhor assim. Lulu, vem com a mamãe. Vem com a mamãe, Lulu! Ôooo! Amorzinho da mamãe, coisinha fofa da mamãe! Maggie, dá um jeito no meu drinque. Ai, você não está vendo que o gelo derreteu?".

Às 23h, ergui os olhos para dar de cara com um par de pernas pálidas e bem torneadas sustentando o alvoroço das plumas cor-de-rosa de um marabu e coroado por um chapéu de cerimônia. As unhas de Serena estavam pintadas de preto-esverdeado. Seu rosto estava em meio à sombra do chapéu de abas largas, no entanto ainda evidenciava os traços de outrora. Ela sorriu e uma fileira alinhada de dentes perfeitamente brancos reluziram por entre dois lábios vermelhos brilhantes.

"Eu sinto mui-tís-si-mo por fazê-lo esperar", desculpou-se toda coquete quase sussurrando com uma voz arrastada. "Espero de coração que o senhor encontre uma forma de me perdoar, porém sinto dizer que quase não dormi. Aquelas criancinhas terríveis do outro lado da praça jogaram uma bomba embaixo da janela do meu quarto na calada da noite. Meus nervos ainda estão abalados. Minha vida está em constante perigo."

"Poxa, dona Dawes", disse Maggie, "não era elas, não. Era só o Jim Williams dando uns tiros com um revólver de brinquedo. A senhora sabe como ele gosta de provocar. E não foi de noite também, não. Era meio-dia."

"Ainda tinha gente decente descansando!", disparou Serena. "E *não* era uma arma de brinquedo! Você não entende dessas coisas, Maggie. Era a porra de uma bomba! Quase explode a maldita parede. Tenho quase certeza de que a estrutura do meu quarto ficou deteriorada por conta disso. E quanto ao Jim Williams — aquele caipira inútil de uma figa lá dos cafundós da Geórgia — ele vai ver o que é bom pra tosse. Espera só."

Luther apareceu carregando uma caixa de comida chinesa. "Bom, os peixes dourados estão prontos. Vamos nessa."

Serena insistiu em percorrer o circuito de casas noturnas locais em vez de ir direto ao Purple Tree. O trabalho que teve para se vestir não merecia menos que uma grande turnê. Primeiro, fomos ao bar do restaurante 1790, em seguida ao Pink House e depois ao DeSoto Hilton. A cada parada, os amigos dela reuniam-se ao redor. Ela dava atenção apenas aos homens, lisonjeando-os e intimidando-os alternadamente, e abanando-se com seu guardanapo. "Ai, querido, você está tão bonito. Santo Deus, esqueci meus cigarros no carro. Vamos, seja um amor de pessoa e vá pegá-los pra mim — toma, leva minhas chaves. Caramba, tá calor pra caramba aqui. Juro que vou desmaiar se ninguém aumentar o ar. Minha nossa, olha só, meu drinque acabou! Eu preciso *muito* de outro! Ora, ora, obrigaaaada. Meus nervos ainda estão à flor da pele por causa daquele atentado com bomba de ontem à noite. Você não ficou sabendo? Um amante decepcionado abriu um buraco na parede do meu quarto. Ainda estou muito abalada para falar a respeito."

Com o passar da noite, Luther foi ficando preocupado que o efeito da fluorescência em seus peixes dourados pudesse passar e começar a desaparecer. "A gente precisa chegar ao Purple Tree antes que seja tarde demais", argumentou.

"Chegaremos a tempo, querido", retrucou Serena. "Tão logo dermos uma espiada no Pirate's Cove." Luther abriu a caixa e salpicou um pouco mais de ração lá dentro. Após o Pirate's Cove, ela insistiu em uma parada no Pinkie Master's. Luther adicionou mais ração. Já no Pinkie Master's, várias pessoas espiaram dentro da caixa.

"Peixes dourados", diziam. "E daí?"

"Venham com a gente até o Purple Tree", retrucava Luther. "Lá vocês vão ver". E colocava outra dose de ração na caixa. Quando enfim chegamos ao Purple Tree, eram 2h30 da madrugada, e nosso grupo de três pessoas já havia se expandido a uma pequena multidão, com Serena no centro das atenções. Luther parecia contente por estar cuidando de seus peixes dourados enquanto embebedava-se em silêncio. Em meio à penumbra de luzes negras do Purple Tree, o rosto de Serena estava praticamente invisível sob seu chapéu a não ser por seus dentes, todos radiantes. "Se não foi um amante ciumento", conjecturava, "então pode ter sido a máfia. Também usam explosivos, não usam? Dariam tudo para botar as mãos nas joias magníficas que meu último marido me deixou. Ele era um dos homens mais ricos do mundo, como todos sabem. Depois do atentado de ontem à noite, me considero abençoada por estar viva."

Luther, com as pernas já não tão firmes a esta altura, foi até o outro lado do balcão. "Bom, lá vai", falou e, sem maiores cerimônias, despejou os peixes no aquário. Mergulharam na água, criando uma profusão de bolhas verdes claras. Ele prendeu o fôlego enquanto as bolhas subiam até que a água ficasse límpida outra vez. Lá, nadando pelo aquário — mais brilhantes que as guelras ou as bocas ou os olhos ou as barbatanas — estavam os intestinos fluorescentes dos seis peixes dourados. Núcleos enovelados e nodosos de luz no centro de cada um dos peixes. Ficou sem acreditar no que via. Meses de trabalho para resultar naquilo. Tripas fluorescentes. Havia alimentado demais os peixes.

Um silêncio pairou sobre os fregueses do bar.

"Querido", questionou Serena, "que diabos é isso?"

Outras pessoas não tardaram a contribuir, jogando mais lenha na fogueira.

"Que nojento."

"Parece um raio-X dos peixes."

"Eca!"

Luther estava desconsolado. "Não tem importância", resignou-se. "Pouco importa. Não dou a mínima mesmo." Ficou repetindo "Não tem importância" várias e várias vezes. Em resposta a qualquer pergunta — *Você quer outro drinque? O que a gente faz com esses peixes? Eles são radioativos?* — dizia a mesma coisa. "Não tem importância".

Ele não estava em condições de dirigir. Então, depois de deixarmos Serena gritando "Boa nooooite!" na entrada de sua casa, assumi o volante, dirigi até sua casa e deixei-o na sala de estar da cocheira onde ele morava — a sala de estar com vista para o container de lixo em vez do jardim. O ar fresco da noite pareceu reanimá-lo um pouco.

"Não sei por que perdi meu tempo com esses peixes dourados", resmungou. "Eu devia ter me focado no que sei fazer. Insetos. Não vale a pena tentar mudar isso. Sempre pensei em mudar minha vida totalmente, contudo nunca deu certo. Até me mudei para Flórida, uma vez, porém acabei voltando. Savannah está impregnada em mim, acho. Faz uma eternidade que minha família mora aqui e, depois de tanto tempo, acho que acaba se fundindo aos genes da gente. É que nem os insetos controlados no laboratório. Já lhe contei sobre eles? Bom, a gente mantém um monte de colônias de insetos em grandes recipientes de vidro lá. Alguns desses recipientes já estão lá há 25 anos. São umas cem gerações. Tudo o que sabem da vida é o que acontece dentro desses viveiros. Nunca foram expostos a pesticidas nem à poluição, então não desenvolveram imunidade nem evoluíram de forma alguma. Continuam os mesmos, geração após geração. Se a gente os soltasse no mundo, morreriam. Acho que é tipo o que acontece quando se vive desde sempre nesta cidade. Savannah acaba sendo o único lugar em que a pessoa consegue viver. Somos como insetos num viveiro."

Luther se desculpou e pediu que o esperasse na sala de estar. Subiu as escadas um tanto trôpego, porém com excessivo zelo, superando o degrau em falso sem maiores contratempos. Pude ouvi-lo cruzando o piso superior. Uma gaveta se abriu e se fechou. Quando retornou, carregava uma garrafa marrom com tampa preta de rosca. A garrafa estava cheia de um pó branco.

"Isso aqui é um caminho sem volta", declarou. "Fluoroacetato de sódio. É um veneno. Quinhentas vezes mais letal que arsênico." Luther segurou a garrafa contra a luz. Havia uma etiqueta escrita à mão onde se lia *Monsanto 3039*.

"É a mesma coisa que os Finn jogaram nos poços deles quando os russos os invadiram em 1939. As águas naqueles poços ainda não podem ser bebidas. Eu poderia matar todo mundo em Savannah com essa garrafa. Dezenas de milhares de pessoas, pelo menos." Um sorriso se desenhou nos lábios de Luther enquanto ele mirava a garrafa. "Eu fui o encarregado de enterrar um monte disso aqui lá na Ilha Oatland, onde a gente desativou um laboratório, há anos. Mas guardei um pouco pra mim. Mais que o suficiente."

"E você já pensou em usar?"

"Claro. Disse pra todo mundo que usaria se os pretos se mudassem pra casa aí ao lado. Então eles se mudaram mesmo e me fizeram passar por mentiroso."

"Não é ilegal ter isso em casa?"

"Bastante."

"Então por que guarda isso?"

"A ideia me agrada." Luther falava de um jeito provocativo, como um menino com um estilingue megapoderoso. "De vez em quando, fico segurando a garrafa e penso... puf!"

Ele me passou a garrafa. Enquanto a segurava, prendi a respiração por medo de que a mínima emanação de vapores pudesse ser fatal. Imaginei o que se passava pela cabeça de Luther quando segurava aquela garrafa e pensava "puf!". Então, supus saber. Provavelmente via as pessoas de Savannah caindo mortas, uma a uma: empresários sentados nos bancos da praça Johnson, jovens festeiros farreando na rua River, senhoras negras a passos lentos segurando sombrinhas para se proteger do sol quente de verão, copeiros carregando travessas de prata na Agremiação Oglethorpe, prostitutas de shortinhos na rua Montgomery, turistas enfileirados em frente à pensão da srta. Wilkes.

Ele pegou a garrafa de volta. "É um veneno inodoro e insípido", explicou. "Mata sem deixar nenhum vestígio — só um leve resíduo de fluoreto, e, mesmo assim, nada além do que se poderia atribuir ao uso do flúor na pasta de dente. A vítima morre de ataque do coração. É a arma perfeita para um assassinato."

Luther foi até a porta da frente e a abriu. Encarei como um sinal de que a noite havia chegado ao fim. Ao me levantar, porém, agarrou a porta e a puxou com força para cima. A porta se desacoplou completamente das dobradiças. Ele a acomodou na horizontal no chão da sala. "Essa não é uma porta qualquer", comentou. "É o que chamam de 'placa de resfriamento'. É onde os corpos dos cadáveres ficam deitados enquanto são preparados para o enterro. Muitas casas antigas tinham portas assim. A porta da frente funciona como uma placa de resfriamento. As casas da minha família sempre tiveram uma, aí encomendei uma porta assim para mim. Quando eu me for, vão me carregar nisso aqui."

Disse isso e se sentou de pernas cruzadas em cima da porta no chão da sala com a garrafa de veneno em uma das mãos. Pois é, pensei, e quando você se for, quantos mais vai levar junto? Luther fechou os olhos. Um sorriso se abriu em seu rosto.

"Sabe", lhe disse, "algumas pessoas em Savannah, ou pelo menos algumas pessoas lá no Clary's, estão com medo de que você algum dia jogue esse veneno no reservatório de água."

"Eu sei", rebateu.

"E se eu arrancasse essa garrafa das suas mãos e saísse correndo com ela?"

"Provavelmente eu voltaria lá na ilha Oatland e desenterraria outra", respondeu Luther. Quaisquer que fossem suas intenções, ele visivelmente se deleitava com as especulações acerca de seu poder sinistro.

"Quando você era criança", retomei, "era do tipo que arrancava as asas das moscas?"

"Não", esclareceu, "mas eu pegava besouros e amarrava balões neles."

Na manhã seguinte, já no Clary's, Ruth serviu o café da manhã de Luther — os ovos, o bacon, a aspirina da Bayer e o copo de Coca-Cola com *spirit* de amônia. Então retornou para o lado de dentro do balcão e deu uns tragos no cigarro.

"Ruth?", perguntou Luther. "Você acha que dá pra levar a vida sem peixes dourados fluorescentes?"

"Eu consigo se você conseguir, Luther", respondeu ela.

Depois de abocanhar uma colherada de ovos, ele partiu para o bacon. Deu um gole na Coca e se pôs a comer todo o café da manhã. Seu semblante seguia pesaroso, apesar de um certo ar de paz. Luther comeu, dormiu e seus demônios interiores se aquietaram. Sua garrafa de veneno mortal seguiria sendo apenas uma curiosidade inofensiva. Ao menos por ora.

6
A DAMA DAS SEIS MIL CANÇÕES

O fluxo de pessoas entrando e saindo na casa de Joe Odom parecia ter ganhado ritmo nas semanas seguintes ao nosso primeiro encontro. Pode ter sido porque resolvi me deixar levar e estava vendo o fenômeno por dentro, em meio à correnteza, por assim dizer. Costumava passar na casa dele depois do café da manhã, hora em que o aroma de capuccino fresco já teria se sobreposto ao fedor de cigarro da noite anterior. Além disso meu anfitrião já estaria banhado, barbeado e bem descansado com três ou quatro horas de sono e, dentre tão variadas companhias (barman, socialites, caminhoneiros, contadores), pelo menos uma delas teria dormido no sofá. Um redemoinho de atividades circulava pela casa, mesmo logo de manhã. As pessoas entravam e saíam dos cômodos, cruzando os campos de visão uns dos outros, feito personagens de *La Dolce Vita*.

Certa manhã, ele se sentou ao piano de cauda na sala de estar tomando café e ficou tocando o instrumento enquanto conversava comigo. Um sujeito gordo e uma menina com cabelos trançados passaram por nós, totalmente absortos na própria conversa.

"Ela destruiu o carro da própria mãe ontem", disse a menina.

"Eu pensei que tivesse sido a TV."

"Não, a TV foi na semana passada..."

Os dois seguiram corredor adentro, e em seguida a cabeça de um homem careca de terno apareceu na soleira da porta:

"A reunião é às 14h", falou se dirigindo a Joe. "Ligo pra você quando terminar. Me deseja sorte." Então, sumiu. Nessa hora, Mandy veio da cozinha enrolada em um lençol branco e parecendo uma deusa da volúpia. Tirou um cigarro do maço no bolso da camisa do pianista, beijou-lhe a testa, sussurrou "prepara logo os malditos papéis do divórcio!" e então voltou para a cozinha, onde Jerry terminou de cortar os cabelos dela. Na sala de jantar, um rapaz urrava de rir lendo a coluna de Lewis Grizzard a uma senhora de cabelos brancos que não estava achando aquilo nada engraçado. No andar de cima, um par de saltos altos estalava no chão.

"Olha só, são 9h30 da manhã", disse Joe, "e eu ainda nem estou entediado."

Ele não falava apenas comigo, mas também com uma pessoa do outro lado da linha, ao telefone, cujo gancho segurava com o queixo. Era normal que mantivesse duas ou mais conversas ao mesmo tempo. Às vezes, dava para saber quem o interlocutor era; às vezes, não.

"Acordei às 7h nessa manhã", continuou a conversa, "e senti um calombo enorme perto de mim por baixo das cobertas, o que me pareceu estranho porque eu tinha dormido sozinho. A Mandy tava passando a noite em Waycross e ainda levaria mais ou menos uma hora para voltar. Aí fiquei deitado lá, olhando pro calombo, tentando adivinhar quem ou o que era aquilo. E era muito grande, maior que qualquer pessoa que conheço... o quê?... sim, tinha certeza de que era um ser humano e não uma pilha de roupa suja porque estava respirando. Aí, notei uma coisa estranha no padrão daquela respiração: estava vindo de duas partes diferentes do calombo. Finalmente, caiu a ficha de que na verdade eram duas pessoas, o que me deixava de fora da festa, então puxei as cobertas e, aí tive certeza, eram um garoto e uma garota. Nunca os tinha visto antes. E estavam os dois totalmente pelados."

Interrompeu a fala e fez uma breve pausa para escutar a pessoa do outro lado da linha. "He-he, bem se vê que você me conhece, Cora Bett", brincou. Então, dirigindo-se para a pessoa ao telefone e a mim, continuou: "Mas enfim, antes que eu tivesse a chance de dizer alguma coisa, o fedelho me perguntou: 'Quem é você?'. Olha, tenho a mais absoluta certeza de que foi a primeira vez que me fizeram essa pergunta na minha própria cama. Aí falei: 'Por acaso, sou o diretor social desse lugar e acho que a gente não foi apresentado.' Não sabia muito bem o que fazer em seguida, e bem nessa hora o telefone tocou e fui informado de que tinha um ônibus cheio de turistas chegando ao meio-dia — quarenta pessoas — e que eu teria de preparar o almoço deles porque o cara do buffet está doente... pois é, almoço pra quarenta!... são todos dançarinos de um clube de polca lá de Cleveland. He-he." Joe sorria enquanto escutava a voz do outro lado.

"De qualquer modo", prosseguiu, "meus dois novos amigos peladões já tinham se vestido. O moleque tinha umas tatuagens no braço — uma bandeira dos Estados Confederados em um deles e uma folha de maconha no outro. Ele vestiu uma camiseta bem justa que tinha um 'Foda-se' escrito. Neste exato momento, o casal está na cozinha me ajudando a preparar salada de camarão pra quarenta dançarinos de polca. O Jerry está aqui também cortando o cabelo da Mandy, e é por isso que estou dizendo que ainda não estou entediado."

Joe se despediu, desligou o telefone e, ao mesmo tempo, uma longa túnica azul entrou flutuando na sala. No topo da túnica, o rosto redondo e sorridente de uma senhora na faixa dos 70. A pele branca de pó de arroz era realçada por batom vermelho vivo, ruge e rímel. Seus cabelos pretos-azeviche estavam presos em um enorme coque que ficava no topo da cabeça como um turbante. "Estou a caminho de Statesboro para jogar pelo Clube Kiwanis", informou, balançando o molho de chaves do carro, "e depois tenho um concurso de beleza em Hinesville às 18h. Devo estar de volta a Savannah às 21h. Mas, caso eu me atrase, você poderia chegar no bar mais cedo e me substituir?"

"Sim, senhora", respondeu Joe, ao que a mulher deu meia-volta e saiu flutuando em meio ao farfalhar da seda e do tilintar das chaves.

Joe fez um sinal com a cabeça apontando para o lugar por onde ela saíra.

"Aquela", apontou, "era uma das maiores damas da Geórgia. Emma Kelly. Junte-se a nós hoje à noite e a verá em ação. Por essas bandas, ela é conhecida como 'A Dama das Seis Mil Canções'."

Nos últimos quarenta anos, Emma Kelly passara a melhor parte de sua vida dirigindo pelas paisagens do sul da Geórgia para tocar piano onde quer que a requisitassem. Tocava em formaturas, casamentos, encontros e quermesses. Tudo o que precisavam fazer era chamá-la, e ela estaria lá — em Waynesboro, Swainsboro, Ellabell, Hazlehurst, Newington, Jesup e Jimps. Ela havia tocado nas formaturas de todas as escolas de ensino médio em um raio de 150 km de Savannah. Em um dia normal, poderia dirigir até Metter para tocar em um evento de moda feminina e, então, rumo a Wrens para uma festa de aniversário. Perto do anoitecer, costumava dirigir de volta a Savannah para tocar piano em uma das várias casas noturnas. Independentemente de onde seus compromissos a levassem, todavia, sempre retornava à própria casa em Statesboro — a uma hora ao oeste de Savannah — para tocar no Clube Rotary às segundas, no Lions às terças, no Kiwanis às quintas e na Igreja Batista aos domingos. Emma tocava antigos clássicos e musicais, blues e valsas. Era uma figura reconhecida de longe por suas túnicas soltas, casacos feitos de happi e um imponente penteado com os cabelos pretos presos por dois hashis laqueados.

Emma era descendente dos primeiros colonos da Geórgia e da Carolina do Sul. Conhecera George Kelly aos 4 anos de idade, com quem se casou quando tinha 17. Ele era pintor de letreiros e, quando o marido morreu, ela já dera à luz dez crianças, "sem contar os cinco abortos", conforme sempre observava.

Sendo uma Batista devota, Emma nunca bebeu. Certa vez, entretanto, após tocar no clube dos oficiais de Fort Stewart, foi parada por suspeita de embriaguez ao volante. O policial que a abordou, colocando o facho de luz da lanterna através do vidro, disse-lhe que ela vinha ziguezagueando pela pista nos últimos 5 km. O que era verdade, mas o fato é que Emma vinha tentando tão somente desamarrar seu espartilho para livrar-se dele no momento em discussão. Comprimiu os olhos diante do brilho da lanterna, segurando contra o corpo suas roupas desatadas e imaginando como sairia do carro naquelas condições e convenceria o rapaz de que estava sóbria. A grande sorte de Emma foi ter tocado piano na formatura da polícia rodoviária anos antes. O guarda a reconheceu e sabia que ela jamais havia tocado em uma gota sequer de álcool, e em pouco tempo a pianista já estava de volta à estrada.

A bem da verdade, a maioria dos policiais rodoviários conhecia o carro de Emma, e quando ele aparecia ventando já tarde da noite a 130 km, 150 km por hora, geralmente deixavam passar. Ela demonstrava sempre grande compaixão por um novato qualquer que inadvertidamente a parasse, sirene estridente, luzes azuis piscando. Abria a janela e dizia com toda delicadeza: "Você deve ser novo", já prevendo o enquadro que o rapaz estaria prestes a levar de um delegado grogue qualquer. A conversa se daria mais ou menos nos seguintes termos: "O que diabos 'cê pensa que tá fazendo, moleque, tirando a Emma Kelly da estrada! Vou já te dizer o que 'cê vai fazer agora! 'Cê vai escoltar essa senhora distinta por todo o caminho até Statesboro! E espera ela entrar em casa em segurança! Mil perdões, srta. Emma. Isso não vai se repetir".

Em Savannah, seus fãs a seguiam de apresentação em apresentação feito uma animada caravana — do Whispers à Pink House e dali à Fountain e então ao Live Oak Bowling Alley e ao Quality Inn perto do aeroporto. Ela era boa. O volume de pedidos nos bares sempre aumentava bruscamente pelo tempo que durasse sua permanência no local e despencava quando o show chegava ao fim. Por anos, os filhos imploraram para que a mãe abrisse seu próprio piano bar e parasse de dirigir tanto. Após ela ter matado o nono cervo na estrada, pararam com as súplicas e passaram a simplesmente insistir. "Me parte o coração", disse Emma, "porque amo tanto os animais, isso para não mencionar o estrago que faz no carro". Quanto a abrir um piano bar, prometeu pensar no assunto.

Joe Odom, a conhecia desde sempre, e costumava aparecer para ouvi-la tocar onde quer que ela se apresentasse. Em determinado momento, depois que o amigo tivesse chegado, Emma tocaria "Sentimental Journey", que era o sinal para que Joe subisse ao palco e assumisse o piano lhe permitindo descansar por uns minutinhos. Ele fazia isso com gosto.

Na noite da colisão contra o décimo cervo, ela dirigiu até o Whispers e tocou "Sentimental Journey" assim que Joe pôs os pés no recinto. "Vai lá fora e vê se o carro ficou muito estragado, por favor?", pediu ao amigo. "Não tenho coragem de ir lá ver." Seis meses depois, os dois abriram um piano bar em um antigo depósito de algodão com vistas para o rio. Batizaram-no de Emma's.

O Emma's era um espaço comprido e estreito, acolhedor como uma saleta cheia de livros. A minúscula pista de dança estava disposta na curva de um piano de cauda Baby Grand. Uma janela panorâmica dava para o rio e um ou outro navio cargueiro deslizando pelas águas. Dezenas de fotografias emolduradas de familiares e amigos ocupavam as prateleiras de uma parede, e uma alcova na entrada estava decorada com recordações de Johnny Mercer. Foi ele, a bem da verdade, quem apelidara Emma de "A Dama das Seis Mil Canções". Era o número de canções que ela sabia, de acordo com os cálculos de Mercer. Os dois músicos folhearam uma pilha de partituras, e ele conferiu as músicas que Emma conseguia cantar do início ao fim. Após três anos de checagem, estipulou por baixo o número de letras guardadas na memória da pianista. Fechou em seis mil.

A primeira vez que fui ao Emma's, mal havia tomado meu assento quando a proprietária olhou em minha direção e perguntou: 'Qual é a sua música favorita?' Minha cabeça deu branco total, evidentemente. Enquanto a encarava, perdido, um cargueiro imenso despontou por trás do ombro esquerdo dela. "*Ship!*", gritei. "*My ship has sails that are made of silk!*"

"Ah, é uma canção adorável", exclamou. "Kurt Weill, 1941." Ela a tocou e, dali em diante, passou a tocar "My ship" sempre que eu pisava no bar. "Barmans conhecem os clientes pelos drinques que pedem", comentou.

"Eu os conheço pelas músicas que me pedem para tocar. Sempre que os clientes da casa entram no bar, gosto de tocar as favoritas deles. Isso os deixa animados e faz com que se sintam no aconchego do lar.

Emma tinha vários clientes regulares. Havia as quatro senhoras de Estill, na Carolina do Sul, que dirigiam noites e noites por semana, com ou sem os maridos. Havia o bancário aposentado Abner Croft, que passeava com o cachorro toda noite antes de dormir e, por mais de uma ocasião, continuou andando até chegar ao Emma's, onde, vestindo pijamas e um roupão de banho e acompanhado de seu cão, foi recebido e acompanhado até sua mesa de costume. Mal se sentava e Emma já se punha a tocar "Moments like this", a música favorita dele. Havia Wanda Brooks, que se autoproclamava recepcionista, usava chapéus estilosos e um broche de brilhantes onde seu número de telefone era anunciado em dígitos reluzentes com um centímetro de altura cada. Wanda fora líder da banda marcial no ensino médio; agora vendia câmaras de bronzeamento artificial para clínicas de estética na Carolina do Sul e na costa da Geórgia. Costumava gritar "E aí!" para estranhos, acompanhava-os até a mesa, onde mantinha conversas calorosas, dançava com eles e depois seguia rumo ao próximo. Ela estava sempre vasculhando sua bolsa atrás de um isqueiro, remexendo-se e debruçando-se na pessoa a seu lado enquanto balbuciava toda amigável. Invariavelmente, seu onipresente cigarro caía dos lábios ou escorregava dos dedos em uma chuva de cinzas e brasa, fazendo com que as pessoas ao redor se levantassem de um salto e sacudissem a roupa. Seus cabelos eram loiros platinados e sua entrada no Emma's era sempre acompanhada da execução de "New York, New York", sua favorita.

Embora o Emma's fosse uma casa noturna popular, acabou ficando aquém das expectativas em um único ponto: falhou em manter a proprietária longe da estrada. Ela continuou se apresentando no sul da Geórgia de ponta a ponta e pegando a estrada rumo a Savannah logo em seguida para tocar até o início da manhã. De vez em quando, passava a noite na casa de Joe Odom depois que fechavam, porém na maioria das vezes encontrava uma desculpa para dirigir até sua casa em Statesboro. Aos sábados à noite, voltava para casa independentemente de qualquer coisa, pois seus domingos naquela cidade começavam muito cedo e terminavam muito tarde, conforme descobri em primeira mão. Emma me convidou a acompanhá-la à igreja em um domingo e passar o dia com ela. Assim se sucederam os fatos.

Ela encostou o carro no estacionamento da Primeira Igreja Batista, em Statesboro, às 8h20 de uma manhã de domingo. Usava um vestido lilás de seda, um manto azul, sombra azul-turquesa nos olhos e um toque de ruge. "Deixe-me ver", refletiu, "fechamos o Emma's às 3h em ponto na noite passada e cheguei em casa por volta das 4h. Eu até teria parado no acostamento e tirado um cochilo de quinze minutos embaixo do viaduto Ash Branch, como costumo fazer, no entanto um caminhão velho enorme chegou antes de mim e ocupou todo o espaço. Aí, fui pra cama às 4h30 e, então, às 7h15, tia Annalise ligou para garantir que eu acordaria a tempo da igreja. Ela tem 90." Emma ajustou os dois hashis laqueados que fixavam seu coque. "Consigo descansar só com algumas horinhas de sono, contudo às vezes não tem como esconder. Meus olhos ficam muito inchados." Entramos na igreja.

O pastor fez um sermão intitulado "Degradação interior". Um diácono, então, leu um comunicado sobre a iminente semana do renascimento, cujo tema seria "Acorda, América: Deus te ama!". O diácono julgava que muitas pessoas ainda não haviam despertado para essa mensagem. "São 180 milhões de americanos que ainda não proclamam Jesus Cristo", alegou. "Dois milhões no Estado da Geórgia. Milhares só aqui em Statesboro."

O pastor, então, dirigiu-se à multidão. "Temos algum convidado entre nós hoje?"

Emma sussurrou que eu deveria me levantar. Todas as cabeças voltaram-se para mim. "Seja bem-vindo", disse o pastor calorosamente. "Estou muito feliz que você tenha se juntado a nós."

Após o culto, Emma e eu caminhamos até uma capela menor onde os mais velhos deveriam comparecer à assembleia semanal da terceira idade. Fomos parados por umas dez ou doze pessoas que nos abordaram para me dar as boas-vindas pessoalmente e perguntar de onde eu era. "Nova York!", exclamou uma mulher. "Nossa! Um primo meu foi pra lá uma vez." Na capela, Emma tirou os sapatos de salto alto e passou a tocar o órgão enquanto os demais entravam. Todos os participantes da assembleia pararam, um a um, ao lado do órgão a fim de cumprimentá-la e, em seguida, foram até mim para dizer o quão felizes estavam por eu ter comparecido. O sr. Granger foi o primeiro a dirigir-se a todos: "Vou contar, viu, minha mulher está bem demais", falou. "Eu já sabia, no último domingo, que era maligno, mas não podia contar para vocês porque o médico só confirmou na terça. Meu coração está aflito, de verdade, porém estão cuidando de tudo da melhor forma possível, até onde sei."

Dos fundos da capela, uma mulher disse: "A Ann McCoy está no Hospital Saint Joseph's em Savannah. Ela tem uns problemas na coluna".

Outra emendou: "A irmã da Sally Powell morreu".

O sr. Granger perguntou: "Mais alguém?".

"Cliff Bradley", várias pessoas disseram ao mesmo tempo.

"O Cliff foi pra casa já tarde da noite, ontem", retomou o sr. Granger. "Ele parece estar muito bem."

"Goldie Smith precisa das nossas preces", exclamou outra mulher. "Tem algo errado com o estômago dela. Ela recebeu uma prótese."

Uma mulher com batom rosa e óculos de aros dourados ficou de pé para dar um testemunho. "Minha família e eu não estávamos indo lá muito bem até que olhei para dentro de mim e vi que havia um vazio no meu peito. Nós todos temos um vazio no peito. Vocês todos deviam fazer o que fiz: entregarem-se a Jesus."

Quando a assembleia terminou, Emma foi até um quartinho do lado de fora da capela onde, junto a uma dezena de outras senhoras idosas, tinha suas aulas de catequese. Ela me apresentou a todo mundo de novo, e as senhorinhas emitiram seus cumprimentos. A líder da turma anunciou que daria uma palestra aludindo ao "O povo de Deus em um mundo em transformação", no entanto quis saber se alguém tinha algum comunicado importante a fazer primeiro.

"A incisão da Myrtle Foster continua sendo drenada", comunicou uma senhora de óculos e terninho verde-claro. "Conversei com Rap Nelby na noite passada e ainda não sabem quando ela poderá voltar pra casa."

"Vamos colocá-la na nossa lista de orações", sugeriu a líder.

Uma senhora com os cabelos em fileiras sucessivas de pequenos cachos azuis e brancos se manifestou: "Louise viu Mary no salão de beleza na sexta e parece que as duas também não estão muito bem, então é melhor colocar os nomes delas também." Pelos minutos seguintes, a saúde de vários outros membros da congregação foi discutida, e a lista de orações acabou triplicando.

A líder, então, iniciou sua palestra — "Jesus nunca vai lhe pedir pra fazer o que Ele próprio não faria" — e Emma levou a mão ao bolso e tirou um pequeno envelope pardo com "Emma Kelly: $24" escrito no topo. Ela se levantou em silêncio e o depositou em uma caixa de papelão junto aos envelopes das outras senhoras. Em seguida, gesticulando para que eu a acompanhasse, seguiu nas pontas dos pés rumo ao corredor com a caixa em mãos. Senti um puxão em minha jaqueta. "Espero que tenha gostado", murmurou uma senhora à porta. "Venha nos visitar outra vez."

Emma tomou a dianteira pelo corredor. "Agora, vamos ver as criancinhas no segundo andar", me chamou. Primeiro, entrou em uma sala sem janelas e entregou a caixa para dois homens sentados a uma mesa com pilhas e pilhas de pequenos envelopes pardos. "Bom dia, srta. Emma", disseram.

No segundo andar, cerca de vinte crianças estavam sentadas em um semicírculo em volta de um piano vertical à sua espera. Emma os acompanhou enquanto cantavam os títulos dos livros do Novo Testamento na melodia de "Onward, Christian Soldiers" — "Ma-teus, Mar-cos, Lu-cas e João, Atos e Cartas aos Romanos..." Depois, tocou "Jesus Is a Loving Teacher" duas vezes do começo ao fim. "Já podemos ir", avisou, e então descemos os dois lances de escada rumo ao estacionamento.

"Se a outra senhora que toca piano não pode ir até a clínica, é pra onde vou depois daqui", informou Emma. "Todavia hoje ela já está lá." Em vez disso, então, seguimos direto ao Forest Heights Country Club, onde minha anfitriã foi até o buffet, colocou duas coxas de frango frito no prato e sentou-se ao piano na sala de jantar. Pelas duas horas e meia seguintes, tocou as músicas de fundo e conversou com os convivas que foram lhe abordando um a um ou em grupos familiares para cumprimentá-la e prestar-lhe homenagens.

Às 14h30, finalmente se levantou do piano e despediu-se de todos. Entramos no carro e rodamos 100 km em direção ao sol prestes a se pôr no horizonte até Vidalia, terra das adocicadas cebolas Vidalia. Emma havia sido contratada para tocar na recepção de um casamento no Serendipity Health & Racquet Club. Assim que chegamos, ela foi direto ao banheiro feminino e trocou de roupa, vestindo um quimono preto e dourado leve. A proprietária do centro de bem-estar, uma senhora grande com um penteado bufante e loiro, levou-nos a um passeio pelo spa e mostrou-nos a nova piscina interna-externa e a gruta subterrânea, das quais ela muito se orgulhava. Os convidados do casamento começavam a chegar da igreja, porém os noivos estavam atrasados. Ao que constava, haviam feito uma parada no 7-Eleven a fim de comprar copos de plástico para o champanhe que estavam consumindo no carro.

Quando enfim chegaram, Emma descobriu que o nome do noivo era Bill e anunciou que tinha uma canção especial para a ocasião. *"Big bad Bill is sweet William now... married life has changed him... he washes dishes, mops the floor..."* A música foi recebida com gargalhadas e levou todos para a pista de dança, exceto pelos moleques que saíram e colocaram uma garrafa de champanhe embaixo do capô do carro dos noivos, ao lado do bloco do motor, de modo que esquentasse até explodir quando os dois fossem embora.

Às 18h30, depois de tocar por duas horas, retornamos ao carro para a viagem de volta a Statesboro. Se estava cansada, Emma não deixou transparecer. Não apenas estava bem acordada, como sorria. "Uma vez me disseram que os músicos foram tocados por Deus", brincou, "e eu acho que é verdade. Dá pra fazer os outros felizes com música, contudo dá pra ser feliz também. Por causa da minha música, nunca soube o que é solidão nem nunca me senti infeliz.

"Quando era criança, costumava deixar o rádio comigo debaixo das cobertas à noite. Foi como aprendi tantas músicas diferentes. Na verdade, foi só porque sabia tantas músicas que conheci o John Mercer, pra

---

*   "Big bad Bill (Is Sweet Bill now)" (Bill, o grande e mau, agora é um doce) é um clássico do cancioneiro norte-americano, que foi gravado por nome díspares como Ry Cooder e Van Halen. Conta como a vida de casado mudou o comportamento de um homem outrora encrenqueiro. "Bill, o grande e mau, agora é um doce... a vida de casado fez com que ele mudasse... [agora] ele lava pratos e esfrega o chão..." [NE]

começo de conversa. Nós nos conhecemos pelo telefone há vinte anos. Eu estava tocando num jantar em Savannah e um rapaz não parava de pedir as músicas do Johnny, que ficou surpreso ao notar que eu sabia todas. Aí, toquei algumas que lhe eram desconhecidas e o garoto ficou besta. 'Sou sobrinho do Johnny Mercer', contou, 'Quero que vocês se conheçam. Vamos ligar pra ele agora.' Então, telefonou pra Bel Air, na Califórnia, e contou a Johnny que tinha conhecido uma senhora que sabia tocar todas as canções que ele compôs. Em seguida, colocou-me na linha. Johnny nem sequer disse oi. Só falou 'Cante os oito primeiros compassos de "If You Were Mine"'. Nem é uma música tão conhecida assim, sabe, no entanto era uma queridinha do Johnny. Cantei do começo ao fim sem hesitar e nos tornamos amigos desde então."

O sol começava a se pôr. "Pra mim, as letras são tão importantes quanto a melodia", disse Emma. "Johnny e eu gostávamos de comparar nossos versos favoritos. Nós dois adorávamos um trecho da música 'While We're Young' que diz *'too dear to lose, too sweet to last'*, e a parte de 'Handful of Stars' que fala *'Oh! What things unspoken trembled in the air'*.**"

"Entretanto as letras autorais do Johnny são as melhores. É difícil pensar em algo mais bonito que *'When an early autumn walks the land and chills the breeze and touches with her hand the summer trees...'* Isso é poesia pura. E *'Like painted kites the days and nights went flying by. The world was new beneath a blue umbrella sky'*.***"

** A canção "While We're Young" (Enquanto somos jovens) fala da necessidade de aproveitar a vida, pois o tempo passa rápido. Assim, os versos podem ser interpretados como: "[a juventude] é gostosa demais para ser desperdiçada, e tão delicada que não pode durar [muito]". A letra de "A Handful of Stars" (Um punhado de estrelas) descreve uma noite amorosa à luz do luar. Há um entrelaçamento do cenário de céu estrelado, beleza do cosmos e reunião dos amantes. Quando eles finalmente se tocam, num rasgo de lirismo, o eu poético diz "Oh, quantas coisas não ditas vibram no ar" e então eles fazem amor. [NE]

*** Aqui são citados os versos iniciais de "Early Autumn" (Início de outono), canção gravada, entre outros, por Ella Fitzgerald. É uma metáfora da transição (outono) do calor da paixão (verão) para a tristeza do esfriamento das relações amorosas (inverno). Os versos iniciais dizem, em uma tradução livre, que "Quando o outono vem chegando, ele envolve a terra e esfria o clima, e põe sua mão [fria] nas árvores de verão". A canção é um lamento por não ter mais a pessoa amada e a expressão de um desejo de reconciliação. Já a música "Summer Wind" (Vento de Verão) foi gravada por Frank Sinatra no LP Strangers in the night. A letra fala de como o tempo passa rápido, voa, quando se está com a pessoa amada e como tudo no mundo parece novo depois que surge uma nova paixão. Os versos dizem que "Como pipas coloridas, os dias e noites passaram voando. Era um mundo novo, sob céu azul que os protegia". [NE]

Foi por causa de Johnny Mercer que Emma começou a cantar. Até os dois se conhecerem, ela tocava piano e nada mais. Mercer ficava lhe dizendo: "Vá em frente e cante". Mas tinha medo. Argumentava que seu alcance vocal era limitado. "Tudo bem", ele rebatia, "só cante com leveza. Você não precisa acertar todos os tons. Cante baixo, engula a letra, são muitos os truques possíveis. Caso não consiga alcançar as notas ou não saiba a letra, engula." O compositor lhe mostrou como poderia mudar o tom em vez de subir uma oitava no segundo verso de "I Love Paris". Ajudou-a até com um truque para uma das próprias músicas. Emma tinha problemas com o trecho que dizia *"I wanna be around to pick up the pieces when somebody breaks your heart"* — não conseguia baixar o tom na segunda sílaba de "somebody". Mercer lhe sugeriu a cantar a mesma nota para todas as três sílabas.

Entretanto, ela ainda estava insegura quanto a cantar. Até que, certa noite, foi a um compromisso no Quality Inn e encontrou um microfone e um sistema de som todo montado. "Olha só", disse-lhe Mercer, "você tem um microfone. Agora, poderá cantar." E ela cantou. Mais tarde, descobriu que fora Mercer quem providenciara o microfone e quem pagara por ele também.

Ela relembrou que, ao longo dos anos, tocara piano para gente do povo e dignitários, para três presidentes, vinte governadores e incontáveis prefeitos. Havia tocado com Tommy Dorsey e acompanhado Robert Goulet. Lembrou-se também do momento, alguns anos antes, em que se apresentar diariamente se tornara uma necessidade. Foi em um domingo de manhã, quando seu filho mais novo, chateado por ter terminado com a namorada, levou Emma e seu marido de carro até a igreja e depois foi até a floresta, firmou a coronha de um rifle contra o assoalho do carro, apontou o cano para o próprio peito e disparou. O corpo caiu sobre o volante, disparando a buzina. Alguém escutou o barulho e foi correndo até o local. O rapaz perdeu um pulmão, contudo a vida dele foi salva ao custo de 40 mil dólares. Ela teve de trabalhar dia e noite para pagar as contas. A quase tragédia só serviu para intensificar sua fé. "E se a bala tivesse ido só alguns milímetros pra esquerda ou pra direita? E se ele não tivesse caído sobre o volante?

Nosso Senhor devia estar com meu filho na hora", relatou. "Isso por si só já é motivo pra eu continuar acreditando." Mesmo após ter quitado as dívidas com o hospital, resolveu continuar com as apresentações. Aquilo já havia se tornado sua vida.

Chegamos de volta a Statesboro pouco depois das 19h30. Antes de ir para casa, Emma parou na casa de sua tia de 90 anos para entregar-lhe uma quentinha que levara do country club. Sua tia atendeu a porta de camisola e touca; ela estava escutando a transmissão no rádio do sermão da tarde da Igreja Batista. Emma entrou por alguns minutos e a colocou na cama. Então, após mais de vinte horas sem pregar os olhos, voltou dirigindo para casa.

"Tem outra coisa maravilhosa em se poder tocar música", observou. "Algo que o Johnny Mercer me falou. Ele disse: 'Quando você toca uma música, você é capaz de trazer de volta as memórias de quando as pessoas estavam apaixonadas. Ali reside o verdadeiro poder'."

Com base no público, isolado, o Emma's piano bar era um sucesso inqualificável. Do ponto de vista financeiro, todavia, o bar não ia lá muito bem. A tendência de Joe em ficar distribuindo bebida de graça era uma das razões. Somado a isso, muitos dos seus antigos credores viam o bar como uma chance de recuperar parte do dinheiro que lhes eras devido. Às vezes, apareciam por lá e passavam mais de hora bebendo, depois saíam sem pagar. Mesmo assim, o Emma's deveria render bem mais que de fato rendia. Joe buscou pelos conselhos de Darlene Poole, que conhecia o ramo de bares como ninguém.

Darlene havia trabalhado como garçonete em inúmeros bares locais e estava noiva do dono de um clube de sucesso no sul do estado. Os dois fizeram uma reunião, tomando um drinque. "Você tem uma bela estrutura aqui", opinou. "A turma do foxtrote e cabelos azulados enfim tem um lugar pra chamar de seu. Mal dá pra eles irem no Nightflight, sabe? No Malone's, não dá. No Studebaker's, menos ainda. Você colocou todos no bolso, meu amor. Mandou bem. Além do mais, vejo que a Wanda Brooks frequenta o local. Mulheres desse padrão são o que chamo de seguro. Com ela esbarrando em todo mundo e derrubando bebida por todos os lados a 3 dólares a dose, não tem como não dar certo. Agora, se puder barrar os penduras e parar de distribuir bebida, aí sim irá se dar bem. É só não deixar o copo de ninguém vazio por muito tempo."

"Talvez seja esse o problema", disse Joe. "Vou mandar o Moon servir mais rápido."

"*O Moon?!*" Darlene virou-se e lançou um olhar em direção ao bar. Então, voltou a olhar para o amigo. "Que merda, Joe, você não me falou que quem cuida do bar é o Moon Tompkins!" Darlene se aproximou do interlocutor e baixou o tom de voz. "O Moon é o seu problema, querido."

"Por que você diz isso?", perguntou Joe. "Ele me parece um bom sujeito. Um pouco lerdo, talvez."

"O Moon Tompkins cumpriu três anos de prisão por assalto a banco", disse Darlene.

Joe gargalhou. "Sim, é verdade."

"E nem foi só um banco. Foram dois."

"Você tá falando sério mesmo, né?" A gargalhada de Joe se transformou em um sorriso curioso. Olhou em direção ao bar, onde Moon Tompkins servia vodca em uma fileira de quatro copos longos. "Que maldito! Jamais teria imaginado que o velho Moon fosse capaz disso."

"Como diabos você deixou esse cara entrar aqui na função de barman?", perguntou Darlene.

"Foi a Emma. Acho que ele não colocou a experiência com bancos no currículo."

Darlene acendeu um cigarro. "Suponho que tenha ouvido falar do assalto à mão armada no restaurante Green Parrot na semana passada?"

"A-hã."

"Foi o Moon."

"Ora, vamos! Você tem certeza disso?"

"Positivo."

"Fala sério", disse Joe. "Como é que você sabe que foi o Moon? Ainda não pegaram o ladrão."

"Sabendo", respondeu Darlene. "Eu dirigi o carro de fuga."

Joe não tinha nada contra condenados por roubo a banco — nem contra pilotos de fuga — mas sentiu-se um tolo por confiar sua caixa registradora a um ladrão. Moon estava se valendo do mais rudimentar de todos os truques — servia mais drinques do que registrava — e, quando cobrava os drinques, esquecia a comanda fora da caixa registradora com frequência, falseando os números. "Pode apostar que nessas horas ele registra a comanda como 'sem venda' quando faz isso", disse Darlene, "e enfia vintão no bolso."

Joe resolveu que o melhor a fazer seria pegar Moon no flagra, confrontá-lo com discrição e dar-lhe a chance de se demitir sem rebuliços. Não diria nada do assunto para Emma, pois só de fazê-la pensar que vinham trabalhando com um ladrão de bancos poderia levá-la a um ataque cardíaco. Então pediu a dois amigos que fossem ao bar na noite seguinte e ficassem de olho nas bebidas que Moon servia. Ao longo do dia, porém, vazou o boato de que, naquela noite, no Emma's, Moon Tompkins seria pego com a boca na botija. Quando o bar enfim abriu, uma multidão festiva se acotovelava para entrar e assistir ao desenrolar da cilada como se fosse um evento esportivo.

"Santo Deus, a noite hoje está animada", disse Emma. Os clientes pediam drinques em um ritmo alucinante, na esperança de encorajar Moon a roubar mais do que já roubara antes. Quantos mais drinques pediam, mais descontraído o clima se tornava e, à meia-noite, parecia que Emma e Moon eram as únicas pessoas no bar alheias à cilada em curso.

Os clientes berravam seus pedidos:

"Ei, Moon! Me vê um *Bombeirinho*! Ha-ha! Nada melhor pra apagar um incêndio do que um bombeiro!"

"Quero um *Rob* Roy, Moon!"

Faltando meia hora para o bar fechar, Moon levou o tonel de lixo para esvaziar no container e nunca mais voltou. Quando Joe foi até o balcão e abriu a caixa registradora, estava vazia. Seu barman tinha levado tudo.

O desaparecimento de Moon em nada esfriou os ânimos no Emma's. Serviu só para aumentar o nível de hilaridade da situação. Na hora de fechar, a Joe não restou outra opção além de contar a Emma o que acontecera, ou seja, que Moon havia roubado o dinheiro e fugido.

"Meu Deus do céu!" Exclamou Emma. "Sério que ele fez isso mesmo?"

"Infelizmente", rebateu Joe. "E eu acho que a gente fez bem em ter se livrado do Moon, porque parece que ele já tinha feito esse tipo de coisa antes. Ele é ladrão de banco."

"Ah, isso aí eu já sabia", retrucou Emma.

"Você *já sabia*?"

"Já sabia sim. Moon me contou quando veio procurar emprego. Ele nem tentou esconder nem nada, e acabei lhe dizendo que o admirava por isso. Aí achei que deveria lhe dar uma segunda chance na vida. Acho que todo mundo merece. Não?"

"Sim, senhora", disse Joe.

Emma entrou no carro e, então, arrancou pela rua Bay rumo a Statesboro.

Como lhe era de costume àquela hora da manhã, Joe levou alguns amigos para sua casa, onde, de acordo com o boletim do capitão dos bombeiros, divulgado mais tarde, alguém jogou um cigarro aceso no cesto de lixo um pouco antes do amanhecer e causou o incêndio que quase engoliu a propriedade.

Joe foi o primeiro a sentir o cheiro da fumaça. Saiu correndo pela casa, acordando as pessoas nas camas e sofás e as conduzindo até a rua.

"Está todo mundo aqui fora?", perguntou o capitão dos bombeiros.

"Todo mundo que eu conheço", respondeu Joe.

"Quer dizer que talvez tenham pessoas na sua casa que você não conhece?"

"Capitão", informou Joe, "já aconteceu de eu não conhecer nem as pessoas que estavam na minha *cama*."

Criou-se a ideia de que Joe Odom havia botado fogo em sua casa para receber o dinheiro do seguro, ainda que não fosse mais o proprietário do imóvel. Os senhorios lhe pediram que desocupasse de imediato as instalações, nem tanto por conta do incêndio, e sim pelo fato de que ele nunca pagou o aluguel. Uma semana depois, Joe pegou o que foi capaz de resgatar da mobília e mudou-se para um imenso casarão de tijolos com arquitetura em estilo federal na avenida East Oglethorpe, 101, a poucos quarteirões de distância. Seus novos vizinhos de porta eram o sr. e a sra. Malcolm Bell. O sr. Bell era ex-diretor do Savannah Bank, ex-presidente da venerável Agremiação Oglethorpe e um respeitado historiador. A sra.

Bell era uma intelectual e filha de uma distinta família local. Tendo em vista seus novos e respeitáveis vizinhos, seus amigos anteciparam que a vida na casa nova talvez ficasse um pouco mais adequada, ainda que à força, do que costumava ser no número 16 da rua East Jones.

E talvez ficasse mesmo mais adequada. Porém não tardou para que os vizinhos começassem a notar que as visitas estavam passando pela porta destrancada da frente em um fluxo contínuo, que alguns ônibus de turismo passaram a estacionar na frente de suas casas ao meio-dia e que melodias agradáveis de piano podiam ser ouvidas jorrando da casa dia e noite, em especial nos horários em que a cidade estaria, de outro modo, completamente quieta.

7
A GRANDE IMPERATRIZ DE SAVANNAH

Um ar anormal de serenidade passou a pairar na rua Jones após a mudança de Joe Odom para a avenida East Oglethorpe. Não se ouvia mais nenhuma doce serenata flutuando por sobre os muros do jardim. Em meio àquela pasmaceira, dei-me conta de que era hora de comprar um carro. Queria explorar mais os arredores de Savannah, embora os assuntos automobilísticos exigissem cautela.

A população local dirigia rápido. Também gostava de levar seus coquetéis consigo quando dirigia. De acordo com o Instituto Nacional de Alcoolismo e Abuso de Álcool, mais de 8% da população adulta de Savannah era de "alcóolatras conhecidos", o que pode ter contribuído para a perturbadora tendência de carros subindo nas calçadas e colidindo com árvores. Os troncos de todos os 27 carvalhos, com exceção de um, que perfilavam o entorno do parque Forsyth na rua Whitaker, por exemplo, apresentavam marcas profundas na mesma altura de um para-choque. Uma das árvores foi alvejada tantas vezes que tinha um buraco de proporções consideráveis escavado no tronco. O buraco estava cheio de cristais do tamanho de ervilhas, estilhaços de vidro de faróis dianteiros que reluziam feito uma tigela de diamantes. As palmeiras no centro da rua Victory apresentavam marcas do mesmo tipo, bem como os carvalhos na Abercorn.

Nunca tive um carro. Morando em Nova York, não era necessário, contudo a ideia agora me agradava. Se fosse dirigir um carro nesse ambiente, todavia, teria de ser um bem grande e pesado. Provavelmente, com rabo de peixe.

"Estou procurando um carro usado", relatei a Joe. "Alguma coisa grande e espaçosa. Nada chique, sem frescura."

Uma hora depois, estávamos parados olhando para um Pontiac Grand Prix 1973. A lataria dourada metálica dele estava amassada e salpicada de ferrugem. Os para-brisas estavam rachados, o teto de vinil estava descascando, as calotas tinham sumido e o motor estava rumo aos 300 mil quilômetros rodados. Porém funcionava bem o suficiente e era grande. Não tinha rabo de peixe. No entanto o capô era tão longo que parecia mais o convés de proa de um transatlântico. O sujeito estava pedindo 800 dólares.

"Perfeito", concordei. "Vou levar."

Agora sim, eu tinha mobilidade total. Peguei a rua Gaston no sentido sul (quebrando a segunda regra de Joe). Daria uns passeios pela Carolina do Sul. Passei pelas árvores marcadas e logo dividia a estrada com motoristas que bebericavam em copos de viagem e davam guinadas trocando de pista. Sentia-me perfeitamente seguro em minha fortaleza de metal sobre rodas, por mais enferrujada e amassada que estivesse. Nada nem ninguém poderia me atingir, e nada nem ninguém o fez — com uma notável exceção. Seu nome era Chablis.

Quando coloquei os olhos nela da primeira vez, Chablis estava parada na calçada observando-me com atenção enquanto eu estacionava o carro. Ela havia acabado de sair do consultório da dra. Myra Bishop, que ficava do outro lado da rua da minha casa. A dra. Bishop era uma médica da família. A maioria de suas pacientes eram mulheres negras conservadoras na maneira de se vestir. Aquelas com quem por acaso cruzei olhares cumprimentaram-me, solenes, e seguiram adiante. Não foi o caso de Chablis.

Ela vestia uma blusa branca e folgada de algodão, jeans e tênis branco. Os cabelos eram curtos, e sua pele, marrom. Seus olhos eram grandes e expressivos, ainda mais porque me encaravam diretamente. As mãos estavam apoiadas na cintura e exibia um meio sorriso atrevido no rosto, como se estivesse a minha espera. Manobrei o carro e o estacionei perto dela.

"Ooooô, *querido*! Você chegou na hora certa, amor." Sua voz crepitava, seus brincos de argola retiniam. "Tô falando *sério*. Não posso te *contar*." Começou a andar na minha direção, os passos ondulantes. Arrastou sensualmente o indicador pelo para-choque, sentindo as depressões de cada amassado. "S-s-s-i-i-m, querido! *Siiiimm... siiiimm... siiiimm!*" Passou por mim e circulou o carro, inspecionando o estado dele e rindo. Ao completar a volta, debruçou-se na janela. "Me fala uma coisa, querido", começou a falar. "Por que um cara branco feito você tá dirigindo uma lata velha caindo aos pedaços que nem essa? Desculpa perguntar."

"É meu primeiro carro", respondi.

"Ah! Tomara que eu não tenha te magoado. Se magoei, desculpa. De verdade. Não foi por mal. Eu só falei, amor. Não importa o que eu veja, eu falo mesmo."

"Sem problema", assegurei. "Estou praticando minhas habilidades como motorista antes de comprar um Rolls-Royce."

"Aí *sim*, amor, agora eu curti! Você tá viajando disfarçado, né, você é um incógnito. Aí sim, agora eu curti, *querido*. Curti pra valer. E sabe, queridão, quando você dirige um carro desses, ninguém zoa com você. Não tem nem um sonzinho pra afanarem. E a pintura nem tá tão boa pra alguém sair arranhando, não mesmo, querido."

"Verdade", concordei, abrindo a porta do carro para sair.

"Ah, querido, não faz isso, não! Não me deixa falando sozinha, parada aqui, né!"

"Eu moro aqui", argumentei.

"Tudo bem, amor. Você pode praticar suas habilidades como motorista um pouquinho mais no caminho da minha casa. Pode ser? Porque as injeções da srta. Myra estão começando a bater, querido. Tô sentindo. Sério mesmo. E esses pés aqui estão prestes a desintegrar."

Ao que parecia, não havia a menor dúvida na cabeça daquela moça de que eu a levaria para casa. Resmunguei algo como "ah, claro", mas não valeu de nada pois ela já foi entrando no carro.

"Eu moro no centro, lá na praça Crawford", informou. "Não vai levar mais que uns minutinhos." Então se acomodou no assento e me olhou. "Ôoooo, querido, você até que é bonitinho! Se meu namorado não morasse comigo, eu daria em cima de você com certeza. Tô falando sério. Gosto dos meninos brancos, e é o que eu tenho de sobra esperando por mim lá em casa, graças a Deus. Meu namorado é loiro e lindo. Um pedaço de mau caminho, gato. Ele satisfaz todas as minhas necessidades."

Liguei o carro e partimos.

"Meu nome é Chablis", disse ela.

"Chablis? Bonito nome", elogiei. "Qual é seu nome completo?"

"*Lady* Chablis", respondeu. Ela se virou de lado no assento, dobrando as pernas e encostando contra a porta como se estivesse afundada em um luxuoso sofá. "É meu nome artístico", confessou. "Sou dançarina."

Ela era linda, sedutoramente linda de um jeito malandro. Seus olhos grandes reluziam. Sua pele brilhava. Um dente incisivo lascado acentuava seu sorriso e conferia-lhe um ar travesso.

"Eu danço, faço playback e sou mestre de cerimônia", prosseguiu. "Essas coisas. Minha mãe pegou o nome Chablis de uma garrafa de vinho. Mas nem foi pra mim que ela pensou. Era pra ter sido pra minha irmã. Minha mãe engravidou quando eu tinha 16 anos, e ela queria ter uma menina. Ia batizar minha irmã de La Quinta Chablis, mas aí ela sofreu um aborto e eu falei: '*Ooooô, Chablis*. É bonito. Eu gosto desse nome.' E minha mãe falou: 'Então pega pra você, filhota. Passe a se chamar de Chablis daqui pra frente.' Aí, desde então, meu nome é Chablis."

"Um vinho branco bem gelado pra uma garota negra bem quente", pontuei.

"S-s-i-i-i-m, querido!"

"E qual era seu nome antes disso?"

"Frank", respondeu ela.

Paramos no sinal na rua Liberty. Olhei para Chablis de novo, com bastante cautela dessa vez. Tinha um jeito feminino e frágil, com mãos e braços delicados. Comportava-se como uma mulher; não havia nada de masculino nela. Seus olhos grandes e escuros me observavam.

"Eu te falei que curtia um disfarce", afirmou. "Fico disfarçada 24 horas por dia. Estou incógnita."

"Então você realmente é... um homem", falei.

"Na-na-ni-na-não", retrucou. "Nem vem me chamar de homem! Nem vem, meu bem. A mamãe aqui penou muito pra esses peitos crescerem. Ela não é homem, não." Chablis desabotoou sua blusa e, toda orgulhosa, exibiu seus seios médios, perfeitamente esculpidos.

"Isso aqui é real, amor, não é silicone. É o que as injeções da dra. Bishop fazem por mim. A srta. Myra me aplica doses de estrogênio, hormônios femininos, a cada duas semanas. E, nesse intervalo, tomo pílulas de estrogênio. Me dão seios e suavizam minha voz. Retardam o crescimento de pelos no meu rosto. Fazem o meu corpo ficar todo lisinho e macio." Chablis deslizou sua mão do seio até o baixo ventre. "E meu docinho encolheu, querido, mas ele ainda tá aqui. Não vou fazer operação nenhuma, não, querido. Nunca nem considerei essa opção."

Estávamos, então, cruzando a rua Liberty. A blusa de Chablis ainda estava bem aberta, expondo seus seios não só para mim como também para meia dúzia de pedestres. Não fazia ideia até onde ela pretendia ir, porém temia o pior. Mantive um olho no trânsito e o outro nela. Minha nuca começou a esquentar. "Você não precisa me mostrar seu docinho", observei. "Não aqui, no caso. Quer dizer, não agora. Nem nunca."

Chablis deu uma risada. "Ai, eu te deixei sem graça. Tô te deixando nervoso."

"Não, não mesmo", assegurei.

"Querido, não mente pra mim. Seu rosto tá ficando vermelho." Ela começou a abotoar a blusa. "Mas nem esquenta que eu não sou nenhuma *stripper*. Pelo menos agora sei que você não vai mais ficar me chamando de homem."

Estacionamos na praça Crawford, uma das duas praças de Savannah nas imediações do setor com população negra da cidade. Das 21 praças do município, era uma das menores e mais pitorescas. Era rodeada por construções humildes de madeira. No centro, em vez de um monumento ou uma fonte, havia um modesto playground. Um enorme carvalho-robe retorcia os galhos sobre uma pequena quadra de basquete onde vários meninos jogavam. Chablis apontou para uma casa de madeira muito bem reformada de quatro andares, do outro lado da praça.

"S-s-i-i-i-m, querido", retomou. "Começaram os efeitos das injeções da srta. Myra. Tô sentindo aquele pico de energia. Tá vindo aquela onda de feminilidade. Agora tenho que entrar e ficar com meu namorado, porque daqui a umas horas eu vou estar me sentindo a maior vadia de todos os tempos. Isso sempre acontece também. Fico me sentindo a última vadia do mundo, e, até isso passar, não consigo ser tocada por ninguém."

Chablis saiu do carro. "Obrigada por ser meu chofer e tudo mais", agradeceu.

"Foi um prazer", retribuí.

"Você devia ir lá no meu show qualquer dia desses. Eu me maquio toda e coloco meus vestidos de gala."

"Quero ver isso, sim."

"Porque, neste momento, sabe, eu sou só a boa e velha Chablis. Só uma garota normal. Mas, quando eu me monto, eu me torno *A Lady* Chablis. E sou boa nisso, querido, boa mesmo! Sou uma miss, vai vendo. Já ganhei quatro concursos de beleza, sabia? Tenho troféus. Um monte deles. Agorinha mesmo você tá olhando pra Grande Imperatriz de Savannah! Foi quem passeou de carro hoje com você."

"Nossa, me sinto honrado", frisei.

"Também sou miss Geórgia Gay, aliás. E miss Dixieland Gay e miss Mundo Gay. Participei de todos eles, querido. Tô falando sério, querido." A Grande Imperatriz deu as costas e subiu as escadas da entrada de sua casa. Enquanto subia, carregou na dose de gingado nos quadris, uma vivacidade extra no caminhar.

Já estava a meio caminho de casa quando me dei conta de que Chablis havia esquecido de me dizer onde fazia sua performance. Se eu tivesse me esforçado o mínimo possível, poderia ter descoberto. Em uma cidade do tamanho de Savannah, não haveria mais do que duas ou três casas noturnas que apresentavam shows drag. Mas deixei pra lá. Não que Chablis não me fascinasse; ela me obcecava. E definitivamente era *ela*, não *ele*. Não sentia a menor necessidade de ficar tropeçando de modo deliberado em pronomes, no caso dela. Ela havia removido qualquer traço de masculinidade e, nesse limbo sexual, era uma presença perturbadora que desafiava todas as respostas naturais. Algumas semanas depois, o telefone tocou no meio da manhã.

"Ooooô, querido, eu tô meio brava com você! Você não foi me ver no show!"

"Chablis, é você?"

"Sim, amor! Acabei de sair da srta. Myra, vim tomar minha dose feminina de reforço."

"Você quer uma carona pra casa?", lhe perguntei.

"Olha, siiiiim. Até que eu te treinei direitinho, hein."

Desci as escadas e entramos no carro. "Eu até teria ido ver o show", me expliquei, "mas você não me disse onde era."

"Não disse? É lá no Pickup, amor. Um bar gay na rua Congress. Três noites por semana. Eu e três outras garotas. Você pode até não curtir show de drags, mas você nunca vai conhecer a real Chablis até me ver sacudindo a bunda e tagarelando em cima daquele palco. E, pelo andar da carruagem, você vai acabar perdendo a chance se demorar demais."

"Perdendo por quê?"

"Porque eu tô me preparando pra mandar a real pro meu chefe, e talvez eu acabe fazendo isso durante o show dessa noite. Sempre falo tudo que vem à cabeça, e nunca sei sobre quem ou o que vai sair. De qualquer jeito, meu chefe não tá no topo da minha lista nesse momento. Ele e eu, logo, logo, vamos ter uma conversinha."

"A respeito do quê?", indaguei, curioso.

"Dinheiro. Meu salário é de 250 dólares por semana, mas eu nem tô reclamando disso porque são só três noites de trabalho por semana e, com as gorjetas, eu ganho o suficiente pra viver. Só que eu sou a única que recebe salário regular. As outras meninas levam 20 dólares e 50 cents por show, e isso me dá um aperto no coração, sabe? Na semana passada, dois shows tiveram que ser cancelados depois que o DJ não apareceu, aí ficamos lá de braços cruzados, todas montadas, e o chefe não deu nem um centavo sequer pras meninas. Ah, querido, ele vai escutar poucas e boas de mim!"

"E quando será isso?"

"Vai saber. Talvez eu seja forçada a deixar o emprego."

"E o que fará depois?"

"Participações especiais. Consigo agendar em Atlanta, Jacksonville, Columbia, Mobile, Montgomery — nesses lugares todos. O Sul é um grande show de drags, querido, e todos eles conhecem *A Lady*. Todos eles conhecem *A Boneca*." Chablis me olhou timidamente. "Então, se eu for demitida hoje à noite, você vai ter que viajar se quiser me ver fazendo meu negócio."

"Então, acho que o melhor que posso fazer é ir ao Pickup hoje à noite", afirmei.

"Acho melhor mesmo, querido."

Chablis tocou meu braço quando estacionei em frente a sua casa. "Olha ali", apontou. "Tem uma coisa que quero te mostrar."

Um rapaz loiro estava debruçado sobre o motor de um carro antigo. Despido da cintura para cima; seu tórax musculoso estava sujo de graxa e brilhando de suor. Sentados no meio-fio, dois garotos o observavam consertando o carro. "Aquele lá que é o meu namorado", disse Chablis. "É o Jeff. Ele que é o pedaço de mau caminho de quem te falei. Vem, quero que vocês se conheçam."

Aquele, então, era o homem que, nas palavras da própria Chablis, satisfazia todas as suas necessidades. Se já era difícil imaginar quais exatamente seriam as tais necessidades, tanto mais difícil visualizar que tipo de pessoa seria capaz de satisfazê-las. Ainda assim, aparentemente, lá estava ele. Sob todos os aspectos possíveis, era um cara normal. Saudável até. Escancarou os dentes ao ver Chablis.

"Acho que o problema tá no alternador, gata", comentou. Limpou as mãos nas próprias calças. "Vou botar essa coisa pra andar de qualquer maneira e aí depois a gente dá uma voltinha por aí."

Chablis o fisgou com um dedo pelo cinto e o puxou para perto de si. Beijou o pescoço dele. "Tudo bem se você não conseguir consertar, gato", falou. "A gente descolou um novo chofer com limusine e tudo. Diz oi pra ele."

Jeff sorriu. "Oi", cumprimentou-me, estendendo a mão. "É melhor ficar esperto, senão é capaz da Chablis começar a mandar na sua vida também. Se bem que existem coisas piores que podem acontecer a você." Jeff passou o braço em volta da cintura de Chablis.

Ela apoiou o queixo no ombro dele e o encarou no fundo dos olhos azuis-piscina. "Já quer almoçar, gatão?", lhe perguntou.

Jeff agarrou o traseiro dela e o apertou com força. "Já almocei", respondeu.

Ela se debruçou sobre ele. "Você sabe *bem* que ainda não terminou de comer, gato!"

"Assim que botar esse motor pra funcionar eu entro. Prometo. Entra lá e me espera."

Chablis deu as costas fazendo bico. "Meu motor já tá a mil, mas tudo bem. Vai brincar com o seu carro. Vou almoçar com o meu novo chofer." Passou seu braço pelo meu. "Vamos, querido, me faz companhia."

Àquela altura, eu já estava de tal forma envolvido que nem sequer consegui formular uma recusa cortês. Entreguei os pontos de uma vez e, instantes depois, estávamos sentados na sala de Chablis, comendo salada de atum e tomando Coca-Cola. O apartamento era iluminado, arejado e confortavelmente mobiliado. As janelas da frente davam para as folhagens de um carvalho magnífico na praça. Havia dois pôsteres de tourada na parede, um tapete felpudo no chão e um disco da Aretha Franklin tocando baixinho no som. Do sofá em que se sentou, ela podia olhar para fora através de uma janela lateral e ver Jeff consertando o carro na rua.

"Meu amorzinho me trata que nem uma deusa! Ele deixa bilhetinhos pela casa toda dizendo o quanto me ama. E te digo mais, ele até que manda bem debaixo das cobertas! O homem quer agradar, e é justamente o que ele faz com *A Boneca*!" Chablis mexeu o gelo de sua Coca com o dedo. "Ele é hétero, sabe. Ele não é gay. Ele atrai tanto homem quanto mulher, mas só curte mulher. Claro, minhas amigas falam: 'Como é que ele pode ser hétero se está com você?' E aí eu respondo: "Enquanto eu estiver ganhando minha parte, eu é que não vou ficar perguntando."

Bebeu um gole de sua Coca e passou a língua nos lábios.

"Que tipo de homem você costuma atrair?", perguntei.

"Depende do que estiver rolando comigo e com as minhas doses de hormônio. Já peguei com e já peguei sem, e faz uma grande diferença. Quando eu tomo, atraio homens bem masculinos — homens que têm namoradas, homens que têm esposas e filhos. Mas é só ficar um tempo sem tomar que a minha masculinidade volta um pouco e eu fico me sentindo que nem um tomboy. Aí passo a atrair gays. Partes de mim, que geralmente não ficam excitadas, passam a ficar. Quando tô no modo tomboy, cuidado, porque brinco com todo mundo, até mesmo com as bichas mais afeminadas. Se acho alguém fofo, eu provoco e tudo. Tem vezes que consigo ser bem macho mesmo."

Dito isso, Chablis se debruçou e apoiou os cotovelos nos joelhos. A cadência de sua voz tornou-se mais entrecortada e os músculos de seu rosto se contraíram. Sua cabeça e seus ombros se moviam com o entusiasmo de um boxeador. Pela primeira vez, vi o garoto dentro dela vir à tona.

"Mas aí volto lá na srta. Myra, querido", explicou, "e tomo minha reposição de hormônios. Volto a ser feminina de novo e atraio os homens masculinos." Disse isso e se recostou no sofá. Suas linhas faciais se suavizaram e seu corpo voltou a ficar lânguido. O garoto esvaneceu. Chablis era Chablis outra vez. Ela sorriu.

"Mas não exagero nos hormônios", prosseguiu. "Quando tomo muito, nem gozo. Então fico sem tomar de vez em quando só pra aliviar a tensão. Não quero ficar morta lá embaixo. Tomo só o suficiente pra ficar com aquele brilho feminino e manter meus seios bem aqui."

Chablis foi para o quarto e voltou carregando um vestido preto e um maço de cigarros cheio de canutilhos. "Você não se importa se eu costurar um pouco, né, amor?" Ela passou um fio de contas com canutilhos pelo buraco da agulha e pôs-se a pregá-lo no vestido. "Uma garota tem que brilhar!" Sacudiu o vestido. Centenas de canutilhos oscilaram, cintilantes. Ela encaixou mais alguns canutilhos no fio e depois tirou os olhos da costura e me encarou "Você já usou um vestido?"

"Não", respondi.

"Nunca nem quis experimentar?"

"Não."

"E eu nunca quis vestir outra coisa! Já uso roupa de mulher faz tanto tempo que nem faço ideia de quais são as minhas medidas masculinas. É sério. Deixei de vestir roupa masculina com 16 anos. Comecei a usar maquiagem e uns brinquinhos pra ir à escola, e também calças e blusas femininas. Pra mim, era o natural a se fazer. Sempre fui afeminada e sempre me chamaram de bicha ou de veado ou de mulherzinha. Então, nem sentia que tinha algo a esconder. E simplesmente adorava roupa de mulher."

"Como sua família lidou com isso?"

"Meu pai e minha mãe se divorciaram quando eu tinha 5 anos. Cresci com a minha mãe e ia visitar meu pai no Norte todo verão. Ele odiava o meu jeito. Toda a minha família do lado paterno me odiava. Quando ele morreu, fui pro funeral de vestido e acompanhada de um garoto branco maravilhoso. O povo lá ficou todo pálido, queridão, ficaram todos horrorizados! Especialmente a minha tia. Ela começou a me atacar no funeral, todo mundo vendo, e falei pra sair da minha frente ou contaria uma coisinha sobre o filho dela que não seria legal de ouvir. Aí, preferi me afastar da família do meu pai, amor. Eu não deito pra eles, não."

"Não deita?"

"Isso, eu não tenho nada com eles. Não mexo com eles. Mas com a mamãe é outra história. Ela tem uma fotografia antiga enorme de mim sendo coroada Miss Mundo, fica pendurada na parede da sala dela. Foi quem me ensinou a não me preocupar com coisas sem importância. Tem um lema de mamãe que amo: 'Duas lágrimas num balde. E que se foda.' Essa é a mamãe, uma garota legal."

Chablis aumentou o volume da Aretha Franklin e segurou o vestido contra o corpo como se estivesse diante de um espelho. Mexia os quadris no ritmo da música. Os canutilhos saltitavam. "Agora sim, amor! Quando os tambores rufam, os canutilhos *fluuuueemm*! Olha esses canutilhos! *Impecáveis*!" Olhando para mim: "Você tem *certeza* de que nunca quis experimentar um vestido?"

"Sim, certeza", assegurei. "O que a faz pensar o contrário?"

"Ah, nada não. Mas nunca dá pra saber. Isso eu aprendi, queridão! Costumava ir a festas hétero em Atlanta. Me pagavam cem dólares. Era anunciada na porta, sabe, como a Tina Turner ou a Donna Summer, e então me misturava com os convidados. Todo mundo sabia que eu era uma drag queen. Eu ficava parecida com a Tina ou com a Donna porque usava uma peruca. Só que falava que nem a Chablis mesmo e me divertia muito e eles todos também. Enfim, sabe, aqueles machões maravilhosos chegavam em mim e me pediam meu telefone, e *ooô*! Eu voltava pra casa toda excitada. Aí, uns dias depois, eles ligavam me convidando pra sair. E assim, amor, acabei descobrindo que a maioria queria mesmo era vestir uma meia-calça e me pedir para ficar pisoteando o corpo deles com salto alto!

"Então, querido, não dá pra saber. Nunca se sabe. Quando vejo um bofe maravilhoso, amor, não suponho nada. Tem mais homem que curte vestido do que você pode imaginar. A gente, as drag queens, é só a ponta do iceberg. Só a pontinha mesmo!"

"Você já teve vontade de andar na rua de terno e gravata?", perguntei. "Só pela experiência?"

"Se eu saísse sem estar montada, amor, esses caipiras acabariam comigo pelo veadinho que sou, me encheriam de porrada. É sério. Ficaria mais paranoica desmontada do que montada. E tem outra coisa que me preocupa também. Aqui em Savannah, digo. Sabe o quê? Andar na rua de mãos dadas com um garoto branco. *Isso* sim me deixa paranoica nesta cidade."

"Você nunca namora homens negros? Não costuma ir a bares frequentados por negros?"

"Na-na-ni-na-não. Não vou praquelas bandas, não, querido. Taí uma coisa que a mamãe aqui não brinca. Não, não, eu não me apresento em bares de negros, queridão. Garotos negros dão em cima da gente assim que a gente chega. Avançam na gente e aí vêm com um papinho de "e aí, mama" pra cá e "gatinha" pra lá que não acaba nunca. Não curto isso. Os garotos negros são agressivos, amor. Pra eles, não tem nada de mais já chegar te tocando e xavecando e tudo o mais, mesmo se você estiver acompanhada.

"Ah, eu sei que os garotos negros têm uns pontos a favor, amor. Tive uma colega de quarto branca em Atlanta, uma garota de verdade, e ela *adorava* homens negros. Você sabe bem como essas garotas brancas ficam quando experimentam o gostinho de um pau preto, não sabe, querido? Um pau preto acaba com você! Faz você querer preencher todos os cheques do talão."

Chablis costurou uma fileira de canutilhos no vestido. "Essa é justamente a outra razão que me faz gostar dos meus garotos brancos", relatou. "Além do mais, quando os garotos negros descobrem o meu negócio, bebê, querem me dar porrada na hora."

"Seu negócio?"

"Isso, meu negócio. Meu lance, meu trampo, o que rola na minha vida."

"Quer dizer que já saiu com homens sem lhes falar nada de você?"

"S-s-i-i-i-m-m, querido. E quando descobrem ou querem me encher de porrada ou me encher de *amor*. Eles levam a mão lá embaixo pra sentir algo macio e molhadinho e acabam sentindo outra coisa nem tão macia nem tão molhada. Entende?"

"E o que acontece?"

"Um cara negro apontou uma arma pra minha cabeça. A gente dançou por horas enquanto ele torrava uma grana alta comigo e me apresentou pra todos os amigos e tudo. No fim da noite, a gente foi pra casa dele. Deitamos na cama e ficamos nos pegando de roupa mesmo, e ele insistindo pra me tocar lá embaixo, e eu dizendo que não, não, não. E a pressão foi aumentando, 'Por que não me deixa tocar em você?' Eu falava que, 'Juro por Deus, sério, você não quer me tocar desse jeito, querido'. E aí a gente voltou pra pegação e pros beijos, só que finalmente fui pega desprevenida e quando vi a mão já estava lá embaixo. E antes que me desse conta, o cara puxou uma arma e colocou na minha cabeça. O homem disse: 'Vou matar você, seu filho da puta! Vou estourar a porra dos seus miolos! Tá me tirando, porra?' Argumentei que ninguém sabia de nada. Falei: 'Nem mesmo você sabia, e isso mesmo estando grudado em mim, então deixa quieto, vai. A gente se divertiu, querido, e se vai mesmo estourar meus miolos, vai em frente e faz isso duma vez e acaba logo com isso ou tira essa arma da minha cara porque você tá me deixando morta de medo.' Quando fiz esse comentário, o cara deu uma risada. E aí confessou, 'Admito que me diverti com você mais do que já me diverti com qualquer outra vadia. Vou deixar passar dessa vez. Mas é melhor não forçar a porra da barra com mais ninguém ou vai acabar se machucando.' E é por isso que não vou a bares de negros, sabe? Dispenso outra arma nessa cabecinha aqui."

"O que homens brancos fazem quando descobrem o seu negócio?", argui.

"O Jeff não sabia de nada quando a gente se conheceu. Eu tava numa boate hétero. Tinha ido lá com um bando de amigas. Uma das minhas colegas de quarto era *stripper* — era uma garota de verdade — e fez o show de *strip* dela, daí fiz meu show drag e aí a gente se encontrou e saiu pelos bares héteros da vida pra se divertir um pouco. Tava sentadinha lá no bar bebendo o meu coquetel e fumando o meu cigarro e aí vi um cara alto, loiro e maravilhoso que não parava de ficar me olhando. Pensei comigo mesma: 'Não, Chablis, nem ouse. Não mexa com esse homem hétero e alto ou o sujeito vai te partir ao meio, menina!' Aí, recebi um drinque pelo garçom e eu só agradeci de longe. Só que depois o Jeff chegou em mim e a gente começou a conversar. Depois de um tempo, ele me convidou pra dançar e a gente dançou. Minhas amigas viram a gente e todas quiseram trocar de par comigo. Mais tarde, viemos todos pra minha casa e ele ficou sentado chapando a noite inteira. Todas as meninas estavam acompanhadas, deitadas sobre os namorados, mas nada de sexo rolando. Quando o Jeff se levantou pra ir embora, pediu meu telefone e eu dei. Tinha me esquecido que não contei nada de mim para ele, porque eu ficava falando coisas como 'bebê!' e 'isso aí, bebêzinho!' Então, nem me ocorreu que ele não soubesse. No dia seguinte o telefone tocou e fui convidada pra sair.

"Foi tão romântico. Comprei um vestido novo e a gente foi pra um baile com banda ao vivo. Depois, a gente foi pra minha casa e começou a se beijar. Eu sabia que tinha que contar pra ele, mas decidi não falar nada até a noite seguinte. Pois bem, na noite seguinte, a gente foi pra um jogo de basquete e acabei esbarrando num dos meus ex-namorados. Era um cara doido de ciúmes, sabe, e foi por isso que acabei largando o bonitinho. Aí, o ex veio com um monte de merda, dizendo 'É com uma drag queen que você tá saindo.' Foi assim que o Jeff descobriu. E ficou tão magoado que só saiu andando e me deixou lá plantada. Não tive notícias dele por uma semana. Um dia o telefone tocou. Disse que não curtia homem. Respondi: 'Não sou homem, seu puto, não vem me chamar de homem, não!'. Então me perguntou: 'Bom, o que é isso que você tem no meio das pernas?'. Daí eu respondi, 'Isso é problema meu, se vira.' Aí, ele disse: 'Bom, pouco importa o que você é, eu gosto de você. Não consigo tirar você da cabeça e, desde que a gente possa ser amigos, quero te ver de novo.'

"Falei que por mim tudo certo. Daí ele passou a aparecer no meu trabalho e a ver os meus shows, e acabou fisgado. Depois de um tempo, a gente começou a transar e viramos amantes. Até conheci os pais dele. Eles moram lá pra zona sul. São batistas, querido, e pensavam que eu fosse uma amiga do Jeff, a Chris. Passei o dia de Ação de Graças com eles e o Natal também, e gostaram de mim, só não faziam a menor ideia. Mas depois de uns meses, viram que não era só mais um namorico passageiro. O filho deles tava realmente apaixonado por mim. Foi quando veio o primeiro problema: eu era negra. Passaram a me vigiar bem de perto. Dava pra sentir, sabe? Tavam doidos pra me pegar no pulo, qualquer deslize que eu desse. Tive que ficar alerta, de verdade. Aí, uma vez, agiram de um jeito muito estranho comigo. Ficavam me olhando com uma cara debochada, querido. Dava pra sentir que tinha alguma coisa errada. A mãe do Jeff ficou a sós comigo depois do jantar. Ela disse, 'Chris, vamos sentar um pouco lá na sala, só nós duas, pra termos uma conversinha.' Menino, essa garota aqui ficou arrepiada que nem um gato.

"Aí, ela falou, 'Chris, faz tempo que algo tem me incomodado. Algo que só diz respeito a sua vida privada, eu sei bem, e respeito sua privacidade. Mas meu filho está envolvido com você e eu preciso saber. Quero que me responda honestamente.' Bem, querido, meu coração quase parou. Olhei em volta só pra checar onde a porta ficava, no caso de eu ter que sair correndo de lá. Ela, então, falou: 'Me diz. Honestamente. Você tá grávida?'

"Olha, eu fiquei tão aliviada. Pela primeira vez na minha vida não soube o que responder. Minha boca ficou escancarada e agarrei meu estômago. Quando fiz isso, ela deu um grito e saiu correndo da sala.

"Fiquei sentada lá por um tempo, sem saber o que fazer. Deu pra ouvir todo o chilique do outro lado da casa. Fiquei lá sentada, sozinha, por uns dez minutos. Aí, o Jeff apareceu com o sorrisinho mais fofo na cara. E disse: 'Beleza, amor. Tá tudo bem. Vamos embora.'

"Quando saímos, ele ainda tava com o sorriso no rosto, e eu perguntei 'Que porra aconteceu lá dentro? Por um segundo, pensei que a sua mãe tivesse descoberto sobre o meu negócio.' O Jeff, então, passou o braço pela minha cintura. 'O que quer que tenha falado, gata, falou a coisa certa. Olha só o que a gente ganhou!' Querido, ele puxou o maior maço de dinheiro que já vi na vida. Oito notas de cem dólares! 'Meu pai que deu', me contou. 'Pra pagar o aborto'."

Chablis bateu as mãos. "Peguei a grana que os brancos deram pra gente matar o futuro neto deles e comprei aquela TV a cores bem ali e aquele videocassete também. E com o que sobrou, saí e comprei o vestidinho de lantejoulas mais atrevido que consegui encontrar. Caso algum dia descubram quem eu sou, vou balançar minha bunda na cara deles usando esse vestido: 'Obrigada do fundo do coraçãozinho morto do nosso nenê interracial!'."

Chablis se levantou e foi até a janela. "Ainda não acabou, gato?", gritou. Jeff, da rua, ergueu os olhos. Estava parado na frente do carro. Os dois meninos estavam sentados nos bancos da frente, dando partida no motor. Seu namorado fez um sinal em V. "Já vou, só mais um segundo", avisou.

Ela se afastou da janela. "S-s-i-i-i-m, querido! Aquele aborto até que foi uma coisa boa. Até considerei a ideia de denunciar os pais do Jeff pela porra de uma tentativa de assassinato. Se você paga pra que alguém seja perfurado, querido, é tentativa de assassinato, né, não?"

"Pode ser", repliquei, "dependendo das circunstâncias."

"Olha, eu só não denunciei porque não queria magoar o Jeff. E também porque eu ainda não tinha terminado com aqueles putos. Não mesmo, bebê! Seis meses depois, a gente voltou lá e convenceu os dois de que eu tava grávida outra vez. O que rendeu mais 800 paus pra gente, que usei pra comprar mais alguns vestidos e passar um fim de semana perfeito em Charleston. Mas foi a última vez, sério. Se a gente tentar de novo, eles vão se tocar de que seria mais barato simplesmente contratar alguém pra me matar e me jogar da ponte Talmadge."

Deixando o vestido de lado, Chablis tampou a caixinha de canutilhos. "Nunca mais vi meus sogrinhos. Mas agora eu e o Jeff estamos mais próximos do que nunca. Algum dia ele ainda vai voltar a querer garotas, mas tô preparada pra isso. Só não quero que me abandone pra ficar com outro cara. Quero que ele volte pras garotas. Se procurar outro cara, me sentirei um lixo. Já namorei um rapaz que, quando a gente terminou, foi atrás de outros homens. Isso me magoou tanto, e o camarada nem conseguia entender por quê. Tentei falar pra ele: sou uma mulher. Me trata desse jeito, é o jeito que eu mesma me trato. Quero um homem que deseje uma mulher, não um que queira outro homem."

Jeff apareceu à porta.

"Ah, até que enfim", disse Chablis. "Já tava cansada de esperar. Mais um minuto e eu teria começado a dar em cima do meu novo chofer. Eu meio que tô pronta pra você, amor." Jeff suspendeu um dos pés dela e tirou a sandália. Ela se recostou no sofá. "Porque as injeções da srta. Myra começaram a bater, meu amor", falou isso com toda delicadeza. O namorado massageou seu pé descalço e a encarou nos olhos. "M-m-m-m-m. A-s-s-i-i-i-m", regozijou ela.

Levantei-me em silêncio e fui até a porta. Ao fechá-la, deu para escutar Chablis murmurando. "Isso, querido. *Iiiiissoo*! M-m-m-m-m-m-m!"

O Pickup ocupava uma galeria na rua Congress. Dava para escutar o tum-tum-tum da música disco conforme fui me aproximando da porta de entrada da boate. Lá dentro, uma mulher de cabelos curtos vestindo jeans e a camisa de trabalho estava sentada em um banco conversando com um policial uniformizado. Um cartaz escrito à mão, pendurado na parede, dizia TAXA DE ADESÃO: 15 DÓLARES, porém ela fez sinal para que eu entrasse sem pagar.

No primeiro andar, havia um extenso bar à meia-luz e uma pista de dança com luz estroboscópica e música estourando. O lugar estava lotado de rapazes em trajes casuais, porém, em boa parte, conservadores. Um pôster na entrada anunciava a participação especial de Lady Chablis em dois shows, às 23h e à 1h da madrugada. Os 3 dólares do ingresso eram coletados por um sujeito magro que usava um boné de baseball sobre os cabelos oleosos batendo na cintura. "Já começaram a tocar a música de abertura", avisou.

O espaço no andar de cima era estreito, teto baixo, com um bar em uma das extremidades e um pequeno palco com passarela na outra. Um globo espelhado girava no teto. Cerca de cinquenta pessoas, incluindo um número considerável de casais, estavam sentadas em meio ao barulho da música de abertura — um *medley* tosco e acelerado de canções da Broadway reproduzidas em um volume extremamente alto a ponto de abafar a batida disco do andar de baixo. Quando terminou, o espaço ficou escuro. A trilha mudou para o ritmo pulsante de "Jump Start", de Natalie Cole.

Um holofote pairou sobre o palco e, então, recuou. Chablis de repente surgiu, ostentando um vestido minúsculo de lantejoulas com franjas vermelhas, amarelas e alaranjadas e incendiando a passarela enquanto caminhava. Usava brincos enormes e uma peruca de cabelos cacheados, longos e pretos. O público aplaudia o desfile, enquanto, valendo-se de cada nuance do ritmo da música, a dançarina movia os quadris feito um pompom ondulando de um lado para o outro. Lançou um olhar de soslaio com uma expressão de atrevimento supremo. Seus modos eram sedutores, uma tentação. Dançava soberbamente, dublando as letras da música e sorrindo como se saboreasse algo delicioso. A expressão em seus olhos era jovial e afrontosa. Pareciam dizer: se você achou esse último passo vulgar, meu bem, espera só até ver *esse aqui*! Um a um, seus fãs deixavam as mesas na plateia e encaminhavam-se até a beira da passarela. Estendiam notas de dinheiro dobradas. A estrela do show aceitava as ofertas sem perder o ritmo, pegando o dinheiro com as mãos ou dando aos fãs o prazer extravagante de enfiar as notas no decote dela. Quando a música terminou, Chablis saiu do palco sob aplausos e assobios e pés pisoteando o chão.

Instantes depois, a voz estridente dela estourou nas caixas de som. "E aí, monas!"

Algumas pessoas da plateia gritaram de volta: " E aí, mona!"

Chablis retornou ao palco segurando um microfone. Enxugava o suor de seus pescoço e peito com a mão livre. "Iiiiih, gatas! Tô suando, amores! Muito mesmo. E nem tenho vergonha disso. Quero que todos vocês, seus branquelos, vejam o quanto estou dando um duro danado por vocês."

Ela se contraiu toda enquanto o público aplaudia e gritava.

"Preciso de outro guardanapo, amores! Quem é que vai me dar? Quem me der um guardanapo ganha o prêmio, e não vou contar qual é o prêmio até um de vocês ganhar." Alguém da plateia estendeu um guardanapo. "Obrigada, amor. Você é um cavalheiro de verdade. Sim, você é, querido. É sério! E você ganhou o prêmio. Vai poder comer minha bocetinha pelo resto da vida. Que tal?"

A plateia foi à loucura.

"Sim, queridos. Tô suando aqui, mas logo, logo, vou ter que dar uma parada. O médico disse que se eu não der um tempo, vou ter outro aborto. Sim, amores, tô grávida de novo! A data do nascimento tá chegando, e o meu nenenzinho tá cada vez mais na posição, lá embaixo, quase caindo. É dureza dançar nesse calor, e grávida ainda, sabe. Vocês já tentaram? Tentem ficar grávidos, que nem eu, e aí subam aqui pra dançar, gatas. Amores, vocês vão ficar acabados! Meus pés tão inchados? Dá pra ver daí? Tão inchados? Sabe, que nem quando as suas mães ficaram grávidas de vocês? Meus pés tão daquele jeito?"

O publicou berrou: "Não!".

"Espero que não, gatas, porque as suas mães ficaram com uns pés horríveis quando tavam buchudas de vocês." Gritos e assobios da plateia. "Brincadeirinha, né?"

"Eu tenho uma proposta comercial pra fazer a todos vocês, branquelos. Os pais do meu marido não vão mais pagar por nenhum outro aborto, e a gente tá ficando mal de grana. Me levem pra conhecer seus papais e as mamães e digam pra eles que eu tô grávida do filho de vocês e vejam como vão arrumar dinheiro rapidinho. Eu racho a grana com vocês. Acham que eles não dariam um dinheiro pra nós? Pois pensem de novo, meus queridos. O papaizinho do meu marido é pastor batista e já pagou por dois abortos, tá? Isso é assassinato em massa, bebê. Tô falando sério!"

Chablis tentou avançar pela passarela, no entanto, depois de alguns passos, o fio do microfone estancou e a deteve no lugar. Ela ainda tentou puxar, porém o fio já tinha chegado ao limite. Então virou-se em direção à cabine do DJ. "Michael! Coisinha!" Puxou o fio outra vez. "Ei, coisinha, ainda não consertou o fio desse microfone?" Olhou para a plateia. "Agora pergunto: Vocês não acham que o Burt, o dono dessa porra de boate, deveria arrumar esse fio pra que eu pudesse circular à vontade no palco e chegar perto da plateia, ficando mais pertinho do meu público? Pra que eu pudesse tocar vocês? Pra vocês sentirem aquelas vibrações extras?"

Um coro de ééée ecoou pela plateia.

"Se vocês não conseguem fazer nada melhor que isso, podem levantar essas bundas cansadas e ir pra casa. É sério. Agora quero ouvir o grito de vocês: 'Isso aí, mona!'"

"*Isso aí, mona!*"

"Acho que eu não tô ouvindo direito, bebês. Não escutei foi nada."

"ISSO AÍ, MONA!"

"Bem melhor. I-i-i-i-s-s-o, gatas! Agora consigo sentir a presença de vocês."

Chablis passou a mão livre pela lateral do corpo e remexeu-se. "Sim, dá pra sentir bem aqui, bebês, mesmo não conseguindo alcançar nem tocar vocês do jeito que eu costumo fazer e *faria* agorinha mesmo se não fosse essa porra desse fio."

Vaias e assobios.

"Talvez o Burt ache que eu mesma vou quebrar pra depois consertar. Acham que eu deveria quebrar? Acham? Nem pensar! Não vou perder minhas moedinhas por um fiozinho desses, amados. A mamãe aqui vai é sair pra comprar uns vestidos! É só me dar qualquer fiozinho que tiverem aí que eu brinco com ele. Isso, menina. Grande ou pequeno, brinco com o seu fiozinho. Não importa o tamanho *deeeele*, amores. Porque a mamãe aqui vai começar a agir que nem a mulher grávida branca e hétero que é e guardar a porra do meu dinheiro no bolso!" A plateia vibrou. O corpo de Chablis ondulava. "Brincadeirinha, amor", sussurrou ela.

"Beleza, gente, quero agradecer a vocês por terem vindo hoje. Se ofendi alguém, duas lágrimas num balde, meu bem. E que se foda. Sim, bebês. Ainda tem um show maravilhoso pra vocês que vem agora. Todo um bando de vadias lindíssimas, então quero que caprichem nessas palmas e deem as boas-vindas ao palco pra..." Chablis fez uma pausa para observar um casal sentado numa mesa à beira da passarela.

"Vocês dois ficaram nessa pegação forte na minha apresentação todinha! Nã-nã-não, tudo bem, nem ligo. Aproveita enquanto der, amores! Mas me diz uma coisa, menina, é seu marido ou namorado? Ah, é? Olha, acho melhor te contar, ele tá me comendo desde o Natal. Sim, mulher. Ele é o pai do meu nenê. Isso mesmo, gata. De onde vocês são? Hilton Head! E o que é que o pai do meu nenê faz além de trepar muito bem? É advogado! Ooooô, meu filhote vai ter um pai rico! Quando você vira advogado, amor, precisa ter todos aqueles termos antes do nome, né? Tipo 'doutor'. E 'juiz'. Eu não preciso de ninguém me explicando nada sobre advogados, bebê. Fica lá dando pinta com uma verdinha na frente da polícia pra ver só, amor; na hora você conhece um doutor e um juiz. Conhece advogados. Mas a esposa dele não ganha nada dessa merda toda no nome dela, né? Só ganha nenê, né? Bom, deixa eu te falar um negócio, bebê: ganho coisa melhor quando as pessoas falam o *meu* nome. Eu ganho aplausos, amor. E pessoas gritando 'E aí, mona!' pra mim."

Chablis saiu rebolando pela passarela enquanto a plateia gritava "E aí, mona!"

"E aqui nesse cu eu ganho coisa ainda melhor", brincou. "Eu só ganho coisa boa nesse cu, bebês! Aposto que vocês, suas vadias, também queriam, não queriam?" Ela olhou contra o holofote. "Coisinha! Lança a luz ali." Apontou em minha direção e, no instante seguinte, o brilho do holofote ofuscou meus olhos.

"Quero que todos vocês conheçam o meu novo chofer", falou. "É, bebês! Meu novo chofer branco, amores! É quem leva esse cu preto da mamãe aqui pra passear por Savannah inteira. Assim que ele aprender a dirigir um pouquinho melhor, amores, a gente vai descolar um Rolls-Royce! É isso aí. Nunca é demais pra Lady! É sério. Nunca é demais pra Boneca. Tá, Coisinha, tá bom já com essa luz! Aponta essa luz de novo pra mama! Obrigada, amor. Agora, quero que aproveitem o show. Divirtam-se. E eu que não pegue nenhuma mona botando as mãos no meu novo chofer. Porque se eu pegar, bebês, vão ter que se entender com a Chablis aqui. É isso mesmo, queridos. Comigo e meu picador de gelo." Em seguida deu as costas e ondulou de volta à passarela. Já perto das cortinas, olhou por trás do ombro e sussurrou ao microfone. "Brincadeirinha, amor!"

Chablis foi sucedida por Julie Rae Carpenter, que era uns trinta centímetros mais alta e ao menos trinta quilos mais pesada. Loira de cabelos encaracolados, Julie Rae tinha um sorriso com covinhas e usava um vestido de tafetá azul-claro mal ajustado, o qual, a considerar pela costura franzida, era de fabricação caseira. Ela saltitava e pulava e por duas vezes jogou-se de pernas e braços abertos contra a parede dos fundos em busca de um efeito dramático, porém fez isso sem um pingo de ironia — e sem a menor ideia do quão constrangedor era assistir àquilo. Cerca de dez ou doze pessoas da plateia deram gorjetas a Julie Rae. Um número igual de pessoas se levantou e foi embora. Enquanto eu assistia ao show, um garçom com chapéu de palha já um tanto carcomido pelo tempo cutucou meu joelho. "A Chablis me pediu pra levá-lo até o camarim", me disse.

Em seguida me conduziu até um camarim apertado, compartilhado por todos os artistas do show. Estavam ajustando os cabelos e as maquiagens, sentados a uma longa penteadeira coletiva. Chablis estava só de meia-calça. Ela me viu pelo reflexo do espelho. "E aí, gatão! Espero que não esteja bravo comigo depois do que fiz, botando aquela luz na sua cara e falando putaria e tudo mais."

"Ainda somos amigos", retruquei.

"Ai, que bom, amor. Mas eu acho que aquele advogado da Hilton Head não volta tão cedo. Fiquei observando ele o tempo todo, conversando aos beijos com a gata dele enquanto fazia meu show, e, querido, isso eu não aceito! Sorte que deu pra trás quando comecei a pegar no pé dele. Porque, se não, eu teria pegado ainda mais pesado." Chablis tirou a peruca e penteou os cabelos naturais em um topete. "Já cheguei a tirar meu sapato uma vez e tacar na cabeça de alguém. Pra mostrar, sabe, que ninguém brinca com esse vestido aqui, não. Na semana passada, em Valdosta, uma garota tava falando muito alto mesmo e, quando chamei a atenção dela, ela me jogou cerveja. Era uma daquelas lésbicas bem sapatonas mesmo, sabe, bem caminhoneira. Mas o que ela não viu foi que tinha uma jarra inteira de cerveja na mesa dela. Pois eu batizei aquela vadia, amor! Eu batizei a vadia!"

"Bom, e como seu chefe reagiu por ter sido chamado de mão-de-vaca?"

"Querido, aquilo não foi nada. Eu nem fui tão dura com ele porque lembrei que o envelope com o meu pagamento tá lá no bar. Fiquei com medo dele não me entregar se fosse dura demais. Mais tarde a gente se entende."

Julie Rae voltou do palco acompanhada por Stacey Brown, uma mulher negra, alta e elegante. Em seguida, surgiu Dawn Dupree, uma loira escultural com cabelos longos e lisos e roupas bastante estilosas. Chablis me contou que Dawn era costureira profissional. "Foi ela quem fez o vestido que acabei de usar", contou. "Você gostou?"

"Muito impressionante", respondi.

"Ficou perfeito pras minhas apresentações sendo uma vadia. Mas vou fazer uma coisa diferente na minha segunda música. Uma coisinha só pra você, amor, bem recatada. Farei minha apresentação de estreia com a boceta apertadinha. Num vestido que vai até o chão. Eu até usaria pérolas, sabe, mas não sou tão pura assim. Vou usar brilhantes. O vestido também tem uma fenda na parte de trás que vai até a minha bunda. Mas vou me mexer bem devagar e serena, como a dama que sou. Danças lentas são boas pros negócios. Fica mais fácil pros meus fãs chegarem perto e me darem gorjetas. Quando a dança é mais rápida e vulgar, alguns ficam intimidados. Também fica difícil pra eles chegarem perto, enquanto você tá lá pulando de um lado pro outro. Bem, tenho que me montar rápido, tá quase na minha vez."

Chablis vasculhou uma extensa arara carregada de vestidos.

"A minha drag é assim, querido", disse ela. A arara enfileirava uns cinquenta ou sessenta vestidos em um arco-íris de cores, a maioria cintilando com lantejoulas e brilhantes. Havia marabus felpudos, drapeados de veludo e cetim, e nuvens de filó.

Ela segurou um vestido vermelho sem alças contra o corpo. "Foi com esse vestido que ganhei o Miss Mundo", me disse. Então apontou para o vestido azul. "E aquele foi o meu vestido no Miss Geórgia. Se você algum dia passar numa loja de roupas e quiser ser legal com A Boneca, querido, não esquece que meu tamanho é P ou número 40."

Chablis ficou parada, virtualmente nua. Seu torso tinha o contorno de uma mulher ideal, ombros estreitos, seios fartos. Seus quadris eram um pouco estreitos, no entanto reparei que não havia volume em sua meia-calça.

"Ooooô, *bebeeê*", estrilou. "Te peguei espiando minha xaninha! Não viu nada, né? Espero que não."

"Nadinha", assegurei.

"Que bom, porque se algum dia aparecer qualquer coisa na minha calcinha, querido, me avisa. Fala assim: 'Menina, o seu absorvente tá aparecendo!', que eu ajeito, querido, porque isso aí *não dá*! Que visão horrível! Coisa mais nojenta de se ver, amor, sair na rua toda montada com a neca de fora!"

Julie Rae tirou os olhos de seu estojo de maquiagem. "Menos, Chablis!", brincou.

"É por isso que eu uso calcinha de aquendar", continuou Chablis.

"O que é calcinha de aquendar?"

Ela me encarou com real surpresa. "Você nunca ouviu falar de uma calcinha de aquendar?"

"Não, o que é isso?"

"Uma calcinha de aquendar é tudo o que uma garota quer", comentou. "É o que segura a neca no lugar."

"*Chablis!*", Julie Rae deixou escapar com a boca cheia de grampos de cabelo.

"A gata odeia quando falo assim. Não odeia, Coisinha?" Julie Rae não respondeu. Estava fixando seus cachos dourados em uma peruca com coque alto. Chablis voltou a falar comigo. "É um segredo do ofício, querido, e a Coisinha acha que eu acabo com a ilusão quando fico falando que nós meninas temos neca e tal."

Falou e em seguida pegou um pequeno retângulo de tecido rosa preso por dois elásticos finos. "Isso aqui é uma calcinha de aquendar, amor. É meio parecida com um fio dental. O que você precisa fazer é, primeiro, puxar seu material pra trás, enfiar entre as pernas, e aí é só passar os pés pela calcinha e puxar até lá em cima. Tem que enfiar os ovários lá pra trás também — chamo os meus testículos de ovários, amado."

Chablis olhou pra mim com os olhos bem arregalados. "Querido, você tem que *ver* a sua cara no espelho!"

"Não consigo imaginar nada mais doloroso do que isso que acabou de me descrever", falei.

"Então nem me deixa começar a te falar o que a gente faz com fita adesiva!" Ela sequer me deu a chance de interrompê-la. "Fita adesiva é pra quando você quer ficar com a bunda de fora. Você gruda o seu material bem lá dentro das nádegas, querido, e ninguém nota a diferença. Aí sim você pode falar em dor! Ô coisinha doída de aguentar, viu! E ter uma ereção com as coisas desse jeito também não é moleza, não."

Julie Rae bateu sua escova de cabelo com força contra a penteadeira e saiu do camarim. "Lá vai a Coisinha toda bufando de raiva!", disse Chablis. "Mas logo ela se acalma. É uma garota legal que eu amo, e ela sabe disso. E tá certa, mesmo. Essa merda não é tão fácil quanto parece. Levo vinte minutos só pra fazer uma maquiagem básica — sombra, delineador, rímel, ruge, batom. Vinte minutos, amor. E leva uma hora pra me arrumar pro show."

Julie Rae entrou de volta no camarim. Chablis lhe lançou um olhar arrependido. "Tá bem, Coisinha", foi falando. "Já chega de falar naquela merda, cansei. Não vou mais revelar segredo nenhum. Me desculpa por ter feito isso. Sim, amada, desculpa. Do fundo da minha bocetinha de carne e osso. Me perdoa?" Julie Rae sorriu a contragosto. "Que bom, amada", disse agradecendo, "porque nós, garotas, temos que nos unir. Ai, querido, essa é a minha deixa!"

Ela tirou um vestido azul-escuro do cabide e o vestiu rapidamente. Era um de gola alta e arrastava-se pelo chão. Um manto robusto de brilhantes cintilava por seus ombros. "Fecha meu zíper, querido", pediu. Fechei. Havia, de fato, uma fenda até a metade das costas. A música era uma balada lenta e Chablis mais rebolava, sinuosa, do que dançava. Valia-se de seus ombros para expressar as emoções da música, e seus fãs faziam fila para dar as gorjetas. Quando terminou, pegou o microfone outra vez para agradecer ao público pela presença. "Se vocês gostaram do show", falou para a plateia, "obrigada do fundo do coração e não esqueçam do meu nome, Lady Chablis. Agora, pra quem não gostou do show, amor, meu nome é Nancy Reagan, e vão se foder."

Em seguida foi para a coxia e tirou o vestido. "O meu advogado lá da Hilton Head aprendeu a lição", comentou. "Me deu 20 dólares de gorjeta." Ela colocou um vestidinho curto de seda verde-limão com camadas de canutilhos oscilantes. "Agora é hora de ir pro bar lá embaixo pra pegar meu dinheiro, tomar um Schnapps de maçã e fumar um cigarro." Passou um pouco de batom. "Depois volto pro segundo show, boto um dos meus vestidos mais safados e despacho aquele pão-duro do Burt daqui pro reino dos céus!"

No andar de baixo, a música disco era ensurdecedora. Segui o rastro de Chablis enquanto ela abria passagem pela multidão até o bar. No caminho ia cumprimentando os fãs que a abordavam, virando o rosto para que pudessem beijá-la no pescoço de modo a não borrar sua maquiagem ou desarrumar seu penteado.

"O que foi, amor?", perguntou. "Perdeu o show? Não tem problema. Você pega a gorjeta que ia me dar e enfiar ela no meu peitinho agorinha mesmo. Isso aí. Ooooô, querido! Obrigada, amor... E aí, amor, tá tudo bem?... Beleza, *garota*! Tá *bonitona*!... Ai, bebê, você ainda tá com aquele mesmo boyzinho da semana passada? Tá? Me diz, rápido! Conta *logo*, menina. *Conta duma vez! É isso aí!*... Não, querida, não trouxe meu marido comigo hoje. Ele tá me esperando em casa, guardando aquele pauzão duro dele todinho só pra mim."

Quando Chablis enfim alcançou o bar, seu Schnapps de maçã estava a sua espera. Ela pegou a taça e a ergueu para o homem atarracado e de ombros largos bem a seu lado. "Ei, Burt", chamou. "Duas lágrimas num balde!"

Então virou o copo. Burt tinha uma careca brilhante e olhos tristes. "Tudo bem, Chablis?", perguntou.

"Olha, ainda não entrei no programa de auxílio do governo", ela ironizou, "mas tô quase lá. É bom mesmo que vocês não me paguem nada além do que me pagam, senão capaz até de eu nunca receber meu benefício." Burt não respondeu.

"Falando nisso", prosseguiu, delicadamente estendendo a mão, "você poderia me entregar o envelope, por favor?" Burt lhe repassou um pequeno envelope.

"Obrigada, querido", agradeceu. "Você vai ver o segundo show?"

"É, acho que sim", respondeu Burt.

"Que bom, porque sempre faço um show melhor depois de tomar meu Schnapps de maçã. E, amor, você *não vai* querer perder o segundo show dessa noite!" Chablis olhou dentro do envelope. "Cadê o resto?"

"O resto do quê?", perguntou Burt.

"Do meu dinheiro. Faltam cem dólares. Tá faltando dinheiro aqui!"

"Ah, sim", disse Burt. "É por causa dos dois shows que você não fez. A gente não tá pagando esses dois."

Uma faísca de ódio lampejou no olhar de Chablis. "Burt, que porra é essa?", falou com firmeza.

"Como assim?", retrucou Burt.

"Talvez eu não estivesse embaixo daquele holofote, mas eu tava na frente do espelho fazendo a minha maquiagem, e isso também é trabalho. Também peguei um taxi pra vir pra cá e cheguei na hora. Ninguém me ligou pra avisar que os shows tinham sido cancelados. Eu recebo um salário. Nosso acordo é esse."

Burt lhe lançou um olhar fatigado. "Se você não trabalha, Chablis, não recebe. É assim que funciona."

"Burt, meu aluguel vai vencer, caralho! Como é que eu vou pagar o meu aluguel?"

"Você vai ter que falar com a Marilyn", ele disse. Marilyn era a esposa de Burt.

"Não vou falar com ninguém. Quero o meu dinheiro!"

Burt suspirou. "Não vou discutir com você. Cansei. O que é justo, é justo."

Ela deu um tapa no balcão do bar. "Que se foda, então", respondeu. "Cê vai ver!" Disse isso, deu meia-volta e atravessou a multidão correndo, pausando brevemente para uma troca de cochichos com Julie Rae. Em seguida, disparou pelas escadas com Burt em seu encalço.

"Chablis!", gritou Burt logo atrás dela. "O que cê vai fazer?"

"Me dá meu dinheiro!", exigiu.

"Mas você não trabalhou!"

"Trabalhei, sim!"

Já no camarim, ela arrancou um punhado de vestidos da arara. "Vou levar minhas coisas pra casa", avisou. "Eu me demito!"

"Chablis, por favor, não", implorou Burt. Ele agarrou os vestidos e, por alguns instantes, os dois pareciam estar disputando um cabo-de-guerra.

"Para de ficar puxando meus canutilhos, bebê!", pediu. Burt, subitamente envergonhado, soltou.

Julie Rae apareceu no vão da porta, logo atrás de Burt. Estava acompanhada de meia dúzia de pessoas que a acompanharam desde o andar de baixo. Chablis arremessou os vestidos por cima de Burt. A amiga os apanhou e entregou às pessoas no corredor. "Vai jogando os vestidos pra gente", falou. "A gente tá aqui com você, gata!"

Mais um punhado de vestidos foi retirado da arara, no entanto dessa vez Burt levantou o braço para bloquear a passagem. "Chablis", disse, "você se esqueceu de uma coisa. Você pegou cem dólares emprestados com a gente faz seis semanas e ainda não pagou."

Ela se deteve por um momento. "Verdade", admitiu, "mas vocês não me deram um prazo pra pagar. Dava pra ter me avisado que iam cortar do meu pagamento, ainda mais com meu aluguel vencendo. E alguém podia ter me ligado pra dizer que os shows tinham sido cancelados. Eu podia ter agendado em outro lugar. Podia ter ido pra Columbia. As gorjetas em Columbia são *perfeitas*."

"Bem, Chablis, sinto muito", prosseguiu Burt, "mas não posso deixar você tirar nada daqui sem antes pagar o empréstimo."

Chablis atirou um vestido lamê prateado em Burt. "Toma!", falou. "Pega esse vestido! Vale cem dólares, e aí fica tudo certo. Agora me deixa levar minhas coisas daqui!"

Burt ficou olhando para o vestido sem expressão alguma no rosto. Era uma peça de tecido prateado um pouco maior que um pano de prato. Estava imóvel, pendurado na mão dele. "E o que faço com isso?", questionou.

"Veste!", respondeu Chablis. "E toma mais isso aqui, caso você queira esconder sua neca enquanto se monta." E enfiou uma calcinha de aquendar na mão de Burt. Julie Rae gritou com gosto.

Burt jogou a calcinha no chão com um ar de aversão. "Chablis", começou a falar, "o seu problema é que..."

"Nem começa! Porque eu sei bem qual é o meu problema! Meu problema é que compro um guarda-roupa inteiro de vestidos e depois passo centenas de horas costurando canutilhos e lantejoulas e brilhantes, e não sou paga por nada disso. Compro discos pra ver se aprendo umas músicas novas e tomo injeções de hormônios por 20 dólares, duas vezes por mês, pra manter minha imagem feminina e ninguém me paga por isso também. Aí eu ainda passo horas fazendo o cabelo e me maquiando e me montando toda pra poder vir pra essa pocilga nojenta que mais parece o sótão de alguém e fazer o possível pra criar uma ilusão de glamour. Amor, as vigas aqui são tão baixas que eu fico até com medo de entrar naquele palco usando uma tiara!" Chablis olhou para Burt, seus olhos escuros pegavam fogo.

"Bem, Chablis", ele tentava falar, "se você..."

"O meu problema é que trabalho prum cara que pensa que me faz um favor por me deixar desfilar no palco dele. Acha que me divirto usando aqueles vestidos e sacudindo minha bunda, que nem ligo se recebo pra isso ou não. Olha aqui, vou te falar uma coisa. Tem vezes que não tenho a menor vontade de usar um vestido ou de me maquiar. Mas venho até aqui e faço tudo isso mesmo assim, porque é o meu trabalho. É como ganho a vida. E vou te dizer mais uma coisa: dá um trabalho danado ser uma garota em período integral!"

"Chablis", disse Burt, "deixa de ser injusta. Você sabe que considero você parte da família."

Ela suspirou. Estava com uma das mãos na cintura e um sorriso sardônico no rosto. "Claro que sim, bebê", foi falando com uma voz suave. "Acho até que é por isso que você colocou aquela placa lá na entrada que diz 'Taxa de Adesão: 15 dólares'. A taxa que só é cobrada dos negros, pois não são bem-vindos nessa boate como convidados — só como funcionários, que nem sempre são pagos."

Chablis pegou outro punhado de vestidos da arara. "Chega pra lá, seu corno", falou com irritação. "Essa pessoa da família aqui tá saindo de casa!"

O corredor na saída do camarim já estava lotado. Chablis atirava um vestido atrás do outro. "Segurem bem alto, amores, sem arrastar! Não acabem com a minha drag! Segurem bem lá no alto, amores!"

Quando a arara ficou vazia, ela voltou a falar com o dono da boate, que ainda segurava o vestido lamê prateado. "Não esquece da sua calcinha, Burt", ironizou. "Você vai precisar dela pra esconder a sua neca quando usar esse vestido." Ele não rebateu. Chablis deu de ombros. "Faça bom proveito", retomou. "Mas quando a hora chegar e você não tiver uma calcinha de aquendar pra vestir, vai fazer o quê, hein? Vou dividir um segredinho do ofício com você. Tem outra coisa que funciona tão bem quanto uma calcinha de aquendar: veste quatro pares de meia-calça. Faz isso, menino, e todo mundo vai pensar que você tem uma bucetinha!"

Então arremessou o último vestido para Julie Rae. "Beleza, Coisinha! Tudo *pronto!*" E lá se foi escadas abaixo, seguida de uma cascata de plumas e purpurina. Ela saiu rebolando até a pista de dança com as caudas compridas dos vestidos esvoaçando às suas costas feito um dragão chinês colorido, cintilante. Outras dançarinas se juntaram à fila, erguendo os braços para amparar a montanha de vestidos. Chablis estava radiante. "Ééééé, *gata*! Queria que a minha mãe estivesse me vendo agora", exclamou. E saiu esbarrando nos outros e tropicando e balançando a bunda. Seu séquito seguia logo atrás, carregando os vestidos nos braços, aos berros, guiado por ela e serpenteando pela pista de dança bar adentro, cruzando-o de ponta a ponta, passando pelo sujeito com boné de baseball e cabelos oleosos, depois pela placa onde se lia TAXA DE ADESÃO: 15 DÓLARES e enfim desembocando na rua Congress.

Ela virou à direita e seguiu adiante, ainda dançando ao ritmo da música, a cauda comprida esvoaçando em seu encalço. As luzes da rua chispavam nos brilhantes e nas lantejoulas, soltando faíscas nas ondas de pêssego e vermelho e verde e branco.

"É como eu falei pra você, amor", exclamou ao passar por mim. "Você vai ter que viajar se quiser me ver fazendo o meu negócio daqui pra frente. Macon, Augusta, Atlanta, Columbia... todas elas conhecem A Boneca, amor! Todas elas conhecem Chablis!"

O fluxo do trânsito na rua Congress foi diminuindo até engarrafar de vez a fim de receber a procissão purpurinada. O ambiente estava carregado de buzinas e assobios e gritos e uma mistura de animação bonachona e escárnio lúbrico. Os motoristas não percebiam, claro, que o espetáculo que testemunhavam era o da Grande Imperatriz de Savannah desfilando com todas as perucas, vestidos e calcinhas de aquendar de seu guarda-roupa imperial. Chablis acenava a seus súditos. "A mona tá dando o fora!", gritou. "*Isso aiií*, amores! A mamãe aqui tá vazando! É *sério*, bebês!"

8
SWEET GEORGIA BROWN'S

"Deus do céu, vocês de Nova York são de outro mundo", disse Joe Odom. "A gente dá um duro danado pra colocar a pessoa no rumo certo e olha só o que acontece. Primeiro, você se entrosa com um povo da laia do Luther Driggers, que ganhou fama por estar se preparando pra envenenar todo mundo. Depois, fica circulando por aí num automóvel que não serve nem pra levar um porco até o mercado e agora me diz que tá saindo com uma drag queen preta. Quer dizer, sinceramente! Os seus pais vão surtar quando ficarem sabendo disso, e suponho que vão jogar a culpa toda em mim."

Joe estava sentado à mesa em um enorme galpão onde em breve inauguraria o piano-bar batizado de Sweet Georgia Brown's, com uma atmosfera dos anos 1890. Ali ele era o proprietário, o presidente e o artista convidado, como em um trio de jazz. Naquele momento preenchia cheques e os entregava aos trabalhadores que faziam os últimos arremates no local. Um carpinteiro lustrava o bar de carvalho em formato de U até brilhar. No centro do U, um cavalo branco de carrossel estava empinado sobre uma montanha de garrafas de bebidas. Mandy, que seria sócia do bar e vocalista convidada, estava em uma escada ajustando os holofotes do palco, enquanto o dono do estabelecimento bebericava seu *scotch* vespertino e assinava cheques.

Sua saída do Emma's fora perfeitamente amigável. Dadas as circunstâncias, sair da sociedade fora a coisa mais nobre que poderia ter feito. Sua parte na sociedade do Emma's havia atraído todos os seus credores para fora da toca, os quais avançaram sobre o pobre bar com mandados e processos legais à maneira de correntistas travando uma corrida a um banco à beira da falência. Joe se tornara um risco ao negócio, então retirou-se e ocupou o espaço do galpão na rua Bay. Só não tinha muita certeza de como o Sweet Geórgia Brown's seria menos visado por seus credores do que o antigo bar. Dar de ombros, demonstrando toda sua indiferença, era a melhor resposta que dispunha a essa questão.

Além disso, Joe e Mandy haviam sido despejados do número 101 da avenida East Oglethorpe por atraso do aluguel. Instalaram-se a alguns quarteirões dali, em uma linda casa branca de madeira na rua Liberty. O séquito de Joe o seguiu até a nova casa, bem como os ônibus de turismo. As únicas pessoas que não sabiam da sua mudança para a nova casa eram os donos ausentes e o corretor de imóveis, Simon Stokes, que lhe apresentara ao lugar. O novo morador fingira estar indeciso e sem pressa alguma na tarde em que o sr. Stokes lhe mostrou o imóvel desocupado. No dia seguinte, o corretor partiu em uma viagem de seis meses para a Inglaterra e, um dia após ele viajar, Joe se mudou — com mobília, piano, séquito e tudo. Era um glorioso posseiro, mas ninguém sabia disso na época.

Ao fim da primeira semana, Joe já estava oferecendo passeios turísticos e almoços a 3 dólares por cabeça. Recebia os turistas com uma versão ligeiramente modificada do discurso de boas-vindas que usava nas outras casas: "Boa tarde! Meu nome é Joe Odom. Sou advogado tributarista, corretor de imóveis e pianista. Moro nessa casa, que foi construída por um general dos Estados Confederados que morreu no que gostamos de chamar de Guerra da Agressão Nortista. Fiquem à vontade pra circular por aí, e sintam-se em casa. Caso virem uma porta fechada, por favor não abram, pois provavelmente vão encontrar meias sujas e camas desarrumadas e talvez até pessoas dormindo."

Mandy desceu da escada. Usava um vestido frisado, apertado, que se arrastava pelo chão, com decote cavado. Uma pena de pavão enfeitava sua faixa de cabelo adornada de joias. Experimentava sua fantasia de Diamond Lil para fazer jus à temática dos anos 1890.

"Gostou da minha roupa?, perguntou, fazendo uma pose sexy encostada no piano.

"Gostei bastante", disse o noivo.

"Então case-se com ela", respondeu a mulher.

Joe deu um beijo em Mandy. Então retornou ao ofício de preencher cheques. Entregou um ao homem que havia instalado as luzes. Deu outro ao carpinteiro e um terceiro ao empreiteiro. Estes dois conversavam, descontraídos, como se todos ali acreditassem que os cheques tinham fundos.

Depois que os operários foram embora, um senhor idoso, negro, apareceu ao lado do dono do bar, que continuava sentado ao piano. O homem se apoiava em uma bengala. Havia passado boa parte da tarde no bar, fazendo café para os operários e varrendo o lugar para mantê-lo limpo. "Hora de ir embora, seu Odom", avisou, lançando um olhar de soslaio ao talão de cheques.

Joe sacudiu a cabeça. "A-hã, Chester. Não se deixe enganar por essas coisas. Exija um autêntico McCoy sempre que puder." Tirou a carteira do bolso e deu ao homem a única nota que lá havia, uma de vinte. O sujeito agradeceu e saiu mancando.

"Agora, quanto a esse pessoal com quem você anda se envolvendo", disse Joe, voltando sua atenção novamente a mim.

"Sei lá", rebati. "Eu meio que gosto das pessoas que tenho conhecido em Savannah. Contudo, admito que talvez precise melhorar meu carro."

"Então ainda há esperança", retrucou. Acendeu um charuto. "Porque, sabe, a Mandy e eu estamos vendo umas casas com piscina pra alugar lá em Hollywood pra quando rodarem o filme baseado no seu livro. Porém tá começando a parecer que nossas coestrelas não vão passar de um bando de gente estranha. Precisamos fazer algo a respeito."

"Quem você tem em mente? O prefeito?"

"Deus do céu, não, ele não", respondeu Joe. Parou para pensar. "Tem essa senhora hospedada com a gente que talvez possa te interessar. Ela escreve uma coluna relacionada à terapia sexual pra revista Penthouse." Encarou-me ansiosamente. "Não? Não."

Levei a mão ao bolso e puxei uma anotação que havia rabiscado. "Por coincidência", falei, "estou prestes a expandir meu círculo de amizades. Veja se você aprova." Passei-lhe a anotação, onde se lia: "Jim Williams, Casa Mercer, rua Bull, 429, terça, 18h30".

Joe acenou de cabeça com a solenidade de um joalheiro avaliando uma gema rara. "Agora sim! Bem melhor", foi assertivo. "Mas muito melhor. O Jim Williams é um sujeito espetacular. É brilhante. Bem-sucedido. Bastante admirado. Um pouco arrogante, talvez. No entanto, rico. E o casarão até que não é mau."

9
UMA MÁQUINA DE SEXO AMBULANTE

E foi assim que passei aquele fim de tarde extraordinário na Casa Mercer na companhia de Jim Williams, seus artefatos Fabergé, seu órgão de tubos, suas pinturas, seu estandarte nazista, seu jogo dos PsicoDados e — embora por um breve, mas inesquecível momento — seu jovem e tempestuoso amigo, Danny Hansford.

"Bom, e o que você achou?", Joe Odom me perguntou quando dei um pulo no Sweet Georgia Brown's, em seguida.

"Acho que conheci o rapaz que você encontrou na sua cama", respondi, "aquele tatuado com a camiseta do 'Foda-se'. Ele trabalha pro Williams."

"Então, é lá que trabalha", disse Joe. "Deve ser o moleque que dirige aquele Camaro turbinado que tá sempre estacionado na frente da Casa Mercer. Ele fica rodando pela cidade inteira e dá uns cavalos de pau em volta das praças como se estivesse na Indy 500 particular dele."

Danny Hansford era um desconhecido para a maioria dos moradores da praça Monterey. Na melhor das hipóteses, era uma presença sem nome, alguém que era visto entrando e saindo da Casa Mercer, estacionando e partindo em seu Camaro preto, pneus cantando. Uma das poucas pessoas que o conheciam era uma estudante de artes chamada Corinne, que morava no último andar de um casarão passando a praça. Tinha uma pele macia e branca e um emaranhado de cabelos castanho-avermelhados. Desenhava as próprias roupas, sempre pretas e geralmente enfatizando seus melhores atributos — seios e nádegas. Tomava café da manhã com certa frequência no Clary's e não tinha vergonha de admitir que conhecia Danny Hansford. "Ele é uma máquina de sexo ambulante", confessou-me.

Ela observava o rapaz de longe muito antes de se falarem. Danny estava no fim da adolescência, segundo supunha, quase a mesma idade que a dela. Corinne ficou entusiasmada com o físico do garoto, o corpo musculoso, os cabelos loiros desgrenhados e as tatuagens. Sentiu-se particularmente atraída pelo seu jeito de andar, um gingado maroto que dizia "foda-se" de maneira tão audaciosa quanto a camiseta que usava com frequência. Era um estudo de movimento em energia e turbulência, nunca olhando para a direita nem para a esquerda, nem percebendo a presença de outras pessoas na rua, com exceção de uma determinada ocasião da qual se lembrava nitidamente.

Certa tarde, atravessando a praça Monterey, ouviu o ronco do Camaro de Danny descendo a rua Bull. Então apressou o passo de modo a estar em frente à Casa Mercer quando o carro fosse estacionado. Ele sorriu, tímido. Corinne se parabenizou por ter vestido uma blusinha apertada sem alças e uma minissaia naquela manhã. Colocou-se bem no meio do caminho do rapaz, disse oi, e lhe perguntou se morava no casarão.

"Sim", foi a resposta, "moro sim. Quer entrar pra conhecer?"

"Claro que aceitei", ela me contou meses depois no Clary's, ao narrar nos mínimos detalhes o que acontecera em seguida.

Conforme relatou, ela o seguiu pela calçada de olhos grudados na traseira do jeans dele, no verso da camiseta, nos braços de Danny. Porém, ao pisar na elegante imensidão do hall de entrada, esqueceu-se momentaneamente de tudo aquilo e ficou boquiaberta, em silêncio, diante do cenário: a escadaria em espiral, as pinturas, a tapeçaria, os lustres de cristal e todo o mobiliário reluzente.

"Meu Deus", murmurou.

Danny ficou parado com as mãos nos bolsos, girando os calcanhares e de olho em Corinne. Tinha um rosto pueril, nariz arrebitado e lábios sensuais que pareciam estar prendendo um sorriso.

"Essa merda toda vem de castelos e de palácios", ele comentou.

"Mas isso aqui *é* um palácio", retrucou Corinne em um sussurro maravilhado.

"É", disse Danny, "e vale alguns milhões de dólares também. A Jackie Onassis uma vez tentou comprar da gente. A que era esposa do presidente, saca? Porém a gente disse pra ela: 'Isso aqui não tá à venda, dona'. Cara, a gente mandou a tal da Jackie Onassis vazar daqui." Danny soltou uma risada, imaginando a cena. Coçou o peito, levantando levemente sua camiseta e deixando à mostra parte de seu abdômen tanquinho. "Vem, deixa eu lhe mostrar a casa."

Estavam sozinhos no imóvel. Ao passarem de um cômodo a outro, Danny apontava para as pinturas na parede. "Todos esses caras são reis e rainhas", frisou. "Todos, todinhos. E esse bagulho de metal é ouro, e prata também. Cara, a gente tem alarme antirroubo na casa inteira. Se alguém tentar invadir, mano, vai levar surra na hora. Só espero que eu esteja aqui quando tentarem. *Éééééé!* Porque ninguém fode comigo e se safa depois, não." Disse cortando o ar com um golpe de karatê, depois chutou o intruso imaginário. "*Hung-GAH! Choong! Choong! Toma isso, seu filho da puta!*"

Os dois seguiram até a sala de jantar, onde Corinne parou diante de uma pintura a óleo que retratava um nobre de peruca com uma gola de babados em volta do pescoço. "Quem é esse?", quis saber.

Danny olhou para o quadro. "Esse gordo maldito aí? Ele é rei, como já disse."

"Rei de onde?", ela indagou.

Danny deu de ombros. "Rei da Europa."

Corinne ainda esboçou dizer algo em resposta, no entanto se deteve. Danny a olhou com um ar de incerteza e, então, de súbito, seguiu de volta à sala de estar. "Ei", perguntou, "que tal a gente beber alguma coisa? Aí, depois, talvez a gente possa ir lá pra cima jogar um pouco na roleta. Que tal, hein? Gostou da ideia?" Encheu dois copos de vodca e deu um a garota. Antes que ela bebericasse três golinhos, seu anfitrião já havia esvaziado o copo. Então, encarou-a com um sorriso travesso. "Anda. Vamos subir."

No salão de baile no segundo andar, os dois giraram a roleta algumas vezes; em seguida, Danny tamborilou um ritmo tosco com um par de hashis no órgão de tubos. Por fim, a levou para a suíte principal e tirou um saco de maconha do bolso. Enrolou um baseado bem grosso.

"Tenho a melhor erva de Savannah", declarou. "Pode perguntar pra qualquer um. É o que todos dirão. 'O Danny Hansford tem uma erva da boa. Nenhuma bate mais forte que a dele.' Planto no jardim lá atrás e seco no micro-ondas. Isso vai deixar você chapada, garanto."

Fumaram o baseado. Corinne se sentiu mais leve.

"Você gosta de mim?", perguntou Danny, com um quê de ternura na voz.

"A-hã", ela respondeu.

Danny a abraçou e acariciou suas costas com ambas as mãos, afagando sutilmente seu pescoço com beijos e fazendo-a estremecer dos pés à cabeça. Tombaram sobre a cama de dossel onde passou a beijar os seios da garota ao mesmo tempo em que suspendia sua saia e baixava a calcinha. Ela ainda tentou se agachar para tirar os sapatos, porém, antes que pudesse fazê-lo, já estava sentindo seu corpo ser pressionado, provocando-a com os dedos, gentil e insistentemente. Com a outra mão, abriu o zíper de sua braguilha. Apertou as nádegas dela com força e a puxou para perto de si ao penetrá-la. Ela sentiu o cheiro salgado da camiseta dele e a fivela do cinto roçando-lhe o estômago. O calor corporal cada vez maior envolvia-os feito uma toalha fumegante.

No entanto isso acabou rápido. Ele ergueu a cabeça e olhou para ela. "Foi demais, não foi? Hein? Você curtiu, não curtiu?"

"É...", disse ela. "Talvez da próxima vez a gente consiga até tirar a roupa."

Corinne não se deixou levar pela farsa de Danny fingindo ser o dono da Casa Mercer — ela sabia bem, assim como todos em Savannah, que Jim Williams era o dono do imóvel —, contudo, fingiu que acreditou, pois a encenação parecia dar gás à altivez do garoto. Ela suspirou com eloquência quando o rapaz lhe mostrou o Jaguar xj12 estacionado na garagem; ficou sem palavras quando ele abriu a gaveta de uma cômoda e mostrou-lhe seu relógio de "ouro" e suas abotoaduras "imperiais". Encarou-o, toda romântica, ao despedirem-se no hall de entrada. Disse-lhe que havia adorado seu castelo, que ele era um cara muito bonito, um Príncipe Encantado sexy. Então, a porta da frente se abriu e Jim Williams entrou.

"E aí, camarada!" Williams estava de bom humor.

"A gente já tava de saída", balbuciou Danny.

"Por que a pressa? Fiquem para um drinque. Me apresente a sua bela amiga."

"A gente já tomou uma bebida", disse Danny. Seu humor havia desaparecido.

"Bom, não vai doer se vocês ficarem por mais uns minutinhos, sejam sociáveis", retrucou Williams de forma amigável. "Dá sempre tempo de fazer isso."

Williams se apresentou a Corinne e, então, seguiu até a sala de estar com tamanha autoconfiança que só restou ao casal acompanhá-lo como se convocados por decreto. Ela contou a Williams que estudava na Faculdade de Artes e Design de Savannah. Ele, por sua vez, contou algumas fofocas relacionadas aos vários membros da faculdade, para a total diversão de garota. Danny ficou sentado na beira da cadeira, carrancudo.

Williams acendeu uma cigarrilha King Edward. "Suponho que Danny já a tenha levado pra conhecer a casa", comentou. "Ele lhe mostrou como se joga PsicoDados? Não? Ah! Então, por favor!"

Levou a menina até a mesa de gamão e disse que, mentalizando os dados, seria possível aumentar as chances. Contou a Corinne acerca dos cientistas da Universidade de Duke e como suas experiências provaram que, se alguém de fato focar sua energia mental em algo, coisas podem acontecer — com os dados ou qualquer outra coisa. Olhou de esguelha para Danny, ainda sentado com cara fechada. "Agora, veja, por exemplo", retomou Williams, astutamente, "se nós dois focássemos nossas mentes em algo e nos concentrássemos de verdade, sabe, nós provavelmente conseguiríamos fazer com que o Danny se levantasse daquela cadeira e fosse um pouco útil nos preparando uma bebida." O garoto ficou de pé e, sem nada dizer, saiu do cômodo. Instantes depois, a porta da frente bateu com tamanha força que a casa quase tremeu.

Corinne pulou em seu assento. Williams mal pestanejou. Arqueou as sobrancelhas e deu um sorriso estupefato. "Acho que a mensagem foi recebida", brincou, "e retornou ao remetente." Sacudiu os dados e os jogou no tabuleiro de feltro verde.

Meia hora depois, após ter tomado um drinque com Williams e jogado algumas rodadas de PsicoDados, Corinne saiu da Casa Mercer. Danny estava parado na calçada, encostado contra o para-choque de seu Camaro preto, braços cruzados sobre o peito. Sem tirar os olhos dela, abriu a porta do passageiro.

"Entra", disse ele.

Era fim de tarde. Corinne tinha compromissos e planos para mais tarde. Olhou para o jeans de Danny, para a camiseta, os braços, o sorriso que começava a brotar no rosto dele, e entrou no carro. O rapaz seguiu o script à risca, segurando e fechando a porta, todo educado. Deu a volta no carro e entrou.

Corinne deu uns tapinhas no ombro dele. "Certo, camarada", começou, "agora, talvez você possa me explicar por que saiu daquele jeito."

Danny deu de ombros. "Eu não gosto que ninguém fique flertando com a garota que tô saindo."

"Você acha mesmo que o Williams tava flertando?"

"'Tava, e eu é que não caio nessa merda."

"Deixa eu dizer uma coisa", disse Corinne. "Sou muito boa em sacar quando alguém dá em cima de mim. E o Jim Williams não tava dando em cima de mim."

"Ele tava dando uma de espertalhão."

"Ele tava mostrando pra você quem é que manda", retrucou ela.

Danny virou a chave na ignição. "É a mesma coisa. E, como eu disse, não gosto nada dessa merda." Trocou a marcha do carro e pisou no acelerador. O carro saiu em disparada, cantando pneus. Corinne agarrou o painel para se firmar. "Meu Deus!", exclamou.

Danny virou a esquina na praça. Uma nuvem branca-azulada de fumaça pairou sobre a rua em frente à Casa Mercer.

"Aperta o cinto!" Danny gritou. "Esse vai ser o passeio da sua vida!"

"Não, não vai, não! Deixa eu descer! Agora!"

"*Daqui a pouco!* E não esquenta. Não vou matar você. Sou um ótimo motorista e esse é o carro mais irado da porra dessas estradas todas. Essa belezinha tá a mil!" Danny sorria, triunfante; os olhos dele brilhavam. A autoconfiança havia retornado. Se não era propriamente o senhor da Casa Mercer, ao menos era o rei do asfalto.

Corinne soltou um suspiro, resignada, e tratou de aproveitar o passeio. "Tá", disse, "pra onde a gente vai, então?"

"Pra Tybee", respondeu ele. "Quero mostrar uma coisa legal pra você."

Aceleraram pela estrada Islands rumo à praia. Corinne olhou para Danny, avaliando-o. Preferia aquele ar arrogante ao humor taciturno. "Então, me diz, qual é a sua ligação com a Casa Mercer e o Jim Williams?", perguntou.

"Eu trabalho pra ele", respondeu Danny, "quando me dá vontade. Uns bicos, essas merdas."

"É, me pareceu mais isso mesmo", ela falou. "Você não me parece do tipo que curte casas senhoriais daquele tipo."

"Ganho um bom dinheiro, não esquenta. E se alguém se aborrecer comigo, caio fora, cara. Não engulo merda, não."

"Deu pra notar."

"Pois é! Ei, eu quase derrubei a porta quando saí, não foi? Aposto que o Jim ficou puto."

"Eu não diria puto", observou Corinne. "Acho que ele até tava gostando, o que me pareceu um pouquinho estranho."

A ponte para a ilha Tybee despontou no horizonte. Danny meteu o pé no acelerador e o carro arrancou. Ultrapassaram o veículo à frente deles, ficando com o caminho livre até a ponte. "Se segura aí", alertou. "É aqui que a gente decola pra valer!" O carro acelerou feito foguete. Com um forte estrondo, colidiram contra uma lombada na pista e todas as quatro rodas saíram do chão.

"*Voaaaando!*" Danny urrou.

"Meu Deus do céu", murmurou Corinne quando o carro voltou a tocar o asfalto. "Foi pra isso que você me trouxe aqui?"

"Foi! Legal, né?"

Corinne tirou o cabelo do rosto. "Eu preciso de mais uma bebida."

Seguiram adiante até o DeSoto Beach, motel já um tanto decadente à beira-mar, bastante popular entre os jovens. Tinha um lounge a céu aberto com piscina, banda de rock e um bar em estilo tropical com teto de palha. Pediram piñas coladas e sentaram-se no quebra-mar para assistir ao surf e às pessoas correndo na praia. Dali a minutos, dois rapazes bem-apessoados se aproximaram, amigos de Corinne, colegas de curso na Escola de Artes e Design de Savannah. Enquanto conversavam, Danny ficou em silêncio. Foi ficando cada vez mais indócil. Olhava para a praia de um lado ao outro. Impacientava-se. Bufava. Tão logo os amigos de Corinne se despediram e foram embora, ele se pôs de pé.

"Tive uma ideia", quebrou o silêncio. "Pega seu drinque. A gente vai voltar pro centro."

Para Corinne, tudo bem. Tinha coisas pra fazer, afinal. "Só espero que você não esteja pensando em passar voando por aquela lombada outra vez", avisou.

"Nem tô, só funciona numa direção". Entraram no carro e saíram do estacionamento fazendo barulho, deixando para trás uma nuvem de cascalho e poeira.

"Será que vi uma pontinha de ciúmes aí?", perguntou Corinne.

"Nah, nem."

"Você não achou que eles estavam 'dando em cima' de mim, né?"

"Eles eram dois cuzões, isso sim."

Corinne não quis comentar essa frase. Estava comparando Danny com seus amigos. Os dois eram mais aprumados que ele e, sobretudo, bem mais educados; as respectivas famílias tinham dinheiro e o futuro de ambos estava assegurado. Entretanto nenhum dos dois tinha um átimo do sex appeal de Danny. Ela olhou para a tatuagem da bandeira dos Estados Confederados no braço dele, para a barriga chapada, para o jeito como o rapaz segurava o volante com uma das mãos e repousava de leve a outra na própria coxa. Ele lhe retribuiu o olhar e sorriu.

"Ei", disse ele baixinho, "quer saber? Na volta pra cidade, vou levar você pro lugar mais bonito de Savannah. É o melhor lugar do mundo pra ficar chapado."

Deixou a rua Victory para trás, dobrando em uma estradinha sinuosa que deu nos portões do cemitério Bonaventure. O sol quase se punha por entre as folhagens das árvores e os raios suaves espichavam as sombras. Então caminharam por uma alameda de carvalhos fumando um baseado.

"Um sonho, né?", disse Corinne.

"Só é", endossou Danny.

"No que você fica pensando quando vem aqui?"

"Em morrer", respondeu.

Ela riu. "Mas, tipo, além disso."

"Em estar morto."

"Que horrível! Não, vai, fala sério."

"Já falei. Penso em estar morrendo ou estar morto. E você, fica pensando no quê?"

"Fico pensando no quanto aqui é tranquilo e me transmite paz. Fico pensando que esse é lugar um maneiro para fugir de tudo, ficar numa boa, relaxar e curtir a serenidade. Porém em gente morta eu nunca fico pensando, não. Olhar para esses túmulos antigos me faz pensar em como uma geração após outra de uma mesma família estão todas reunidas num mesmo lugar. E isso me faz pensar nos rumos da vida, e não em morrer. Jamais penso na minha morte."

"É, mas eu penso", rebateu Danny. "Fico pensando até no tipo de cova em que vou ser enterrado. Tipo, tá vendo aquelas lápides enormes, velhonas ali? São de gente rica. E tá vendo aquelas outras ali — as menorzinhas? São de gente pobre. Se eu morrer na Casa Mercer, acabo numa das grandes."

"Que coisa bizarra de se dizer."

"O Jim Williams é rico", prosseguiu Danny. "Ele compraria uma lápide grande pra mim." Não havia o menor tom de humor ou presunção em sua voz. Ele simplesmente dizia o que lhe vinha à cabeça.

"Você não tá se preparando pra morrer, tá?"

"Por que não? Não tenho nada pelo que viver."

"Todo mundo tem algo pelo que viver", retrucou ela.

"Não quando se é um ferrado que nem eu."

Corinne se sentou no pedestal incrustado de musgo de um alto obelisco. Pegou a mão de Danny e o puxou para perto de si. Ele se sentou ao lado dela. "Todo mundo tem problemas", filosofou, "mas ninguém não sai por aí falando que quer morrer."

"Eu sou diferente", rebateu Danny. "Tô nas ruas desde os 15 anos. Saí da escola na oitava série. Minha família me odeia. A Bonnie, minha namorada, não quer casar comigo pois não tenho um emprego fixo em tempo integral."

"Ah, e por isso você preferia estar morto?"

Danny encarou os próprios sapatos e deu de ombros. "Talvez."

"Bem, tenta ver por esse lado. Se você tivesse morrido na noite passada, não teria me conhecido nessa tarde. Certo? E a gente não teria trepado naquela cama de dossel como fizemos. Valeu a pena estar vivo, ou não?"

Danny deu um longo trago e passou o baseado para ela. A garota estava sentada do mesmo lado que a tatuagem da bandeira dos Estados Confederados. Ele encostou o corpo contra o dela e soltou um grunhido baixinho.

"Valeu ou não?", insistiu ela.

"Sim, sim, valeu a pena estar vivo", respondeu por fim, "mas só se a gente fizer mais daquilo que fizemos." Então passou o braço pela cintura da garota e beijou sua nuca, grunhindo baixo e mordiscando-a feito um leãozinho brincalhão. Ela sentiu um calafrio de tanto prazer. Em determinado momento, ele começou a acariciar o joelho e a coxa dela, então a tirou do pedestal e a deitou no chão. Corinne soltou um gemido quando Danny deitou-se sobre ela, apoiado nos cotovelos, a fim de não a esmagar contra o chão. Folhas secas estalavam sob os dois. Ela começou a gemer cada vez mais alto. De repente, o rapaz tampou a boca da menina e congelou, permanecendo imóvel. Assustada, a menina abriu os olhos e viu que Danny havia levantado a cabeça; estava espiando pelos arbustos. Conseguia sentir o coração dele batendo. Ele estava absolutamente imóvel, sem mexer um músculo sequer. Dava para ouvir algumas vozes. Pessoas se aproximavam. Ela virou a cabeça e viu vários pares de pernas caminhando por uma trilha que os levaria até poucos metros do local onde se encontravam. O casal estava apenas parcialmente coberto pelos arbustos. Se as pessoas olhassem na direção deles ao passarem por lá, com certeza veriam os dois. Escutou uma mulher de meia-idade falando em tom de reclamação.

"Assistência contínua significa exatamente o que diz a palavra. Significa tomar conta das coisas eternamente. É como arrancar erva-daninha e depois varrer a sujeira. Pra sempre. Vou passar lá na guarita e ter uma conversa com o segurança antes de a gente ir embora."

As pessoas já estavam a sessenta metros de distância e cada vez mais perto. A voz de um homem rebateu. "Fazem um trabalho bem bom aqui se comparado à maioria dos lugares. De todo modo, não consigo imaginar a vovó incomodada com erva-daninha ou uns gravetos pelo chão."

"Bem, mas *eu* me importo", insistiu a mulher. "Quero ter a certeza de que, quando chegar a minha vez, alguém vai cuidar da minha última morada pra sempre, conforme foram pagos pra fazer."

As pernas, a essa altura, já estavam bem ao lado dos dois. Corinne prendeu a respiração. "Você que sabe", disse o homem. "Vamos esperar você no carro."

E enfim se foram. Não perceberam nada. Danny folgou a mão sobre a boca de Corinne e voltou a fazer sexo tão naturalmente quanto se estivesse retomando uma conversa interrompida no meio de uma frase. Ela ficou impressionada com toda aquela energia e pela capacidade de manter, durante toda a pavorosa interrupção, uma ereção dura feito pedra.

No caminho de volta para o carro, havia uma certa leveza no andar de Danny. Corinne segurou a mão dele. Havia salvado o rapaz dos pensamentos mórbidos e isso a agradava. Era um sujeito temperamental, mas e daí? Havia encontrado o parceiro sexual perfeito. Ele estava radiante e ela também — ainda que por motivos bem diferentes, conforme Corinne descobriu quando Danny se virou para ela no carro e perguntou: "Você quer se casar comigo?"

O pedido não a deixou desconcertada, e sim um pouco surpresa diante de tamanho absurdo. "Nos conhecemos não faz nem três horas!" Ela começou a rir, mas percebeu, quase de imediato, ao ver que o rosto dele de repente se fechou, que a proposta era sincera. Sem querer acabou por magoá-lo.

"Você vai se casar com um daqueles dois bostas lá da praia, né?", perguntou, baixinho.

"Não", ela respondeu. "Também não conheço os dois assim tão bem."

"Claro que conhece. Eles têm dinheiro. Eles têm educação. O que mais você precisa saber?"

Corinne o magoara profundamente, e estava arrasada por isso. Ficou comovida por ele estar tão desesperado por ser amado. "O dia hoje foi maravilhoso", comentou. "De verdade. Eu..."

"Mas você não quer se casar comigo. Jamais se casará comigo."

Ela tentava encontrar as palavras certas. "Olha, eu... eu com certeza quero *ver* você novamente. Quer dizer, podemos sair juntos e, sabe, a gente pode..."

Enquanto falava, não notou as costas da mão de Danny se aproximando até sentir o tapa de raspão no rosto. Teria acertado em cheio se ele não tivesse pisado no acelerador ao mesmo tempo e feito uma curva fechada na rua Abercorn, jogando-a contra a porta e para fora do alcance do tapa. Desceram roncando a Abercorn, guinando de pista em pista, ultrapassando um carro depois do outro. Estava escurecendo.

Corinne se encolheu para o mais longe possível dele. Sua bochecha estava adormecida. "Me leva pra casa, por favor", implorou.

"Quando eu estiver bem e pronto, levo", falou com impaciência.

Aceleraram rumo ao sul. Dois quilômetros, três, cinco. Passaram voando pelo shopping center, pela Faculdade Estadual Armstrong. Corinne se sentia indisposta. Só conseguia pensar na pulsão de morte do rapaz e que, então, ele poderia matar os dois. Era evidente que a vodca, as piñas coladas e a maconha não deixariam barato. Ele poderia sair da pista; quem sabe bater em outro carro. A garota estava com medo até de olhar para Danny, que havia mudado completamente. Mandíbula contraída. Olhos pegando fogo, duas chamas diabólicas. Agarrava o volante com ferocidade. Tudo parecia um pesadelo horrível e surreal. De repente, a imagem dele começou a tremular diante dela — a nuca, os ombros, os braços, o rosto, o corpo inteiro —, como se pega de surpresa pelos feixes de uma luz estroboscópica. Ela estava prestes a perder a consciência quando ouviu as sirenes. Era a polícia.

A fúria se esvaiu de Danny tão depressa quanto o inflamara. Tirou o pé do acelerador e estacionou no acostamento. Três viaturas logo os cercaram, luzes azuis piscando. Dois rádios bidirecionais chiaram. Os policiais ordenaram aos berros que Danny saísse do carro. Virou-se para Corinne com súplica no olhar, o semblante doce outra vez, e com um voz de criança: "Me tira dessa, vai?"

Os dois não se viram mais depois disso. Corinne ainda estava abalada com o encontro meses mais tarde, quando me contou a história no Clary's. Ela havia cometido erros antes, confessou-me, e os cometeria novamente. Porém não como aquele, assim esperava. Ficou observando Danny de longe por meses — analisando-o, venerando-o, perseguindo-o. Durante todo esse tempo, nunca passara por sua cabeça que o rapaz pudesse se mostrar tão volátil. Pensara nele apenas como uma máquina de sexo ambulante e, quanto a isso, ao menos, não havia se enganado.

10
NÃO É SE GABAR SE VOCÊ, DE FATO, FEZ

De modo geral, os trinta e tantos moradores da praça Monterey referiam-se a seu vizinho Jim Williams com certa simpatia e respeito. Vários constavam na sua lista da festa de Natal. Outros eram mais receosos e mantinham distância. Virginia Duncan, que vivia com o marido em um casarão na rua Taylor, por exemplo, ainda se lembrava do calafrio que sentira ao sair de casa dois anos antes e deparar-se com uma suástica pendurada na janela de seu vizinho. John C. Lebey, um arquiteto aposentado, havia se engajado em inúmeras batalhas amargas contra o dono da Casa Mercer, todas causadas pelo que Jim descreveu como a "incompetência destrutiva" de Lebey em assuntos arquitetônicos e de preservação histórica. Logo, o sr. Lebey não era do seu interesse. No entanto rixa entre esses dois era mera picuinha se comparada à guerra fria travada entre Williams e seus vizinhos de porta, Lee e Emma Adler.

Os Adler viviam em um elegante casarão duplo que ocupava um dos dois lotes da ala oeste da praça Monterey. A vista lateral da residência dava direto para a sala de estar da Casa Mercer e o salão de baile no andar acima, cruzando a rua Wayne. Foram os uivos do cachorro dos Adler que haviam motivado Williams a tocar sua estrondosa versão de "Pièce Héroïque", de César Franck, no órgão. No entanto os latidos eram apenas uma ponta de amargura em meio a toda uma miscelânea de ressentimentos que existia entre os dois lares.

Lee Adler, a exemplo de Jim Williams, desempenhara um papel central na revitalização do centro histórico da cidade. A abordagem dele, entretanto, era completamente diferente. Enquanto os esforços de Williams haviam envolvido a restauração de suas próprias casas, Adler era um organizador e arrecadador de fundos que deixava o trabalho de restauração de fato para os outros. Ele ajudou a criar e administrar um fundo rotativo com o propósito de comprar casas antigas em perigo iminente de demolição; as casas, em seguida, eram vendidas o quanto antes sob o compromisso de que os compradores se encarregariam da reforma necessária. Suas realizações foram tão bem-sucedidas, e sua participação tão enérgica, que ele acabou despontando como um porta-voz nacional da formação desse tipo de fundo rotativo para preservação histórica. Nos últimos anos, havia voltado sua atenção à revitalização de casas antigas para negros pobres. Viajara por todo o país dando palestras. Fora eleito para o conselho do Fundo Nacional para a Preservação Histórica. Almoçara na Casa Branca. Seu nome aparecia com frequência no *New York Times* e em revistas de circulação nacional. Agora, já na faixa dos 50 anos, Lee Adler era provavelmente o savaniano mais conhecido fora da cidade.

A proeminência nacional de Lee Adler motivou um número considerável de ressentimentos locais. Era notório, ao menos na cidade, que seus modos eram bombásticos e peremptórios, que era um autocrata e que pisava no calo dos outros sem a menor necessidade. Era acusado, abertamente e pelas costas, de ter levado mais crédito que o merecido pelo renascimento de Savannah. Diziam que monopolizava os holofotes, que era desonesto e que seu único interesse na preservação histórica era usá-la como um meio de conquistar fama e ganhar dinheiro. Jim Williams se encontrava entre os que se sentiam assim em relação a ele.

Adler e Williams mantinham uma relação cordial aos olhos dos outros, mas muito mal disfarçada. Adler fora membro da diretoria do museu Telfair ao tempo em que Williams era presidente e, de quando em quando, a animosidade entre os dois saía do controle durante reuniões do conselho. Em certa ocasião, o arrecadador de fundos acusou o presidente de roubar mobília do museu. Williams negou e contra-atacou alegando que seu acusador estava tentando manchar o nome de qualquer pessoa com mais poderes que ele nos assuntos do museu. Por fim, o morador da Casa Mercer acabou orquestrando um plano que forçou a saída de Adler do conselho, o que gerou uma animosidade eterna entre os dois.

O morador da Casa Mercer depreciava praticamente tudo que dizia respeito ao ex-membro do conselho do museu Telfair — seu gosto artístico, a honradez de sua palavra, e até mesmo sua casa. Um visitante, certa vez, tocou a campainha de Williams por engano e perguntou se o sr. Adler se encontrava em casa. Como resposta o sujeito ouviu: "A pessoa que está procurando não mora aqui. Mora no duplex aí do lado, com *metade* do tamanho deste aqui".

O menosprezo de Lee Adler por Williams não era menor. Ele acreditava que o outro era desonesto em essência e falava disso abertamente. Além disso, suspeitava que o episódio da bandeira nazista tivesse sido mais que uma tentativa descontraída de frustrar uma equipe cinematográfica. Espalhou que uma carta endereçada ao vizinho, da parte da John Birch Society, grupo de ativismo político da direita norte-americana, havia sido entregue em sua casa. Adler, crítico em relação ao estilo de vida "decadente" de Jim Williams, tinha curiosidade a respeito dos hábitos de seu adversário, a ponto de arrumar um par de binóculos e espionar uma das festas de Natal restritas a cavalheiros na casa do vizinho. No entanto, desastrado que era, se esquecera de desligar a luz do cômodo de onde observava, e sua silhueta ficou exposta na janela. O vizinho o viu, acenou e fechou as persianas.

A despeito de tudo isso, havia fatores restritivos que mantinham os dois na linha na maior parte do tempo. Afinal, Leopold Adler II era o neto do fundador da loja de departamentos Adler's, a resposta de

Savannah para o Saks Fifth Avenue, e sua mãe era sobrinha de Julius Rosenwald, do império Sears Roebuck. Emma Adler era a única herdeira da maior quota de ações do Banco de Savannah. Fora presidente da Liga Juvenil e afiliada ativa de várias organizações civis. Portanto, a situação real era que tanto Jim Williams quanto os Adler eram proeminentes, influentes e ricos. Viviam sob tamanha proximidade e compartilhavam tantos círculos de amizades que se sentiam obrigados a manter a cordialidade. O que explicava o fato de, apesar de sentir aversão por eles, Jim Williams sempre convidar os Adler para suas festas de Natal. E também, muito embora o detestarem em reciprocidade, que os Adler sempre aceitassem o convite.

Logo cedo, em uma manhã iluminada de abril, Lee Adler veio até mim com um sorriso estampado no rosto e o braço estendido para cumprimentar-me. "Pegue a mão que irá cumprimentar a mão do Príncipe de Gales!", brincou.

O sr. Adler estava fazendo uma referência jocosa a um artigo publicado no jornal matutino anunciando que ele e a esposa viajariam a Washington no fim de semana para conhecer o príncipe Charles da Inglaterra. Os três participariam de um debate relacionado à moradia de baixa renda. Adler presumiu que eu houvesse lido o artigo e, evidentemente, estava certo. A maioria das pessoas em Savannah havia lido e, a julgar pelo humor entusiástico que exibia, ou ele não sabia ou não se importava com o que certas pessoas diziam a respeito.

"É só mais um dos truques baratos do Leopold pra se promover", disse Jim Williams. Porém o revirar de olhos e os pigarros não eram restritos a pessoas que não gostavam de Lee Adler. Katherine Gore, amiga de longa data da família, de igual modo achou a notícia desagradável. "Eu também queria conhecer o príncipe Charles", declarou, "entretanto jamais faria algo tão baixo pra isso. Moradia de baixa renda, sei..."

Adler e eu estávamos em seu escritório, no primeiro piso de seu casarão. Era o posto de comando do qual coordenava seus vários projetos no ramo imobiliário e preservação histórica. O telefone tocou em outro cômodo. Em algum canto, uma máquina fotocopiadora trabalhava.

As paredes de seu escritório eram decoradas com recordações do papel de Adler na memorável revitalização do centro histórico de Savannah. As fotografias documentavam transformações concomitantes ocorridas ao longo dos últimos 25 anos: a cidade reconquistando o esplendor da juventude e um jovial Lee Adler aos poucos progredindo rumo aos cabelos grisalhos da meia-idade.

Ele usava óculos meia-lua e um terno claro de verão que estava amarrotado. Sua fala era mansa, persuasiva. Havíamos nos encontrado uma semana antes em uma festa no jardim de um historiador local, e Adler se oferecera para levar-me a um passeio pela cidade para me mostrar, etapa por etapa, como ela fora salva da destruição. Ao entrarmos em seu carro, deixou-me a par de que estava ciente de todas as críticas circulando por suas costas.

"Você sabe qual é a frase do dia?", perguntou. "*Não é se gabar se você, de fato, fez!*" Ele me lançou um olhar profundo por sobre os óculos, como se dissesse: Deixa pra lá toda essa baboseira que andam falando. Pura inveja.

Partimos e passamos a nos locomover pelas ruas a 3 km/h. No caminho, os tesouros visuais de Savannah iam passando em câmera lenta — casarões, mansões, jardins arborizados, praças bem tratadas.

"Tente visualizar tudo isso aqui deserto e vazio", sugeriu. "Imagina tudo em estado decadente — janelas quebradas, revestimentos sem pintura e apodrecendo, persianas despencando, tetos desmoronando. Pense em como seriam as praças se não houvesse nada além de terra batida em vez dos gramados e das azaleias e das belas paisagens. Pois era assim que as coisas estavam. Razão pela qual a lady Astor chamou Savannah de 'uma bela mulher de cara suja' quando veio aqui após a Segunda Guerra Mundial. Foi no que Savannah se deixou transformar. E o que mais me assusta é que, enquanto tudo se desenrolava, ninguém deu a mínima."

Um caminhão atrás de nós buzinou. Adler encostou para dar passagem e então seguiu em frente bem devagar, retomando a história do declínio da cidade. Até a década de 1920, me explicou, Savannah permanecera praticamente intacta — uma cidade novecentista arquitetonicamente sofisticada. Todavia a expansão rumo aos arredores estava então apenas começando. As pessoas estavam se mudando das casas antigas e adoráveis do centro. Dividiam as mansões em apartamentos, ou as derrubavam, ou simplesmente assentavam tudo e abandonavam as casas vazias. Por aqueles tempos, todo o dinheiro estava direcionado ao desenvolvimento dos subúrbios, o que foi oportuno para Savannah em certo sentido: significava não haver correria para demolir áreas extensas no centro para empreendimentos habitacionais. Tampouco havia estradas cortando o centro histórico como em outras cidades, pois esta daqui não estava no caminho de nada. Era geograficamente o fim da linha.

Em meados da década de 1950, quase um terço da parte histórica da cidade havia sumido. Então, em 1954, os proprietários de uma casa funerária anunciaram seus planos de demolir um cortiço dilapidado de modo que pudessem utilizar o espaço como um estacionamento, e inúmeros cidadãos apreensivos se levantaram em protesto. O cortiço, no caso, era a Casa Davenport, um dos melhores exemplos da arquitetura clássica federal norte-americana. Estava um caos à época; onze famílias moravam aglomeradas lá. Sete mulheres se uniram, uma delas a mãe de Lee Adler, e salvaram a Casa Davenport, restaurando-a. Elas, então, formaram a Fundação Histórica de Savannah, e assim se deu o começo do resgate da cidade.

No início, a fundação gozava de um comitê de vigilância que soava o alarme sempre que uma casa antiga estava prestes a ser demolida. Porém o comitê não gozava de poder algum para evitar a demolição das casas nem mesmo para obter um adiamento da execução. Tudo o que podia ser feito era tentar encontrar alguma alma caridosa disposta a comprar a construção em risco e restaurá-la. Na maioria das vezes, a casa vinha abaixo antes que o comitê fosse capaz de encontrar alguém que a salvasse. Logo ficou claro que a única maneira de salvar as casas antigas era *comprá-las*. E foi então que Lee Adler se envolveu.

"Um belo dia eu estava tomando meu café da manhã. Era dezembro de 1959. Li no jornal que uma fileira de quatro casarões na avenida Oglethorpe estava prestes a ser demolida. Eram adoráveis. Construídas em 1855. Eram conhecidas como o Complexo Mary Marshall. A mesma história de sempre: um demolidor local havia comprado as casas a fim de derrubá-las e vender os tijolos. Os *tijolos*! Veja bem, são os tijolos cinzentos de Savannah, maiores e mais porosos que os tijolos comuns, além da cor muito bela e suave. Foram cozidos na Fazenda Hermitage, à beira do rio Savannah. Não são mais fabricados, e é impossível copiá-los. Estavam sendo vendidos por dez centavos a unidade, mais que o triplo do preço de um tijolo comum. De todo modo, o demolidor já havia posto abaixo as cocheiras, e os casarões em si desapareceriam em questão de dias."

Adler estacionou na avenida Oglethorpe, em frente ao cemitério Colonial. Do outro lado da rua, uma bela fileira de quatro casarões de tijolos, cada qual com um lance de degraus de mármore branco na fachada que levava à entrada principal no segundo andar. Os tijolos eram de um vermelho apagado, acinzentados. "Lá estão elas", apontou, "totalmente restauradas. Quando vim vê-las naquele dia, as janelas estavam sem vidro, não havia mais portas e os degraus estavam em mau estado. Os tijolos das cocheiras estavam empilhados no quintal. Cheguei a entrar numa das casas e subir até o terceiro andar e admirar a vista incrível. E aí eu pensei: 'Isso não pode acontecer'."

Adler fez uma visita ao velho sr. Monroe, o demolidor, e disse que queria comprar toda a fileira. O homem respondeu que os tijolos estariam a disposição dali a seis semanas. "Não quero que você sequer *toque* naqueles tijolos!" Adler rebateu. "Quero que os deixe exatamente onde estão." O vendedor de tijolos concordou, no entanto disse que só venderia caso o terreno fosse comprado também; ele poderia obter toda a fileira, os tijolos e o terreno por 54 mil dólares. Então Adler e três outros homens assinaram uma nota de compromisso. Em seguida, redigiram uma minuta e levaram-na à Fundação Histórica de Savannah, que na época tinha trezentos associados, propondo que ela comprasse as casas — ao custo de 180 dólares a cada membro. "Minha ideia", disse Adler, "era que a fundação revendesse as casas a pessoas que concordassem em restaurá-las. E a fundação acabou concordando." Foi assim que iniciou a formação do fundo rotativo destinado a esse fim específico.

O poeta Conrad Aiken vivera sua infância na casa logo ao lado do Complexo Marshall — no número 228, o imóvel no qual seu pai havia atirado em sua mãe e, então, cometido suicídio em uma terrível manhã de fevereiro, em 1901. Tendo passado a maior parte da vida no Norte, quis voltar e viver seus últimos anos em Savannah. Um amigo milionário, um homem chamado Hy Sobiloff, comprou e restaurou a casa ao fim do Complexo Marshall para Aiken e sua esposa, Mary. Ficava no número 230, na casa ao lado à que ele havia passado a infância.

"Quando os trabalhos na casa terminaram", prosseguiu Adler, "o contraste entre ela e as outras três era estarrecedor. Fui até o telefone, liguei pro jornal e disse: 'Vocês estão esperando por um milagre? Façam algo!' Aí eles foram lá e deram um grande destaque na edição do domingo. Isso foi em fevereiro de 1962. Abrimos as portas para visitação no dia em que a matéria saiu. Choveu, porém algo em torno de setecentas pessoas apareceram para ver a casa. Desgastaram toda a goma-laca do corrimão. Permitimos que visitassem a casa ainda não restaurada ao lado também, para que comparassem o antes e o depois. E viram pela primeira vez como uma carcaça dilapidada poderia se transformar em algo maravilhoso. Quando isso aconteceu, começamos a perceber certo interesse. As pessoas passaram a reconhecer o potencial. Passaram a pensar em voltar a morar no centro. É claro, não era nada mal que o maior homem das letras de Savannah, ganhador de um Pulitzer de poesia, estivesse liderando o caminho."

O passeio havia terminado. Adler apontou para dezenas de casas recuperadas, descrevendo em detalhes as condições pregressas. "A varanda naquela ali tinha sumido completamente... aquela casa tinha um revestimento de asbesto verde-claro e cobertura de alumínio... mas o telhado daquela lá estava podre..." Era como um médico revisando os históricos de ex-pacientes, já de todo recuperados.

O sucesso de Adler com o Complexo Marshall o incentivou a levantar verba para um fundo rotativo a ser usado pela Fundação Histórica de Savannah para salvar outras casas de igual modo. O conceito era muito simples: a fundação usaria o dinheiro para comprar casas em risco e, então, revendê-las — com prejuízo, se necessário — a pessoas que assinassem um compromisso para que a restauração começasse em até oito meses. A organização estabeleceu a meta de 200 mil dólares aos fundos, dinheiro o bastante naquele tempo para salvar um monte de casas caso eles fossem rápidos o suficiente. E eles eram.

"Todavia, mesmo com o fundo rotativo, foi uma luta", confessou Adler. "Eu vinha para o centro todo dia, respirava fundo e traçava a briga do dia. E era um combate mesmo, porque as construções ainda estavam vindo abaixo bem depressa. Às vezes, ganhávamos. Às vezes, perdíamos. E os eleitores de Savannah não nos ajudaram em nada. Rejeitaram três vezes a renovação urbana porque pensaram que fosse uma conspiração comunista, e derrotaram inúmeras propostas de zoneamento histórico. *Aquela* monstruosidade lá, por exemplo, foi uma das nossas maiores perdas. O hotel Hyatt Regency."

Estávamos dirigindo pela rua Bay, passando em frente ao Hyatt — um prédio modernista, ocupado, próximo à prefeitura. O hotel era um grande *cause célèbre* em Savannah. O edifício havia abocanhado uma fatia considerável da fileira de armazéns de algodão do século xix ao longo da Factor's Walk, e os fundos davam para a rua River, interrompendo a linha de fachadas ao longo da margem do rio. A disputa pública em torno do hotel atrasou sua construção por dez anos.

"Dá pra ver que o hotel descaracteriza todo o local", disse Adler. "Brigamos na justiça e, olha, vou te contar, foi uma briga violenta. Os empreendedores eram membros da Fundação Histórica de Savannah. A organização estava dividida ao meio. Praticamente destruída. Eram tempos bem emotivos. Eu me lembro de ir a um casamento na época em que tudo isso estava acontecendo e, ao chegar, me dei conta de que estava processando todos no recinto, exceto a noiva e o pastor."

Por volta do mesmo período, a revitalização do centro histórico estava quase chegando à conclusão. Mais de cem casas foram restauradas. O trabalho foi realizado por brancos abastados, porém Adler insistiu que os negros não fossem desalojados. A Fundação Histórica de Savannah vinha comprando edifícios vazios, em sua maioria. No entanto quando a oferta de casas não restauradas no centro histórico começou a definhar, o próximo passo lógico seria restaurar as casas no vizinho distrito vitoriano. E *isso sim* foi uma história diferente.

Seguimos no sentido sul da rua Abercon. Dali a alguns quarteirões, a arquitetura sóbria do centro histórico deu lugar aos arroubos fantasiosos de fins da era vitoriana — casas enormes e antigas de madeira com torres românticas, cumeeiras e frisos elaborados. Poucas estavam restauradas, e a maioria estava em condições precárias.

O distrito vitoriano foi o primeiro subúrbio de Savannah com um bonde elétrico. Foi construído para a classe trabalhadora branca entre 1870 e 1910. Depois da Segunda Guerra Mundial, quando os brancos se mudaram para bairros mais distantes, os imóveis foram alugados por senhorios negligentes e, em 1975, a área já tinha se tornado um bairro pobre. As casas estavam em um estado deplorável, mas ainda assim eram bonitas e, nos anos seguintes, especuladores e brancos abastados começaram a comprá-las. Nesse momento, Adler se alarmou. "Isso teria implicado na gentrificação e no desalojamento maciço dos negros", comentou, "e eu estava determinado a impedir isso. Pedi ajuda à Fundação Histórica de Savannah para encontrar uma maneira de revitalizar a área sem despejar as pessoas, contudo a organização ainda se encontrava às voltas com o Hyatt e não estava interessada nos problemas de moradia dos mais pobres. Naquele momento saí da Fundação Histórica de Savannah. Fundei uma organização sem fins lucrativos chamada Projeto de Recuperação Histórica de Savannah, que acabou sendo um triunfo, já que o conselho incluía todos — negros, brancos, o que fosse, ricos e pobres."

A intenção de Adler era tirar as casas das mãos desses proprietários negligentes e transformar o distrito vitoriano em uma vizinhança econômica e racialmente diversa. Imaginou que o projeto pudesse habilitar pessoas a receber auxílios estatais e, até então, valendo-se de uma combinação de fundos públicos e privados, ele já havia comprado e restaurado trezentas unidades. Os inquilinos pagavam 30% de seus salários em aluguel e o resto era compensado por subsídios habitacionais do Governo Federal.

"Acredito ser desnecessário pontuar", retomou Adler, "que nem todo mundo ficou contente com o que estamos fazendo aqui. Algumas pessoas reclamam entre quatro paredes porque não querem negros pobres morando em casas subsidiadas tão perto do centro histórico. Alguns poucos, como Jim Williams, chegaram até a fazer declarações públicas a respeito. Ele diz que estamos lidando com 'maus elementos'. Presumo que tenha ouvido falar de Jim Williams."

"Sim", respondi. "Eu o conheci."

"Hmmmm. Você sabe sobre o incidente da bandeira nazista?"

"Ele me contou", confirmei. "Disse que estendeu o estandarte na sacada pra interromper um filme que estava sendo rodado na praça Monterey."

"Isso mesmo", retrucou Adler. "Ele mandou aqueles veadinhos pendurarem a suástica lá fora e ficarem mudando a bandeira de janela em janela."

Na rua Anderson, Adler parou em frente a uma casa recém-pintada de cinza e branco. "Agora, vou te apresentar um exemplo do nosso tão famoso mau elemento."

Subimos os degraus e Adler tocou a campainha. Uma senhora negra usando um vestido florido, bem casual, atendeu a porta.

"Bom dia, Roby", disse Adler.

"Bom dia, sr. Adler", retribuiu ela. Adler me apresentou à sra. Ruby Moore.

"Ruby, trouxe esse cavalheiro pra ver como é a vida no distrito vitoriano. Se você não se importar..."

"Ah, imagina, tudo bem", respondeu de modo solícito. "Entrem."

O interior do sobrado de Ruby Moore era frio. Dispunha de três quartos, uma cozinha moderna e pé-direito alto. Havia um pequeno jardim nos fundos. Na sala, um retrato de John F. Kennedy pendurado na cornija da lareira. Adler me mostrou a casa rapidamente, andares de cima e de baixo. Em seguida, voltamos a nos juntar à sra. Moore no hall de entrada.

"Essas casas estavam num estado lamentável antes de serem consertadas", disse ela. "Nunca imaginei que fossem ficar assim depois da reforma. Enquanto estavam sendo reconstruídas, ficava bem ali, todo dia, só observando porque sabia que uma delas seria minha. Gosto muito da minha casa, de verdade. Gosto mesmo. Tem aquecedor central e ar-condicionado também."

"Está tudo bem, Ruby?", Adler perguntou.

"Ah, tá sim", respondeu. Então, virou-se para mim. "O senhor poderia assinar meu livro, por favor?" Um livro de visitas estava aberto sobre a mesa na sala. Ao assinar meu nome, notei não ser o único forasteiro a ser levado até aquela casa por Lee Adler. Uma repórter do *Atlanta Constitution* havia assinado poucas linhas acima.

Retornamos para o carro. Adler me contou que Ruby Moore se habilitou a uma das casas por ser uma moradora de longa data do distrito vitoriano, por ter emprego fixo — era camareira no Days Inn — e por seu salário estar abaixo de determinado patamar. Ela pagava 250 dólares de aluguel e os subsídios federais cobriam o resto. Adler disse estar mais que satisfeito com a sra. Moore; a casa dela estava sempre impecável e ela compunha a regra, não a exceção. "Não temos interesse em dar casa para prostituta nem pra viciado em jogo e nem pra traficante", disse ele.

Seguimos de volta rumo ao centro histórico.

"Poderia lhe mostrar mais umas cem unidades que nem aquela, mas provavelmente já deu para você ter uma ideia. Assim que o projeto engrenou, investidores privados começaram a comprar casas e os valores das propriedades passaram a subir. O distrito vitoriano chegou a ser aclamado como um modelo nacional de como restaurar centros urbanos sem marginalizar os mais pobres. Nós promovemos uma conferência nacional de habitação aqui, em 1977, e quatrocentas pessoas vieram de 38 estados. No ano seguinte, a Rosalynn Carter apareceu por aqui e gravou um trecho de Good Morning America em uma das nossas unidades reformadas. E, nessa sexta, nós vamos até Washington pra explicar tudo ao príncipe Charles."

Entramos no perímetro da praça Monterey e a contornamos em sentido anti-horário até estacionar em frente à casa de Adler. "Bom, então é isso", disse ele. "Preservação histórica costumava ser um hobby elitista, algo com que os ricos diletantes se envolviam. Todavia nós a transformamos numa atividade popular. Ao longo do processo, criamos uma indústria de turismo de 200 milhões de dólares e trouxemos pessoas para morarem no centro de novo. Nada mau, hein?"

"Um feito e tanto", respondi.

Adler me encarou por sobre seus óculos meia-lua. "Não é se gabar se você, de fato, fez."

Uma semana mais tarde, o *Savannah Morning News* publicou um resumo do encontro entre Adler e o príncipe Charles. Lee Adler foi citado declarando que o príncipe "demonstrou um forte interesse nos problemas urbanos." Emma Adler disse que o príncipe havia feito "perguntas excelentes, maravilhosas, inteligentes e oportunas." Quatro dias depois, o jornal divulgou outro artigo sobre o encontro, este um relato em primeira pessoa escrito pela sra. Adler. "Foi um dia abençoado em Washington", escreveu ela. "O sol brilhava, o céu estava azulzinho. O clima estava perfeito para um mergulho..."

Novamente, os Adler eram o assunto do momento em certos círculos. Conversa nenhuma, porém, foi mais animada que a travada no encontro do Clube de Carteado da Mulher Casada na terça à noite. "Você acha", disse uma mulher que usava um vestido de tafetá azul, "que o jornal teve de torcer o braço da Emma para que ela escrevesse aquele artigo? Ou será que foi a Emma quem torceu o braço do jornal pra obrigar a publicação?" Havia um laço cruzando o vestido de ombro a ombro, tão grande quanto asas.

"Julia, você é perversa", disse uma mulher usando um vestido preto de veludo e brincos de pérola.

"Não, não sou", rebateu a mulher de azul. "Os Adler poderiam ter mantido a audiência com o príncipe Charles em sigilo se quisessem. Contudo foram correndo até os jornais, como de costume, e isso muda tudo."

"Verdade."

"Quer dizer, sabe, a Emma podia ter se contido um pouco, não acha? Ela me soou tão puritana e satisfeita consigo mesma."

"Mas, Julia", disse a outra mulher, baixando o tom da voz, "acho que você está é com inveja mesmo."

As duas senhoras ainda não haviam começado a jogar cartas. A bem da verdade, ainda estavam do lado de fora da casa de Cynthia Collins, esperando para entrar. Era um dos rituais incomuns do Clube de Carteado da Mulher Casada.

O Mulher Casada (abreviação pela qual o clube era conhecido) era uma das associações mais restritas de Savannah. Nenhuma outra cidade possuía nada parecido. Foi fundado em 1893 por dezesseis damas da sociedade em busca de entretenimento durante o dia enquanto os respectivos maridos trabalhavam. Havia sempre dezesseis integrantes — nem mais nem menos. Uma vez ao mês, sempre às terças, elas se reuniam na casa de uma das integrantes do grupo para duas horas de jogatina, coquetéis e um leve jantar. Trinta e duas outras mulheres eram convocadas por meio de convites em alto-relevo, de modo que o número de senhoras presentes ficava sempre em 48 — doze mesas de carteado no total.

De acordo com o costume, as senhoras deveriam chegar alguns minutos antes das 16h vestindo luvas brancas, vestidos longos e chapéus enormes adornados com flores ou plumas. Não tocavam a campainha. Em vez disso, esperavam do lado de fora, fosse em seus carros ou na calçada, até que a anfitriã abrisse a porta pontualmente às 16h. As senhoras, então, entravam, sentavam-se às mesas de carteado e começavam a jogar, todas ao mesmo tempo. Nos primeiros anos, jogavam uíste ou euchre ou quinhentos. Mais tarde, o jogo passou a ser bridge leilão e, em seguida, carteio. Por muitos anos, porém, havia sempre uma mesa de uíste, pois a sra. J. J. Rauers se recusava a aprender a jogar qualquer outra coisa.

Assim que as senhoras começavam a jogar, os acontecimentos se sucediam de acordo com um cronograma rigoroso que começava com um copo d'água. Todas as integrantes recebiam uma cópia impressa do cronograma ao filiarem-se ao Mulher Casada. Lia-se o seguinte:

16h15: água.

16h30: recolher água.

16h45: esvaziar cinzeiros.

17h00: coquetéis.

17h15: segundo coquetel.

17h30: terceiro coquetel.

17h35: última mão, distribuir guardanapos.

17h40: servir o jantar.

17h45: contagem dos pontos.

18h00: prêmios, senhoras partem de pronto.

Ser a anfitriã de um desses eventos era uma questão da maior seriedade. Era encarado como motivo suficiente para pintar a casa ou redecorar a sala de visitas. No mínimo, tirava-se a prataria do armário. De modo a manter o cronograma impresso, havia sempre um quadro de empregadas domésticas que conheciam a sequência das etapas melhor que as próprias afiliadas, e eram cedidas às anfitriãs nervosas de modo a aliviar-lhes a ansiedade. A importância do cronograma se dava por possibilitar às mulheres que chegassem em casa a tempo de receber os respectivos maridos quando eles voltassem do trabalho. Os maridos faziam parte do Mulher Casada tanto quanto as esposas. Eram eles, afinal, que bancavam a conta dos jantares e das reformas nas casas que recebiam os encontros. E eram, evidentemente, a maior qualificação para tornar-se uma integrante: a mulher deveria ser casada para participar. As regras estabeleciam que, caso uma integrante se divorciasse, seria obrigada a renunciar e perderia seus direitos. Mais de um casamento foi mantido só por conta dessa regra em especial. Em todo caso, três vezes ao ano o horário do Mulher Casada era remarcado das 16h para as 19h30 a fim de que os todo-poderosos maridos pudessem comparecer. Os homens deveriam usar trajes de gala.

Na terça-feira seguinte ao retorno dos Adler de Washington, os maridos foram convidados ao Mulher Casada. A sra. Cameron Collins era a anfitriã daquela tarde. Ela e o marido moravam com os três filhos em um casarão na avenida Oglethorpe. Homens em trajes de gala e mulheres de vestidos longos começaram a perambular em frente à casa um pouco antes das 19h30. Eu também tive de me vestir com trajes de gala, já que fui convidado pela sra. Collins.

"Não tenho inveja da Emma Adler", disse a mulher de azul. "Nem um pouco. Eu seria a primeira a admitir que Emma faz várias coisas significativas, incríveis mesmo. Sendo um trunfo da comunidade, se alguém merece conhecer o príncipe Charles, ela é a mais indicada. É só esse... esse apego por reconhecimento. É tão indigno. Os dois sempre fazem isso. Dá até para pensar que o Lee revitalizou Savannah sem a ajuda de ninguém. Ele adora ser o centro das atenções, assim como sua esposa."

A mulher se dirigiu a um homem de cabelos loiros e ralos, que estava casualmente encostado contra uma árvore com as mãos nos bolsos. "Querido", disse ela, "você acha que estou sendo injusta?"

O homem deu de ombros. "Na minha opinião, a Emma é uma versão bem melhorada da mãe dela."

A mãe de Emma Adler era Emma Walthour Morel, uma mulher gorda e dominadora conhecida na cidade como "Emma Grande". Era uma das pessoas mais ricas em Savannah, sendo a maior acionista do Banco de Savannah, e gozava de uma personalidade forte. Conforme um amigo da família a descreveu, Emma Grande era o tipo de pessoa que não se contentava a menos que tivesse uma mesa para esmurrar. As histórias que a envolviam eram lendas na cidade. Em casa, mantinha um cadeado na geladeira a fim de evitar que os empregados roubassem comida. Levantava-se da mesa de dez a quinze vezes ao longo de um jantar para ir até a cozinha e destrancar e retrancar a geladeira. Mais tarde, depois que os convidados iam embora, John Morel escapava até a cozinha e dava uma gorjeta generosa aos funcionários na tentativa de apaziguar os egos feridos por uma noite de abusos por parte de Emma Grande.

Já na casa dos 90 anos, Emma Grande ainda era vista passeando por Savannah ao volante de sua limusine da Mercedes com um pastor alemão sentado a seu lado no banco do passageiro e um chofer negro, idoso, de uniforme completo, sentado no banco de trás. O chofer, que trabalhava para a sra. Morel há mais de trinta anos (e para a mãe dela antes disso), tinha permissão para dirigir o carro menor, mas não a limusine da Mercedes. Ninguém além de Emma Grande tinha permissão para dirigir esse carro; era de seu domínio exclusivo. Certa vez, por volta do meio-dia, dirigiu até o centro e foi à sede do Banco de Savannah na praça Johnson para assinar alguns documentos. Antes de sair, telefonou ao gerente do banco para lhe dizer que a encontrasse com os documentos na calçada em frente ao banco. Estava com pressa, disse ela, e não queria ficar esperando. Vinte minutos depois, Emma Grande dobrou a esquina da praça Johnson com o enorme pastor alemão sentado a seu lado e o velho chofer uniformizado encolhido no banco de trás. Desacelerou para falar com o gerente, mas não chegou a parar de verdade.

O gerente ficou correndo ao lado da limusine, passando documentos pela janela, implorando, "Pelo amor de Deus, Emma, pare esse carro!" Emma Grande seguiu em movimento a 10 ou 15 km/h, rabiscando documentos e devolvendo-os, um a um. Já haviam dado metade da volta em torno da praça Johnson quando ela entregou o último documento ao gerente, fechou o vidro e acelerou.

De todos os casos sobre Emma Grande Morel, o mais reprisado era o de sua oposição estrondosa ao casamento da filha com Lee Adler sob o argumento de ele ser judeu. Ela foi veemente. Berrava. Esculachava. Batia nas mesas. Não dava ouvidos ao argumento de que John Morel, seu próprio marido e pai da Emma Pequena, era ele próprio um quarto judeu. Quando Emma Pequena mostrou que não abriria mão de sua decisão, Emma Grande se tornou amarga. Recusou-se a levar a filha até Nova York para comprar-lhe um vestido de noiva. A mãe de Lee Adler foi quem a levou. No ensaio do casamento, a sogra ficou o mais longe possível dos Adler. Em seguida, na recepção após a cerimônia, recusou-se a aceitar a família do genro na fila de cumprimentos. Deu um gelo na família do noivo. Tal episódio é relembrado até hoje, 25 anos mais tarde. Também é a razão pela qual o homem ao lado de fora da casa de Cynthia Collins com as mãos nos bolsos comparou Emma Adler à mãe de modo favorável.

Às 19h30 em ponto, Cynthia Collins abriu a porta, radiante, usando um vestido longo preto e carregando um leque rendado, também preto. "Entrem, entrem", disse ela, animada. Seus convidados lotaram a casa, vagueando entre as mesas de carteado dispostas nas salas de estar e de jantar. Tão logo encontraram seus cartões de mesa, sentaram-se e, em minutos, as mesas estavam cheias. As conversas se abrandaram, passando a um burburinho inaudível, e o ruído das cartas sendo embaralhadas varreu a casa feito folhas ao vento farfalhando pelo gramado no outono.

Não sendo um jogador de bridge, juntei-me aos dois outros convidados que não jogavam — um homem e uma mulher — em uma pequena biblioteca na saída da sala de estar. O homem tinha longos cabelos brancos e um sorriso benevolente no rosto. Era, pelo que entendi, uma figura muito respeitada na comunidade. A mulher tinha cerca de 40 anos e fumava um cigarro azul-claro. Do outro lado do cômodo, duas domésticas em uniformes preto e branco estavam de prontidão ao lado de jarros de Manhattans, martínis, ponche de cereja e água. Cynthia Collins apareceu sorrindo e com o rosto ruborizado. "Bom, as primeiras partidas começaram na hora, então acho que dá para recuperar um pouco o fôlego. Espero que vocês não tenham esperado muito tempo lá fora naquele calor insuportável."

"As conversas na calçada giraram todas em torno do Lee e da Emma", revelou a mulher com o cigarro azul.

"Sabe, pensei no Lee esta tarde", disse Cynthia, "enquanto escrevia os cartões para organizar as mesas hoje à noite. Ainda é preciso ter cuidado na hora de colocar uma pessoa ao lado da outra por causa da confusão lá no Hyatt. Mesmo agora. Tudo graças ao Lee, é claro."

"Nem me lembre", falou a outra mulher. "Foi pavoroso. No auge, não dava pra ir nos coquetéis. Não dava para fazer nada. As pessoas entravam em umas discussões terríveis. Era melhor ficar em casa."

"Minha cunhada e eu não nos falamos até hoje", interpôs-se o homem de cabelos brancos, solene. "Todavia, devo dizer que me sinto grato por isso."

Cynthia Collins olhou discretamente para seu relógio: "Água!", sussurrou às domésticas.

"É sempre tudo ou nada com o Lee", retomou a outra mulher. "Se não é do jeito dele, então não é do jeito de ninguém. Ele segue a política da terra arrasada."

"E como gosta de gritar", pontuou Cynthia.

"Minha querida, ele gosta de mais coisas além disso. Você não se lembra daquele caso com a arma?"

"Que arma?"

"O Lee se desentendeu com um dos outros membros do conselho do Fundo Nacional e apontou uma pistola para o homem durante um jantar formal. Acho que foi em Chicago. Há uns dois anos."

"Ah, é mesmo!", exclamou Cynthia. "Tinha me esquecido. Mas era uma arma de *brinquedo*, se bem me lembro. Pelo que ouvi, o Lee não acossou o homem de fato. Ofereceu a arma ao homem e sugeriu que ele desse um tiro em si mesmo com ela."

"Talvez tenha sido isso", disse a outra mulher.

"As pessoas ficaram pasmas. Aparentemente, havia ocorrido algum tipo de atentado na pobre família do homem não muito tempo antes, o que tornou a situação absolutamente macabra. Jimmy Biddle, que era o presidente do Fundo Nacional na época, interveio, e falou para o Lee que ele tinha passado do ponto e o mandou se sentar. Foi tudo muito constrangedor e de mau gosto."

"Acho que era nisso que eu estava pensando."

O homem de cabelos brancos permaneceu sentado em sua cadeira, passando os olhos de uma mulher à outra feito um espectador em uma partida de tênis.

Cynthia se dirigiu a mim. "Você deve achar que somos bastante maldosos", disse-me ela, "no entanto, há alguns anos, Lee era nosso herói. Éramos os discípulos dele. Foi por sua causa que todos nos mudamos para o centro quando ainda era decadente e não muito seguro. Foi emocionante. Os Hartridge chegaram até a comprar um casarão ao lado de um prostíbulo na rua Jones. Naquela época, o Lee estava fazendo algo grandioso. Era um idealista, um purista. Estava salvando o centro. Claro, ele não chegou a se *mudar* para o centro — só fez isso algum tempo depois. Ele e a Emma ficaram lá no parque Ardsley, onde era seguro, de longe, enquanto o resto de nós mortais nos mudamos para o centro, os pioneiros. Os Cunningham, os Critzes, os Brannen, os Rhangose, os Dunn — todo o conselho da Fundação Histórica de Savannah morava no centro, exceto o Lee. Os Adler não arriscavam o pescoço. Diziam uma coisa e faziam outra. E agora tudo com o que parece se preocupar são aqueles malditos prêmios e ficar íntimo de gente como o príncipe Charles."

"O que aconteceu?", questionei.

"Ficou impossível de lidar com ele", disse Cynthia. "Ele nunca foi muito fã de processos democráticos, para começar. Quando foi presidente da Fundação Histórica de Savannah, fazia tudo como bem entendia e raramente consultava o conselho antes. Isso tudo veio à tona com o Hyatt. Todos fomos contra o hotel. Originalmente era para ter sido um edifício de quinze andares que se sobressairia à sede da prefeitura. O conselho inteiro votou contra, inclusive o Lee. Aí, então, o conselho votou uma segunda vez para decidir se tornaria pública a oposição. Votaram para que esperassem até terem uma chance de conversar com os empreendedores. Porém Lee foi inflexível. Queria um confronto público de imediato. O conselho se manteve firme. E, como não foi conforme sua vontade, ele resolveu lançar seu próprio ataque ao hotel. Primeiro, cancelou sua contribuição anual à Fundação Histórica de Savannah — os 700 dólares que ganhava de salário como diretor. Isso, por sinal, era típico dele: dar alarde às suas doações em vez de doar o dinheiro sem vínculos como qualquer outra pessoa. Sempre foi a banda de um homem só. Caso não possa mandar em tudo, não participa de nada. Nem dá pra julgar o conselho por tê-lo expulsado da Fundação Histórica de Savannah."

Isso despertou minha atenção. "Achei que o Lee tivesse rompido com a Fundação Histórica", observei, "e não o contrário."

"Votaram pela saída dele, isso sim", reiterou Cynthia, "e o mais tocante foi que quem votou desse modo foram seus próprios amigos e discípulos. E a votação foi unânime. A ata daquela reunião sumiu dos arquivos — misteriosamente — porém pode perguntar isso para o Walter Hartridge, que era o presidente na época. Ele e a Connie estão jogando bridge no cômodo aqui ao lado."

"A parte mais triste", emendou a outra mulher, "foi que as coisas podiam ter se desenrolado melhor se o Lee não tivesse agitado tudo por conta própria. A certa altura, os empreendedores propuseram um acordo melhor que o outro, com o qual acabamos, enfim, ficando."

"Eu tinha a impressão", pontuei, pensando na conversa que mantivemos, "de que o Adler tivesse se demitido da Fundação Histórica de Savannah por causa de um desentendimento relacionado às moradias para pessoas negras no distrito vitoriano."

A outra mulher apagou seu cigarro azul. "Chega, não aguento mais! Isso me irrita um tanto! Cynthia, não quero saber do cronograma. Hora do meu drinque." Foi até a mesa e serviu-se de um Manhattan.

"O Lee Adler não se demitiu da Fundação Histórica de Savannah! Ele foi demitido", disse a mulher. "Isso foi em 1969. E só foi abrir o Recuperação Histórica no distrito vitoriano uns cinco anos depois. Um não tem nada a ver com o outro. O Recuperação Histórica não passa de um afago no ego dele. Porém ele finge ser algo mais nobre do que é, para se apresentar como um preservacionista com consciência social. Diz que está criando um bairro racialmente miscigenado. Mentira! O que está criando é um bairro negro novo. Não é integração de verdade. É segregação, tudo outra vez.

"O Lee ficou desolado por ter sido obrigado a sair da Fundação Histórica de Savannah. Foi o presidente por seis anos. Era a vida dele. Então, como precisava mostrar pra organização que era capaz de fazer tudo sozinho, de algum modo cooptou o distrito vitoriano como veículo. Enveredou-se por um esquema para usar dinheiro do governo a fim de comprar e reformar casas históricas em prol de inquilinos subsidiados. Não tem nada a ver com objetivos sociais de cunho piedoso. Foi só um jeito de financiar um projeto de preservação no qual estivesse no centro de tudo. Vive dizendo ter restaurado casas sem desalojar os moradores antigos — como se o distrito vitoriano fosse historicamente habitado por negros, ou mesmo miscigenado. Bem, não era. Até meados dos anos 1960, era um bairro de classe média branco. Caso não pensasse somente em si próprio, o mercado teria tomado conta do distrito vitoriano. E, acredite, os negros ainda estariam muito bem representados no centro. Programas públicos de habitação são necessários, admito, porém o distrito vitoriano é meio que o pior lugar pra isso."

A senhora me explicou que as casas no distrito vitoriano eram, em sua maioria, de madeira, o que tornava um seguro contra incêndio muito caro, e que as casas precisavam de ser pintadas a cada três anos, mais ou menos, pois a intensa umidade fazia a tinta descascar logo. "Custos desse tipo são indefensáveis num programa público de habitação subsidiada", disse ela.

"Fora que o Lee não tem feito restauros minuciosos coisa nenhuma", prosseguiu. "Está é destruindo as casas, descaracterizando alguns pequenos detalhes vitorianos, como os tetos estampados. E tampouco está mantendo as casas em bons cuidados. É só olhar — mas tem que olhar *todas*, não só as que ele gosta de mostrar. A tinta descascando, as grades das varandas quebradas. Dois ou três anos depois de serem reformadas, as casas se reintegram às casas não reformadas logo ao lado."

Pelo vão da porta, vi as domésticas passando de mesa em mesa recolhendo os copos d'água vazios.

"E, se você me permite o atrevimento", continuou a mulher, "o que tem de tão horrível assim na gentrificação? O Lee não tinha o menor problema com isso quando lhe interessava no distrito vitoriano. Deteve o encarecimento do custo de vida, tudo bem, mas também acabou com os valores dos imóveis no distrito vitoriano. A oferta até que é grande, só não tem comprador algum. Em nome da preservação, o Lee Adler acabou travando a própria preservação."

Adler havia me contado, lhes disse, que a revitalização no distrito vitoriano havia incentivado os investimentos privados na área.

"Isso é uma mentira deslavada, e ninguém sabe disso melhor que o próprio Lee Adler. Um de seus filhos comprou uma casa na rua Waldburg e a restaurou com esmero. Na hora de vender, entretanto, não recebeu oferta alguma. Estava pedindo 135 mil dólares. Agora, já baixou pra 97 mil e, ainda assim, ninguém quer comprar porque fica exatamente no meio de um bairro pobre."

"Fora de Savannah", disse Cynthia, "as pessoas acham que o distrito vitoriano foi um grande sucesso só porque é isso que o Lee sai contando por aí. E todo mundo engole. O príncipe Charles foi só o mais recente de uma longa fila de trouxas."

"O que irrita mesmo", asseverou a outra mulher, "é o jeito como os Adler se arvoraram os árbitros da moralidade. Dá até vontade de gritar. Estou cansada das pretensões nobres do Lee. Assim como estou cansada com a Emma querendo dar uma de Eleanor Roosevelt. O que fizemos pra merecer isso?"

"Muita coisa", rebateu o senhor de cabelos brancos.

As duas mulheres encararam surpresas o homem grisalho. Ele ainda estava com o sorriso benevolente no rosto.

"O Lee é um membro proeminente da sociedade de Savannah, não é?", perguntou com toda a gentileza. "Ele faz parte do Clube Cotillion, entidade que promove os bailes de debutantes. É um dos quinze distintos cavalheiros do Clube Madeira, onde pode tomar seus coquetéis e jantar admirando os telhados do centro histórico, local no qual ele desempenha relevante papel em prol de sua preservação."

As duas mulheres assentiram com cautela, sem entender em qual ponto o homem queria chegar.

"Ele joga golfe no Clube de Golfe de Savannah", prosseguiu o senhor de cabelos brancos. "Então, sabe, o Lee Adler faz parte da elite desta cidade. Ao menos, é de se supor que sim. No entanto, isso não é verdade, não é? Em Savannah, temos nossa própria maneira de traçar uma linha, de dizer: 'Não dê mais um passo, *você não é um de nós de verdade*'. Temos a Associação Oglethorpe para deixar isso bem claro. E temos também o iate clube."

O homem tinha a fala mansa como a de um professor carinhoso. "Lee Adler é judeu. Uma boa parte dos amigos dele frequenta a Associação Oglethorpe e o iate clube, só ele que não."

"Mas a Associação Oglethorpe aceita judeus", disse a mulher. "O Bob Minis é membro."

"Sim. Bob Minis é um dos membros mais antigos da Associação Oglethorpe e uma pessoa muito benquista. E também é tataraneto da primeira criança branca a nascer na Geórgia, o que faz dele uma relíquia viva da história da Geórgia. Ele é judeu; mas não *tão* judeu. As duas esposas dele eram cristãs, assim como a maioria dos amigos dele, e os filhos foram criados sob os dogmas episcopais. O Bob Minis agrega bastante valor como membro da Associação Oglethorpe. Além de ser uma companhia encantadora, ele nos possibilita dizer, como você mesma já disse: 'Nós temos judeus *sim* na Associação Oglethorpe'."

O homem cruzou os braços e nos encarou um a um, como se certificando de que o recado fora entendido. "Do outro lado", continuou, "temos o Lee Adler. Desprezado pela Associação Oglethorpe e escorraçado da Fundação Histórica de Savannah. O que lhe restava fazer? Precisava fazer algo brilhante, algo absolutamente engenhoso. Na minha opinião, ele obteve êxito para bem além dos sonhos mais extravagantes que poderia ter. Por meio de seu trabalho no distrito vitoriano, não apenas teve um grande retorno enquanto preservacionista histórico como também se envolveu numa questão de inatacável moralidade: moradia para negros pobres. Caso alguém se lhe oponha, será taxado de racista. O projeto de recuperação histórica que promove pode até ser incrivelmente dispendioso. Suas restaurações talvez sejam fajutas. Sua atuação pode ter contribuído para aviltar os valores imobiliários no distrito vitoriano. É razoável dizer que foi criado um novo bairro negro. Ele pode até estar fazendo isso tudo, como alguns suspeitam, só pelo dinheiro e pelo reconhecimento. No entanto ninguém tem coragem de se levantar e dizer isso em voz alta, e é por isso que é tão brilhante. Lee Adler atingiu os objetivos que tinha: reconquistou a posição de um dos maiores preservacionistas dos Estados Unidos e, de quebra, esfregou nas nossas caras a questão racial."

"Não acredito na sinceridade dele em relação aos negros", disse a mulher do cigarro azul. "Nenhum dos clubes que o Lee faz parte — ao menos nenhum desses que você acabou de mencionar — jamais teve um membro negro."

"Verdade", concordou o homem, "e, a propósito, suspeito até que os próprios negros questionam a sinceridade do Lee e de sua mãe. Por exemplo, se você ler com atenção o artigo da Emma que saiu no jornal falando do príncipe Charles, vai notar uma coisa bem curiosa. Ela critica os membros da imprensa de Washington que estavam presentes no encontro por conta do interesse tão somente nas 'especulações frívolas relacionadas ao príncipe', em detrimento da questão habitacional. Entretanto ela segue descrevendo em detalhes a doce cozinheira negra que levou consigo, e como essa mulher tinha feito uma cesta de palha para o príncipe depois de passar semanas angustiada pensando numa maneira de presenteá-lo. Ela não viu nada de errado na preocupação um tanto infantil da cozinheira com a cesta, embora o presente nada tivesse a ver com a questão habitacional. Parece que ela tem dois pesos e duas medidas. Uma para jornalistas letrados e outra para cozinheiras humildes. E daí pode-se concluir que Emma adota uma postura bastante condescendente com os negros."

Um sorriso de satisfação se abriu no rosto da mulher com o cigarro azul. "Hmmmm", disse ela.

"Acho que os negros sabem o que representam para o Lee e para a Emma", retomou o homem. "Eles provavelmente também sabem que ninguém aqui, hoje à noite, reformou trezentas casas para os negros pobres nem levou sua cozinheira negra para conhecer o príncipe Charles. Os negros sabem que os Adler fazem algo por eles, sejam quais forem os motivos. E, em troca, eles fazem algo pelos Adler."

"O que eles fazem pelos Adler, pelo amor de Deus?", perguntou a mulher.

"Dão os votos deles para a família, ora", explicou. "Nas últimas eleições, talvez você se lembre de que eles apoiaram Spencer Lawton para o cargo de promotor público contra o Bubsy Ryan. Os Adler estavam entre os grandes financiadores da campanha do Lawton. Presto, a Aliança Ministerial negra, que havia apoiado Ryan no passado, acabou se bandeando para o lado de Lawton. O voto dos negros, conquistados com esse apoio, foi o fator responsável por garantir a margem para a vitória do candidato dos Adler. Então, se de caso pensado ou não, fato é que Lee Adler emergiu de uma crise pessoal contando com uma forte base negra. O que faz dele uma força política. E torna *inoportuno* que qualquer funcionário da prefeitura se oponha a qualquer um dos empreendimentos habitacionais dele." O homem, então, arqueou as sobrancelhas como que dizendo "e aqui encerro meu caso".

"Sei bem o que você quer dizer", rebateu a mulher, friamente.

O homem então lançou um olhar à Cynthia Collins porém, na hora, a sra. Collins estava de olho no relógio. Franzia a testa com um quê de preocupação. Chamou a atenção da doméstica parada no vão da porta. "Distribua os guardanapos", murmurou.

11
NOTÍCIA URGENTE

Àquela altura da minha experiência vivendo em duas cidades simultaneamente, me vi passando mais tempo em Savannah do que em Nova York. O clima em si teria sido motivo o suficiente para tal situação. Ao fim de abril, Nova York ainda lutava para livrar-se das garras do inverno, enquanto Savannah corria avançada no desenrolar faustoso de uma primavera cálida e tranquila. Camélias, junquilhos e narcisos floresciam, e então, em meados de março, as azaleias desabrochavam em gigantescas almofadas brancas, vermelhas e vermelho-alaranjadas. Botões brancos de cornisos flutuavam feito nuvens de açúcar sobre as azaleias. O aroma de madressilvas, jasmins-estrela e os primeiros botões de magnólias começavam a perfumar o ar. Quem precisava do frio de Nova York?

Assim, demorava-me em Savannah. As ruas silenciosas e sonolentas da cidade se tornaram minha predileção. Ficava quieto por lá, a exemplo dos moradores daquela pacata cidade. Savanianos, com frequência, conversavam a respeito de outras cidades, como se viajassem bastante, contudo isso geralmente não passava de conversa. Eles gostavam de conversar, acima de tudo, sobre Charleston, em especial na presença de um recém-chegado. Comparavam as duas cidades sem parar. Savannah era a Cidade Anfitriã; Charleston era a Cidade Sagrada (pois possuía um monte de igrejas). A paisagem urbana de Savannah era superior à de Charleston, mas os imóveis de Charleston desfrutavam de interiores mais refinados. Savannah era profundamente inglesa no estilo e no temperamento; Charleston tinha influências tanto dos franceses e espanhóis quanto dos ingleses. Savannah preferia caçar, pescar e frequentar festas a atividades intelectuais; em Charleston, era o contrário. Savannah atraía os turistas; Charleston era atropelada por eles. Essas comparações eram feitas sem parar. Na cabeça da maioria dos norte-americanos, eram duas cidades irmãs. Neste caso, as irmãs mal se falam. Savanianos raramente iam a Charleston, embora a distância fosse de menos de duas horas de carro. Até aí, porém, nenhuma novidade, afinal savanianos raramente iam a qualquer lugar que fosse. Não poderiam estar menos preocupados. Permaneciam com prazer no isolamento da própria cidade sob prisão domiciliar autoimposta. Havia exceções, evidentemente, e Chablis era uma delas.

Chablis pegou a estrada de ônibus, exatamente como dissera que faria — até Augusta, Columbia, Atlanta e Jacksonville. Retornava a Savannah entre uma e outra, por tempo o suficiente para repaginar seu vestuário e valer-se das doses de hormônio feminino da dra. Myra Bishop. Quando terminavam as consultas com a dra. Bishop, ela invariavelmente me ligava ou atirava pedrinhas em minha janela, e eu descia e a levava para casa. Ela passou a encarar tais caronas como um aspecto cerimonial de sua jornada sexual. O estrógeno fazia a mágica em seu organismo, transformando a tomboy em uma graciosa imperatriz enquanto circulávamos de carro pelas ruas de Savannah.

Certo sábado de manhã, no início de maio, eu estava me preparando para dirigir até Fort Jackson para assistir a um dos eventos esportivos anuais tão tradicionais em Savannah, os jogos Escoceses, quando o telefone tocou. Era Chablis.

"É a vadia, amor", anunciou. "É a Lady. Mas não tô querendo carona dessa vez, não. Eu só tô checando se você já deu uma espiada no jornal de hoje."

"Não, ainda não", retruquei. "Por quê?"

"Lembra daquele dono de antiquário que você me disse que conheceu? O que tem aquela casa enorme na praça Monterey?"

"Lembro", respondi.

"Você não me disse que o nome dele era Jim Williams?"

"Sim. O que tem ele?"

"*James* A. Williams?"

"Isso."

"52 anos?"

"Acho que sim."

"Número 429 da rua Bull?"

"Fala logo, Chablis. O que aconteceu?"

"Ele atirou em alguém ontem à noite."

"*O quê?* Chablis, é sério isso?"

"Eu não brincaria com uma coisa dessas. É o que diz bem aqui no jornal. Diz que James A. Williams atirou em Danny Lewis Hansford, 21 anos. Aconteceu na Casa Mercer. Publicaram uma foto imensa do seu amigo na primeira página, mas não mostraram o menino de 21 anos, caramba, e era esse que eu queria ver."

"O Danny Hansford morreu?"

"Deve ter morrido, amor, porque tão acusando o tal do Williams de assassinato."

12
TROCA DE TIROS

Sob a manchete WILLIAMS ACUSADO DE ASSASSINATO, a matéria era bem curta. Dizia que, às 3h da manhã, a polícia havia sido chamada à Casa Mercer, onde haviam encontrado Danny Hansford, 21 anos, morto no chão do estúdio, o carpete oriental manchado de sangue. Havia duas pistolas na cena do crime. Vários objetos da casa estavam quebrados. Williams havia sido levado sob custódia, acusado de assassinato, e detido sob fiança de 25 mil dólares. Quinze minutos mais tarde, um amigo do acusado chegou na delegacia de polícia com um saco de papel contendo 250 notas de cem dólares e ele foi solto. Foi tudo o que o jornal noticiou a respeito da troca de tiros. A matéria dizia que ele era um antiquário, restaurador de imóveis históricos e anfitrião de festas elegantes em sua casa, uma "atração turística" a qual Jacqueline Onassis havia visitado e oferecido 2 milhões de dólares. Sobre Danny Hansford, o jornal não divulgou informação alguma além da idade.

Na edição do dia seguinte, o jornal apresentou um relato mais detalhado sobre o ocorrido. Segundo o acusado, o disparo com arma de fogo em Danny Hansford foi um ato de legítima defesa. Ele e a vítima haviam assistido a um filme no drive-in, declarou, e retornaram à Casa Mercer depois da meia-noite. Já em casa, Hansford de repente perdeu a cabeça, a exemplo do que acontecera um mês antes, de acordo com Williams. Pisoteou um videogame, quebrou uma cadeira, espatifou no chão um relógio de pêndulo inglês do século XVIII. Então — como já fizera antes — pegou uma das Lugers alemãs do acusado. Dessa vez, porém, apontou direto para o dono da casa, que estava sentado à escrivaninha. Disparou três vezes. Errou todos os três tiros. Ao puxar o gatilho novamente, a arma travou. Foi quando o acusado abriu a gaveta da escrivaninha e pegou outra Luger. Danny se esforçava para destravar a arma quando Williams disparou contra ele.

Dias mais tarde, Williams forneceu mais detalhes acerca da história em uma entrevista ao jornal semanal *Georgia Gazette*. Soava confiante, um pouco desafiador até.

"Se eu não tivesse atirado no Danny", declarou, "teria sido o meu obituário no jornal." Ele contou que assistiram no drive-in a um filme de terror. "Um monte de gargantas sendo cortadas, esse tipo de coisa. Falei pro Danny que era melhor irmos embora pra jogar gamão ou xadrez ou sei lá, e fomos."

Quando os dois chegaram à Casa Mercer, o rapaz já havia fumado nove baseados e ingerido umas quatro doses de uísque. Jogaram um pouco de videogame e, depois, passaram a um jogo de tabuleiro. Nesse momento, Hansford bradou um discurso inflamado contra a mãe, a namorada Bonnie e seu amigo George Hill. De repente, em um ataque de fúria, pisoteou o console do videogame. "Joguinho! É tudo joguinho", gritou. "Tudo não passa de joguinho!" Williams levantou-se para deixar o cômodo e foi agarrado pela garganta e empurrado contra o batente da porta. "Você está doente", gritou. "Por que não some daqui e morre duma vez?". O entrevistado disse que se desvencilhou de seu agressor e foi até o estúdio, onde se sentou à escrivaninha. Escutou o barulho de coisas quebrando — o relógio de pêndulo caindo no chão, vidro se estilhaçando e outros ruídos da destruição. Danny entrou no estúdio portando uma Luger alemã. "Só vou embora amanhã", disse, "mas você vai hoje!" Então mirou em sua direção e disparou. Williams declarou ter sentido uma bala passando de raspão por seu braço esquerdo. Em seguida, a arma de Danny travou. Foi quando conseguiu pegar sua própria arma e atirar.

Depois que a vítima tombou no chão, o atirador colocou sua arma sobre a escrivaninha, deu a volta, verificou que Danny estava realmente morto, então sentou-se novamente na cadeira e ligou para um ex-funcionário, Joe Goodman. Ele disse a Goodman que havia acabado de atirar em Hansford e solicitou sua presença na Casa Mercer com urgência. Depois disso, Williams telefonou para seu advogado. Por fim, comunicou o ocorrido para a polícia.

O advogado, a polícia, e Joe Goodman acompanhado de sua namorada chegaram à Casa Mercer na mesma hora. Williams estava em pé, parado no vão da porta. "Atirei nele", disse. "Ele está lá dentro."

O primeiro policial a chegar à cena do crime, o cabo Michael Anderson, reconheceu a vítima de imediato. Era o mesmo policial que fora à Casa Mercer um mês antes para levar Danny sob custódia depois de seu surto anterior. Na ocasião, o encontrara no andar de cima, estirado sobre a cama, completamente vestido. Dessa vez, encontrou o rapaz caído no tapete persa do estúdio de Williams, a cara enfiada em uma poça de sangue. Seu braço direito estava estendido sobre a cabeça, a mão ligeiramente fechada sobre uma arma.

Por volta das 7h, a polícia escoltou o acusado até a delegacia. Tiraram suas impressões digitais, ficharam-no por assassinato e estipularam uma fiança de 25 mil dólares. Williams foi até o telefone e ligou para Joe Goodman, que ainda esperava por ele na Casa Mercer. "Joe, escute com atenção", solicitou. "Suba as escadas e vá até o armário alto na saída da sala do órgão. Suba na cadeira que está ao lado dele e pegue um saco de papel guardado bem no topo." Quinze minutos depois, Goodman chegou à delegacia de polícia com um saco de papel marrom contendo 250 notas de cem dólares e o detido foi liberado.

Alguns dias mais tarde, a polícia anunciou que um teste de laboratório mostraria se a vítima fatal havia ou não disparado a pistola conforme o acusado declarara. Uma prova crucial seria a presença ou ausência de pólvora nas mãos do morto. Caso fossem detectados resíduos do disparo, significaria que ele tinha dado o primeiro tiro antes de ser morto; a ausência de resíduos indicaria que, ao contrário, não houve qualquer disparo prévio à sua morte. A polícia comunicou que o resultado ficaria pronto dali a uma semana, mais ou menos, e poderia abrir ou encerrar a investigação contra Williams.

Apesar da forte acusação pairando sobre si, Williams seguiu tratando de seus assuntos com toda a tranquilidade. Na quarta-feira, quatro dias depois de ter atirado em Hansford, solicitou ao tribunal permissão para deslocar-se até a Europa em uma viagem de negócios. O juiz aumentou o valor da fiança para cem mil dólares e permitiu que ele viajasse. Em Londres, ele se hospedou em sua suíte favorita no Ritz e jogou roleta no Crockford's Club. Então, embarcou rumo à Genebra para participar de um leilão de Fabergé. Retornou a Savannah uma semana depois.

Logo em seguida, a polícia anunciou que o resultado do laboratório atrasaria por conta dos trabalhos acumulados na criminalística da Geórgia, em Atlanta. Um mês depois, a polícia ainda aguardava o resultado.

Enquanto isso, os moradores de Savannah chegavam às próprias conclusões sem o benefício do resultado laboratorial. Fatos sobre Danny Hansford começavam a circular e conferiam credibilidade à alegação de Williams quanto à legítima defesa. O rapaz assassinado tinha inúmeras passagens por reformatórios e hospitais psiquiátricos. Havia abandonado a escola na oitava série e possuía um histórico de violência e confusões com a polícia. Só o acusado pagou a fiança do rapaz em nove ocasiões ao longo dos dez últimos meses. Skipper Dunn, um horticultor que morou na mesma pensão na qual a vítima fixou residência, descreveu Danny como um psicótico perigoso. "Era um ogro", disse Dunn. "Eu o vi surtado umas duas vezes, quebrando tudo, pegando faca. Foram necessárias duas pessoas pra imobilizá-lo. Dava pra ver nos olhos dele que não tinha uma pessoa ali, só raiva e violência. Não era difícil perceber que ele poderia tentar matar alguém um dia." Hansford, certa vez, chegara a derrubar uma porta no intuito de espancar a irmã. A própria mãe prestou queixa, declarando estar com medo de que o filho pudesse agredi-la fisicamente e a família.

Em entrevista à *Georgia Gazette*, o acusado descreveu o rapaz como alguém profundamente perturbado. Declarou que a vítima, certa vez, havia lhe dito: "Eu tô sozinho no mundo. Ninguém liga pra mim. Não tenho razão nenhuma pra continuar vivendo." Com um tipo estranho de indiferença, Williams via-se como o redentor de Danny Hansford, e não como inimigo do rapaz, quanto menos seu assassino: "Estava determinado a salvá-lo de si mesmo", afirmou. "Ele tinha desistido de viver." Embora essa versão fosse descaradamente egoística, era convincente nos detalhes. O garoto havia desenvolvido certo fascínio pela morte, declarou. Ia com frequência ao cemitério Bonaventure com os amigos e apontava para as lápides e dizia que as menores eram para os pobres e as maiores eram para os ricos, e que, se morresse na Casa Mercer, conseguiria ser enterrado em uma das grandes. Hansford tentou cometer suicídio por duas vezes na residência do entrevistado, tomando overdose de drogas. Na segunda tentativa, escrevera uma carta: "Se isso funcionar, pelo menos descolo uma lápide decente". Williams havia corrido com ele até o hospital em ambas as ocasiões. Isso tudo era digno de registro.

Além de declarar que Danny Hansford era seu funcionário, o acusado jamais chegou a explicar de fato a natureza de sua relação com o rapaz. No entanto, logo todos ficaram sabendo que o garoto era michê e circulava à noite pelas praças ao longo da rua Bull. A maioria das pessoas não precisou de mais detalhes da história. Alguns poucos amigos de Williams, todavia — damas da sociedade, em grande parte —, descobriram estar completamente às escuras. Millicent Mooreland, anfitriã do parque Ardsley e aristocrata de sangue azul, o conhecia havia trinta anos. Ainda assim, quando uma amiga lhe telefonou para dizer "Jim Williams acabou de matar o amante a tiros", ficou estupefata por duas razões, não apenas pela acusação. "Aquela afirmação me deixou surpresa", declarou. "Minha amizade com ele era baseada em antiguidades, festas e eventos sociais. Eu não tinha o menor conhecimento acerca desses outros interesses dele."

A maioria dos círculos sociais foi mais direta do que a sra. Mooreland. "Ah, já sabíamos", disse John Myers. "Claro que sabíamos. Não estávamos a par dos detalhes, naturalmente, pois ele prezava pela discrição, o que era o certo a se fazer. Porém desde sempre nós nos regozijávamos pelo êxito social do Jim por conta do que isso parecia dizer de nós mesmos. A nosso ver, demonstrava que Savannah era cosmopolita, que éramos sofisticados o suficiente pra aceitar socialmente um homem gay."

A sra. Mooreland permaneceu fiel ao amigo, contudo havia certas coisas que de fato a incomodavam, fora o tiro em si. Ficou perplexa com o que, à primeira vista, parecia um pequeno detalhe no fluxo dos acontecimentos que se sucederam naquela noite. "Joe Goodman", disse ela. "Quem ele é? Eu não o conheço. Nunca o vi na casa do Jim, mas ainda assim foi a primeira pessoa que ele chamou."

A consternação da sra. Mooreland quanto a Joe Goodman se dava pelo fato de que passara a vida toda dentro dos limites reconfortantes do que outrora se conhecia por Velha Savannah. Ou seja, um mundo autossuficiente, drasticamente circunscrito. Os coadjuvantes de todos os seus dramas haviam sido elencados há muito tempo. Quando as crise estouravam, as pessoas procuravam figuras relevantes na comunidade — as autoridades legais, os pilares morais, os árbitros sociais, os gigantes das finanças, os estadistas mais experientes. A Velha Savannah era bem estruturada para lidar com crises. Tendo passado uma vida inteira em um ambiente tão acolhedor, a sra. Mooreland ficou surpresa por, no momento em que mais precisou, Jim Williams ter contatado um completo estranho em vez de Walter Hartridge, por exemplo, ou Dick Richardson. Para ela, aquilo era um sinal de que algo estava terrivelmente errado.

Com tanta conversa em torno de Jim Williams — as origens, a carreira e as façanhas, tudo do homem — o incidente da bandeira nazista acabou adquirindo uma nova roupagem. E agora, ainda por cima, tiros com uma Luger alemã.

Algumas pessoas, até mesmo uns poucos judeus como Bob Minis, julgaram insignificante o episódio da bandeira nazista. "Foi algo estúpido", afirmou Minis. "Ele agiu por impulso, sem pensar." Já outros não se mostravam dispostos a livrar a cara do acusado assim tão fácil. "Tenho certeza de que ele não se vê como nazista", ponderou Joseph Killorin, professor de inglês na Universidade Estadual Armstrong. "Entretanto, convenhamos, símbolos nazistas não são totalmente desprovidos de significado. Ainda carregam uma mensagem bem clara, mesmo se são expostos à guisa de 'relíquias históricas'. A mensagem é *superioridade*, e não pense nem por um segundo que Jim Williams não tem consciência disso. Ele é esperto demais pra não ter. Aqui no Sul, em meio a tantos supremacistas brancos, às vezes dá pra perceber uma simpatia meio estranha por indumentária e objetos nazistas. Tem a ver com a sensação de já ter sido tratado com o devido valor e agora ser tratado apenas como um igual. Há um cavalheiro extremamente sociável que às vezes vai vestido com uniformes nazistas a festas à fantasia — todos sabem de quem estou falando; ele é conhecido por isso — e diz que faz isso para chocar, no entanto o significado profundo ainda está lá. No caso do Jim, pode não ser nada além de arrogância apolítica. Se um homem vive numa das maiores casas da cidade e promove as festas mais extravagantes, pode facilmente acreditar que é superior. Também pode pensar que as regras que valem pra pessoas comuns não valem pra ele. Expor uma bandeira nazista seria uma maneira de demonstrar isso."

Em suma: se uma enquete tivesse sido realizada em Savannah nas primeiras semanas depois dos tiros, provavelmente mostraria que o público esperava que o caso fosse encerrado. Ao que tudo indicava, os disparos haviam sido em legítima defesa ou, na pior das hipóteses, um crime passional no calor do momento. Questões como essa eram tradicionalmente resolvidas na surdina, em especial quando o acusado era um indivíduo tão respeitado e influente, sem ficha criminal. Os savanianos estavam bem cientes dos casos anteriores de assassinatos em que suspeitos bem relacionados jamais responderam por nada, independente de quão óbvia era a culpa. Uma das histórias mais brilhantes envolvia uma socialite solteirona e seu amante, um cavalheiro da alta sociedade, que segundo ela havia se suicidado com um tiro de rifle na sala de estar de sua casa, sentado na poltrona. A mulher "encontrou" o corpo do amado, limpou o rifle, guardou-o de volta no estojo e, então, providenciou o embalsamento do corpo. Só depois de tudo isso é que chamou a polícia.

"Ah, o Jim Williams provavelmente sai dessa", afirmou Prentiss Crowe, um aristocrata local, "entretanto ainda vai enfrentar uns problemas. Com certeza vai haver certo *ressentimento* por ter matado aquele rapaz

— falo desse garoto em particular, digo. Danny Hansford era um michê bastante requisitado, segundo dizem, muito bom no que fazia, e muito apreciado tanto por homens quanto por mulheres. O problema é que o menino ainda não tinha terminado de fazer a ronda. Um número considerável de homens e mulheres esperavam ansiosamente por sua vez. Claro que, agora que está morto, nunca terão essa chance. Naturalmente, usarão isso contra o Jim, e é isso o que quero dizer quando falo em 'ressentimento'. Danny Hansford era famoso por proporcionar uma boa diversão... porém nem todos desfrutaram desse prazer."

No bar do Oglethorpe Club, Sonny Clarke foi mais direto: "Você sabe o que estão dizendo de Jim Williams por aí, não sabe? Estão dizendo que ele atirou na melhor bundinha de Savannah!".

A cidade inteira ficou fascinada pela história sensacional e, por semanas a fio, moradores curiosos ficaram dando voltas e mais voltas com seus carros em torno da praça Monterey. Cópias amassadas das edições de setembro/outubro de 1976 da *Architectural Digest*, a que havia destacado a Casa Mercer, circulavam de mãos em mãos. Pessoas que nunca sequer haviam entrado na casa pareciam conhecê-la como se tivessem morado lá. Sabiam dizer que Danny Hansford havia morrido entre uma pintura a óleo atribuída ao sobrinho de Thomas Gainsborough e uma escrivaninha incrustada de ouro que já pertencera ao imperador Maximiliano do México. Sabiam recitar, com um regozijo malicioso, o já irônico trecho final do artigo: "O charme da cidade e de seu estilo de vida encontraram expressão no cuidadoso e adorável restauro realizado [por Williams] na Casa Mercer — um imóvel outrora devastado pela guerra e tão negligenciado, mas hoje o epicentro de um bem viver harmonioso e tranquilo".

Havia um grande e imponderável fator no caso contra Jim Williams: Spencer Lawton, o novo promotor público. Ele era novo demais no cargo para ser previsível. E ainda estava em dívida com Lee Adler, cujo apoio e beneficência haviam-no ajudado a chegar aonde estava — e cuja rivalidade de longa data com o acusado era bem conhecida. Lee Adler se encontrava, como ninguém, em posição de interferir no rumo dos acontecimentos, se assim quisesse. Poderia, em uma conversa privada, influenciar Lawton a processar Williams. Ou, menos provável, ao que parecia, requerer leniência. A pessoas audazes o suficiente para perguntar-lhe se vinha pressionando o promotor de alguma maneira, recebiam uma resposta pronunciada com firmeza: "Spencer Lawton é dono de si".

Lawton se manteve extraordinariamente discreto por mais de um mês. Seu nome jamais era mencionado na cobertura jornalística do caso. Todas as declarações públicas que partiam de seu gabinete eram feitas por seu assistente chefe. Uma audiência preliminar foi marcada para o dia 17 de junho, momento em que o promotor decidiria pela apresentação da denúncia ou arquivamento do caso.

Cinco dias antes da audiência, o promotor compareceu perante o júri do Condado de Chatham e apresentou os indícios em sessão secreta. O júri agiu rapidamente. Indiciou Williams por homicídio doloso qualificado pela premeditação. A severidade da acusação causou certa inquietude. Se fosse mesmo o caso de um indiciamento, homicídio culposo parecia ser mais provável do que o doloso, levando-se em conta o que se sabia do ocorrido. Lawton se recusava a tecer comentários acerca dos indícios de materialidade do crime em público, a não ser para declarar que o resultado laboratorial se encontrava parcialmente finalizado. O acusado teria de ir a julgamento.

Alguns dias após a indiciamento, a mãe de Danny Hansford processou Williams, pleiteando uma indenização de 10 milhões de dólares, com um acréscimo de 3.500 dólares. Acusava-o de ter executado seu filho a sangue frio. Os 3.500 dólares eram para cobrir os gastos funerários.

Apesar disso, Williams mantinha um ar de tranquilidade inabalável. Seu julgamento só seria realizado em janeiro, dali a mais de seis meses. Requisitou permissão ao juízo para voltar à Europa em outra viagem de negócios e a permissão foi concedida. Ao retornar, manteve os antigos hábitos. Cortava o cabelo com Jimmy Taglioli na rua Abercorn, fazia compras no mercado Smith's, jantava no Elizabeth na rua 37. Não demonstrava o menor remorso. Nem havia motivos para tanto, considerava. Como havia declarado ao *Gazette*, "não fiz nada de errado".

13
PESOS E CONTRAPESOS

"Às vezes, acho que vocês de Nova York só vêm aqui para criar encrenca", disse Joe Odom. "Quer dizer, olha só o Jim Williams. Um cidadão modelo. Preocupa-se com a própria vida. Um êxito atrás do outro. Aí você aparece e, de repente, ele mata alguém. Estou falando sério, viu!"

Eram três da madrugada. Joe estava de mudança da casa na rua Liberty exatamente seis meses depois de ter se mudado para lá. O desavisado corretor de imóveis, Simon Stokes, deveria retornar da Inglaterra no dia seguinte e ocupante do imóvel pretendia entregar a casa nas mesmas condições que o sr. Stokes havia deixado: trancada e vazia. Joe havia encontrado outro imóvel na praça Lafayette. E então, na calada da noite, despejava uma última muda de roupas dentro de uma van estacionada em frente à casa.

"Certo", começou a falar. "Então, agora, temos um assassinato numa grande mansão. Caramba! Bem, vamos ver em que pé isso nos deixa. Temos um especialista em insetos esquisitão se esgueirando pela cidade com um frasco de veneno letal. Temos uma drag queen negra, um velho que leva um cachorro imaginário para passear e agora um caso de homicídio gay. Meu amigo, você tá arrumando um filme e tanto pra mim e pra Mandy."

Ele voltou para dentro da casa a fim de procurar sinais de que havia morado lá por seis meses. Nesse período, a suposta casa desocupada recebera um turbilhão de gente. Mais de cem turistas perambularam por lá, espiando cada canto do imóvel e fazendo uma pausa para almoçar antes de partir. Ao mesmo tempo, uma procissão incessante de amigos seus entrava e saía, e Jerry, o cabelereiro, administrava um salão de beleza em tempo nada integral na cozinha. Tais atividades tão diversificadas se misturavam, às vezes com resultados cômicos. Não eram poucas as senhorinhas que iam à casa em busca de almoço e retornavam aos ônibus turísticos com penteados totalmente renovados, e quase todo mundo aparecia segurando panfletos que propagandeavam o Sweet Georgia Brown's.

Como de costume, novos rostos sempre se juntavam ao elenco de personagens do nem tão pequeno séquito de Joe. Alguns se encostavam lá por uma semana ou um mês, outros por mais tempo. Por mais hábil que fosse na arte de reunir uma multidão em torno de si, ele era absolutamente incapaz de excluir alguém. Tal incumbência caía no colo da panelinha de amigos que se encarregava de extirpar bajuladores desagradáveis, com ou sem o conhecimento do anfitrião. Nos últimos meses, o alvo principal do grupo fora um homem bem-vestido que havia chegado à cidade alegando ser um milionário de Palm Beach. Na realidade, era um pequeno empresário que havia aberto um prostíbulo na estrada para Tybee. Antes que alguém soubesse disso, ele já estava propondo negócios por baixo dos panos aos senhores dos grupos turísticos na casa de Joe. A panelinha chamou um policial aposentado, Sarge Bolton, para livrar-se do homem. Bastou vislumbrar o revólver no coldre de ombro de Sarge e o sujeito se escafedeu.

Os amigos de Joe não tinham nada contra prostíbulos, no entanto estavam preocupados que aquele em especial pudesse complicar as coisas para o lado do amigo, que havia acabado de virar objeto de escrutínio das autoridades por conta dos cheques sem fundo que passara antes da abertura do Sweet George Brown's. Os cheques começaram a chegar no gabinete do procurador na média de um por semana: o cheque do carpinteiro, o cheque do eletricista, o cheque do encanador, o cheque pelo antigo cavalo de carrossel. Quando o total atingiu o montante de 18 mil dólares, dois oficiais de justiça foram ao Sweet Georgia Brown's e entregaram uma intimação ao proprietário, que foi instruído a comparecer a uma audiência no tribunal. A depender do desfecho da audiência, ele poderia ou não ser indiciado por passar cheques sem fundo — um crime punível com pena de um a cinco anos de detenção.

No dia da audiência, Joe chegou vinte minutos atrasado com toda calma ao tribunal. Antes de tomar seu lugar, foi a passos lentos até o banco onde os requerentes se encontravam sentados e cumprimentou cada um deles.

"E aí, George", disse ao carpinteiro.

O carpinteiro esboçou um sorriso amarelo. "E aí, Joe", respondeu.

Depois dirigiu-se ao eletricista, ao encanador, ao empreiteiro, ao fornecedor dos materiais e assim por diante. "E aí... boa tarde... olá..." Falava sem um pingo de sarcasmo ou ironia. O tom de voz dele estava animado. Os olhos brilhavam, um sorriso largo estampava o rosto. Era quase como se estivesse cumprimentando seus clientes no Sweet George Brown's. Sua afabilidade contrastava com o embaraço dos homens sentados no banco. As expressões constrangidas, quase envergonhadas, faziam com que eles parecessem mais os acusados do que as partes lesadas — como se, por estarem lá, tivessem sido pegos em um ato desleal contra o amigo cordial. Sorriram sem graça e balbuciaram olás. Ao fim da fileira, estava um homem baixinho, parecido com um pardal, cabelos grisalhos, sobrancelhas grossas e negras. Era o antiquário de Charleston que lhe havia vendido o cavalo de carrossel e outras peças de mobiliário. Joe se animou.

"Ora, ora, sr. Russell! Que surpresa! Não sabia que o senhor viria", exclamou Joe.

O sr. Russell se remexeu no assento, nervoso. "Acredite, Joe, eu preferiria não ter vindo. Realmente detesto isso, mas sabe como é. Eu... er..."

"Ah, tudo bem", retrucou Joe. "Não posso te julgar. É só que, se soubesse que o senhor estaria aqui, teria pedido pro senhor trazer aquele par de candeeiros que gostei tanto."

"Ah, você gostou mesmo? Quer dizer, eu... quer dizer, nós... er." O sr. Russell pestanejou, como se tentasse desanuviar os pensamentos. "Ah, agora me lembro. Chegamos a conversar mesmo sobre aqueles candeeiros, não foi? Você tem razão. Tinha me esquecido totalmente disso. Bom... er. Agora que você mencionou, Joe, acho que talvez eu tenha trazido os candeeiros comigo..."

"Não se preocupe", Joe o interrompeu. "A gente pode discutir sobre isso mais tarde." Foi até a mesa de defesa e sentou-se sozinho.

O juiz de custódia abriu a sessão.

"Sr. Odom, o senhor está sendo representado pela defensoria?"

"Excelência", respondeu, "como um membro regularmente inscrito na Ordem dos Advogados da Geórgia, irei advogar em causa própria."

O juiz consentiu. "Sendo assim, vamos então prosseguir."

O procurador assistente fez a leitura da lista de cheques sem fundo emitidos pelo réu. Em seguida, um a um, os requerentes depuseram e descreveram o trabalho realizado ou os bens fornecidos e como os cheques, independentemente da quantidade de vezes que tentaram descontar, eram sempre devolvidos. Quando chegou a vez do sr. Russell depor, o procurador e o juiz trocaram impressões em particular por vários minutos, folheando documentos. O juiz, então, decidiu liminarmente e informou ao sr. Russell que, ao dar entrada no pedido, ele não havia seguido o procedimento adequado; assim, seu pedido seria julgado improcedente, ao menos por ora. O que faria com que as acusações de cheque sem fundo contra Joe se reduzissem ao montante de 4.200 dólares. Com o rosto ruborizado, o sr. Russell desceu da plataforma e voltou ao seu lugar.

"Excelência", o réu se manifestou, "com vossa permissão, eu gostaria de trocar uma palavrinha com o sr. Russell."

"Sem objeções", respondeu o juiz.

Joe fez sinal para que o antiquário se sentasse a seu lado. Pegou o arquivo do sujeito e espalhou os documentos sobre a mesa. Então, enquanto todo o tribunal o observava, o réu foi lendo os documentos e conversando com o sr. Russell em um tom de voz baixo, confidencial. Após alguns minutos, ergueu os olhos ao juiz.

"Excelência, se o senhor me permite, acredito que seja possível sanar os vícios processuais em uns vinte minutos, mais ou menos, e, estando tudo certo, o senhor pode readmitir o pedido do sr. Russell contra mim."

O juiz olhou desconfiado para o réu, na dúvida se ele estava tão somente divertindo-se à custa do tribunal ou se estava, de fato, tentando lhe passar a perna.

"Este Juízo agradece sua proposta", o juiz comentou, "embora desconfie que não haja precedente de um requerido atuando como advogado do requerente. Alguém poderia arguir a suspeição de um advogado que, em tese, pusesse os próprios interesses à frente dos interesses do seu cliente, se é que me faço claro."

"Entendo bem, Excelência", insistiu Joe, "mas nesse caso é realmente só uma questão de preencher formulários. Este senhor veio de Charleston apenas pra reivindicar um dinheiro que, por direito, é dele, e não me parece justo dispensá-lo tão somente por ele ter se atrapalhado com alguns procedimentos burocráticos de menor importância."

"Verdade", disse o juiz. "Bem, tudo certo, então. Prossiga."

"Mais uma coisa, Excelência", retomou Joe. "Gostaria de acrescentar e deixar registrado que estou fazendo isso como um trabalho *pro bono*..."

"Ah, que bom", interrompeu o juiz.

"... renunciando aos meus honorários habituais de 4.200 dólares." Em reação à gargalhada que se seguiu, Joe se virou em direção a Mandy e a mim e nos deu uma piscadela.

A audiência entrou em recesso enquanto Joe reescrevia o pedido do sr. Russell contra si mesmo. Ao terminar, os 4.200 dólares do sr. Russell foram adicionados ao total e Joe assumiu a palavra. Declarou ao juízo que havia preenchido os cheques na expectativa de que os empresários do City Market, onde o Sweet Georgia Brown's estava localizado, aportassem centenas e centenas de dólares que lhe deviam, mas não o fizeram. Os cheques, portanto, representavam saldos involuntariamente a descoberto. O juiz e o procurador pareceram desconfiar das explicações do réu, porém concordaram em retirar as acusações caso ele pagasse todos os 18 mil dólares dentro de um mês. Caso contrário, quase certamente seria indiciado. O juiz, o procurador e os requerentes mostraram-se esperançosos de que o requerido resolvesse a questão antes disso.

E assim foi feito. Contudo não por meio do fluxo de caixa do Sweet Georgia Brown's. Dessa vez, o devedor foi salvo por um empréstimo de 18 mil dólares que pegara com um casal jovem e rico que havia se mudado recentemente para Savannah e caído no conto de Joe Odom e do Sweet Georgia Brown's.

A maré de boa sorte continuou com Joe na busca por novos aposentos onde morar antes do retorno de Simon Stokes. De última hora, surgiu a possibilidade de ocupar o espaçoso e elegante salão da Casa Hamilton-Turner, a poucos quarteirões de distância, na praça Lafayette. O senhorio era um velho amigo seu que morava em Natchez e sabia tudo acerca das excursões de ônibus e os *buffets* e o séquito e o cabelereiro Jerry. Tudo certo, por ele.

Joe terminou de limpar a casa da rua Liberty, removendo os últimos vestígios de sua ocupação. Depois, saiu da casa, sentou-se na escadinha de entrada e acendeu um cigarro. Tinha de admitir que as coisas não iam assim tão mal, no fim das contas. Seus cheques sem fundo haviam sido compensados. Estava prestes a mudar-se para uma bela e antiga mansão. O procurador havia largado de seu pé e já não havia mais nada a fazer senão fumar um cigarro e esperar que Mandy lavasse uma última muda de roupas. Assim que essa tarefa fosse concluída, ele desligaria o relógio de energia, fecharia o registro d'água, trancaria a porta de entrada e seguiria em frente.

O sol já raiava quando deitou-se para dormir em sua nova casa. Só acordou no finzinho da tarde. Então, levantou-se e foi ao Sweet Georgia Brown's, onde a primeira pessoa a passar pela porta foi o sr. Russell, o antiquário de Charleston. Levava consigo os candeeiros — ornados em bronze, com altas lâmpadas de querosene. Joe os acomodou às laterais de um grande espelho ao fundo do balcão e acendeu as velas. A luz tremulou, cintilante.

"Você aceitaria um cheque por eles?"

"Ora essa, certamente", respondeu o sr. Russell.

"Eu ficaria muito grato", prosseguiu Joe, "se você... er... o segurasse até o dia primeiro do próximo mês."

"Com todo prazer", assegurou o sr. Russell.

Joe se virou para retornar ao piano e deparou-se com o rosto sorridente do corretor imobiliário, Simon Stokes.

"Voltei!", exclamou o homem. "Se você ainda quiser aquela casa na rua Liberty, pode ficar com ela. Guardei pra você durante todo esse tempo que estive fora."

"Eu sei bem", concordou Joe, "e não tenho nem palavras pra te agradecer."

14
A FESTA DO ANO

Convites em alto-relevo para a festa de gala de Natal promovida por Jim Williams começaram a chegar nas caixas de correio dos melhores lares de Savannah na primeira semana de dezembro. Foram recebidas com certa surpresa e consternação, pois presumia-se que, dadas as circunstâncias, não fosse ocorrer festa alguma naquele ano. Confrontados com os convites, os círculos sociais da cidade debatiam-se diante da constatação de que tão culminante evento social da temporada de inverno fosse ocorrer na cena de um notório homicídio e que, menos de um mês depois, o anfitrião iria a julgamento por homicídio doloso. O que fazer? Savannah era um lugar que prezava pelos bons modos e pelo decoro, antes de qualquer coisa. Fora o berço de Ward McAllister, o autoproclamado árbitro social dos Estados Unidos nos derradeiros anos do século XIX. Ward McAllister compilou, em 1892, a lista "Four Hundred", que reunia a elite de Nova York. Filho daquela cidade, sistematizara as regras de conduta a serem seguidas por damas e cavalheiros. O debate acalorado que girava em torno da dúvida entre a culpa ou a inocência do acusado mudava de foco, voltando-se à questão relacionada ao fato de ser-lhe apropriado promover uma festa de Natal e (uma vez que de fato a promoveria) se lhes era apropriado comparecer a ela. Naquele ano, em vez de perguntar se "Você foi convidado?", as pessoas queriam saber se "Vai aceitar o convite?".

Millicent Mooreland havia aconselhado Williams a não dar a festa. "Não é a melhor coisa a se fazer, Jim", disse-lhe, e pensou tê-lo dissuadido até a chegada de seu convite. Para ela a festa representava um dilema angustiante. Após noites e noites sem dormir, decidiu não comparecer.

Williams se recusava a reconhecer que sua festa poderia ser uma demonstração de mau gosto. Ele e seus advogados, disse, consideraram que não fazer a festa seria uma admissão de culpa. Portanto, ele daria a festa. Cancelaria, no entanto, a festa restrita a cavalheiros da noite seguinte. "A única pessoa que vai realmente sentir falta daquela festa", o organizador da festa ironizou, "é Leopold Adler. Ele não vai poder nos espionar com seus binóculos".

Williams estava convencido de que Lee Adler havia incitado o promotor público a indiciá-lo por homicídio doloso em vez de um crime menos grave ao mesmo tempo que, por fora, fingia estar preocupado com ele. Dois dias depois do ocorrido, Emma Adler lhe escrevera um bilhete expressando seu imenso pesar e oferecendo ajuda de todas as formas possíveis. Assinou o bilhete assim: "Carinhosamente, Emma."

"O uso da palavra 'carinhosamente'", interpretou, "comprova que a carta foi um exercício de insinceridade. Aquela mulher não nutre mais carinho por mim do que nutro por ela, e nós dois sabemos bem disso". Williams não convidou os Adler para a festa daquele ano.

A exemplo dos anos anteriores, Williams se pôs a fazer os elaborados preparativos com bastante antecedência. Seu assistente se encarregou de providenciar três carregamentos de folhagens frescas de palmeira, ramos de cedro e folhas de magnólia, e passou uma semana inteira decorando as sete lareiras e os seis lustres da Casa Mercer. No dia da festa, Lucille Wright chegou com presunto defumado, peru e filé; quilos de camarão e ostras; terrinas de patês e molhos; e uma quantidade enorme de bolos, brownies e tortas. Ela organizou o farto banquete em travessas de prata e colocou tudo ao redor de um arranjo de camélias cor-de-rosa e brancas bem ao centro da mesa de jantar. Uma guirlanda de uns vinte metros de orquídeas de miolo flamejante formava festões que pendiam da escadaria em espiral. O aroma de cedro e pinho perfumava o ambiente.

Às 19h em ponto, Williams abriu a porta da frente da Casa Mercer e ficou a postos ao lado da mãe e da irmã, Dorothy Kingery, para receber os convidados. As duas mulheres usavam vestidos de gala. O anfitrião vestia um smoking com abotoaduras do Império Russo confeccionadas por Fabergé brilhando nos punhos de sua camisa social. Respirou fundo. "Agora descubro quem são meus amigos de verdade." Nem precisou esperar tanto. Os primeiros convidados já começavam a despontar à vista.

E não pararam de chegar. Dez, vinte, mais de cem. Um a um, o cumprimentavam com um semblante caloroso de apoio e, então, deixavam os casacos com um funcionário no estúdio. Se o clima, a princípio, estava desanimado, logo esquentou à medida que mais e mais convidados apareciam. Copeiros de paletó branco circulavam com bandejas de drinques e aperitivos ("Capricha nas doses", foi a ordem dada ao barman). Não tardou até que o tom das risadas e da hilaridade aumentasse a um volume tal que se sobrepôs à música ambiente executada ao piano de cauda. Williams convidara duzentas pessoas e estipulara uma meta pessoal de 150 comparecimentos. Estava claro que havia atingido a meta. Ao menos em sua cabeça, havia ganhado um plebiscito daquela parte da comunidade. Decorrida uma hora de festa, abandonou seu posto na recepção e misturou-se a seus convidados.

"Que tipo de gente veio?", perguntei. "E que tipo de gente não compareceu?"

"Os falsos moralistas ficaram em casa", respondeu, "os que sempre tiveram inveja do meu êxito em Savannah e fazem questão de demonstrar reprovação. Além deles, algumas pessoas que sinceramente desejam meu bem, porém têm receio de admiti-lo em público, também ficaram em casa. As pessoas que você está vendo aqui hoje à noite são seguras o suficiente para ignorar quem quer que venha questioná-los a respeito da decisão de comparecer. Como aquela senhora ali, Alice

Dowling: o último marido dela foi embaixador dos Estados Unidos na Alemanha e na Coreia. Ela está conversando com Malcolm Maclean, ex-prefeito da cidade e diretor de uma das principais firmas de advocacia locais. A senhorinha idosa logo à direita de Mclean é uma das sete mulheres que criaram a Fundação Histórica de Savannah: Jane Wright. Ela é descendente do terceiro governador real da Geórgia. Agora, à direita dela, você pode ver um senhor distinto com um bigode branco. É o Bob Minis, um dos financistas mais brilhantes e influentes de Savannah. O tataravô dele foi o primeiro homem branco nascido no estado. É judeu — um judeu de sangue azul da Geórgia, o único judeu da Associação Oglethorpe. À direita dele, os dois homens conversando são George Patterson, presidente aposentado do Banco Nacional Liberty, e Alexander Yearley, ex-diretor do Robinson-Humphrey, o grande banco de investimentos de Atlanta." Williams tinha o ar de um jogador de pôquer com quatro ases na mão.

"Já ali, ao lado do piano", prosseguiu, "veja aquela senhora de vestido vermelho brilhante e voz de contralto. É Vera Dutton Strong, tagarelando sem parar, como de costume. Ela é a herdeira do império madeireiro dos Dutton, e mora num palácio gigante no parque Ardsley. Digno de uma embaixada. Ela cria poodles premiados. Deve ter uns dez e ao menos sete deles dormem na cama com ela e o marido, Cahill. O interlocutor de Vera, no momento, vem a ser diretor do museu Telfair, Alexander Gaudieri, o que não deixa de ser uma dádiva pois ela nem sequer lhe dá a chance de abrir a boca, e, de qualquer forma, ninguém quer ouvir o que *ele* tem a dizer."

Ao passarmos por Vera Strong e pelo diretor do museu, conseguimos escutar um pedaço da conversa. "As linhagens de ambos os lados são magníficas", dizia a sra. Strong. "Você tem de ver como ela se porta. Tem um temperamento calmo e olhos brilhantes. É muito inteligente."

"Outro cachorro, não!" Williams a cortou.

"Quem falou em cachorro?", retrucou a sra. Strong.

"Ah, deixe de modéstia, Vera", disse Williams. "'Linhagens magníficas... temperamento calmo'. Ninguém vai desaprovar outro poodle. Vamos, vai. Confesse!"

Vera Strong de repente se deu conta. "Meu Deus! Que vergonha! Eu estava falando da noiva do Peter. Em breve serei sogra!" Jogou a cabeça para trás e gargalhou; então, agarrou o anfitrião pelo braço. "Você tem de *jurar* que nunca vai contar a ninguém o que acabei de dizer!" Depois de Williams jurar segredo, ela se voltou ao casal ao lado. "Viram só? O Jim escutou minha conversa acerca da noiva do Peter, embaraçoso *demais*, sabe, eu dizia que..."

Williams se virou para o outro lado. "Bom, essa é Vera Strong. Uma das inúmeras bênçãos dela é o senso de humor.

"Já aqueles dois ali", disse, apontando com a cabeça em direção a um belo casal de meia-idade, "são Roger e Claire Moultrie. Ele foi presidente da Companhia de Gás de Savannah até uns quinze anos atrás, quando se envolveram numa situação um pouco escandalosa. Certa noite, foram de carro até um local isolado à beira do rio e lá estacionaram. Um vigilante noturno os abordou e orientou que fossem embora pois tinham invadido a propriedade de algum estaleiro ou coisa assim. Eles se recusaram a ceder. O vigilante chamou a polícia. Um policial chegou e pediu os documentos dos dois. Roger ficou agressivo e se engalfinhou com o policial. Nessa hora, Claire tirou uma pistola do porta-luvas e gritou, 'Foge, Roger, deixa que eu mato esse filho da puta'. O policial a arrastou para fora do carro e deu um golpe tão forte nela que a coitada teve de passar uma semana no hospital. Ambos foram acusados de invasão de propriedade, embriaguez, perturbação da ordem e resistência à prisão — ela por ameaçar a vida de um policial, ele por agredir um oficial da polícia. Roger recusou a sugestão do juiz de pagar uma pequena multa e encerrar o caso, então foram a julgamento. Na audiência, ele alegou que tinha ido até aquele local sob o luar a fim de inspecionar a instalação de linhas de gás e que, portanto, em outras palavras, estavam lá a serviço da empresa. Os cidadãos mais respeitados de Savannah fizeram fila pra serem as testemunhas de defesa, e o júri deu seu veredito em vinte minutos: inocentes de todas as acusações. Aqueles dois não sentem a menor necessidade de dar satisfações a ninguém. E é provavelmente por isso que estão aqui hoje".

Examinou o cômodo. "Aquele senhor ali, em traje formal de caça, é Harry Cram. É uma lenda." Williams estava falando de um cavalheiro aristocrático, por volta dos 70 anos, que vestia uma casaca escarlate com bordado dourado em um dos bolsos. "Harry Cram nunca trabalhou um dia sequer na vida", contou. "Foi um dos primeiros emigrantes ricos a vir pro Sul. A família lhe manda, da Filadélfia, cheques todo mês. Eles sabem que esse homem jamais voltará pra lá, e que leva uma vida em grande estilo — viajando pelo mundo todo, caçando, bebendo e jogando polo. A mulher ao lado é a quarta esposa dele, Lucy. Eles moram em Devil's Elbow, uma ilha enorme e arborizada na costa de Bluffton, na Carolina do Sul. Há uma pintura do avô de Harry feita por John Singer Sargent na sala de jantar." Vestido com trajes formais de caça, Harry Cram parecia, ele próprio, um modelo digno de uma pintura de Sargent.

"Harry costumava se entreter sobrevoando as casas dos amigos em jatinhos privados e bombardeando-as com sacos de farinha, mirando nas chaminés", disse Williams. "Certa vez, entrou no hotel DeSoto montado a cavalo. É um valentão e um atirador de primeira. Na época em que morava na fazenda Foot Point, convidava as pessoas para almoçar lá aos domingos e lhes dizia, 'Só tratem de chegar antes do meio-dia'. E ele falava sério. Às 11h45, pegava uma bebida e seu rifle e subia numa árvore, de onde pudesse ver seus convidados chegando pela longa estradinha de terra. Ao soar do meio-dia, usando sua mira telescópica ele atirava nos ornamentos dos capôs dos carros dos retardatários, só pra que soubessem que estavam atrasados."

Williams cruzou o olhar com o de Harry Cram do outro lado da sala e passou a andar na direção dele. "Uma última história antes de cumprimentarmos Harry", continuou. "Há cerca de cinco anos, dois marinheiros de Parris nadaram até a ilha dele vestindo roupas de mergulho e invadiram a casa. Levaram Peter, filho dele de 16 anos, na ponta da baioneta pelo corredor até a porta do quarto de Harry. Peter chamou, 'Pai, tem dois homens aqui com baionetas. Eles disseram que vão me matar se o senhor não der dinheiro pra eles'. Peter sabia bem o que esperar, então, no instante em que a porta foi aberta, abaixou-se. Harry deu dois tiros com sua .38 e acertou os dois marinheiros bem no meio da testa".

A essa altura, Williams e eu já estávamos diante dos Cram. "Será que ouvi você pedindo um *refrigerante*, Harry?", perguntou o anfitrião com um tom alarmado e zombeteiro.

"Pior que foi isso mesmo", o convidado respondeu. "Uma vergonha, né? Parei de beber, acredite ou não. Já faz um ano." Cram tinha um olhar penetrante, intenso, e cabelos ralos que ficavam ouriçados no topo de sua cabeça feito a crista de uma garça-branca. "Lucy me levou ao Hospital dos Veteranos em Charleston, bêbado como um gambá. Aparentemente, perguntaram para mim quem era o presidente. Sempre perguntam isso aos bêbados. Eu não fazia a menor ideia. Então me colocaram num lugar chamado 'o Tanque'. Fiquei lá por uma semana e desde então nunca mais quis saber de beber. Não faço ideia do que fizeram comigo. Faz tempo que quero perguntar."

A sra. Cram confirmou a história. "Já tinha passado da hora", ela falou. "Ele queria brincar de William Tell e atirar numa maçã sobre minha cabeça."

"Devo dizer, porém", pontuou Harry, "que nunca atirei mal durante meus anos de bebedeira, e não acho que tenha ficado sóbrio um só dia desde os meus 16 anos. Parei de beber algumas tantas vezes ao longo da minha vida, porém sempre acabo voltando rapidinho. Esse paletó é prova disso. Estão vendo esse buraco?" Cram apontou para um pequeno furo abaixo do bolso. "Uma vez, há alguns anos, parei de beber e tranquei todas as bebidas no armário. No dia seguinte, decidi que já tinha passado tempo demais sóbrio, no entanto não estava com paciência para procurar a chave. Aí simplesmente atirei na fechadura da porta. A bala passou direto por todos os ternos do cabideiro." Harry se virou. Havia outro buraco de bala nas costas.

Um casal ao lado dos Cram se juntou à conversa, inspecionando os buracos de bala no paletó. Williams se afastou e seguiu em direção à sala de estar. "E esse é o Harry Cram", comentou. "Imagino que esteja aqui hoje à noite porque jamais pensou que não deveria estar. Agora, está vendo aquela senhora perto da janela conversando com o sujeito careca? Lila Mayhew. A família dela é uma das mais antigas de Savannah; morava em dois dos casarões históricos mais importantes daqui. Só que ela está caduquinha, então é bem possível que nem sequer saiba que atirei em alguém."

Williams me deixou e retornou ao hall de entrada, e eu me aproximei da sra. Mayhew. Ela estava conversando com o senhor careca. "Onde, exatamente, o Jim atirou no rapaz?", perguntou a sra. Mayhew, em um tom de voz de uma garotinha perdida.

"Acho que foi no peito", respondeu o homem.

"Não, quis dizer em que cômodo da casa."

"Ah, ha-ha. No estúdio. Ao fim do corredor, onde guardam nossos casacos."

"E o que fizeram com o corpo?"

"Presumo que tenham enterrado. Você não faria o mesmo?"

"Não foi o que quis dizer", esclareceu a sra. Mayhew. "Cremaram primeiro ou enterraram o corpo inteiro?"

"Isso eu já não sei dizer."

"Porque você sabe o que aconteceu com minha avó, não sabe?"

"Sei bem", disse o homem.

"O corpo da minha avó foi enviado pra Jacksonville, onde seria cremado."

"Sim, me lembro bem. Essa história é famosa..."

"E o crematório enviou de volta as cinzas dela numa urna. Nós deixamos a urna no salão até que pudesse ser sepultada no Bonaventure. No entanto meu pai era químico, sabe."

"E um químico dos bons, diga-se. O melhor de todos."

"Meu pai andava cabisbaixo e meio perdido. Depois do jantar, levou a urna até o laboratório dele no centro e realizou alguns testes nas cinzas. Foi quando descobriu que não havia nada da minha avó ali. As cinzas eram puro carvalho. Enviaram-nos as cinzas de um carvalho. Nunca soubemos o que aconteceu com minha avó. Quando meu pai faleceu, não quisemos arriscar. Enterramos o corpo dele do jeitinho como estava quando morreu, vestido com a gabardina dele. Foi por isso que perguntei se tinham cremado o rapaz no qual Jim atirou e, caso o tenham cremado mesmo, se tinham certeza de que eram as cinzas dele..."

Lila Mayhew foi diminuindo o tom de voz até entrar em uma espécie de devaneio, e o sujeito careca espiou pela janela da sala de estar. "Meu Deus", disse com assombro, "lá vem a tal da Dawes! Ela está toda de verde, da cabeça aos pés!" Serena Dawes havia acabado de cruzar os portões de braços dados com Luther Driggers. Vestia uma echarpe de plumas verdes ao redor dos ombros, e as unhas de suas mãos e dos pés, além das sombras nos olhos, também eram verdes.

Williams os recebeu na entrada. "Nossa esmeralda enfim chegou!", comentou.

"Preciso de um drinque e de um lugar para descansar meus tornozelos", disse Serena, mandando-lhe um beijo e passando por ele até a sala de estar. Acomodou-se em um poltrona, arrumando suas plumas de avestruz com uma das mãos e pescando um martíni de uma bandeja que passava com a outra. Seus olhos varreram o recinto. "*Rapazinho!*", gritou a um homem baixinho com uma câmera. "Venha aqui e tire uma foto de uma dama de verdade!" Assim que as manchas causadas pelos flashes sumiram da visão de Serena, seu olhar recaiu em uma linda e jovem loira.

"Acredito que ainda não fomos apresentadas", disse Serena docilmente. "Eu me chamo Serena Dawes."

"Meu nome é Anna", retribuiu a loira. "Estou de passagem, sou da Suécia."

"Olha só, que bom", disse Serena, "e o que a trouxe a Savannah?"

"Ah, é uma cidade tão bonita. Eu amo vir aqui pra... pra contemplar."

"Sério? Apenas contemplar? Só isso mesmo?"

"Amo arquitetura, e vocês têm umas casas tão bonitas aqui."

"Mas você tem amigos aqui na cidade?", Serena insistiu.

"Tenho sim", disse Anna.

"Pois me diga quem!"

"O coronel Atwood."

"Ah, sim!", exclamou Serena, afofando suas plumas. "Por que você não disse logo que tinha vindo a Savannah para foder? Nós todos teríamos compreendido perfeitamente!"

Um cavalheiro de cabelos pretos se curvou e beijou a mão de Serena. "Que prazer vê-la fora da cama, Serena."

"Coronel Atwood, o senhor é muito gentil. Eu sairia da cama por você a qualquer hora."

O coronel Jim Atwood era um homem de interesses variados. Foi a primeira pessoa nos Estados Unidos a cultivar castanhas d'água em uma escala considerável, tendo plantado cinquenta acres em um antigo arrozal no Sul de Savannah. Entretanto isso era apenas um hobby; Atwood era primordialmente um empresário e negociante que lidava com tudo, de tanques de armazenamento a mercadorias danificadas. Ficou conhecido por pegar seu cartão da American Express e comprar, às cegas, o conteúdo de armazéns inteiros e cargueiros transoceânicos. Já havia comprado e revendido 119 carros esporte danificados pela água em uma única negociação e quatrocentas toneladas de carros sucateados em outra. Um dos tantos interesses do coronel Atwood era o tema de seu livro *Edge Weapons of the Third Reich*. Na época em que o livro foi publicado, ele conquistou o mercado de adagas, espadas e baionetas nazistas. Havia comprado sessenta fábricas de armamentos nazistas em conjunto com os respectivos estoques abandonados de armas. Possuía ainda a prataria pessoal de Hitler, peças superdimensionadas com as iniciais AH gravadas em uma fonte delgada e sem serifa.

Serena arregalou os olhos. "O senhor trouxe alguma das suas adagas alemãs hoje, Coronel?"

"Não. Só minha arma de bolso", respondeu Atwood. Tirou um pequeno revólver do bolso e o segurou na palma estendida da mão. "Sabe o que é isso?"

"É claro que sei", disse Serena. "Meu último marido estourou os próprios miolos com uma dessas."

"Ah", exclamou uma senhora esquelética ao lado de Serena. "O meu também! Nunca vou me esquecer." Era Alma Knox Carter, herdeira de uma rede de lojas de conveniência que morava do outro lado da praça Monterey. "Eu estava na cozinha, preparando um drinque. Estava passando *Gunsmoke* na TV e escutei um tiro. Naturalmente, nem sequer dei atenção. Pensei que fizesse parte do seriado, até que fui ao hall de entrada e vi o Lyman estirado no chão com uma pistola na mão."

O revólver do Coronel Atwood chamou a atenção do dr. Tod Fulton. "Uma Magnum.22, é isso? Nada mau. Também carrego uma belezinha dessas, mesmo calibre." O dr. Fulton levou a mão ao bolso e tirou uma carteira de couro preto. A carteira era transpassada por um furo bem no meio. A curva crescente de um gatilho podia ser vista ao longo de uma das bordas do furo. "É uma Derringer.22 disfarçada", informou. "Se um assaltante me abordar querendo dinheiro, tudo o que eu preciso fazer é sacar minha carteira e... toma!"

"Meu Deus!", disse a sra. Carter.

O dr. Fulton guardou a carteira de volta no bolso. "Minha mulher carrega uma.33", emendou.

"Eu também", disse Anna, toda animada.

"Só digo o seguinte", retomou a sra. Carter. "Se eu tocasse nessa arma na mão do Lyman, com toda certeza seria acusada de assassinato!" Devido à sua aparência frágil, era de se duvidar que tivesse forças para sequer carregar uma arma.

"Algum dia, ainda *vou* atirar em um homem", garantiu Serena. "Deus está de prova de quantas vezes tentei!" Tirou um revólver com punho de madrepérola da bolsa e o segurou com total delicadeza pelo cano cromado. "Pode perguntar para o meu antigo amado, Shelby Grey. Eu já quis muito atirar naquele diabo! Implorava para que ele me deixasse atirar nele! Não queria matá-lo, claro que não. Só queria atirar no dedão do pé dele, só pra deixar uma marca que o fizesse se lembrar de mim. No entanto o covarde não parava quieto no lugar! Então acabei abrindo um buraco no ar-condicionado."

"Você... atirou nele?", perguntou a sra. Carter, de olhos arregalados.

"Errei."

"Quanta sorte."

Serena suspirou. "Não do pobre Shelby. Agora ele não tem nada de permanente que o faça se lembrar do meu amor. Ainda assim tenho receio, de verdade mesmo, que algum dia vá acabar atirando em um homem, e não vai ser no dedão do pé. Meu marido me deixou joias de valor inestimável, como todo mundo sabe, e algumas pessoas adorariam pôr as mãos nelas. Vivo com medo de ladrão, dia e noite. É por isso que sempre deixo essa belezinha por perto. Quando estou em casa, ela fica comigo na cama." Serena olhou de soslaio para o coronel Atwood. "E, quando saio de casa, levo comigo na bolsa. Porém sempre que pressinto que os canalhas estão prestes a dar o bote, escondo-a entre os seios." Serena enfiou o revólver em seu peitilho e pegou mais um martíni de uma bandeja que passava.

Sentindo-me na necessidade de um drinque àquela altura, interceptei o garçom que vinha em minha direção. Dois outros convidados, um homem e uma mulher, aproximaram-se e também se serviram.

"Foi um *crime passional*", dizia a mulher, "então acho que não conta. Sabe, uma briga entre amantes. Essas coisas acontecem. E não é o mesmo que homicídio."

"Minha querida", retorquiu o homem, "pode até ter sido um crime movido pela paixão, porém conheço três pessoas que compuseram aquele júri. Eles tiveram acesso aos indícios de materialidade do crime e, pelo que sei, vai ficar complicado pro lado do Jim."

Virei as costas e olhei na direção contrária, entretanto, ao mesmo tempo, me aproximei do casal a fim de escutá-los melhor. O homem baixou o tom de voz.

"Pra começar", prosseguiu ele, "me disseram que a criminalística apresentou um resultado preocupante. Não havia resíduos de pólvora nas mãos de Danny Hansford. O que significa que ele não poderia ter disparado a arma, conforme o Jim alega."

"Deus do céu!" A mulher perdeu o fôlego.

"Os locais das perfurações de bala também parecerem entrar em conflito com o cenário de legítima defesa pintado por Jim", revelou o homem. "Uma das balas entrou no peito, o que até soa bem, todavia a outra atingiu Hansford nas costas. E uma terceira o acertou atrás da orelha. Então, ao que parece, nosso anfitrião atirou no peito dele e, depois, deu a volta na escrivaninha e atirou mais duas vezes no rapaz já estirado de cara pro chão, numa espécie de tiro de misericórdia."

"Que horrível", disse a mulher. "Quer dizer que não foi legítima defesa?"

"Receio que não. Ao menos não parece ser. A análise das digitais é ainda mais prejudicial. Não havia impressão digital alguma na arma encontrada sob a mão da vítima, mesmo tendo sido disparada. O que significa que alguém a limpou. Começa, então, a parecer que o Jim atirou no Danny e, em seguida, pegou uma segunda arma e fez alguns disparos de onde o corpo estava. Fez isso para parecer que o rapaz tinha atirado nele. Depois, pelo visto, deve ter limpado as próprias digitais da arma e a colocado sob a mão do Danny."

"Estou me sentindo fraca", a mulher falou. "O que acha que vai acontecer com o Jim?"

"Exatamente o que disse a ele quando cheguei aqui hoje. Vai se safar."

"Como isso seria possível?", ela quis saber.

"Um bom advogado pode contestar as provas, talvez até voltá-las a favor do réu. E o Jim tem bons advogados. Acho que se safa dessa. Por isso e pela posição dele na comunidade."

Tendo proferido sua avaliação pessoal do caso, o sujeito mudou de assunto e saiu andando pelo corredor, onde Williams e sua mãe conversavam com um pequeno grupo de convidados.

Blanche Williams viera de Gordon, na Geórgia, onde morara por toda sua vida. Já na faixa dos 70 e tantos, era uma mulher alta, magra como uma cegonha. Nem sequer um fio de cabelo escapava do arranjo firme de cachos brancos que lhe cobriam a cabeça feito um chapéu coberto de neve. Tímida, ficou parada no lugar com as mãos cruzadas sobre o ventre. Uma das outras mulheres admirava o vestido dela.

"Imagina, obrigada", disse a sra. Williams, educada. "Foi o James quem me deu. Sempre que dá uma festa e eu venho a Savannah, meu filho faz questão de que eu tenha um vestido lindo e novo, e que seja recebida com muitas flores." Olhou de relance para o filho, como se certificando de que dissera a coisa certa.

"Mamãe é sempre a rainha do baile!", exclamou Williams, efusivo.

Sua mãe encarou a afirmação como um sinal de aprovação e sentiu-se encorajada a prosseguir.

"James já me deu tantas joias, sabe, até que chegou o dia em que falei para ele, 'não sei quando vou usar tudo isso!' E ele respondeu, 'Bom, mãe, se é assim, devo começar a dar mais festas para que a senhora venha até Savannah com mais frequência e possa usar todas as suas joias.' Ele também me leva a lugares muito bons. Já me levou para Europa cinco vezes e, *ah!*, uma vez me ligou e disse, 'Mãe, nós vamos viajar para Londres daqui a três dias no Concorde', no que eu lhe disse, 'Ora bolas, James, não me diga isso. Não vamos a lugar nenhum naquele Concorde!' E sua resposta foi 'Ah, vamos sim. Já comprei as passagens', então pensei, "Meu Deus, quanto custou isso!' Porém, aí, rapidinho, percebi que James estava falando sério e que eu tinha de parar com o estardalhaço e arrumar todas as coisas. Precisava estar com tudo pronto em três dias, e foi o que fiz, e efetivamente fomos para Londres no Concorde."

As palavras jorravam da boca da sra. Williams como se ela quisesse terminar logo a conversa antes que pudesse dizer algo além do necessário. Sua postura ereta e o olhar alerta sugeriam que, apesar do tom pesaroso, era uma senhora de fibra e determinação consideráveis. Dali a instantes, seu filho estava em outra conversa com convidados recém-chegados, e a sra. Williams e eu nos vimos sozinhos, de cara um para o outro. Soltei um gracejo alusivo à animação da festa e ela se limitou a assentir com um meneio de cabeça.

"James sempre atraiu multidões em torno de si", disse ela, "desde pequeno. Uma vez, lhe compramos um projetor — desses que jogam imagens na parede — e ele fazia pequenos shows de imagens, e as outras crianças se juntavam para ver e se divertiam muito, e meu filho cobrava um centavo de cada uma delas. É claro que eu tinha de preparar alguma coisinha para eles comerem ou beberem, sabe, algo para beliscarem. Quando estava com 13 anos, costumava sair passeando de bicicleta por todo o interior do estado, comprando antiguidades para revender. Foi assim que começou. No início, ia até as casas dos negros e comprava umas lamparinas a óleo e outras coisas que não queriam mais. Pagava 25 centavos por unidade, depois consertava tudo e revendia por cinquenta centavos a peça. Aí, passou a comprar coisas melhores, como espelhos, mobília e afins, e consertava tudo na carpintaria dele. Então, colocou um anúncio no jornal: 'antiguidades à venda', e você ficaria surpreso. As damas da sociedade de Macon foram todas a Gordon e o tiraram da escola! A superintendente ficou tão impressionada. Eram damas da alta sociedade — esposas de médicos e daí por diante — e o James as levava lá em casa e lhes vendia os objetos que estavam expostos em sua cama! Ele se esforçou bastante para subir na vida. Degrau por degrau, tudo sozinho.

"Chegou uma hora em que pensei, faz uns anos, a vida não é magnífica?! Meus filhos se saíram muito bem. Minha filha é professora universitária, e o James está prosperando em Savannah. Missão cumprida.

Deus já pode me levar. Mas não levou. E quando o James se meteu nessa confusão terrível, imaginei que deveria ser o que Deus estava guardando para mim."

O barulho da festa aumentou, no entanto a sra. Williams não aumentou o tom da voz. Seguiu falando de maneira serena, encarando meus olhos a fundo — a bem da verdade, parecia estar enxergando através de mim.

"James me ligou num sábado, creio que logo depois do almoço, e me disse, 'mãe, tenho más notícias. Tive de atirar no Danny.' Olha, eu congelei. Aí, falei: 'Meu amor, vem já para casa', e ele foi e, quando chegou lá, não perguntei nada. Deixei que se abrisse no seu tempo, sabe, porque estava tão tenso e magoado e tudo mais, e não demorou até que as pessoas descobrissem que meu filho estava na minha casa e, vou lhe contar, viu, começaram a ligar sem parar. Meu Deus, foram tantas ligações que tive de sair anotando todos os recados."

A sra. Williams fez uma pausa quando dois convidados nos interpelaram para se despedir. "Não deixem de voltar no ano que vem", disse se despedindo deles. Então, voltou a conversar comigo.

"Nunca confiei naquele rapaz. Era meio vago, e ainda tinha o jeito como nos olhava. Jamais cheguei a comentar isso com o James, contudo para mim aquele garoto não era b-o-o-a coisa. Meu filho o levou lá em casa uma vez. Dali a pouco, James foi para o quintal a fim de lavar o carro e, como não vi mais o menino, falei 'James, não estou vendo o Danny', e sua resposta foi, 'Ah, tudo bem, mãe. Ele avisou que daria uma volta lá fora.' Bem, quando chegou a hora de comer, o rapaz ainda não tinha retornado, e então veio a explicação, 'mãe, deixa eu lhe dizer uma coisa: se o Danny encasqueta de ir a um lugar, não diz para ninguém, simplesmente vai. Já cansou de fazer isso antes.' Bom, nesse momento entendi o que o rapaz foi fazer. Não me pergunte como soube. Alguma coisa me disse. Tive a sensação de que ele estava no centro caçando drogas. Gordon é uma cidade pequena, no entanto imaginei que Danny tivesse visto algo no posto de gasolina a caminho de casa e quisesse voltar lá para comprar drogas. James acabou descobrindo no dia seguinte que o rapaz tinha pegado uma carona de volta para Savannah."

A sra. Williams baixou os olhos brevemente enquanto arrumava o lenço amassado que vinha agarrando com ambas as mãos.

"Agora, serei franca com você", prosseguiu. "Às vezes, o James é bom demais com as pessoas. Sei lá, talvez tenha puxado a mim. Consigo ter empatia pelos outros rápido demais, e isso não é bom porque muitas pessoas acabam sabendo como manipular e conquistar minha simpatia. Conheço algumas que fazem isso com meu filho, que ainda chega a sentir pena delas. E então vai tentar ajudá-las, como fez com aquele rapaz. Em várias ocasiões, senti que talvez devesse conversar com o James, no entanto, por ser mãe, fiquei com medo de que pudesse estar interferindo. Não dá para ultrapassar certos limites, de modo que nunca cheguei a conversar com ele como queria.

"O James ajuda qualquer pessoa, e é por isso que detesto vê-lo nessa confusão. Oras, quando vendeu a ilha Cabbage e ganhou um monte de dinheiro, a primeira coisa que fez foi arrumar minha casa, e depois doou um cheque de 10 mil dólares para que minha igreja comprasse um órgão elétrico. Sei lá. Talvez essa confusão toda acabe sendo uma lição. Acredito que isso tudo irá fazê-lo perceber que tem de pensar mais em si próprio às vezes..."

A sra. Williams sorriu quando o filho reapareceu ao seu lado.

"Bem, agora vou ficar quieta", falou.

"A respeito do que os dois estavam conversando?", perguntou.

"Eu estava dizendo que vai dar tudo certo, James." A resposta da sra. Williams foi abafada pelos convivas em torno dela.

"Desculpa, mãe, não consegui ouvi-la."

A sra. Williams respirou fundo e, pela primeira vez em toda a noite, levantou um pouco o tom de voz. "Eu disse que vai dar... tudo... certo!"

"Claro que vai, mãe", assentiu ele. "Sempre deu e sempre dará."

15
DEVER CÍVICO

"Caramba, eu também já atirei no Danny Hansford", disse o dr. James C. Metts, médico-legista do Condado de Chatham. "Que mala era aquele cara!. Metia um medo danado no homem que o acabou matando. Sabe, caramba, eram 3h da madrugada e o chato estava tendo um chilique porque Williams não queria jogar Atari." O dr. Metts, de modo geral um homem de fala mansa, passara várias horas investigando a cena do crime na Casa Mercer na noite da troca de tiros. Fora ele quem assinara o atestado de morte e ordenara a autópsia. Uma semana antes do início do julgamento, um dos advogados de Williams, John Wright Jones, fez uma ligação ao consultório do legista a fim de discutir o caso.

John Wright Jones era um dos advogados criminalistas mais conhecidos de Savannah. Corpulento, ele estava trabalhando na defesa do acusado. Vira o laudo da autópsia e as fotografias tiradas pela polícia na Casa Mercer depois da troca de tiros. Sua preocupação era com os buracos de bala nas costas e atrás da orelha de Danny Hansford. Perguntou ao dr. Metts se seria possível realizar a reconstituição do ocorrido de algum modo em que a vítima *não* estivesse deitado de rosto contra o chão ao levar os dois tiros.

"Sim", respondeu o médico, "seria possível. O primeiro tiro acertou o lado esquerdo do peito, pela frente. Quando se leva um tiro no peito, é como um soco; a vítima gira com o impacto. Então, o tiro seguinte atinge o lado direito das costas e a vítima continua girando, e o terceiro tiro acerta atrás da orelha. É possível, caso a balística corrobore isso, quero dizer, que Danny Hansford não estava caído no chão ao ser baleado. Ele podia estar em pé ainda."

"Minha esperança era essa", confessou Jones. "Então a conclusão é de que não dá para saber ao certo se ele foi baleado ou não quando já estava caído no chão, é isso?"

"Correto."

"Certo. E, se o senhor for intimado a testemunhar, é isso que vai dizer?"

"Sim", confirmou o dr. Metts. "Todavia, John, você tem outro problema aqui. A mão sobre a arma estava toda ensanguentada e não havia uma gota de sangue na arma em si. Agora, veja, havia apenas dois pontos de onde jorrava sangue do Danny Hansford — cabeça e peito. O rapaz, ao cair, deve ter caído sobre a mão direita. E acho que, talvez, em nome do efeito estético, o Williams tenha mudado a mão dele de lugar e a colocado sobre a arma onde, sabe, tudo parecesse melhor."

"Você tem certeza disso?"

"Tenho certeza. Veja, o sangue na mão de Hansford está espalhado, como se alguém a tivesse puxado de debaixo do corpo. Se eu fosse você, diria que ele entrou em pânico após os disparos e resolveu checar o pulso do rapaz — puxou o braço dele, checou o pulso e depois colocou a mão sobre a arma para que ficasse convincente ou coisa do tipo."

A sugestão do dr. Metts não era nada aceitável. Jim Williams já havia manifestado publicamente sua versão dos fatos com a entrevista ao *Georgia Gazette*. Na entrevista, ele não fez menção alguma à possibilidade de ter tocado no corpo.

"Rapaz, isso iluminou meu dia", retrucou Jones.

"E ainda tem outra coisa", prosseguiu, "algo que demonstra que o sr. Williams forjou a cena do crime. Ele mudou a mobília de lugar para deixar as coisas de um jeito um pouco melhor para si, acho, contudo foi um tanto descuidado ao fazê-lo."

"Descuidado como?"

"Pegou uma cadeira e a derrubou sobre a perna do cara." O dr. Metts deu uma risadinha.

"Aaah, eu aposto que o senhor tem imagens disso, não tem?"

"Fotografias coloridas", respondeu o legista.

"Que mostram a perna por baixo da cadeira?"

"A-hã."

"Bom, isso com certeza é forte." Jones sacudiu a cabeça com pesar. "O que mais o senhor tem aí?"

"É o seguinte", disse o dr. Metts. "Acredito saber quando aquele infeliz foi baleado."

"E quando foi?"

"Quando apagou o cigarro."

"Como assim?"

"Encontrei uma bituca de cigarro apagada na escrivaninha de couro. Ainda estava ali. Acho que, quando o sujeito fez isso, o sr. Williams se enfureceu e atirou nele."

"Como já disse, doutor, o senhor realmente iluminou meu dia", reiterou Jones.

"Para ser bem franco, toda minha solidariedade ao seu cliente", assegurou o dr. Metts. "O crime de fato ocorreu por volta das 3h da madrugada. O sr. Williams provavelmente tinha de acordar cedo para trabalhar e aquele moleque lá sendo um canalha insuportável, querendo jogar videogame e destruir os móveis."

"Alguma outra palavra de incentivo?"

"Não que me ocorra agora, John. Embora acredite que esse caso foi feito para você. Eu diria que a seleção do júri será decisiva. Tem um problema aí na medida em que obviamente era uma situação de cunho homossexual. De modo que terá de atuar para fazer o júri sentir compaixão pelo seu cliente e, pra mim, ele ter atirado naquele sujeito não é algo de todo ruim."

John pegou sua pasta. "Bem, doutor, como todos sabemos, os juris em Savannah não parecem se importar com homossexuais assassinados. Quer dizer, um homossexual pode ser pisoteado até a morte em nossa comunidade sem que isso pareça fazer a menor diferença."

"Não, eu sei", concordou o legista, acompanhando o advogado até a porta do consultório. "Bem, John, tudo o que posso dizer é que o sr. Williams provavelmente cumpriu com seu dever cívico ao atirar naquele filho da puta."

O comentário de John Wright Jones sobre pisotear homossexuais até a morte foi uma referência a um caso de homicídio que fora a julgamento poucos meses antes e chocara profundamente Savannah.

A vítima do homicídio foi um homem de 33 anos de idade, de Columbus, na Geórgia, que fora a Savannah convidado para ser jurado em um concurso de beleza. Casado e com dois filhos, foi pisoteado até a morte em um estacionamento sem iluminação por quatro boinas-pretas do exército norte-americano. Os boinas-pretas têm a reputação de serem os sujeitos mais durões do exército. Havia um esquadrão na Base Aérea de Hunter no sul do país. Foram treinados para suportar punições severas e para aplicá-las. Na noite do espancamento, uma testemunha viu os quatro soldados passeando pela rua Bay, entortando parquímetros até o chão com as próprias mãos. Mais tarde, eles se encaminharam para a Missy's Adult Boutique, uma livraria de publicações pornográficas na praça Johnson, onde encontraram o tal jurado do concurso de beleza. O homem fez uma investida sexual. Eles o atraíram até o estacionamento e esmurraram-no e chutaram-no com tamanha brutalidade que o traumatologista declarou que, quando a vítima chegou ao hospital, era "provavelmente a pessoa viva mais mutilada com a qual me deparei". O homem tinha fraturas múltiplas no crânio, nas maçãs do rosto, no maxilar e nas cavidades oculares. O traumatologista disse que foram necessárias duas pessoas para manter os olhos do sujeito abertos. "Mal dava para reconhecer um ser humano ali."

No julgamento, o advogado dos soldados pediu ao júri que "colocasse a responsabilidade em seu devido lugar". Os acusados, disse ele, eram jovens, tolos, bem-apessoados e honestos. Tinham sido vítimas de uma investida homossexual. Os membros do júri se solidarizaram com os boinas-pretas e rejeitaram a acusação de homicídio. Ainda assim, como todos os militares haviam admitido ter chutado a vítima, o júri sentiu-se compelido a declará-los culpados de algo. Optaram pela acusação mais leve possível: agressão. Agressão leve é uma contravenção; pode significar que uma pessoa meramente tocou em outra. A sentença foi de um ano de detenção com possibilidade de liberdade condicional dali a seis meses.

O sentença dos boinas-pretas causou um clamor público bastante duro. Cartas de leitores aos jornais condenaram o júri por conta de tamanha insensibilidade e por manchar o nome da justiça em Savannah. Uma das enfermeiras que havia tratado da vítima escreveu: "Se aquilo foi uma contravenção, que eu nunca me depare com a vítima de um crime grave".

O julgamento foi a estreia do novo promotor público do Condado de Chatham, Spencer Lawton Jr., então com 37 anos de idade. O veredito fora uma derrota esmagadora, e levou os analistas a questionarem a capacidade do promotor no cumprimento das responsabilidades de seu novo gabinete.

Os Lawton eram uma tradicional e distinta família de Savannah. O tataravô de Spencer Lawton, o general Alexander R. Lawton, fora o encarregado de defender a cidade durante o início da Guerra Civil e, posteriormente, tornou-se o intendente-geral do Exército dos Estados Confederados. Após a guerra, o general Lawton foi um dos dez homens que fundaram a Associação dos Advogados Norte-Americanos; serviu como presidente da entidade em 1882. Mais tarde, Grover Cleveland o nomeou embaixador na Áustria. O jazigo da família

Lawton no cemitério Bonaventure era um dos maiores. Uma estátua de mármore branco de Jesus Cristo foi erguida ao lado de um imponente arco ogival em uma encosta à beira do rio.

Outro antepassado dos Lawton, Spencer Shotter, havia feito fortuna no ramo naval na virada do século e construíra uma das mais grandiosas propriedades do sul nas terras da fazenda Greenwich, bem ao lado do cemitério Bonaventure. Shotter contratou o renomado ateliê de arquitetura Carrère & Hastings, responsável pelo prédio da Biblioteca Pública de Nova York na Quinta Avenida, para executar o projeto da casa. Possuía quarenta cômodos e uma colunata dupla de mármore branco reluzente que dava a volta no imóvel todo. Havia vinte suítes, dez banheiros, um salão de baile decorado com folhas de ouro, criação de gado leiteiro, uma piscina coberta e magníficos jardins paisagísticos. Palmeiras foram importadas da Terra Santa, um salgueiro-chorão da tumba de Napoleão em Saint Helena e estátuas das ruínas de Pompeia. A propriedade foi palco de bailes requintados e festas em iates. Cenas de filmes estrelados por Mary Pickford e Francis X. Bushman foram rodadas lá.

Quando Spencer Lawton nasceu, todavia, o esplendor da família Lawton estava praticamente extinto. A mansão Shotter havia sido destruída por um incêndio na década de 1920 e o terreno se tornara uma extensão do cemitério Bonaventure, conhecido como cemitério Greenwich. A prestigiada firma de advocacia Lawton & Cunningham foi incorporada por outro escritório de direito, e o imponente Memorial Lawton na rua Bull passou a abrigar uma igreja ortodoxa grega.

Spencer Lawton era um homem de fala mansa, bem-educado, de olhos meigos azuis acinzentados e um topete no alto da cabeleira negra. As bochechas rechonchudas e os lábios arqueados conferiam-lhe um ar de querubim. Havia sido, como o próprio admitia, um aluno indiferente aos estudos na Faculdade de Direito da Universidade da Geórgia. Depois de formado, retornou a Savannah para exercer a advocacia. Prestou essencialmente serviços *pro bono*. Uma mulher que o conheceu durante a época em que ele era árbitro judicial na Agência de Habitação Social de Savannah se recorda dele como um homem de princípios. "Era um homem decente", declarou ela. "Fazia bem mais do que o trabalho dele; demonstrava interesse e compaixão pelos mais pobres. Porém era um pouco tímido, pelo que me lembro."

Nos últimos trinta anos, o gabinete da promotoria pública do Condado de Chatham fora de domínio exclusivo de Joe Ryan. O filho de Ryan, Andrew "Bubsy" Ryan, havia sucedido o pai e cumprido um mandato quando Spencer Lawton decidiu concorrer contra ele.

Bubsy Ryan era um bom menino. Gostava de pescar, caçar e beber. Tinha uma vasta cabeleira castanha e desgrenhada, longas costeletas arruivadas e olheiras profundas que lhe conferiam um ar permanente de ressaca. Ele se dava bem com a polícia; era bom em negociatas e, no tribunal, agia de forma afetada e pitoresca. Bubsy defendeu todos os grandes casos de homicídio sozinho, contudo não era segredo para ninguém que sua gestão no gabinete da promotoria era um tanto descuidada, na melhor das hipóteses, assim como o fora sob a gestão de seu pai. Mais de mil casos, acumulados nos últimos 25 anos, permaneciam sem julgamento. Apesar de gostar de ser promotor, admitia os empecilhos do ofício. "Você acaba ficando limitado, de certo modo", avaliou. "Não dá para beber na rua com a própria esposa sob pena de ser notícia nos jornais do dia seguinte."

Os Ryan não estavam acostumados a enfrentar oposição nos períodos eleitorais. No entanto, quando Bubsy lançou sua candidatura à reeleição, um de seus assistentes anunciou que o enfrentaria nas primárias democratas. Os dois passaram a trocar farpas quase que de imediato e, no último dia de registro, Spencer Lawton vislumbrou uma chance e saiu como terceira via na disputa. "Concorri meio que de brincadeira", disse mais tarde. Enquanto os outros dois se digladiavam, Lawton seguia o próprio rumo e discursava acerca da gestão de processos e algumas questões que soavam sensatas. Andava na ponta dos pés sobre os destroços dos outros candidato.

Quando Bubsy e Lawton se viram no segundo turno, o candidato à reeleição mirou seu arsenal em Lawton. Alardeou que o adversário fora um fracasso como advogado, que jamais conseguira provar um crime grave, que não possuía experiência recursal, nem havia antes defendido um caso perante a Suprema Corte da Geórgia, e que, como consequência direta de sua preguiça e incompetência, expusera a firma de advocacia na qual trabalhara a um processo por práticas escusas. Dois dias antes da eleição, Bubsy foi um pouco além. Comprou um anúncio de meia página no *Savannah Morning News* e publicou uma declaração feita pela ex-esposa de Lawton no processo de divórcio. A ex-mulher do candidato à vaga na promotoria disse que o ex-marido repetiu inúmeras vezes que "seria mais feliz ficando em casa, cuidando dos afazes domésticos e lendo, do que trabalhando fora." A mensagem subliminar do anúncio era que Spencer Lawton não possuía preparo suficiente para o cargo. Os partidários de Bubsy se referiam a Lawton como "o aprendiz de Pillsbury". Apesar disso, na noite das primárias, Bubsy Ryan assistiu incrédulo às apurações das urnas nas zonas eleitorais com predominância da população negra que lhe foi contrária e garantiu a vitória de seu oponente. Lawton seguiu adiante e derrotou o candidato republicano nas eleições gerais.

As dúvidas quanto à capacidade de Lawton aumentaram depois que ele assumiu o gabinete. Membros descontentes da equipe, remanescentes da era de seu antecessor, espalharam o boato de que o novo procurador desconhecia as leis. "Ele fica pedindo memorandos a respeito de temas que deveria conhecer", reclamou um promotor assistente, "como extradição. Também já solicitou um memorando relativo à insanidade mental, assunto sobre o qual daria para escrever um livro". Então, veio a derrota atordoante no caso dos boinas-pretas. Por um acaso do destino, a sentença dos soldados foi proferida poucos dias depois que Jim Williams atirou em Danny Hansford. Lawton então se debruçou no processo de Williams. Caso ganhasse, seria uma maneira de se redimir. A batalha, porém, seria difícil.

Para cuidar de sua defesa, Jim Williams contratou Bobby Lee Cook, de Summerville, Geórgia. Cook era uma figura conhecida nos tribunais criminais por todo o Sul. Casos de homicídio eram sua especialidade. Ao longo de um período de trinta anos, havia defendido 250 pessoas acusadas de assassinato e inocentado 90% delas, às vezes contra todas as probabilidades. Ele assumia os casos que ninguém mais pegaria, por serem teoricamente impossíveis de serem vencidos, mas não para ele. Era famoso por seus interrogatórios lacerantes. "Já o vi pegar um advogado antes do almoço", disse um juiz federal, "examiná-lo por um tempo, e, durante o intervalo para o almoço, dizer que notou o colega manipulando a testemunha, e então retornar para a sessão de julgamento só para terminar de destruir o sujeito". Em um artigo exaltando suas técnicas e ousadia, a revista *People* já havia declarado que "se o diabo algum dia precisasse de quem o defendesse, Bobby Lee Cook assumiria o caso".

Vindo das montanhas ao norte da Geórgia, o advogado sabia que um júri de Savannah o veria como um defensor engomadinho e forasteiro. Assim sendo, achou por bem ter um advogado local como seu assistente e, para preencher a posição, selecionou o causídico mais propenso a tirar o promotor do sério — o advogado que acabara de lhe dar uma surra bem dada no caso dos boinas-pretas: John Wright Jones.

John Berendt
MEIA-NOITE NO JARDIM DO BEM E DO MAL

16
JULGAMENTO

O Tribunal do Condado de Chatham era uma das pouquíssimas construções modernas no centro de Savannah. Era feito de concreto pré-moldado. Plano, maciço e insosso, ficava no extremo oeste do centro histórico. Bem ao lado, havia um edifício conjugado que se conectava ao tribunal por meio de um túnel subterrâneo. Também de concreto, esse outro prédio era um cubo, parecido com um cofre, com fendas verticais fazendo as vezes de janelas — era a Penitenciária do Condado de Chatham.

Os assentos ao fundo da sala de audiência do juiz George Oliver estavam completamente lotados no primeiro dia do julgamento de Jim Williams. O cômodo sem janelas era bem iluminado por lâmpadas fluorescentes e possuía revestimento acústico que eliminava todo e quaisquer tom e timbre da voz humana. Empresários aposentados, donas de casa e os amigos do réu pertencentes à alta sociedade sentaram-se lado a lado de assessores do tribunal, repórteres de jornais impressos e da televisão e um número considerável de advogados locais que foram ver o famoso Bobby Lee Cook enfrentando o novo promotor público. O acusado se sentou à mesa de defesa, enquanto sua mãe e sua irmã foram se acomodar a alguns metros dele na primeira fileira.

A mãe de Danny Hansford, Emily Bannister, também compareceu ao julgamento, embora não lhe tenha sido concedida a permissão de ficar na sala de audiência. Bobby Lee Cook temia que ela pudesse fazer cena e influenciar negativamente o júri contra Williams. Não fez com que fosse banida de imediato; em vez disso, a arrolou como testemunha de defesa, o que dava no mesmo. Às testemunhas não era permitido acompanhar as deliberações até que testemunhassem. Cook, evidentemente, nunca tivera a intenção de arrolar a sra. Bannister, no entanto sua manobra a manteria longe da vista do júri. Ela foi ao julgamento mesmo assim e ficou do lado de fora, no corredor.

"Não olhe agora", uma das socialites amigas de Williams murmurou a uma companheira ao chegarem no primeiro dia, "porém lá está a mãe de 10 milhões de dólares do Danny Hansford".

Emily Bannister, ainda não tinha 40 anos e parecia surpreendentemente jovem para uma mulher com um filho de 21. Tinha cabelos castanhos-claros e traços angulosos, meio infantis. Seu semblante, o qual era de se esperar que refletisse raiva e ressentimento, dadas as circunstâncias, era simplesmente de tristeza. Conversou apenas com a mulher sentada a seu lado, uma assistente do gabinete da promotoria pública. Quando os repórteres a abordaram, deu as costas em silêncio.

Já estava quase na hora do almoço quando o meirinho exclamou: "Ordem no tribunal! Apaguem os cigarros! De pé, por favor!" O juiz Oliver entrou por uma porta logo atrás da bancada e sentou-se em uma cadeira giratória de encosto alto. Imponente, tinha vastos cabelos brancos e um rosto bonito, sulcado. Era guardião da Igreja Metodista e já estivera na Casa Mercer em várias ocasiões, entretanto jamais como convidado de Jim Williams. Frequentara o lugar nos anos 1940 e 1950 quando ainda era a casa maçônica de Alee Shriners. Oliver bateu o martelo e, com um sotaque carregado, impôs ordem no recinto. "Muito bem, senhores, vamos começar."

Em suas alegações iniciais, Lawton se pronunciou em um tom sério, apesar de suave. Disse ao júri que, nos dias seguintes, provaria que James A. Williams havia atirado dolosamente em Danny Lewis Hansford a sangue-frio, e teria agido com premeditação, e que posteriormente o réu se engajara em elaborados esforços para não apenas encobrir o crime que praticara, como também para fazer parecer que agiu em legítima defesa.

Bobby Lee Cook, então, pôs-se de pé. Tinha cabelos brancos e longos, cavanhaque retangular e olhar penetrante. Compartilhava semelhanças impressionantes com a imagem do Tio Sam no cartaz de recrutamento EU QUERO VOCÊ PARA O EXÉRCITO DOS ESTADOS UNIDOS, criado por James Montgomery Flagg. O costume de Cook de apontar o dedo ao júri enquanto falava apenas ressaltava tais similitudes. O advogado afirmou que a defesa provaria o contrário de tudo que o promotor havia acabado de contar-lhes. Ficariam sabendo, argumentou, que Danny Hansford era um "indivíduo violento e tempestuoso" e que era ele o agressor do caso em questão.

Ao fim das considerações iniciais, o juiz Oliver determinou um breve recesso antes de prosseguir com o interrogatório das testemunhas. No corredor, um homem com camisa de mangas curtas e cabelos escorridos me abordou. "Vi que está fazendo anotações", disse ele. "Está fazendo o trabalho pesado pra defesa?"

"Não", respondi, "são anotações pessoais". O homem carregava um jornal enrolado. Estava sentado de lado na fileira a minha frente, com um dos braços estendidos no encosto da bancada. De tempos em tempos, ria sozinho contraindo o corpo em espasmos de júbilo reprimido. Sua cabeça, então, girava para trás e ele ficava perscrutando o recinto através das lentes imundas de seus óculos. Presumi que fosse um rato de tribunal.

"O Spencer Lawton tá sendo tão julgado hoje quanto o réu", disse ele. "Me disseram que o promotor se isolou por dois meses a fim de se preparar para esse caso. Transformou o próprio escritório num cofre. Ele e o Depp — Deppish Kirkland, o assistente-chefe dele —, tentaram omitir coisas da defesa a todo custo. Queriam pegá-la de surpresa, transformando o julgamento numa emboscada. São paranoicos com vazamento de informações. É o que dizem por aí. Claro, quem diz é a arraia-miúda. A conclusão geral é que o Lawton tá morrendo de medo."

"Quem te contou tudo isso?"

"Ouvi por aí. O povo fala muito." O sujeito varreu o corredor de ponta a ponta com os olhos. "Só te digo uma coisa. O Lawton tá abusando da sorte nesse caso. Sabe, não é um caso de homicídio doloso. Ninguém acha que é. Os fatos não contribuem. Foi culposo. O Williams e o Hansford discutiram. Alguém pegou uma arma. Talvez o réu tenha entrado em pânico depois de atirar e tentou reorganizar as coisas. Não foi premeditado."

"Então por que Lawton estaria tentando uma condenação por homicídio doloso?"

"Pode ser politicagem", opinou. "Pode ser que ele queira uma grande vitória depois de perder o caso dos boinas-pretas. Pode ser que ele não queira parecer bonzinho demais com os hermafroditas."

"Com os o quê?"

"Hermafroditas", repetiu o homem. "É disso que se trata essa história toda. Ou você não ouviu falar?"

"Ah. Isso", respondi. "Foi justo o que ouvi falar."

O promotor deu início aos trabalhos chamando a atendente de polícia que estivera em serviço na noite da troca de tiros. Ela afirmou que, às 2h58 da madrugada, recebeu uma ligação do réu relatando uma troca de tiros em sua residência na qual teria se envolvido. Isso era tudo o que a testemunha tinha a declarar. Em seguida, Lawton chamou Joe Goodman para depor. Esse, por sua vez, declarou que Williams ligou para ele entre 2h20 e 2h25 da madrugada para contar que Danny fora baleado. Isso deixava um lapso de mais de trinta minutos entre os tiros e o telefonema do réu para a polícia. O restante das testemunhas de acusação depôs sobre o que poderia ter acontecido até e durante aqueles trinta minutos. Os testemunhos combinados enfatizaram a tese da acusação para o que teria acontecido:

Williams havia feito o primeiro disparo contra Danny Hansford, que estaria desarmado, ainda por trás de sua escrivaninha. O rapaz levou a mão ao peito e caiu de rosto virado para o chão. O atirador, então, contornou a escrivaninha e disparou mais duas vezes contra a vítima à queima-roupa, acertando-o atrás da orelha e nas costas. Em seguida, colocou a arma sobre a escrivaninha, pegou uma segunda arma e disparou contra "si próprio" a partir do lado da escrivaninha onde se encontrava o corpo, de modo a parecer que o homem que fora assassinado tivesse disparado contra o réu. Uma das balas atravessou algumas folhas de papel; a outra acertou a fivela de metal de um cinto que estava sobre a escrivaninha. Após fazer isso, limpou suas impressões digitais da segunda arma, puxou a mão direita de Hansford de debaixo do corpo e a repousou sobre a arma. Depois, ligou para Joe Goodman. Enquanto Goodman e a namorada estavam a caminho, Williams percorreu sua casa espatifando garrafas, derrubando o grande relógio no corredor e forjando uma cena de caos generalizado. Somente trinta minutos depois de ligar para seu amigo é que ele telefonou para a polícia.

De acordo com a promotoria, as provas materiais demonstravam que Williams havia cometido uma série de trapalhadas. Primeiro, ao disparar contra "si próprio", o réu se posicionara equivocadamente. Colocara-se no mesmo ponto onde a cabeça de Danny se encontrava; quando o "certo" seria ter se posicionado na direção dos pés da vítima. Segundo, as fotografias tiradas pela polícia do tampo da escrivaninha mostravam fragmentos minúsculos de papel *sobre* a Luger alemã usada para matar Hansford. Isso só poderia significar que o acusado já havia disparado contra o rapaz anteriormente e que, somente depois de atirar, o réu colocou a arma sobre a escrivaninha. E fez isso antes que qualquer bala fosse disparada a partir da posição da vítima e, consequentemente, acertasse a pilha de papéis, produzindo os fragmentos. Terceiro ponto: um fragmento de bala foi encontrado no assento da cadeira em que, segundo Williams, estava sentado quando Danny disparou em sua direção. Quarto, o sangue na mão de Danny Hansford estava espalhado, o que sugeria que o réu havia puxado a mão que estava debaixo do corpo para colocá-la sobre a arma. O mais estranho de tudo, porém, foi a cadeira sobre as pernas de Danny: uma das pernas da cadeira repousava sobre a bainha dos jeans dele. Só poderia ter sido colocada lá depois da morte de Danny. A promotoria deu a entender que Williams havia involuntariamente colocado a cadeira ali enquanto forjava a cena do crime.

O dr. Larry Howard, diretor da criminalística estadual, resumiu o caso da promotoria. "A cena do crime", disse ele, "parece forjada."

Ao longo dos quatro dias de depoimento das testemunhas de acusação, Bobby Lee Cook se levantou repetidas vezes para questioná-las em interrogatórios pungentes. A certa altura, o advogado de defesa se aproveitou de uma aparente inconsistência na tese da acusação de que Hansford estava caído de rosto contra o chão quando a bala o acertou na cabeça. Carregando no tom dramático, o criminalista se deitou no chão da sala de audiência e pediu que o investigador Joseph Jordan o orientasse para deixar sua cabeça na mesma posição em que a de Danny Hansford estivera.

"Por acaso estou em posição igual a do cadáver caído no chão quando o senhor o viu?", perguntou, encarando o investigador Jordan.

"Vire a cabeça pra sua direita", disse o investigador Jordan. "Um pouquinho mais. Quase. Agora sim."

"O senhor está ciente", perguntou Cook, "de que o ponto de entrada da ferida na cabeça foi do lado direito, acima da orelha?"

"Sim, senhor", respondeu o investigador.

"E não é verdade que o lado direito da minha cabeça está seguramente contra o chão?"

"Correto."

"Então o tiro na cabeça não poderia ter sido disparado enquanto a vítima já estava caída no chão", disse Cook. "Teria sido impossível, a menos que a pessoa tivesse se levantado para receber o tiro."

"Basicamente correto", confirmou o investigador.

"Na verdade, não teria a menor lógica", bravateou Cook. "Seria como dizer para alguém que é possível a água correr morro acima, não seria?"

"Sim, senhor."

Já quanto à ausência de impressões digitais na arma de Danny, a própria promotoria produziu um argumento contra si, ao extrair um comentário do investigador Jordan de que a superfície texturizada do punho da Luger era um tipo que raramente deixava digitais. "Não seria condutivo pra uma boa digital", garantiu o investigador. "É rugosa demais."

O ponto mais incriminador das alegações da promotoria era o teste negativo para resíduos de pólvora nas mãos de Danny. O investigador Joseph Jordan declarou que tomara um cuidado enorme para preservar quaisquer vestígios porventura presentes nas mãos de Hansford. Havia envolvido ambas com sacos de papel, que foram vedados com lacre. Randall Riddell, técnico responsável pela realização dos testes no laboratório da criminalística, declarou não ter encontrado resíduo algum de pólvora nas mãos de Danny. Cook o pressionou.

"O senhor está familiarizado, é claro, com antimônio, chumbo e bário", disse o advogado. "O senhor lida com tais elementos de forma contínua no seu campo de atuação, analisando resíduos de pólvora, não é verdade?"

"Correto, senhor", respondeu Riddell.

"Qual é o peso atômico do chumbo?"

"Não me lembro ao certo", confessou Riddell.

"Qual é o peso atômico do bário?"

"Não me lembro."

"Qual é o número atômico do chumbo?"

"Não estou a par."

"Qual é o número atômico do bário?"

"Não lembro."

"E do antimônio?"

"Não lembro", reiterou Riddell, com o rosto já ruborizado.

"Qual método de análise o senhor utilizou ao examinar as amostras das mãos do sr. Hansford?"

"Absorção atômica", respondeu Riddell.

"E o senhor obteve um resultado negativo?"

"Sim, senhor."

"O senhor está ciente", perguntou Cook, "de que, na região de Atlanta, os testes de absorção atômica produzem resultados negativos em 60% das vezes quando são realizados nas mãos de pessoas *que se sabe terem cometido suicídio com uma arma de fogo?*"

"Eu gostaria de ver esses dados, senhor", retrucou Riddell.

"O senhor gostaria de ver alguns dados relacionados ao assunto? O senhor conhece o dr. Joseph Burton?"

"Sim, senhor. É um médico-legista de Atlanta, acredito."

Bobby Lee Cook chamou o dr. Joseph Burton como a primeira testemunha de defesa. Como médico-legista em Miami e em Atlanta, ele já havia realizado umas setecentas autópsias. Na época do julgamento de Jim Williams, estava trabalhando no caso bastante noticiado do infanticida Wayne Williams. O dr. Burton estivera à frente das autópsias de nove das vítimas assassinadas. O advogado do réu contava com a *expertise* do legista para contestar a interpretação da promotoria de grande parte das provas no caso contra seu cliente.

"Dr. Burton", começou a inquirição, "qual é, na sua opinião, a relevância de um resultado negativo para resíduos de pólvora num teste de absorção atômica?"

"Um resultado negativo tem relativamente pouca relevância pra mim", respondeu. "Uma arma de fogo pode ocasionar um resultado positivo em um disparo e um resultado negativo em outro. Não é um teste confiável. Praticamente todo mundo na profissão de patologista forense gostaria de ver esse teste suspenso." O dr. Burton prosseguiu afirmando que liderou a equipe responsável pelo estudo relacionado aos testes de resíduos de pólvora em suicídios e descobrira que menos de 50% dos casos indicavam resíduos.

"Então, na sua opinião", perguntou Cook, "um resultado negativo indicaria que o falecido não disparou a arma?"

"Não, senhor, não indicaria."

A testemunha informou ter visitado a Casa Mercer por diversas vezes para reconstituir o homicídio e era da opinião de que todos os disparos tinham sido feitos por detrás da escrivaninha. "Seria fisicamente impossível contorná-la e disparar tanto o tiro na cabeça quanto o tiro nas costas e fazê-los transpassar o corpo e terminar no chão do jeito como estavam as cápsulas." Burton interpretou as evidências de acordo com o que o legista, dr. Metts, havia sugerido: a primeira bala atingira Hansford no peito e o fez girar no sentido anti-horário, correspondendo a segunda e a terceira balas entrando pelas costas. Burton chamou a atenção para pequenas partículas de crânio e cabelos encontradas no canto ao sudoeste do cômodo, a vários metros da cabeça de Danny. "Elas foram impelidas pela bala que transpassou o corpo", disse ele, "e seguiram a mesma trajetória que a bala seguiu". Portanto, o réu não tinha disparado um tiro de misericórdia, afirmou Burton. Disparou três vezes numa rápida sucessão: "Bang, bang, bang — tão rápido quanto o corpo tombou no chão. Isso explica os fragmentos de osso, de cabelo, os buracos de bala no chão, as manchas de sangue e os ângulos das trajetórias pelo corpo".

O dr. Burton ainda deu uma explicação para a presença de sangue espalhado na mão de Hansford: depois de ser atingido pelo primeiro projétil, a vítima pode ter deixado sua arma cair e tocado o peito. "Então, quando o corpo caiu no chão, a mão pode ter simplesmente saltado pro lado. Depois, o sangue pode ter se espalhado quando a mão saiu de debaixo do corpo."

A cadeira sobre a perna? "A cadeira não me preocupa de fato neste caso", declarou o legista. "Ela não sugere uma cena forjada. Na verdade, depõe contra alguém tentando forjar um cenário, porque parece um tanto fora do lugar, já que está sobre a perna dele."

Quando o depoimento do dr. Burton terminou, a defesa já havia rebatido a maioria dos argumentos da acusação. E ainda, apesar das objeções de Lawton, havia chamado várias testemunhas que declararam que Danny Hansford era um rapaz extremamente violento. Um psiquiatra do Hospital Regional da Geórgia informou ter tratado da vítima depois de ele ter destruído a mobília na casa da mãe e "ameaçado matar alguém". O médico disse que o rapaz teve de ser contido e isolado pois representava "um perigo à equipe médica e a si próprio". Uma enfermeira presente no hospital na ocasião afirmou que, ao internar o garoto, classificou-o como "homicida" no formulário de admissão. E fez isso por conta de uma acusação relacionada a uma briga com seu vizinho, Harsford tinha uma audiência marcada com o juiz para uma semana depois do crime. Ele aguardava em liberdade porque Williams pagara os 600 dólares de fiança para soltá-lo.

A opinião dominante nos corredores do tribunal era que Bobby Lee Cook havia levantado dúvidas o suficiente a respeito da versão da promotoria para fazer com que os membros do júri votassem "inocente" em sã consciência. O terreno estava preparado para uma absolvição. Agora só dependia de Jim Williams depor e conquistar a simpatia do júri. Era um júri composto por seis homens e seis mulheres. Pessoas comuns, de classe média — uma secretária, um professor, uma dona de casa, uma enfermeira, um encanador. Uma das mulheres era negra; o resto do júri era branco.

Williams se sentou no banco dos réus vestindo um terno cinza-claro. Inclinou-se para frente de forma respeitosa enquanto Bobby Lee Cook o conduzia gradualmente pela narrativa da modesta infância em Gordon, no Estado da Geórgia. O réu contou como foi a sua chegada na cidade aos 21 anos de idade, falou das restaurações das casas, seu êxito nos negócios e sua ascensão na sociedade de Savannah. Falava com um tom confiante, um tanto altivo. Explicou que, duas vezes por ano, participava dos leilões internacionais de Fabergé em Genebra. "Já ouviu falar no perfume Fabergé?", perguntou Williams. "Não é disso que estou falando. Karl Fabergé foi o joalheiro da corte prestando serviços ao czar da Rússia e à maioria das demais cortes europeias. Produziu algumas das mais refinadas obras de arte jamais criadas pelo homem. Coleciono peças do Fabergé de forma acanhada."

Williams relembrou como conhecera Danny Hansford. "Eu estava saindo do meu carro em frente de casa e um rapaz apareceu de bicicleta. Ele me falou que alguém tinha lhe dito que eu estava contratando gente com experiência para trabalhar na minha oficina. Eu falei, 'Sim, é verdade, mas só contrato pessoas capazes de aprender as coisas'. O Danny começou rematando o acabamento do mobiliário. Trabalhou esporadicamente por dois anos. Meio período. Ia para casa, fora da cidade, e voltava para trabalhar."

Com detalhes precisos e assustadores, o depoente descreveu o ataque de fúria do rapaz pela casa no dia três de abril, um mês antes de morrer. Danny ficou parado no quarto, depois de atirar contra o chão, encarando o réu, com a arma na mão. "Quão puto tenho que deixar você até que resolva me matar?", perguntou. Então, saiu da casa e disparou em direção à praça. Quando Williams ligou para a polícia, o garoto subiu correndo as escadas e fingiu estar dormindo na cama.

Foi logo depois desse incidente que o réu convidou a vítima para acompanhá-lo na viagem de negócios para a Europa. Ele explicou que já não estava tão bem de saúde e que havia desmaiado várias vezes por conta da hipoglicemia. Precisava de alguém que o acompanhasse. "Não queria desmaiar de repente no meio da viagem sem ninguém do meu lado por duas razões: saúde e dinheiro." Williams levaria uma grande soma em dinheiro. Segundo ele, "se você levar dinheiro vivo, dá para conseguir uma taxa de câmbio muito melhor." Havia pedido que Danny fosse junto "pois pensei que seria capaz de controlá-lo".

Em meados de abril, porém, seu acompanhante lhe disse que planejava levar maconha na viagem e Williams falou que não, que carregando drogas ele não poderia ir. "Combinei com Danny que pediria ao Joe Goodman para ir comigo no lugar dele", esclareceu o depoente. "Ambos ficamos satisfeitos com o acordo. Ele poderia ficar puxando o fuminho dele em Savannah e eu teria alguém que me acompanhasse na viagem."

Uma semana depois, na noite dos tiros, o rapaz teve uma explosão de raiva. De acordo com o réu, o garoto passara o tempo todo reclamando da mãe, que segundo ele o odiava por se parecer com o pai, de quem havia se divorciado. Falou mal do amigo George Hill, que sempre queria seu carro emprestado, e da namorada Bonnie, que não queria se casar porque ele não tinha um emprego estável. Então, voltou-se contra o depoente. "E *você* me tirou a chance de ir pra Europa!" Possesso, pisoteou o Atari. O acusado disse que se levantou e saiu do cômodo. Hansford o agarrou pela garganta e o atirou contra a porta. Williams se desvencilhou e foi até o estúdio a fim de ligar para a polícia. Foi seguido pelo rapaz. "Pra quem você tá ligando?", exigiu saber.

"Tive de pensar bem rápido", afirmou o depoente. "Respondi: 'Estou ligando pro Joe Goodman pra avisar que a viagem à Europa será cancelada.'" Williams efetuou a ligação e ambos conversaram com Goodman ao telefone. Isso foi às 2h05 da madrugada. A conversa durou uns poucos minutos.

Williams prosseguiu com sua história enquanto a sala de audiência abarrotada ouvia em silêncio. "Danny se sentou na cadeira a minha frente e se recostou. Pegou uma caneca de prata e ficou lá parado, a encarando. Então disse: 'Sabe, essa caneca resolveu atravessar aquele quadro ali'. Era uma pintura inglesa, com cerca de três metros de altura, da família Drake no século dezoito. O rapaz estava com um olhar alucinado.

"Eu me levantei e apontei o dedo bem na cara dele e falei: 'Danny Hansford, você não vai mais destruir minha casa! Agora, saia daqui!'. Foi quando ele se levantou e saiu andando pelo corredor quebrando tudo. Voltou com uma arma na mão e disse, 'Só vou embora amanhã, mas você vai hoje!'.

"No instante em que vi a Luger", o réu continuou a narração, "abri a gaveta. Enquanto me levantava, um tiro foi disparado contra mim. Senti a bala passando de raspão pelo meu braço direito."

Em algum momento entre 2h20 e 2h25 da madrugada, Williams ligou de novo para Joe Goodman, dessa vez para informar-lhe que havia atirado em Danny.

Spencer Lawton se apresentou para fazer seu interrogatório. Começou solicitando ao réu que descrevesse as armas que guardava na Casa Mercer: a arma no corredor do primeiro andar, a arma no salão dos fundos, a arma no estúdio, a arma na sala de estar. Williams se recostou na cadeira com o queixo levemente erguido. Encarou o promotor com um olhar de desdém e respondeu aos questionamentos em sílabas entrecortadas. Novamente, Lawton questionou o interrogado acerca da sucessão dos fatos na noite da troca de tiros, e o conduziu até o ponto em que afirmara ter sentido a bala passando de raspão pelo braço direito.

"O senhor se lembra", perguntou o promotor, "de ter declarado a Albert Scardino, do *Georgia Gazette*, na entrevista concedida quatro dias após o incidente, que a primeira bala havia passado de raspão pelo seu braço *esquerdo*?"

"Senhor", respondeu o interrogado, "dadas as circunstâncias, eu não estava fazendo anotação alguma".

"É possível", quis saber o promotor, "que o senhor tenha dúvidas quanto a qual foi lado que a bala passou pois se encontrava do outro lado da escrivaninha atirando contra os papéis?"

"Eu jamais atirei contra papel algum na minha escrivaninha. Do que o senhor está falando?"

"E que, portanto, pensando a partir de tal posição, o senhor poderia ter se confundido quanto aos braços?"

Williams olhou para baixo com uma expressão de aversão. Mostrava-se obstinado e imperioso, nada defensivo. Para o resto do mundo, poderia ser um czar com suas abotoaduras Fabergé, o Imperador Maximiliano sentado em sua escrivaninha incrustada de ouro. O réu assumiu o ar soberbo de enfado comum a todos os monarcas e aristocratas cujos retratos e quinquilharias agora lhe pertenciam.

Lawton passou para o tópico seguinte. "O senhor discorreu por um período considerável a respeito de sua relação com Danny Hansford. Além do fato de que, segundo sua própria versão, ele o atacou, o senhor teria algum motivo para desejar a morte dele?"

"Absolutamente nenhum."

"O senhor não nutria ressentimento ou antipatia por ele, nenhuma mágoa?"

"Caso nutrisse algo desse tipo, não o manteria perto de mim. Eu estava tentando colocá-lo na linha. Queria ajudá-lo, e ele vinha progredindo."

"Devo dizer", retomou o acusador, "que, a partir do que declarou a respeito, o senhor de fato parecia primorosamente solícito às necessidades dele. O senhor nutria sentimentos bem *incomuns* por ele, não? Porque..."

"Quais sentimentos *incomuns*?", interrompeu Williams.

"Tive a impressão de que o senhor considerava que sua missão pessoal era salvá-lo de si mesmo."

"Eu só estava tentando ajudá-lo a fazer alguma coisa da própria vida. O Danny me falou por mais de uma vez: 'Você foi a única pessoa que já tentou me ajudar de verdade. O único que não me usou'."

"Pois bem", disse Lawton, "reitero que não quero parecer implicante, no entanto gostaria mesmo de entender a natureza dessa relação e..."

"Tudo bem", retrucou Williams.

"O que exatamente o rapaz fazia para o senhor? Era seu motorista?"

"Sim."

"Acho que o senhor tinha declarado que a vítima era seu funcionário, exercendo outras duas funções, uma delas trabalhando na sua oficina durante meio período e a outra cuidando do senhor por conta da sua condição de saúde. Procede?"

"Sim. Ele passava na minha casa para checar como eu estava. Às vezes, ia à noite lá em casa. Teve até algumas ocasiões em que levou a namorada para dormirem lá."

"O senhor o pagou por qualquer outro trabalho ou serviço que a vítima tenha feito além dos que acabamos de descrever?"

"Ele costumava transportar mobílias pra mim na minha caminhonete."

"Não houve nenhuma outra função, nem outro trabalho ou coisa que o valha, pelo qual o senhor chegou a pagá-lo?"

"O que o senhor quer dizer?", perguntou Williams friamente. "Quais outros trabalhos?"

"Só estou perguntando. Só queria me certificar de ter entendido bem."

A essa altura, era Spencer Lawton quem manipulava o depoente feito um fantoche. Quanto mais obstinadamente evasivo o réu se tornava, mais o promotor parecia encorajá-lo. Sua intenção já não era fisgar o acusado, mas sim provocá-lo para prolongar o espetáculo. Por mais uma vez, perguntou se Williams tinha algo mais a acrescentar a seu próprio respeito e a respeito de Danny.

"O cenário que acabamos de traçar descreve *plenamente* sua relação com Danny?"

"A-hã."

"Isso foi um 'sim'?"

"Isso mesmo."

Williams parecia estar segurando um sorriso. Sentia estar vencendo aquela prova de resistência. Não havia cedido às insistentes provocações de Lawton. Conseguira chegar até o fim de seu depoimento com a reputação ainda intacta. Dali em diante, tudo correria a seu favor. Foi seguido por outras sete testemunhas de defesa, sete dos cidadãos mais respeitáveis de Savannah. Estavam esperando no corredor, fora da audiência. Alice Dowling, viúva do falecido embaixador Dowling; o grisalho George Patterson, presidente de banco aposentado; Hal Hoerner, outro banqueiro aposentado; Carol Fulton, a bela e loira esposa do dr. Tod Fulton; Lucille Wright, a fornecedora de buffet. Eles e outros tantos aguardavam sua hora de contar ao juiz sobre a natureza pacífica e o bom caráter do acusado. O réu retornou a seu assento para esperar pelo endosso de seus amigos e pela conclusão do julgamento.

Tais endossos, porém, teriam de esperar. O promotor anunciou que havia duas outras testemunhas que gostaria de arrolar em contestação ao depoimento do réu: "Se o douto juízo assim me permite", disse. "Chamo a próxima testemunha de acusação: George Hill."

George Hill tinha 22 anos. Cabelos pretos encaracolados e um físico robusto. Sentou-se no banco das testemunhas e identificou-se como um ajudante de convés em um rebocador em Thunderbolt. Era o melhor amigo de Danny Hansford. Também conhecia o réu. O promotor perguntou se o depoente era capaz de identificar Williams na sala de audiência. Hill apontou para o homem sentado à mesa da defesa.

"O senhor sabe dizer se Danny Hansford possuía ou não algum tipo de relacionamento com Jim Williams?", perguntou Lawton.

"Sim, sei", respondeu Hill.

"O que o senhor sabe a respeito de tal relacionamento, se é que sabe alguma coisa?"

"Bem, o sr. Williams dava dinheiro pro Danny quando ele precisava. Comprou um carro legal pra ele, deu umas roupas boas, em troca de ir pra cama com ele."

"Em troca de... o quê?"

"Do Danny dormir com ele."

"Como o senhor sabe disso?"

"Eu e o Danny conversamos sobre isso algumas vezes. O Danny me contou que gostava do dinheiro e tudo mais. Falava que por ele estava tranquilo se o sr. Williams quisesse pagar pra chupar seu pau."

Às palavras de George Hill, sucedeu-se um silêncio sepulcral. Lawton fez uma pausa para não falar além do necessário nem diminuir o efeito causado. Membros do júri trocaram olhares. Blanche Williams abaixou a cabeça. O assessor de imprensa do tribunal sentado à minha frente riu em silêncio.

Bobby Lee Cook ficou em absoluto silêncio. Horas antes, em uma sessão no gabinete do juiz, havia levantado objeções formais à intenção expressa pelo promotor de convocar George Hill para falar a respeito de relações sexuais. Cook disse ao juiz que qualquer testemunho baseado em declarações feitas por Danny Hansford a Hill constituiria um boato inadmissível. Instou que o juiz Oliver ficasse atento. Se a George Hill fosse permitido cruzar a linha, seria impossível dizer ao júri que ignorasse o que ouvira. "Não dá para destocar a campainha", argumentou. "Não dá pra jogar um gambá na tribuna do júri e depois lhes dizer que não sentiram cheiro de nada." No entanto o promotor contra-argumentou que o depoimento de George Hill apresentaria um motivo para o assassinato, e o juiz Oliver deferiu que ele depusesse.

"Danny alguma vez lhe contou a respeito de qualquer desentendimento que tenha tido com o sr. Williams?", prosseguiu Lawton.

"Bom, algumas vezes quando eu tava lá", respondeu Hill, "eles tiveram pequenos desentendimentos, sempre que o sr. Williams não dava o dinheiro que o Danny queria. Uma vez — eu não tava lá quando a briga rolou —, o Danny começou a namorar uma garota chamada Bonnie Waters e o sr. Williams não ficou muito contente. Comprou um cordão de ouro de 400 dólares pro Danny sob a condição de que ele parasse de ver a menina. O Danny deu o cordão pra Bonnie e depois a levou pra casa. O Williams ficou bem puto e falou pra ele arrumar as coisas e ir embora. O Danny ficou bem preocupado mesmo, com medo de perder o ganha-pão dele."

"Quando foi isso?"

"Umas duas noites antes de morrer."

No interrogatório de Hill, Bobby Lee Cook assumiu uma postura de tio legal. Pediu a Hill que falasse de sua afeição por armas — o depoente possuía duas pistolas e quatro rifles — e da vez que havia agredido um garoto e o pai dele, e derrubou a porta da casa dos dois. Cook pediu que a testemunha contasse da prisão dele e de um amigo por atirar em quinze semáforos.

O advogado também quis saber por que a testemunha aguardou mais de seis meses, até pouco antes do julgamento, para contar às autoridades acerca do cordão e da relação existente entre o réu e a vítima. "Quando você enfim resolveu que deveria falar", questionou o advogado, "com quem decidiu falar?"

"Bom", disse Hill, "a mãe do Danny entrou em contato comigo e me pediu pra por favor falar com o advogado dela ou com algum dos promotores."

"Ah, a mãe do Danny entrou em contato com você?" Cook assumiu um olhar de surpresa.

"Sim, senhor."

"Ela entrou em contato para contar que ingressou com uma ação contra Jim Williams, não foi? E que ela queria coletar 10 milhões de dólares e lhe dar uma parte, *não queria?*"

"Isso é mentira", rebateu Hill, "e eu não acho muito educado o senhor ficar falando essas coisas."

Foi a vez de Bobby Lee Cook fazer uma pausa e deixar que o silêncio na sala de audiência enfatizasse o ponto que acabara de expor.

A segunda testemunha de acusação arrolada pelo promotor era outro jovem amigo de Danny Hansford, Greg Kerr. Ele tinha 21 anos, era loiro e trabalhava na sala de imprensa do *Savannah Evening Press*. Usava óculos com aros de metal e estava visivelmente nervoso. Ciente de que provavelmente seria confrontado de um jeito ou de outro, botou para fora tudo de ruim sobre si que foi capaz de pensar. Já havia sido preso por posse de drogas e obstrução de justiça, e tinha se envolvido com a "cena homossexual" desde que fora seduzido por um professor do ensino médio. Porém, segundo declarou, seu último encontro homossexual havia ocorrido três semanas antes, e agora estava fora dessa vida.

"O senhor, por experiência própria", retomou Lawton, "sabe de algum tipo de relacionamento entre Danny Hansford e Jim Williams?"

"Sim, sei", respondeu Kerr.

"Como o senhor sabe?"

"Fui na casa deles jogar gamão e o Danny saiu da sala pra ir ao banheiro. Então eu comentei: 'Ele é um garoto bem bonito, né?', e o sr. Williams falou: "É sim. E é muito bom na cama. Além de ser bem-dotado".

"O Danny usava drogas?"

"Sim, usava", confirmou Kerr. "Ele tinha maconha quando fui lá na casa deles uma vez."

"Ele alguma vez chegou a mencionar algo sobre como a tinha conseguido?"

"Sim, sim. Ele falou que o Jim comprava as drogas todas pra ele."

Bobby Lee Cook deu um salto e ficou de pé. "Excelência, esse é o tipo de boato mais fajuto que há!" O Juiz Oliver rejeitou a objeção.

Durante o interrogatório, John Wright Jones trouxe o fato de que, certa vez, no meio de um jogo de gamão, Jim Williams acusou Greg Kerr de trapacear e que depois acertou a cabeça do trapaceiro com o tabuleiro. Portanto, o depoimento poderia ser motivado por um desejo de retaliação. Contudo a testemunha insistiu que não. Afirmou que, ao ler uma cópia do *Evening Press*, alguns dias antes, durante o julgamento, ficou sabendo que Danny Hansford fora descrito no tribunal como alguém de temperamento violento. Com isso, decidiu que era seu dever comparecer para depor.

"O sr. Williams já me garantiu inúmeras vezes que é inocente", continuou Kerr, "e ficou se gabando pra todo mundo que entraria com uma apelação atrás da outra. Aí, senti que, sabe, a vítima está morta e, depois que li como todo mundo o estava difamando, resolvi vir aqui. Liguei pro sr. Lawton, eu diria que por volta das 22h30 naquela noite."

"Por que o senhor não se apresentou antes?", Jones perguntou.

"Pensei em fazer isso várias vezes, mas tava com medo porque ainda tava envolvido com a cena homossexual e achei melhor não."

"E quando mesmo que o senhor afirmou ter se retirado da 'cena homossexual', conforme o senhor colocou?"

"Bem, eu já vinha tentando fazia uns três ou quatro anos. Já tive experiências homossexuais, a última foi três semanas atrás, que eu mal me lembro, porém até essa vez já tinha passado um mês e meio sem. Tô bem, e nunca mais vou voltar praquele tipo de vida outra vez, porque é errado, e tá na Bíblia que é errado, e eu encorajo todos os homossexuais a, por favor, saírem dessa enquanto é tempo, porque eles vão todos virar uns velhos caretas e ninguém vai querer saber deles. Eu tenho sorte. Sou jovem ainda, e já saí dessa."

"Saiu há cerca de três semanas."

"Já saí."

"Sem mais perguntas", disse Jones.

Greg Kerr se levantou e retirou-se da sala de audiência.

Bobby Lee Cook ficou de pé junto à mesa da defesa. "Chame a sra. Dowling, por favor."

Alice Dowling, viúva do ex-embaixador, entrou na sala de audiência com um sorriso simpático no rosto e sem a menor ideia do que estivera acontecendo enquanto ela e os outros se encontravam à espera no corredor. Declarou que conhecia Jim Williams desde os tempos em que ele fora consultor da reforma de sua casa na avenida Oglethorpe.

"A senhora teve a oportunidade de frequentar as festas e celebrações e eventos sociais realizados na casa do sr. Williams?", Cook perguntou.

"Sim", respondeu a sra. Dowling com toda educação. "Por muitos anos, frequentamos as festas de Natal dele."

"Em alguma dessas ou outras ocasiões, a senhora chegou a notar alguma coisa que indicasse o uso ou o aval de drogas pelo sr. Williams?"

"Jamais", asseverou a sra. Dowling.

Spencer Lawton, então, começou a interrogar a testemunha.

"A senhora já ouviu falar de um relacionamento que Jim Williams poderia ter tido com um jovem chamado Danny Hansford?"

"Não, senhor", disse a sra. Dowling. "Eu não sei de absolutamente nada a respeito da vida privada do sr. Williams."

"Obrigado", concluiu Lawton. "Nada mais a perguntar."

Um a um, os amigos altamente respeitados de Jim Williams entraram na sala de audiência e testemunharam atestando seu bom caráter. Um a um, todos confirmaram já terem comparecido às adoráveis festas de Natal e jamais visto o uso de drogas ou seu aval nesse sentido, e que nada sabiam acerca de Danny Hansford.

Uma vez findo o rol das testemunhas, o juiz determinou um recesso no fim de semana, advertindo os membros do júri a não comentarem a respeito do caso com ninguém, e também a não acompanharem a cobertura do julgamento nos jornais e na televisão. Na segunda, a audiência seria retomada para as considerações finais e as instruções do juiz ao júri.

No domingo — talvez intencionalmente, talvez não —, o *Savannah Morning News* publicou uma matéria relativa às condições horríveis de vida na penitenciária do Condado de Chatham. Um juiz federal havia inspecionado as instalações e declarado que eram "imundas". A construção tinha apenas três anos, uma moderna estrutura de concreto cercada por um gramado cuidadosamente ajardinado. Durante a noite, ficava todo iluminado e parecia tão limpo e tranquilo quanto uma filial bancária em Palm Springs. O interior, porém, era outra história. O caos reinava, nas palavras do juiz federal. "Não há a menor supervisão", afirmou. "E a comida é servida de uma maneira horrível."

Na segunda de manhã, o clima na sala de audiência estava tenso. As revelações acerca do estado da penitenciária pareciam aumentar as apostas no julgamento. O promotor se pôs de pé para tecer suas alegações finais. "Tem algo muito mais grave para o Jim Williams do que sua hipoglicemia", disse. "O réu é um homem de 50 anos. Possui uma imensa fortuna, e é uma pessoa obviamente sofisticada. Mora em uma casa elegante, viaja para o exterior duas vezes por ano. Tem vários amigos poderosos, interessantes e influentes. No entanto tem outra coisa que se pode falar a respeito do sr. Williams. Ele é dono de uma casa cheia de Lugers alemãs, o tempo todo engatilhadas e carregadas. Tem um ornamento de capô de carro nazista em cima da escrivaninha do estúdio. Tem um anel do exército nazista com uma caveira e os ossos cruzados nele.

"Danny Hansford era um jovem imaturo, pouco instruído, grosseiro, confuso, temperamental, preocupado com sentimentos de traição e rejeição, mesmo nas mãos da própria mãe, segundo Jim Williams. Devo lembrar-lhes que Danny Hansford era um jovem cuja vida foi muito mais trágica que devota ao mal. Será que conseguem imaginar o quão fácil era deixar um rapaz desses impressionado, vivendo na mesma casa, sendo amigo de um homem da estatura de Jim Williams?

"A vítima nunca foi alguém com quem o réu de fato se preocupou. Era somente um peão, nada mais nada menos que um peão num joguinho doentio de manipulação e exploração. Danny talvez até se visse um pouco como garoto de programa. Bem, ele se encontrava sob más influências. Estava se metendo com profissionais, e acabou sendo o maior perdedor. Não acredito que estivesse se prostituindo. Era, isso sim, prostituído. Eu o vejo como o equivalente a um prisioneiro num campo de concentração confortável, onde a tortura não era física, porém emocional e psicológica.

"Há motivos em abundância para se questionar por que diabos Jim Williams manteria por perto alguém que sabia ser inexperiente, indigno de confiança, altamente emocional e psicótico depressivo para protegê-lo e servi-lo no momento em que mais precisava, justo quando desmaiava e ficava letárgico. E temos todos os motivos pra questionar por que o réu levaria voluntariamente pra Europa alguém que, segundo ele, era perverso, violento e psicopático."

Lawton foi eloquente e malicioso. Falava com calma, como o fizera ao longo dos seis dias de julgamento, no entanto sua justa indignação ressoava por toda a sala de audiência feito um grito.

"O que ocorreu foi um homicídio", afirmou o promotor. "A legítima defesa foi um acobertamento. Jamais aconteceu. Thomas Hobbes é frequentemente citado como tendo dito que a vida é sórdida, embrutecida e curta, e decerto que assim deve ter parecido a Danny Hansford durante seus últimos quinze ou vinte segundos de vida, enquanto sua vida se esvaía sobre o tapete persa de Jim Williams."

Foi durante suas alegações finais, nos derradeiros momentos do julgamento, que Lawton introduziu um novo e diabólico elemento à tese da acusação para o que de fato acontecera. O promotor sugeriu que o episódio anterior de violência na Casa Mercer — o ataque de fúria de Danny na noite de três de abril, quando o rapaz saiu ventando pela casa e atirou no piso do quarto — era uma invenção. Williams havia encenado tudo, sugeriu, como um prelúdio para executar a vítima um mês depois. "Teria sido uma armadilha? Teria o réu projetado que em breve estaria alegando ter sido obrigado a matar Danny Hansford em legítima defesa? Será que Jim Williams quis plantar algumas provas da índole violenta da vítima, forjar alguma coisa na ficha policial, armar tudo enquanto Danny dormia no andar de cima?"

O promotor estava propondo que a morte de Danny Hansford não tinha sido nem de legítima defesa nem crime passional, e sim um homicídio cuidadosamente planejado. Estava sugerindo que, no dia três de abril, enquanto a futura vítima fatal dormia no andar de cima, o réu estava no andar de baixo pisoteando uma mesa com tampo de mármore, jogando um jarro de cristal no chão, espatifando objetos de porcelana do século 18 e disparando uma Luger alemã em direção à praça Monterey — tudo com a intenção de chamar a polícia em seguida e jogar a culpa em Hansford. Por que o tiro no piso do quarto não havia acordado Danny? Porque, de acordo com a tese da promotoria, ninguém havia disparado contra o piso do quarto naquela noite; o furo no piso do quarto era um buraco *antigo* de bala. Sustentava essa tese com indícios convincentes. O cabo Michael Anderson, o policial que fora até a Casa Mercer naquela noite, havia deposto sobre tal incidente. "Nós levantamos o tapete e de fato vimos um buraco de bala no piso, mas não encontramos bala alguma. Não dava pra determinar se era um buraco de bala novo ou se era antigo." Em suas considerações finais, a acusação afirmou ao júri: "Obviamente, o cabo Anderson não acreditou que aquele buraco de bala foi provocado por Danny Hansford." Bobby Lee Cook, dispondo apenas de suas considerações finais, de igual modo, não poderia convocar testemunhas nem interrogar o cabo Anderson para contestar as alegações alarmantes do promotor.

Quando a acusação chegou ao fim, o juiz determinou um novo recesso. Na manhã seguinte, os assentos na sala de audiência estavam novamente lotados. O juiz Oliver leu uma longa lista de instruções e, então, dispensou o júri para que ponderassem sobre o veredito.

Três horas depois, correu a notícia pelo tribunal de que os membros do júri estavam retornando à sala de audiência. O oficial de justiça pediu ordem no recinto e o júri entrou.

"Sr. porta-voz, vocês chegaram a um veredito?", perguntou o juiz Oliver.

"Sim, senhor, chegamos", respondeu o porta-voz.

"O senhor poderia entregá-lo ao escrevente pra que possa divulgá-lo?" O porta-voz repassou uma folha de papel ao escrevente, que se pôs de pé e leu o documento:

"Nós, membros do júri, consideramos o réu culpado por homicídio doloso."

Uma exclamação de surpresa ressoou pela sala de audiência.

"A sentença é prisão perpétua", disse Oliver.

Dois oficiais de justiça se aproximaram de Williams e o escoltaram até uma portinha ao fundo da tribuna do júri. Antes de passar pela porta, o réu fez uma breve pausa e olhou para trás, sem expressão alguma no rosto, os olhos escuros mais impenetráveis que nunca.

Os espectadores esvaziaram a sala de audiência rumo ao corredor e aglomeraram-se em torno de Bobby Lee Cook, que ficou sob os holofotes das emissoras de televisão, externando sua decepção e declarando que daria entrada em uma apelação dali a alguns dias. Enquanto falava, uma figura solitária circundou a multidão e entrou no elevador sem chamar a atenção dos jornalistas. Era Emily Bannister, mãe de Danny Hansford. Ela se virou assim que a porta do elevador começou a fechar-se. Não foi bem um sorriso que lhe cruzou o rosto, foi mais um ar sereno de satisfação.

17
UM BURACO NO CHÃO

Jim Williams que iniciou o dia na imponência da Casa Mercer, terminava no confinamento da penitenciária do Condado de Chatham. Sua vida social deslumbrante chegava ao fim. Nunca mais a nata da sociedade de Savannah rezaria para ser convidada a suas festas extravagantes. Passaria o resto da vida na companhia de ladrões, assaltantes, estupradores e outros assassinos — exatamente as pessoas que, como Lee Adler salientou, representavam os "elementos criminosos" dos quais Williams publicamente desdenhara.

A descomunal e repentina derrocada daquele homem chocou a cidade. Não deixava de ser uma homenagem a Williams que os moradores de Savannah tivessem dificuldades em acreditar que ele havia chegado tão baixo. Menos de doze horas depois de ter saído escoltado da sala de audiência, circulavam boatos de que estava reorganizando sua vida atrás das grades de acordo com seu gosto pessoal.

"Estão enviando refeições pra ele", disse Prentiss Crowe. "Ouvi dizer que já está tudo esquematizado. Os almoços dele serão fornecidos pela pensão da sra. Wilkes e os jantares serão, numa noite, do Johnny Harris e, na outra, da Elizabeth. Ele até chegou a escrever uma lista das mobílias que quer que sejam levadas pra cela — um colchão firme, pelo que me disseram, e uma mesa de escrever."

Os agentes penitenciários negaram que Williams estivesse recebendo favores especiais. Insistiram que o prisioneiro seria tratado como qualquer outro detento da penitenciária do Condado de Chatham. E, como todos sabiam, isso era má notícia para Williams. Ainda mais fatídico, todavia, era o possível destino que o aguardava na penitenciária do Estado de Reidsville, para onde provavelmente seria transferido para cumprir sua pena. Reidsville era uma prisão barra pesada a 110 km de Savannah. No exato momento em que o juiz Oliver estava lendo a sentença os detentos daquela prisão se rebelavam, ateando fogo no presídio. Em sua primeira manhã na prisão de Savannah, o novo prisioneiro foi recebido por uma matéria no jornal sobre o motim. Difícil ter escapado da notícia. A história foi publicada na primeira página, com a cobertura de sua própria condenação. No dia seguinte, Reidsville estava de volta à capa do jornal. Três detentos negros tinham matado um detento branco com trinta facadas. Depois disso, os agentes penitenciários conduziram uma revista na prisão e confiscaram um pequeno arsenal de armas, incluindo uma bomba caseira. Dadas as circunstâncias, a verdadeira pergunta não era quem forneceria as refeições do condenado no presídio do Condado de Chatham, mas se seus advogados conseguiriam mantê-lo longe da penitenciária de Reidsville.

As especulações acerca de seu destino deram um salto abrupto dois dias depois, quando o juiz Oliver lhe concedeu liberdade condicional sob fiança de 200 mil dólares. Um enxame de jornalistas e câmeras de tv se amontoou em torno dele no momento de sua saída pela porta da prisão rumo a seu Eldorado azul. "E agora, volta tudo ao normal, sr. Williams?", exclamou um repórter.

"Tudo de volta ao normal. Isso mesmo!" Minutos depois, ele estava outra vez na Casa Mercer.

Ao menos superficialmente, sua vida até que retornou a uma quase normalidade. Voltou a vender antiguidades e, com a permissão do juízo, viajou a Nova York a fim de comparecer a uma festa de gala por ocasião da exibição de peças Fabergé da coleção pessoal da rainha Elizabeth no museu Cooper-Hewitt. Seus modos eram calmos; sua conversa não havia perdido nada da aspereza mordaz. Entretanto agora ele era um homicida condenado e, apesar da sagacidade e do humor leve, havia uma aura de desespero silencioso. Seus olhos pretos pareciam ainda mais escuros. Ainda recebia convites para jantar, embora cada vez mais escassos. Antigos amigos continuavam a ligar, porém com menos frequência.

Na intimidade, exprimia certa amargura. O que mais o irritou não foi a condenação nem o prejuízo causado a sua reputação, nem mesmo o custo de sua defesa; foi a indignidade de ter sido acusado de um crime em si. Desde sempre, presumiu que sua palavra seria aceita e que todo o caso seria resolvido na surdina, do mesmo modo como Savannah havia resolvido incidentes anteriores envolvendo suspeitos proeminentes — o misterioso espancamento de uma socialite na praia não fazia muito tempo, por exemplo, ou a queda nas escadas que acabou matando um homem rico prestes a divorciar-se, ou o caso da solteirona que embalsamou o corpo crivado de balas de seu amante antes de chamar a polícia.

"Pelo menos eu chamei a polícia", disse-me Williams pouco depois de ter saído da prisão. "Você devia tê-los visto naquela noite. Quando a notícia do que tinha acontecido se espalhou pelo rádio da polícia, começaram a chegar em hordas. Ficaram perambulando pela casa feito criancinhas num passeio por Versailles. Reviraram tudo, cochichando uns com os outros. Permaneceram lá por *quatro horas*. Agora já não se fala mais nisso. Se um homem negro mata outro negro em Savannah numa sexta à noite, talvez dois policiais passem uns trinta minutos no local e pronto, caso encerrado. Contudo a polícia estava se divertindo lá em casa. Quando a fotógrafa terminou de registrar tudo, foi até a cozinha e preparou chá e café e serviu aos outros policiais com biscoitos. Poxa, eu pensei, é uma chateação danada, no entanto é o preço a se pagar. Vou deixar que eles se divirtam um pouco e logo isso tudo termina. Foram extremamente educados. Era 'sr. Williams pra cá', 'sr. Williams pra lá', 'podemos ajudá-lo, senhor?' Um policial particularmente gentil me abordou dizendo que tinha encharcado o tapete com soda para que o sangue do Danny não causasse manchas permanentes. Eu o agradeci por ser tão atencioso. Mais tarde, já na delegacia de polícia, passamos pelo que julguei ser mera rotina, assinando documentos. Os policiais foram tão gentis que eu nem fazia ideia de que estava sendo acusado de homicídio até ler o jornal no dia seguinte."

O maior ressentimento de Williams não se voltava à polícia, todavia. Voltava-se à sociedade de Savannah e à estrutura de poder sob seu domínio.

"Os homens das boas famílias de Savannah nasceram dentro de uma hierarquia social da qual nunca conseguirão sair", observou, "a menos que deixem a cidade pra sempre. Devem frequentar uma escola de ensino médio apropriada — a Savannah Country Day ou a Woodberry Forest — e então uma faculdade boa o suficiente, e depois voltar para casa e se juntar ao grupo. Devem trabalhar para determinada empresa ou determinado chefe e subir gradualmente na vida. Devem se casar com uma mulher bem-criada. Devem formar uma pequena família dentro dos moldes. Devem ser membros da Igreja Episcopal ou da Saint John. Devem se filiar à Associação Oglethorpe, ao Iate Clube e ao clube de golfe. Por fim, quando chegarem aos 50 e tantos ou 60 e poucos, pronto, venceram na vida. Contudo até alcançar esse ponto já estão cansados, tristes e não realizados. Traem suas esposas, odeiam seus empregos e levam vidas deprimentes como fracassados de respeito. Suas esposas, na maioria, não passam de prostitutas, sendo que a maior diferença é que, quando se leva em consideração as casas, os carros, as roupas e os clubes, as esposas respeitáveis de Savannah ganham muito mais dinheiro pelo próprio rabo do que uma puta. Quando pessoas assim veem alguém como eu, que nunca se associou a essa hierarquia idiota e que arriscou muito e obteve êxito, elas *abominam* esse alguém. Já senti isso muitas vezes. Eles não têm autoridade nenhuma sobre mim, e não gostam nada disso."

Apesar da amargura, Williams se mostrou confiante de que sua apelação seria acolhida. Entretanto, caso não fosse bem-sucedido, possuía uma ou duas ideias de como poderia vingar-se de Savannah. Usaria a Casa Mercer como instrumento. "Talvez a transforme numa instituição de caridade", divagou, "pra ser usada como um centro de reabilitação de drogas. É grande o suficiente para abrigar vários viciados por dia, o que acha? Os viciados poderiam usar a praça Monterey como uma sala de espera ao ar livre. Os vizinhos ficariam malucos, em especial aqueles Adler socialmente engajados. No entanto dificilmente fariam qualquer objeção a um gesto tão imbuído de espírito público."

E se a mãe de Danny Hansford ganhasse a indenização de 10 milhões de dólares no processo contra ele? A casa não acabaria caindo nas mãos dela? "A mãe do Danny jamais vai morar na Casa Mercer", declarou, "porque eu a ponho abaixo antes disso. Não vai ser fácil, é uma casa muito maciça; as paredes internas são feitas de tijolos. Eu faria o seguinte: abriria um enorme buraco no teto de cada um dos quatro cômodos do térreo até o segundo andar. Depois, colocaria acetona em cada um dos buracos abertos e explodiria tudo. Me garantiram que posso demolir a casa inteira assim. Na Geórgia, incêndio premeditado só é crime se for feito visando receber o seguro. A Casa Mercer não tem seguro. A mãe do Danny pode até levar um bom pedaço de chão, mas não haverá casa alguma lá."

Enquanto Jim Williams maquinava onde fazer buracos no piso da Casa Mercer, a Suprema Corte da Geórgia focava suas atenções em um outro, esse já bem aberto — o buraco de bala no piso do quarto no segundo andar. Ele teria sido feito por um disparo com arma de fogo durante ataque de fúria de Danny pela casa um mês antes de ser morto. A respeito dessa perfuração no piso o policial responsável pela prisão, cabo Anderson, havia testemunhado. "Não consegui determinar se era um buraco de bala novo ou antigo." Agarrando-se a essa passagem do testemunho, o promotor havia sugerido que o buraco de bala era antigo e que Williams havia forjado o incidente para fundamentar suas alegações de legítima defesa ao matar Hansford um mês depois.

Algumas semanas depois da sentença ser proferida, Bobby Lee Cook recebeu um envelope de uma fonte anônima do gabinete da promotoria pública. Dentro, havia uma cópia do relatório da polícia escrito pelo cabo Anderson na noite do primeiro incidente. O relatório continha a seguinte declaração: *"De fato encontramos um buraco de bala novo no piso"*. Isso contradizia seu testemunho juramentado no julgamento.

A defesa obteve uma ordem judicial, antes do julgamento, determinando que lhe fosse entregue uma cópia do relatório escrito por Anderson, ocorre que ela recebeu uma cópia editada, na qual Lawton havia suprimido aquele trecho em particular. Quando Bobby Lee Cook viu o texto completo, de imediato se deu conta de que a supressão feita pelo promotor implicava em prevaricação. Foi seu argumento central na apelação endereçada à Suprema Corte da Geórgia. A corte respondeu com veemência. Citou a "inconsistência patente" nas duas declarações do Cabo Anderson relacionadas ao buraco de bala e censurou a tentativa da promotoria em encobri-la. "Não podemos nem iremos aprovar qualquer sinal de corrupção na função de busca da verdade, inerente ao devido processo legal", lia-se na decisão unânime. *"Julgamento anulado. Um novo processo deve ser instaurado."*

18

MEIA-NOITE NO JARDIM DO BEM E DO MAL

Dada toda a comoção em torno da revogação da sentença, a decisão da Suprema Corte da Geórgia parecia ser um pouco mais que um alívio temporário. O buraco no piso fora um detalhe sem importância no julgamento; os principais elementos de prova na ação do Estado contra Williams ainda permaneciam intactos. Parecia óbvio que o réu teria de montar uma defesa mais forte em seu segundo julgamento, ou o resultado provavelmente seria uma nova condenação.

Williams, não obstante, estava exultante. Gabava-se por ter sido totalmente vingado pela revogação. Vangloriava-se de que os termos da decisão demonstravam que a promotoria e a polícia mentiram. Ele deu indiretas de que, de fato, sua defesa seria mais forte dessa vez. "As coisas serão do meu jeito daqui pra frente", dizia com uma piscadela e um olhar astucioso. "Algumas 'forças' estão em ação." De modo deliberado, deixava seus interlocutores se perguntando se ele apenas queria dizer que a opinião pública haveria de mudar a seu favor ou, um tanto mais sombrio, que havia suborno na jogada.

Certa noite, fui convidado para passar na Casa Mercer. Encontrei-o sentado à escrivaninha em seu estúdio tomando vodca com água tônica. Entreteve-me com histórias relacionadas a dois de seus mais recentes assuntos preferidos — o "corrupto" Spencer Lawton e o "parcial e estúpido" juiz Oliver. Então, passou ao tópico das forças misteriosas trabalhando a favor dele.

"Sabe, nunca duvidei que a Suprema Corte fosse revogar minha condenação", afirmou. "Sempre soube que a anulariam. Tinha absoluta certeza. Sabe por quê? Porque me recusei a sequer *pensar* na possibilidade de rejeitarem minha apelação. Se eu tivesse pensado nisso, me deixado levar por essa ideia, ficado deprimido e imaginado o pior, então o pior teria acontecido." Senti que Williams me observava atento, analisando minhas reações.

"Mentalização", prosseguiu. "Foi só isso. É como na experiência da Universidade Duke com os dados em relação à qual lhe contei. Aumentei as chances de vitória no meu caso do mesmo modo como os pesquisadores da universidade fizeram com os dados, de maneira semelhante a que faço quando jogo uma partidinha de PsicoDados — usando a cinética mental.

"Você pode até achar isso tudo besteira", continuou. "A maioria das pessoas pensa isso, e tudo que tenho a dizer é: tudo bem, não acreditem, não estou aqui pra provar nada — no entanto vocês estão subestimando um poder valioso e disponível a qualquer um." Williams abriu um sorriso enigmático, contudo deu para perceber que não estava brincando.

"Claro, eu tive ajuda", reconheceu. "Não sou a única pessoa que tem mentalizado a meu favor. Tive a assistência de alguém muito experiente nessas coisas. E posso lhe dizer que, quando a hora do meu segundo julgamento chegar, o juiz, o promotor e quem quer que se sente naquele júri estará na ponta receptora de vibrações bem poderosas."

Williams tirou do bolso um punhado de moedas e empilhou nove delas sobre o mata-borrão da escrivaninha.

"Uso a palavra 'vibrações' na falta de uma melhor", afirmou. "Essas vibrações, essas ondas de pensamento — como quer que as queira chamar — são geradas por mim e por uma mulher chamada

Minerva. Ela é uma amiga antiga e muito querida. Mora em Beaufort, na Carolina do Sul — a uns 45 minutos daqui. Farei uma visita a ela hoje à noite."

Williams abriu uma gaveta e tirou uma garrafa com água. "Isso é água da chuva", explicou. "Minerva pediu para levar essa garrafa comigo hoje à noite. Ela também me falou para levar as moedas. Isso tudo terá um papel importante." Disse isso e me encarou. "Se estiver disposto, sinta-se à vontade para me acompanhar. Levará de duas ou três horas no máximo. Interessado?

"Claro, por que não?" E, tão logo aceitei, pensei em uma dezena de razões para não ir, todavia já era tarde demais. Meia hora depois, saímos pelos fundos da Casa Mercer até a garagem, onde um Jaguar esporte verde estava estacionado sobre um tapete oriental. Williams acomodou sua vodca com tônica no painel de controle e saiu com o carro pela rua Wayne. Pouco depois, deslizávamos pelas ruas tranquilas de Savannah, atravessando a ponte Talmadge e seguindo rumo à escuridão da fronteira com a Carolina do Sul.

A luz do painel projetava um brilho fraco no rosto de Williams. "Se eu lhe dissesse que Minerva é uma curandeira ou uma princesa vodu, não estaria longe da verdade", relatou. "Ela é tudo isso e muito mais. Era esposa do dr. Buzzard, o último grande praticante de vodu no condado de Beaufort. Não sei se você sabe, mas estamos no coração de um país vodu. A bruxaria tomou conta de toda essa região litorânea desde que os escravos negros trouxeram o vodu da África.

"O dr. Buzzard morreu faz uns anos e Minerva leva a prática dele adiante. Por anos, ele foi o rei dos curandeiros no Sul do país. A presença dele era dominante — alto, postura ereta e bem magro. Usava um cavanhaque e óculos com lentes lilases. Ninguém que tenha sido encarado por aqueles olhos por trás das lentes lilases jamais os esqueceu. Era especialmente eficaz 'defendendo' clientes em processos criminais. Ficava sentado na sala de audiência lançando olhares a testemunhas hostis enquanto mastigava a raiz. Às vezes, até mudavam a história durante o depoimento quando viam o dr. Buzzard de olho nelas. Ou isso ou simplesmente enfiavam o rabo entre as pernas e corriam dali. Ele focava suas energias no júri e também no juiz. Conheço um juiz em Savannah que diz saber quando *rootworkers** estão envolvidos num processo pela maneira como encontra sua cadeira: cercada de raízes, ervas e ossos.

"O dr. Buzzard ficou bem de vida. As pessoas lhe pagavam pra fazer maldições contra os inimigos delas ou pra quebrar as feitas pelos inimigos. Em alguns casos, ele era pago por ambas as partes. Pilhas de dinheiro. Construiu duas grandes igrejas na ilha Saint Helena e sempre desfilava por aí em carrões reluzentes. Era um mulherengo e tanto também, e nos últimos anos de vida, Minerva foi amante dele." Williams deu um gole em seu drinque e depois o colocou de volta no suporte do painel de controle.

"Após a morte de seu companheiro, Minerva passou a usar os óculos com lentes lilases dele e se estabeleceu como *root doctor*. Ela usa algumas das técnicas dele e outras próprias também. Conquistou seu status especial — e alguns poderes espirituais — por ter acesso direto ao dr. Buzzard no além. Vai até o túmulo dele e convoca seu espírito constantemente."

Williams afirmou que, pessoalmente, não acreditava em vodu. "Não boto muita fé nesse lado mais abracadabra, nas ervas e raízes e nos farelos de osso, nas línguas de sapo nem em nada disso. São só acessórios. Contudo respeito muito a força espiritual por trás. Minerva me disse para levar nove moedas lustradas hoje à noite e 'um pouco de água fresca, não encanada'. Foi fácil arrumar as moedas, no entanto as instruções relacionadas à água diziam que ou eu pegava de um riacho ou arranjava um pouco de água da chuva. Por acaso, tinha água da chuva numa bacia lá no meu pátio. É o que tem na garrafa."

"Ela notaria a diferença caso você tivesse simplesmente enchido com água da torneira?"

"Não pela aparência nem pelo sabor", respondeu. "Entretanto ficaria sabendo em questão de instantes só de olhar pra minha cara."

---

* Praticantes do Hudu, uma forma de magia praticada popularmente com intuito religioso por comunidades afro-americanas. [NT]

A cidade de Beaufort estava escura e quieta. Williams seguiu pela rua principal, passando pelos antigos casarões de frente para o porto no caminho das Sea Islands — mansões oitocentistas de tijolinhos, argamassa especial da região e madeira. A meio caminho entre Savannah e Charleston, Beaufort já havia sido um grande centro marítimo, todavia agora não passava de um vilarejo precioso, perfeitamente preservado e quase esquecido. Atravessamos ruas estreitas, passando por fileiras de belas casas brancas brilhando na escuridão. O setor organizado e bem cuidado da cidade logo deu lugar a ruas sem asfalto e com cabanas caindo aos pedaços. Estacionamos em frente a um barraco de madeira com um quintal de chão rastelado. A casa estava sem pintura, fora porta e janelas, pintadas de azul-claro. "Azul esverdeado", corrigiu Williams. "Afasta os maus espíritos." A casa estava às escuras. Ela bateu devagar e, então, abriu a porta. A luz tremulante de um aparelho de TV era a única fonte de iluminação no cômodo escuro. Um cheiro forte de comida, carne de porco e verduras enchia o ambiente. Um homem dormia em um sofá-cama. Mexeu-se quando entramos. Uma jovem mulher negra passou pelo vão acortinado da porta com um prato de comida nas mãos. Apontou com a cabeça em direção aos fundos da casa sem dizer uma palavra, e nós nos dirigimos para lá.

Minerva estava sentada em um quartinho sob uma lâmpada acesa. Parecia um saco de farinha. Seu vestido de algodão bem justo estava colado no corpo roliço. Era uma mulher negra de pele clara e seu rosto era tão redondo quanto uma lua cheia. Os cabelos grisalhos estavam presos em um coque com exceção de dois cachos, que caíam um de cada lado sobre as orelhas. Estava usando o par de óculos com lentes lilases e aro de metal. Sobre a mesa a sua frente, pilhas e pilhas de garrafas, frascos, gravetos, caixas e trapos. O chão estava repleto de sacolas de compras, algumas cheias, outras vazias. Ao ver Williams, abriu um sorriso escancarado e fez sinal para que nos sentássemos em duas cadeiras dobráveis.

"Tava mesmo esperando por você, meu bem", disse ela num semissussurro.

"Como você está, Minerva?", perguntou Williams.

O rosto de Minerva se fechou. "Tô precisando lidar com um monte de terra de cemitério."

"De novo?", exclamou Williams.

Minerva assentiu. "Hum-hummm. Tem muita mágoa e falsidade." Ela falava com um tom de voz distante. Vinha tão de dentro dela que as palavras soavam como se emitidas eras atrás em um planeta distante e só agora alcançavam a Terra. "A ex-mulher do meu filho. Teve três filhos com ele. Passou por aqui e jogou terra de cemitério na minha varanda. Enchi um balde inteiro. É por isso que me dá tanto bloqueio. Os negócios vão miando. Aí meu menino arruma problema com a polícia. Nem consigo dormir. E ainda tô fula da vida com o meu finado marido."

"O dr. Buzzard?"

"É, o próprio", confirmou Minerva. "Preciso descolar uma grana e tenho arriscado uns joguinhos pra ver se levo algum. Sempre o procuro e pago dez centavos pra que me dê um número. Porém esse merda não me fala nada. Mando logo tomar no cu. Não sei por que ele não quer que eu ganhe."

Minerva pôs de lado uma bonequinha de cera com a qual estava trabalhando. "Bom, parece que a gente tá de volta ao negócio, nós dois, né?"

"Sim", disse Williams. "Agora temos um segundo julgamento pela frente."

"É, eu sei." Minerva aproximou o rosto de Williams. "*Ele tá confabulando pesado contra você, benzinho!*"

"Ele quem?" Williams estava perplexo. "O dr. Buzzard?"

"Não, não", retrucou Minerva. "O menino. O menino que morreu."

"O Danny? Bom, isso não me surpreende. Ele planejou isso tudo. Sabia que eu acabaria me cansando daqueles malditos joguinhos. Sabia que eu tinha 250 mil dólares em dinheiro vivo lá em casa naquela noite porque ia pra Europa numa viagem de negócios. Era a grande chance dele. Ele poderia me matar e fugir com tudo."

Minerva sacudiu a cabeça. "Esse menino tá confabulando pesado contra você."

"Bom, e tem algo que você possa fazer?"

"Posso tentar", respondeu ela.

"Ótimo. Porque tem mais uma coisa que quero que faça", disse Williams. "Que coisa, meu bem?"

"Quero que jogue uma maldição no promotor público."

"Ah, mas é claro. Me diz o nome dele de novo."

"Spencer Lawton. L-A-W-T-O-N."

"É mesmo. Já fiz umas maldições pra ele. Me fala o que tá acontecendo com ele desde que a gente te soltou."

"Ele está desesperado. Já faz dois anos que é promotor público e nunca ganhou uma ação sequer nos tribunais. Está morrendo de vergonha. As pessoas estão rindo dele."

"E vão continuar rindo. Trouxe as coisas que pedi pra você?", perguntou Minerva.

"Sim", confirmou Williams. "Trouxe."

"Água não encanada?"

"A-hã."

"E botou num vidro de 250 mililitros? Sem etiqueta nenhuma? E sem tampa de metal?"

"Sim."

"E as nove moedas?"

"Estão no meu bolso."

"Tá certo, meu bem. Agora quero que você se sente e faça uma coisa pra mim." Minerva entregou a Williams uma pena e um vidro com tinta vermelha com uma etiqueta em que se lia Sangue de Pomba. "Escreve o nome do Spencer Lawton nesse papel sete vezes. Junta os dois nomes num só. Não coloca ponto nos i's e nem corta os t's. Vai fazendo isso enquanto eu faço umas coisas aqui."

Ela passou a encher uma sacola de plástico com coisas aleatórias — duas pás de pedreiro, trapos de pano, algumas garrafas. Em algum lugar da mesa, por baixo das pilhas de quinquilharias, um telefone tocou. Minerva desenterrou o fone.

"Oi. A-hã. Entendi, agora me escuta." Ela falava bem baixo. "Ela quer você de volta, mas o quer correndo atrás dela, implorando. Lembra do que eu lhe disse? Antes de dormir com ela outra vez, põe uma colher de sopa de mel na banheira e toma um banho de mel. Depois de fazer sexo, seca o suor com aquele pedaço de musselina que lhe dei. E deixa pendurado até secar. Não lava. Mais tarde, envolve numa cebola roxa e amarra as pontas com um nó duplo. Entendeu? Um nó duplo. Aquele que eu mostrei a você. Dois nós em um. Isso. Depois, tudo que precisa fazer é enterrar o pano num lugar onde ela vai pisar ou vai passar. A-hã. Agora, meu querido, só não fica achando que ela vai lhe dar muito dinheiro. Porque não vai dar. Foi por isso que ela não deu certo com o marido. A-hã. Ela não vai ficar distribuindo dinheiro nenhum, não. E escuta aqui, melhor ter cuidado com os seus pertences pessoais — suas meias sujas, suas cuecas sujas, seu cabelo, fotografias da sua cabeça. Ela pode tentar levar essas coisas para alguém que nem eu. Esconde uma foto dela na sua carteira, entre as suas coisas, de cabeça pra baixo. Faz isso para mim. A-hã. Isso mesmo. Me conta depois. Tchau."

Minerva olhou para Williams do outro lado da mesa. "Terminou, benzinho?"

"Terminei."

"Tá, muito bem. Você sabe como funciona a hora dos mortos. Só dura uma hora — de meia hora antes da meia-noite até meia hora depois da meia-noite. A primeira meia hora é pra fazer o bem. A meia hora seguinte é pra fazer o mal."

"Certo", rebateu Williams.

"Parece que a gente vai precisar de um pouquinho de cada hoje", disse Minerva, "então é melhor andar logo com isso. Coloca o papel no bolso com as moedas e pega a água. Vamos lá pro jardim."

Minerva pegou sua sacola de compras e seguiu em direção à porta dos fundos. Estávamos em seu encalço enquanto ela abria caminho pela trilha a passos lentos e pesados. Ao nos aproximarmos da casa seguinte, um senhor já idoso se levantou de uma cadeira na varanda e foi para dentro. A janela de uma outra casa se fechou. Uma porta bateu em algum lugar. Dois homens parados ao lado de uma espirradeira foram embora assim que bateram os olhos em Minerva e sumiram na escuridão. Não demorou e chegamos ao fim da trilha. A lasca de uma lua nova pairava no ar feito um berço delgado sobre um arvoredo alto, escuro. Estávamos nos limites de um cemitério. Na outra extremidade, uns cem metros para além das árvores, a iluminação de uma quadra de basquete projetava uma luz fraca, acinzentada, sobre o cemitério. Um garoto estava batendo bola na quadra de basquete, fazendo arremessos. *Tump, tump, tump... poinnnn.* De resto, o cemitério estava deserto.

"Um monte de gente faz esse tipo de serviço", disse Minerva. "Mas parece que hoje o jardim é todo nosso."

Entramos em fila no cemitério, pegando um caminho tortuoso, e enfim paramos em um túmulo sob um imenso cedro. A princípio, pensei ser um túmulo novo, pois ao contrário dos outros o solo parecia ainda estar fresco. Minerva se ajoelhou ao lado da lápide. Abriu a sacola de compras e deu uma pá a Williams.

"Vai até o outro lado e cava um buraco de um palmo com essa pá", disse ela. "Joga uma das moedas lá dentro e cobre." Williams assim o fez. A terra se soltava sem o menor esforço. O túmulo já havia sido claramente cavado e revolvido tantas vezes que o solo estava tão solto quanto areia em uma caixa.

Fiquei a alguns metros de distância, observando. Minerva e Williams eram como duas pessoas ajoelhadas em lados opostos de uma toalha de piquenique. Estavam de cara um para o outro sobre os ossos do dr. Buzzard.

"Agora é hora de fazer o bem", disse Minerva. "Primeiro, a gente tem que acalmar um pouco aquele menino. Me fala alguma coisa a respeito dele."

"Ele tentou me matar", rebateu Williams.

"Isso eu sei. Quero que me diga alguma coisa de antes disso."

"Bom." Williams limpou a garganta. "O Danny estava sempre se metendo em brigas. Teve uma vez em que ficou bravo com o senhorio e atirou uma cadeira na janela do sujeito. Depois, saiu da casa e destruiu o carro do cara com um tijolo. Em outra ocasião, irritou-se com um dedetizador contratado para desinfetar o apartamento, aí deu um soco no olho do homem, bateu a cabeça dele contra a calçada e, depois que o sujeito prestou queixa na delegacia, pegou um bastão de baseball e saiu correndo atrás do camarada pela praça Madison, gritando que iria matá-lo. Ficou se gabando para mim, um dia, de ter atirado cinco vezes com uma pistola contra um cara numa moto só porque esse homem estava tentando sair com a mesma garçonete que saia com ele às vezes. Uma das balas acertou o pé do sujeito. A mãe do Danny uma vez precisou pedir proteção policial. Ela conseguiu um mandado de prisão contra o próprio filho, o que significava que, se chegasse a menos de quinze metros dela, seria preso."

Minerva se envolveu com os braços e estremeceu. "Não está adiantando", disse ela. "O menino ainda está confabulando pesado contra você." Depois de pensar por um momento, pediu: "Me fale alguma coisa boa que ele tenha feito."

"Não consigo lembrar de nada", retrucou Williams.

"Ele só fez coisas ruins na vida? O que o deixava feliz?"

"O Camaro dele", respondeu Williams. "Ele amava aquele Camaro. Costumava disparar com naquele carro por aí e ver quantas rodas conseguia tirar do chão de uma vez. Se fazia uma curva bem rápido, geralmente conseguia tirar duas rodas. Quando ia pra Tybee, gostava de passar voando por aquela lombada na estrada que dá na ponte Lazaretto Creek porque, se colidisse da maneira certa, dava pra tirar todas as quatro rodas do chão ao mesmo tempo. Ele adorava fazer isso. Não deixava ninguém tocar naquele carro. Era o orgulho dele. Chegou a pintar o carro com uma lata de spray todo de preto, do jeitinho que queria. Passava horas arrumando e limpando e pintando aquelas listras de corrida. Isso ele fazia bem, sabe, pintar aquelas listras e uns pequenos arabescos. Era bastante criativo. Isso é algo que a maioria das pessoas não entendia. Ele era um artista. Reprovou em todas as matérias na escola, menos artes. Claro, o talento dele não foi desenvolvido. Não teve paciência. Tenho duas pinturas dele. Carregadas de fantasia e barbárie, mas dá para ver que tinha talento. Costumava lhe falar: 'Danny, *faça* alguma coisa com isso. Você é *bom* nisso'. No entanto ele nunca conseguia se dedicar a nada. Nunca passou da oitava série, apesar de ser esperto e até brilhante às vezes. Teve uma vez em que paguei para ele desmontar dois lustres de cristal na Casa Mercer e limpá-los. Quando estava quase terminando de remontar, notei que ele tinha colocado todos os prismas menores ao contrário. Eram centenas deles. Expliquei que cada um dos prismas era como um anel de diamante e que a superfície lisa tinha de ficar para fora e a superfície com aresta para dentro, caso contrário não brilharia. Eu lhe disse para tirar todos os prismas novamente e recolocá-los da maneira correta. Disse que pagaria as horas extras que fossem necessárias. Aí ele olhou para o lustre. Ficou olhando por um bom tempo como se encarasse uma cascavel. Aí, desceu da escada e falou: 'Que se dane. Tô fora. Eu não tô cumprindo nenhuma *sentença de prisma!*'. Ri do trocadilho. Achei maravilhoso. Ele deu meia-volta e saiu ventando de casa, mas pude perceber um sorrisinho de canto de boca. Ele gostou de eu ter rido da piada dele."

Minerva sorriu. "Senti ele recuando um pouco", comentou.

"O que você quer dizer?", perguntou Williams.

"Senti bem na hora que você tava falando aquelas coisas sobre ele. Senti que o menino se acalmou um pouco."

"Por que você acha que isso aconteceu?"

"Porque ouviu você dizer que o ama", Minerva respondeu.

"O quê?! Mas isso... ele tentou me matar!"

"Sabia que ele tava confabulando contra você, meu bem, e agora sei o que ele tava tentando fazer! Tava tentando fazer você odiá-lo. Quer que você mostre pro mundo todo que o odeia. Assim, vão pensar que você o odiava o bastante pra matá-lo a sangue-frio. Se você fizer isso, com certeza vai pra prisão, e ele sabe disso."

"Eu tenho todo o direito de sentir ódio dele", disse Williams. "Ele tentou me matar."

"E pagou um preço alto por isso. Agora tá tentando fazer você pagar um preço alto também!"

Minerva virou seu saco de compras de cabeça para baixo e, depressa, espalhou o conteúdo à sua frente. "A gente não tem tempo pra ficar discutindo! Essa era a deixa que eu tava procurando. Agora já dá pra trabalhar. Rápido, a gente não tem muito mais tempo. Já deve ser quase meia-noite. Cava outro buraco e coloca outra moeda nele, e dessa vez *pensa naquele Camaro do menino!* Vamos! Anda! Pensa naquelas listras bonitas que o menino pintava nele e em como ele era bom nisso."

Williams, em silêncio, cavou outro buraco e jogou outra moeda dentro. Minerva cavou um buraco na extremidade onde estava posicionada e lá enfiou uma raiz. Em seguida, cobriu tudo e salpicou um pó branco por cima.

"Agora, cava outro buraco e, dessa vez, pensa nas duas pinturas do menino que você tem. Pensa no quanto são boas. A gente tá tentando mantê-lo longe do seu caso. Ele tá recuando. Tá recuando, sim. Dá pra sentir."

Minerva pegou um graveto e cutucou o chão várias vezes ao mesmo tempo em que murmurava e cantava. Salpicou mais um pouco de pó e, então, desenhou um círculo com o dedo. "Terminou, benzinho? Agora faz mais uma vez e pensa naquela 'sentença de prisma'. Pensa no quanto isso te fez rir. E pensa em como a sua risada fez o menino sorrir. Faz isso pra mim."

Minerva continuou seu serviço por cima da cabeça do dr. Buzzard, enquanto, lá nos pés do velho, Williams cavava, em silêncio, mais um buraco.

"Agora faz isso tudo de novo", disse Minerva, "e dessa vez joga o resto das moedas no buraco e pensa em todas as coisas ao mesmo tempo. E pensa em tudo mais que era bom naquele menino que talvez você ainda não tenha me contado". Minerva ficou observando Williams enquanto ele seguia suas instruções. "Agora pega aquela garrafa e joga um pouco d'água em cada um dos buracos cobertos pra que os seus pensamentos bons relacionados àquele menino se enraízem e floresçam e voltem pra abençoá-lo."

Minerva fechou os olhos e ficou em silêncio por vários minutos. O sino de uma igreja começou a badalar meia-noite. Abriu os olhos outra vez e, depressa, pegou um saco de plástico cor-de-rosa. Ela colocou uma pá de terra dentro dele. "Terra de cemitério funciona melhor quando é tirada do túmulo bem à meia-noite", explicou. "Mas isso não é pro seu serviço, meu bem. Isso é pra uso privado." Suspirou. "A magia negra não para nunca. Tudo o que a gente faz acaba voltando. Quem começa com isso não pode parar. Que nem conta de luz. Que nem a conta da mercearia. Ou acabam matando você. Tem que continuar. Por dois, cinco, dez, vinte anos." O saco ficou entupido de terra. Ela o colocou de volta dentro da sacola de compras.

"Já passou da meia-noite", retomou. "Hora de fazer o mal. Vou trabalhar no promotor. Ele é homem, então vou cruzar o sexo dele e procurar por nove mulheres mortas diferentes. Nove. Vou chamar por elas três vezes. Não posso garantir que todas vão ficar a seu favor. Porém, em algum ponto da linha, vai ter uma abertura e as mortas vão acertar contas com ele como fizeram na última vez. Tira aquele papel do bolso, o que tem o nome dele escrito, e o deixa aberto no chão com as letras pra cima." Williams obedeceu. "Agora dobra o papel uma vez e depois dobra de novo. Aí coloca de volta no seu bolso. Isso. Agora fica aí sentado em silêncio enquanto convoco as mortas."

Minerva pronunciou palavras ininteligíveis com sua voz sonolenta, meio sussurrada. Tudo que fui capaz de entender foram os nomes das mulheres mortas: Viola, Cassandra, Serenity, Larcinia, Delia. Minerva se valia de todos os acessórios que havia levado consigo — raízes, amuletos, pós, trapos. Jogou tudo no chão e ficou mexendo com duas varetas como se misturasse uma salada vodu. Em seguida foi colocando todos os itens de volta na sacola de compras, um por um. Ao terminar, olhou para Williams.

"Vai até o fim do cemitério e espere por mim lá", ordenou. "E não olha pra trás. Eu ainda tenho umas coisas pra fazer aqui."

Williams e eu saímos andando. Depois de alguns passos, me agachei por trás de um carvalho de onde ainda pudesse vê-la. Ela começou a murmurar. Seus murmúrios se transformaram em gemidos, que passaram a lamentos, que por sua vez foram ficando cada vez mais e mais altos. Os braços de Minerva balançavam e rodopiavam feito pequenas hélices. Quando ela enfim ficou sem fôlego, suas mãos caíram sobre seu colo. Curvou a cabeça em silêncio por um momento. O único som no cemitério era o *tump, tump, tump* da bola de basquete quicando ao longe. Por fim, Minerva passou a cochichar, aflita.

"Me escuta, velho! Por que tem de ser assim? Me diz por quê! Eu lhe dou dinheiro e pergunto um número, mas nunca recebo porra nenhuma! Fica só aí, deitado, noite atrás de noite, rindo de mim. Por acaso não agi direito com você? Não o esperei na cama quando você era velho e cansado e seus dentes tavam todos podres? Porra, me *escuta!*" Minerva cutucou o chão com sua pá de pedreiro. "Me dá a porra de um número! *Me dá logo!*" Ela cutucou o chão outra vez. "Não vou te dar sossego, velho, até você me dar um número. Olha só pra mim, tendo que usar esse vestido nojento. Preciso comprar um novo. O teto tá com goteira. O menino tá enrascado com a polícia. Tem terra de cemitério na minha varanda. Tô tendo bloqueio. Os negócios tão miando." A cada queixa, ela dava um soco no chão, próximo às costelas do dr. Buzzard. Por fim, jogou a pá dentro da sacola e se levantou com um suspiro.

Saí de mansinho e me juntei a Williams na outra ponta do cemitério. Momentos depois, Minerva se juntou a nós, murmurando. "Velho teimoso", reclamou. "Xingo até não poder mais, mas nem assim ele me dá um número."

"Você nunca ganhou aquele maldito jogo, Minerva?", perguntou Williams.

"Já, já ganhei", respondeu. "Uma vez, coloquei 36 dólares no três triplo. E foi o número que saiu."

"Quanto você ganhou?"

"Eu devia ter ganhado 10 mil, mas não levei nem um centavo."

"Por que não?"

"O bicheiro mudou o número!"

"E como você deixou ele se safar dessa?"

"Ele não se safou de nada, benzinho. Dei um jeito pra que não trabalhe mais. Fui ao jardim e retribuí a gentileza dele. Agora ele tá doente e a gente tem um novo bicheiro."

Enquanto caminhávamos pela trilha, Minerva passou a Williams suas orientações finais. Ele deveria colocar o papel com o nome de Spencer Lawton em um pote de vidro cheio de água não encanada. O pote precisava ser colocado em um ponto escuro de seu armário, onde a luz do sol ou o brilho da lua não o alcançasse, até o fim do julgamento. Também seria necessário recortar uma fotografia do rosto de Lawton no jornal, riscar os olhos dele com uma caneta — primeiro o olho direito, depois o esquerdo — desenhar nove linhas cruzando os lábios dele como se costurados, colocar a fotografia no bolso do casaco e certificar-se de que um pastor tocaria em seu casaco. Por fim, deveria queimar a fotografia no lugar exato onde Danny morrera.

"Faz isso", disse Minerva, "e o Spencer Lawton vai perder a ação. Agora, você precisa fazer mais outra coisa também. Uma vez por dia, todo dia, deve fechar seus olhos e dizer para aquele menino que o perdoa pelo que ele fez. E bem lá no fundo precisa perdoá-lo de verdade. Ouviu bem?"

"Ouvi", respondeu Williams.

Minerva parou em uma encruzilhada. "Agora, volta pra Savannah e faz o que eu lhe disse", reiterou.

"Você não vai pra casa?", perguntou Williams.

Minerva deu uns tapinhas em sua sacola de compras. "Querido, nunca levo terra de cemitério pra minha própria casa. Vou entregar isso primeiro, e preciso agir sozinha."

Williams estava silencioso no início do caminho de volta.

"Você vai seguir as orientações da Minerva relacionadas à foto do Spencer Lawton?"

"Talvez", disse Williams. "É meio cafona, contudo pode acabar sendo uma boa terapia — costurar a boca, rabiscar os olhos do sujeito. É, pode ser que eu acabe entrando nessa."

"E quanto à mensagem diária de perdão a Danny Hansford? Fará isso também?"

"Em absoluto! O Danny nunca passou de um assassino." Williams pegou seu copo e bebeu o que ainda restava de vodca com tônica.

"Meu processo acabou se resumindo a somente uma única coisa", prosseguiu. "Dinheiro. O Danny sabia que eu tinha 250 mil dólares em dinheiro lá em casa. Quando meu advogado, o Bob Duffy, chegou na Casa Mercer naquela noite, ele saiu inspecionando a mercadoria, pegando pequenos objetos e virando-os de cabeça para baixo. Quando lhe perguntei quanto pretendia cobrar para me representar, falou: 'Cinquenta das de cem'. Mais tarde, ao me dar conta de que precisava de um bom advogado criminalista, contratei o Bobby Lee Cook. O Bobby Lee levou a esposa lá em casa e ela levou 50 mil dólares em antiguidades. Foram os honorários dele. Os gastos extras seriam adicionados por fora. Ele era assessorado pelo John Wright Jones, que levou 20 mil dólares. E agora vou ter de pagar tudo de novo por um novo julgamento.

"No entanto foi a mãe do Danny que levou o grande prêmio com a ação de 10 milhões de dólares contra mim. Depois de toda angústia e toda dor que Danny tinha lhe causado, após expulsá-lo de casa e pedir proteção policial contra o próprio filho, depois de morto, do nada, ele se tornou o filhinho querido do coração, um recurso passivo perigoso transformado, por milagre, num recurso ativo de 10 milhões de dólares. Deus sabe o quanto vai me custar para me defender desse processo.

"Então, sabe, tudo é uma questão de dinheiro. E essa é uma das razões pelas quais eu amo a Minerva. Você pode até rir daquela coisa toda de vodu se quiser, porém ela só me cobrou 25 dólares hoje. Não sei se você entendeu o ponto dela ou não, mas, sob todos os ângulos, foi uma barganha."

Não respondi, contudo me dei conta, sim, de que entendia o ponto de Minerva. Entendi com bastante clareza seu ponto. Meu ponto, todavia, era: e Williams, entendia?

19
PRAÇA LAFAYETTE, CÁ ESTAMOS

Segurando uma taça, Joe Odom observava, de pé no telhado de sua casa nova, os carros alegóricos e as bandas desfilando pela praça Lafayette mais abaixo. Era um lugar perfeito para se assistir à parada do Dia de São Patrício. Do telhado, Joe podia ver a água esverdeada borbulhando da fonte no centro da praça. Podia ver a multidão nas ruas usando chapéus verdes e carregando grandes copos de papel cheios de cerveja verde. O Dia de São Patrício em Savannah era o equivalente ao Mardi Gras em New Orleans. Era um feriado oficial; a cidade inteira se preparava. Eram esperados mais de duzentos grupos de marcha para aquele dia, além de quarenta bandas e trinta carros. Uma salva de palmas ecoou pela multidão quando a equipe Anheuser-Busch composta por oito cavalos da raça escocesa Clydesdale, de patas peludas, passou a trote em torno da praça e pela frente da casa.

Como a maioria das paradas no Dia de São Patrício, a de Savannah era um evento ecumênico. Negros, escoceses e alemães marchavam ao lado de irlandeses, contudo aquela parada tinha um sabor sulista um tanto distinto. Em dado momento, tal sabor adquiriu uma nota amarga. Uma coluna de participantes vestindo uniformes cinza dos Estados Confederados chegou à praça com uma carroça puxada a cavalo. Como a carroça era fechada com madeira nas laterais da rua, poderia passar a impressão de estar vazia. Entretanto, do telhado, podia-se ver um soldado com o uniforme azul da União estirado no chão da carroça, imóvel. Era uma imagem arrepiante, tanto mais por se pretender clandestina.

"Maldito ianque", disse Joe. "Olha só ele lá, todo ensanguentado e morto."

"Faz um tempinho que a Guerra Civil terminou", argumentei. "Já não é hora de deixar tudo isso pra trás?"

"Não se você é do Sul", respondeu Joe. "Sabe, aquele ianque morto não tem a ver só com a Guerra Civil. É meio que um símbolo do que pode acontecer com qualquer um deles, até mesmo nos dias de hoje, quando um ianque moderninho vem pra cá e deixa o povo todo puto da vida." Joe me encarou e ergueu o copo como em um brinde. "Pode ser algum sujeito de Nova York que resolveu escrever um livro a nosso respeito e começou a encher as páginas de drag queens e assassinos e cadáveres e frascos de veneno e — o que mesmo que você estava me contando agora há pouco? Ah sim, vodu! *Vodu!* Bruxaria num cemitério! Caramba!"

"Eu não estou inventando nada disso, Joe", assegurei.

"Sei que não."

"Então suponho que não desaprove de verdade."

"Não. Aliás, quando penso nisso, até que vem a calhar. Sabe, com toda essa gente esquisita que você arrumou pra botar no seu livro, acho que alguém vai ter de interpretar o mocinho, e tá começando a parecer que esse mocinho sou eu."

A nova residência de Joe Odom era, de longe, a mais grandiosa das quatro que havia ocupado no curto período em que nos conhecíamos. Era uma mansão de quatro pavimentos, um palacete em estilo Segundo Império construído pelo então prefeito de Savannah em 1873. Era um imóvel único na cidade, e destacava-se justamente por isso. As pessoas costumavam se referir a ele como "Casa Charles Addams", pois gozava de um telhado de mansarda coroado por uma rendilha de ferro batido. O nome era "Casa Hamilton-Turner", e de fato era um imóvel tão exemplar que constava no livro dedicado à arquitetura americana *A Field Guide to American Houses*. As janelas altas, geminadas, abriam-se a varandas elegantes, e uma grade de ferro cercava o local. Em suma, a Casa Hamilton-Turner era tão imponente e ainda assim tão elegante que quem passava pela frente geralmente parava por nenhum outro motivo senão admirá-la. Joe não era do tipo que desperdiçaria uma oportunidade dessas; colocou uma placa no portão alguns dias após a mudança: RESIDÊNCIA PARTICULAR: VISITAS DAS 10H ÀS 18H.

Savanianos bem informados ficaram chocados com a placa, pois sabiam que o exterior da Casa Hamilton-Turner era a única parte digna de atenção. O interior tinha sido destruído e dividido em apartamentos tempos atrás. Joe havia ficado com o salão para si, única parte da casa aberta a visitas. O espaço de fato possuía janelas altas com vista teatral para a praça, mas a sequência dos cômodos perfeitamente proporcionais de outrora fora sacrificada em nome de mais banheiros, quartos, closets e uma cozinha. Paredes haviam sido substituídas por arcos. Mesmo assim, por conta de sua vastidão, o salão ainda preservava a aura de um *piano nobile* de cauda. Possuía antigos lustres, cornijas e espelhos de pé (embora nenhum fosse original do imóvel), e Joe de fato conseguiu dar um toque atraente ao espaço com o que sobrara da própria mobília somada às antiguidades emprestadas de amigos ou levadas em consignação de antiquários locais.

Joe havia, de fato, criado algo novo em Savannah: a única residência particular que funcionava em tempo integral como atração turística. Sete outras casas também estavam abertas ao público, no entanto eram todas casas-museus, todas elas importantes amostras arquitetônicas, restauradas e administradas por curadores profissionais e funcionando sem fins lucrativos. O salão reformado por Joe havia, com efeito, entrado em competição com os museus. E ele levou sua cota de turistas. Ao menos cinquenta pessoas entravam lá todo dia e, no mínimo, meia dúzia de ônibus de excursão que ficava parada à porta. Um dos ônibus geralmente ficava para o almoço e, nos fins de tarde, Joe abria a sala de jantar para eventos privados à luz de velas.

Para ajudar a lidar com todo esse movimento, Joe contratou uma governanta negra, baixinha, das mais alegres, e a colocou plantada no topo das escadas de entrada com um uniforme de copeira clássico preto e branco. Seu nome era Gloria, e tinha olhos grandes e cachinhos caídos sobre a testa. Sabendo que metade do dinheiro recolhido à porta era seu, Gloria abordava praticamente todo mundo que se aproximava da casa. Em dias sem movimento, oferecia descontos — um dólar por pessoa em vez dos três de costume. ("Pode até ser só um dólar", dizia mais tarde, "porém é muito comparado a nada.") Gloria oferecia aos clientes um copo de limonada e os guiava pelo salão, seus olhos piscando deslumbrados ao apresentar as atrações turísticas da casa. Explicou que era a primeira casa em Savannah a receber energia (o prefeito que a construíra também havia sido diretor da companhia elétrica) e que servira como centro da vida social e cultural da cidade na última metade do século dezenove. "Essa casa agora também é o centro de muitos acontecimentos", acrescentava com um sorriso. Caso o "sr. Joe" calhasse de estar em casa, tocava alguns clássicos antigos para os convidados, e então Gloria cantava alguns versos que conhecia de "Stormy Weather" enquanto dançava algo que lembrava hula.

Joe embolsava uma média de 500 dólares com a casa, quase tudo em dinheiro vivo, o que lhe vinha a calhar perfeitamente, já que não podia mais abrir conta em um único banco sequer. Até mesmo a conta bancária do Sweet Georgia Brown's fora tirada de suas mãos. Estava no nome de Mandy e era a assinatura dela, e não a dele, que aparecia em todos os cheques preenchidos aos funcionários e fornecedores do bar.

Joe e Mandy não estavam nem perto de se casar. A bem da verdade, o interesse dele por outras mulheres vinha ficando cada vez mais frequente e mais escancarado. Por várias ocasiões, Gloria encontrou a porta do quarto de Joe trancada enquanto excursionava pela casa. Nunca lhe faltaram palavras. "Por trás desta porta, fica o quarto principal da mansão", dizia, "e hoje os editores da revista Southern Accents estão aqui fotografando pra próxima edição e não podemos perturbá-los. Portanto, sinto muitíssimo, porém não vamos poder ver este cômodo hoje." Suas explicações poderiam ou não ser questionadas pela altura das gargalhadas e risadinhas vindas do outro lado da porta.

Mandy estava ciente dos flertes de Joe. "Juro que Joe Odom vai acabar me fazendo virar feminista", disse ela. "Há dois anos, se alguém tivesse me contado isso, eu teria morrido." Ela começou a exibir uma nova autoconfiança. Agarrou o talão de cheques do Sweet Georgia Brown's e se prostrou à caixa registradora, impedindo o suprimento de dinheiro fácil para Joe. O dinheiro vivo que entrava no bolso de Joe, proveniente dos negócios turísticos, era um meio dos mais necessários para manter seu estilo de vida. Só havia um empecilho: era ilegal.

A Casa Hamilton-Turner ficava localizada em uma zona residencial. Excursões particulares pelas casas não eram permitidas.

A praça Lafayette era um recanto tranquilo e conservador de Savannah cercado por casarões nobres e mansões isoladas. O casarão onde o escritor Flannery O'Connor havia morado na infância ficava em diagonal à casa de Joe na rua Charlton. Cruzando a praça, erguia-se a magnífica Casa Andrew Low — uma *villa* à italiana cor-de-rosa com um pórtico em estilo renascentista grego, com todo seu esplendor arquitetônico e histórico — onde Juliette Gordon Low havia fundado, em 1912, o movimento das Bandeirantes nos Estados Unidos, e agora abrigava a sede das Damas Coloniais na Geórgia. De todos os imóveis vizinhos, porém, nenhuma presença era mais repreensiva que o Edifício Lafayette, um monumento ao debacle financeiro de Joe apenas uns anos antes. O Lafayette ficava do outro lado da praça, em censura silenciosa a Joe. Em seu interior havia meia dúzia de pessoas que ainda não haviam se recuperado do choque de ter seus apartamentos hipotecados (e então tendo de entrar na justiça para reavê-los) quando o novo morador da Casa Hamilton-Turner deixou de pagar o empréstimo para construção.

O barulho e a fumaça dos ônibus irritavam os moradores da praça Lafayette, todavia as festas de casamento nas redondezas quase os distraíram. Para tais eventos, a praça era literalmente anexada ao jardim da casa. Colocava uma banda de música Dixie no pórtico e montava tendas na praça sem nem se preocupar em obter uma licença. A praça reverberava com a música estridente e o ruído das vozes de uma centena de convidados circulando. "Todo mundo adora um casamento", disse Joe, em um lamentável erro de cálculo quanto à tolerância de seus vizinhos. Depois de aguentarem três casamentos, os vizinhos formaram um comitê e enviaram uma espiã até a Casa Hamilton-Turner para apurar os fatos.

A espiã era uma mulher malvestida de meia-idade que morava na região sul. Fingindo ser turista, entrou na Casa Hamilton-Turner às 15h para o que deveria ter sido uma excursão de vinte minutos. Surgiu duas horas depois com o cabelo espetado, coberto de gel, e o rosto maquiado como Cleópatra. Alegou que Joe Odom era um galã, que a governanta, Gloria, era tão fofa que seria capaz de comê-la e que não tinha mais tempo para continuar discutindo o assunto pois precisava correr para casa, trocar de roupa e chegar no Sweet Georgia Brown's a tempo do *happy hour*.

Exasperados, os membros do comitê selecionaram uma segunda espiã, também mulher de meia-idade, contudo um pouco mais sensata, já que fora docente em uma das casas-museus. Esta segunda espiã, por sua vez, retornou para contar que havia muito mais coisas acontecendo na Casa Hamilton-Turner além de excursões. "Joe Odom, charmoso do jeito que é, parece incapaz de discernir vida privada de profissional. Os tantos amigos dele entram e saem e se misturam aos turistas pagantes com toda a familiaridade. Conversam, preparam drinques, assaltam a geladeira, usam o telefone. Quatro homens estavam jogando pôquer na sala de jantar e posso jurar que vi um deles no jornal da noite há pouco tempo — era um sujeito bem gordo, por isso me lembro dele — preso por desfalque, ou talvez tráfico de droga. Havia uma mulher dormindo encolhida no sofá, o que o sr. Odom descreveu rindo como 'um descanso pós-maratona de bebedeira'. Na cozinha, encontramos um rapaz extremamente falante fazendo um permanente em uma senhora idosa. Ele se atreveu a sugerir que *eu* seria a próxima, que poderia fazer uma escova, acho que era isso. Quando a gente soma a essas atividades as constantes idas e vindas dos inquilinos que moram nos apartamentos do andar de cima — essas pessoas precisam passar pelo hall de entrada do sr. Odom pra chegar até a escada — dá pra se ter uma ideia do clima caótico que acaba imperando.

"As excursões do sr. Odom são um trambique dos mais metódicos", prosseguiu a espiã. "Três dólares é um preço caro a se pagar por uma espiada num imóvel mal-arrumado e sem valor histórico nenhum. A maioria dos artefatos do sr. Odom são falsificações — a tabaqueira do general Oglethorpe e coisas do tipo. Com frequência, o sr. Odom simplesmente descamba para a paródia de uma excursão de verdade pela casa. Ele se referiu a dois retratos a óleo como seus antepassados 'por direito de compra', alegando ter encontrado as pinturas num mercado de pulgas e que elas pareciam querer ir para casa com ele. A mobília é uma combinação desajeitada de estilos — algumas reproduções, algumas peças de época — quase tudo em condições deploráveis. Um sofá para duas pessoas estava com um balde de ponta-cabeça no lugar de uma perna faltando. Ciente da situação financeira precária do sr. Odom, não me surpreendeu que ele tenha feito várias alusões ao fato de que tudo na casa estava à venda — tapetes, pinturas, mobília, quinquilharias. Cantou algumas músicas, o que até foi bem agradável, contudo, nesse momento, passou a fazer propaganda ostensiva em prol do Sweet Goergia Brown's, cujos panfletos se empilhavam por todas as mesas. Parece bem claro que todo esse esquema pretencioso não passa de um chamariz promocional para casa de shows do sr. Odom. Em contraste, as casas-museus têm um valor educacional bem maior, e as taxas que coletam são usadas com o propósito meritório de preservar os importantes remanescentes da herança de Savannah. As excursões do sr. Odom tão somente depreciam o conceito."

Pouco depois de tal visita, o Departamento de Inspeções notificou Joe por carta registrada de que as excursões de ônibus à Casa Hamilton-Turner violavam o código de zoneamento e deveriam cessar de imediato.

Joe ignorou a notificação. "A melhor resposta é sempre não responder nada", disse. "Isso nos garante mais uns dois ou três meses pra respirar em paz; com sorte uns seis." Enquanto isso, na surdina, ele persuadia seus amigos na Comissão de Planejamento Metropolitano a proporem uma alteração no zoneamento que permitisse excursões turísticas privadas. Quando a Associação de Moradores do Centro Histórico tomou conhecimento disso, votou contra a proposta e a emenda foi derrubada. Algumas semanas depois — um dia antes da parada do Dia de São Patrício —, o Departamento de Inspeções novamente ordenou que Joe parasse com as excursões de uma vez por todas ou enfrentaria um processo legal. Dessa vez, o *Savannah Morning News* publicou uma reportagem. O tempo para respirar, ao que parecia, havia terminado para Joe.

A carroça transportando o corpo do soldado da União dobrou a esquina e seguiu pela rua Abercorn.

"Sei lá, Joe", falei. "Tenho a sensação de que talvez você acabe parando naquela carroça antes de mim."

"Opa, vê se não começa a me irritar", retrucou ele.

"Você vai cumprir a decisão judicial, não vai?"

"Eu? O anfitrião de Savannah? Fechar minhas portas? Não é da minha índole ser antissocial. Vai contra a minha natureza. Além disso, ainda vou ficar podre de rico sendo tão hospitaleiro. Só se eu fosse louco pra ficar hostil de uma hora pra outra." Disse isso e correu os olhos pela praça, perscrutando os imóveis em torno como se fossem fortificações inimigas. "Tenho um plano."

"Qual plano?"

"Acho que poderia conseguir ajuda com alguns dos seus novos amigos. Aquela tal de Minerva, por exemplo. Pensei que a gente poderia dar uma passada lá em Beaufort por volta da meia-noite e trocar umas palavrinhas com ela. Ver se não dá para fazer um feitiço contra alguns dos sujeitos que querem fechar a casa. Ou talvez a gente pudesse fazer com que o seu camarada Luther Driggers envenenasse todo esse pessoal. Ou que o seu amigo Jim Williams atirasse neles... em legítima defesa, claro."

"Que mau gosto", rebati.

"Nem vale, né? Bom, tenho outra ideia. Tenho mesmo, e essa é séria. Vamos lá embaixo. Vou te mostrar o que quero dizer."

Joe desceu a escada apertando mãos e exclamando saudações efusivas. Festas organizadas para se assistir à parada estavam a pleno gás em todos os andares da casa. Amigos gritavam frases de apoio: "Segue firme, Joe!", "Não deixa eles fecharem", "Que se danem, Joe, eles não têm esse direito". E Joe lhes respondia seguidamente: "Não se preocupem. A casa segue aberta. A casa segue aberta".

A aglomeração de gente no salão era tão densa que estava difícil de atravessar. Era a primeira vez que Joe morava em uma casa de fato na rota da parada, e, em consequência, sua festa do Dia de São Patrício estava mais cheia que de costume. No meio disso tudo, Gloria, a governanta, mostrava a casa aos turistas a 3 dólares por cabeça talvez pela última vez. Estava rodeada por três casais de meia-idade que levavam as mãos em concha às orelhas a fim de escutá-la em meio ao barulho da multidão se acotovelando. "Antigamente", dizia Gloria, "as damas da sociedade costumavam se sentar a essa lareira, protegendo os rostos do calor atrás dessas telas emolduradas. Sabem, naqueles dias, a maquiagem das damas era feita de cera e, se o clima esquentasse demais, a pintura escorria toda por seus belos rostinhos...".

Joe me levou até um quartinho atulhado com vários objetos nos fundos da casa. Tirou um maço de papéis de uma das gavetas da escrivaninha. "Olha, esse é meu plano", disse. "Tive de sair da minha condição de aposentado para poder traçá-lo — foi preciso colocar meu chapéu de advogado. O que quer dizer que, enfim, amanhã de manhã vou até o tribunal pra jogar essa lenga-lenga legal no colo deles." Ele me passou a papelada. Eram documentos referentes à "Fundação Museu Hamilton-Turner", a qual era descrita como "um empreendimento sem fins lucrativos cujo propósito será restaurar o interior da Casa Hamilton-Turner com recursos provenientes de uma empresa turística privada e sem fins lucrativos ao local supracitado — Joseph A. Odom, presidente."

"Taí, simples e direto", continuou ele. "Depois de deduzir os salários e os custos em geral, dá para dizer que não vai sobrar recurso algum. Ainda assim, pelo menos nós não estaremos violando nenhum código de zoneamento. Já que, a partir de amanhã de manhã, a Casa Hamilton-Turner não vai mais ser uma residência privada, vai ser um museu. Então, se quiserem fechar minhas portas, vão ter de fechar as portas dos outros também."

"Você acha que isso vai dar certo?"

"Dará pelo menos até encontrarem uma maneira de contornar a situação. Entretanto isso já não vai mais importar, porque já vou estar rico e famoso como o herói do seu livro."

Naquele momento, o som bastante propício de clarins e címbalos ecoou da parada que se afastava.

20
SONNY

Duas semanas antes do início do segundo julgamento, Jim Williams estava do lado de fora de seu antiquário observando três homens descarregarem uma pesada peça de mobília de uma grande van.

"Cuidado", orientou ele. Estavam baixando um aparador entalhado. "Levanta um pouco o lado direito."

"Como vão as coisas?", perguntei.

"Tudo como sempre", respondeu.

"E aquele outro negócio?"

"Meu julgamento? Não faço a menor ideia. Deixo tudo nas mãos dos meus advogados. Pra mim, é um tédio gigante. Agora, *isso sim* me interessa." Williams apontou com a cabeça para o aparador. "É um exemplo muito raro de mobília georgiana. Nogueira escura. Começo do século XIX. Os detalhes do estilo regencial são extremamente incomuns. Nunca vi nada assim antes."

Falava como se a mobília sendo retirada do caminhão fosse sua única preocupação. A bem da verdade, poucas semanas antes, o tumulto nos preparativos de defesa para seu novo e iminente julgamento acabou provocando uma troca de advogados. Bobby Lee Cook, por mais astuto e desenvolto que fosse, não havia conseguido se livrar de um conflito de agenda. Havia se comprometido a representar outro cliente em um caso perante a justiça federal e o calendário federal sempre prevalecia em relação aos casos em nível estadual. Williams, de repente vendo-se sem advogado, procurou Frank "Sonny" Seiler, um notório advogado de Savannah e sócio da firma Bouhan, Williams & Levy. Seiler já estava envolvido no caso de forma periférica, pois fora contratado por Williams para representá-lo na ação indenizatória de 10 milhões de dólares movida pela mãe de Danny. Tal ação seria levada a julgamento assim que o processo criminal fosse resolvido. Agora, na ausência de Cook, seu cliente lhe pediu que assumisse a ação criminal também.

Já aos 50 anos, Sonny Seiler gozava de uma posição de estatura considerável dentro da comunidade legal do estado. Antigo presidente da Ordem dos Advogados da Geórgia, havia sido listado no livro *The Best Lawyers in America* como um dos maiores litigantes cíveis do país. Era nativo de Savannah, o que contava, e muito, a favor de Williams. Membros de júris, em especial os membros do júri da cidade, desconfiavam institivamente de advogados forasteiros. Bobby Lee Cook era de Summerville, ainda Geórgia, que ficava a 160 km ao norte de Atlanta, contudo distante o suficiente para fazer dele um forasteiro em Savannah. Seiler não apenas era um conterrâneo, como já havia conquistado um lugar no folclore local. Trinta anos antes, aos 22, mergulhara no rio Savannah na altura da rua East Broad e nadara 30 km até a ilha Tybee em seis horas contra a correnteza e sob a ameaça de um furacão.

"Sonny Seiler está empenhadíssimo no meu caso", me confidenciou. "Liga para me contar as novidades, porém eu meio que nem escuto direito. Me envia cartas, nas quais só passo os olhos. Se achar divertido, vá lá vê-lo pessoalmente e ele lhe explicará tudo. Aí você poderá me contar, em poucas e bem escolhidas palavras, quais são suas impressões relacionadas ao meu processo. Vai me poupar aborrecimento. O escritório dele é dobrando a esquina, na Casa Armstrong, aquela mansão enorme, cinza, que já foi minha, na Bull com a Gaston. Vou dizer para ele falar com você. Só certifique-se de vê-lo depois das 17h. Mais cedo que isso seria horário comercial e ele provavelmente me cobraria honorários por hora. Acabei me familiarizando com os traquejos dos advogados." Os cantos dos lábios de Williams arquearam-se para baixo. "Diga que mando lembranças ao *ugh*-ah."

"*Ugh*-ah?"

"U-G-A. Uga. O Uga é um buldogue branco enorme. É mascote da Universidade da Geórgia, por isso o nome. Orgulho do dono, Sonny Seiler" disse Williams com certo ar de desdém. "O Sonny é muito exagerado. Ele é o fã número um de futebol americano da universidade. É dono da mascote desde os tempos em que estava na faculdade de direito nos anos 1950. O atual mascote é o quarto na dinastia Uga. Vinte e cinco anos de Ugas e futebol. O Sonny leva o Uga de carro até Athens para todos os jogos no estádio da universidade numa perua vermelha enorme. A placa do carro é UGA IV."

O hall de entrada da Casa Armstrong era um vão com piso de mármore e uma lareira vitoriana. Uma pintura em tamanho real de um nobre britânico vestindo uma capa carmesim ocupava toda uma parede. Sob a pintura, o velho sr. Gloves, o porteiro, dormia sentado em uma poltrona. Uma recepcionista ao pé de uma escadaria íngreme murmurou para que eu subisse de imediato.

O escritório de Sonny Seiler era um cômodo amplo e elegante, que outrora servira como suíte principal da mansão. Janelas francesas altas davam para a Associação Oglethorpe, do outro lado da rua Bull. Nas paredes, onde seria de se esperar retratos dos fundadores pendurados, havia retratos de Uga I, Uga II e Uga III. Cada um dos buldogues vestia uma camisa de futebol americano vermelha brilhante sobre ombreiras; um G preto de Geórgia centralizado no peito do cachorro. Seiler estava sentado à escrivaninha com camisa branca de mangas curtas. Seu corpo era musculoso, os ombros largos. Quando entrei, ele pulou da cadeira feito um zagueiro saindo do banco para entrar em campo.

Cumprimentamo-nos. Ele usava um anel grande o suficiente para ser uma soqueira. Brilhava com suas duas fileiras de diamantes que formavam, em letra maiúscula, as palavras GEÓRGIA — CAMPEÕES NACIONAIS — 1980. Sentei-me do outro lado da escrivaninha. Era 17h45, e fui direto ao assunto, julgando que Seiler pudesse, de algum modo, estar cronometrando a conversa.

"Sua abordagem nesse julgamento vai ser de algum modo diferente da empregada que no primeiro?"

"Olha, vai sim", disse. "Vamos ter toda uma nova estratégia. O maior erro cometido pela defesa no primeiro julgamento foi não ter enfrentado a questão homossexual. Bobby Lee Cook considerou a possibilidade de um acordo para manter o tópico fora do julgamento, o que o levou a selecionar um júri formado por professoras solteironas do ensino básico e acabou sendo um desastre. Foi traído quando o juiz permitiu que aqueles dois moleques amigos do Hansford testemunhassem e falassem do relacionamento sexual de Jim e Danny. Então, me sentei com o Jim e disse, 'Olha, não podemos cometer esse erro de novo. Senão o Lawton vai levar aqueles dois outra vez e deixará o júri em órbita que nem fez da última vez. Você terá que dizer tudo dessa vez, *nas suas próprias palavras*. Organiza bem as ideias, de um jeito suave, que tire o impacto da informação.' Bom, o Jim se opôs totalmente à sugestão. Recusou categoricamente, disse que não e pronto. Falou que nunca iria expor a mãe a esse tipo de conversa. Aí, eu rebati, 'Pelo amor de Deus, Jim, ela estava sentada lá durante o primeiro julgamento! Já ouviu tudo o que tinha pra ouvir!' 'Não de mim, de mim ela não ouviu', foi sua resposta. Então, pensei por um minuto e disse: 'E se a sua mãe *não* estiver na sala de audiência durante seu depoimento? Aí, não escutará nada da sua boca.' E o Jim enfim cedeu. Concordou com o plano. Eu lhe disse para não se preocupar, que iríamos apoiá-lo escolhendo um júri que não fosse parcial, contra homossexuais."

"Como você planeja fazer isso?"

Seiler se debruçou, apoiando os cotovelos na mesa. "Bom, Mestre, nós vamos fazer o seguinte. Quando entrevistarmos potenciais jurados, vamos perguntar pra eles: 'Seria um problema pra senhora ou o senhor se soubesse que o réu é homossexual?' Todos dirão: 'Não! Problema nenhum'. Aí, perguntaremos: 'Você gostaria que um homossexual dessa aula pros seus filhos na escola?' E é aí que encurralamos um monte deles: 'Bem... não', respondem, 'eu não gostaria disso, não'. Nessa hora afastamos essa gente com justo motivo. Se escaparem dessa pergunta, partimos pra seguinte: 'Tem algum homossexual na sua igreja?' E depois: 'Você se importaria caso seu pastor fosse homossexual?' Se houve qualquer parcialidade, acabamos descobrindo cedo ou tarde."

Seiler não se mostrou interessado em buscar uma mudança de foro. "Podemos nos arrepender bastante caso consigamos", afirmou. "Não sabemos onde podemos parar. Não temos o menor controle nesse tipo de situação. Podemos acabar no Condado de Ware." Revirou os olhos. "Não tem nada lá além de um bando de caipiras malditos. Quer dizer, caramba, o povo lá pensa que é pecado transar com a luz acesa. Iam acabar linchando o Jim antes de sequer chegar a condená-lo. Então acho que é melhor ficarmos aqui mesmo em Savannah. A tese do promotor nem é tão forte assim como ele faz parecer, e só vem enfraquecendo com o passar do tempo."

"Como assim?", aventurei-me a perguntar.

"Deixa eu lhe dizer. O Lawton gosta de ficar falando sobre as 'avassaladoras' provas materiais contra o Jim. Conversa fiada. Ele tem duas teorias favoritas: a tese dos resíduos de pólvora e a tese do tiro de misericórdia. Alega que a ausência de resíduos de pólvora nas mãos do Danny prova que ele não disparou uma arma, e afirma que o Danny estava estirado no chão quando o Jim atirou nele pelas costas. Bom, acabamos de apresentar provas novinhas em folha que destroçam ambas as alegações. E nem me preocupo em estar contando para você o que temos porque já tivemos de compartilhar tudo com a promotoria.

"Mês passado, conseguimos um mandado judicial que nos concedeu permissão para termos nossos próprios especialistas na condução dos testes laboratoriais nas duas Lugers alemãs — a do Jim e a do Danny — e na camiseta que o Danny vestia. Arregimentamos um dos maiores patologistas forenses do país para executar os testes, o dr. Irving Stone, do Instituto de Ciências Forenses em Dallas. Foi o cara que analisou as roupas usadas pelo presidente Kennedy e pelo governador Connally no comitê parlamentar que reexaminou o assassinato de Kennedy. Em outras palavras, ele não era nenhum desleixado.

"Acontece que agora estávamos colocando o nosso na reta, porque não sabíamos se as descobertas do Stone acabariam nos ajudando ou nos prejudicando, e seríamos obrigados por ordem judicial a entregar os resultados pro Lawton. Na verdade, a promotoria mandou alguém até Dallas com a gente — o dr. Larry Howard, diretor da criminalística da Geórgia. Foi o bom e velho dr. Howard quem trouxe as armas e a camiseta para cá.

"Então, quando o dr. Stone se apresentou para testar a pistola do Danny, algo inesperado aconteceu. Não disparava. A princípio, o Stone pensou que a arma estava travada. Porém logo se apurou que o problema estava na resistência do gatilho, que suporta uma pressão de nove quilos, excepcionalmente grande. Um gatilho normal aguenta uns dois quilos. O Stone teve de apertar com força para conseguir puxar o gatilho e, quando conseguiu, a arma escapuliu das mãos dele. E lá estava uma explicação inesperada do porquê Danny ter errado Jim e acertado a escrivaninha. Foi um bônus. Simplesmente caiu no nosso colo.

"Então, o dr. Stone seguiu em frente e testou a arma para ver se a maneira como ela expelia pólvora era consistente. Entenda: Stone descobriu que, ao segurar a arma do Danny num ângulo descendente e a disparar, como o rapaz teria feito, os resíduos de pólvora caíam pra menos da metade. Não só isso, a arma estava errática na quantidade de resíduos que expelia! Bom, o bom e velho dr. Howard já estava ofegante.

"Aí, o dr. Stone executou uma análise da camiseta da vítima. Caramba, não havia resíduo nenhum de pólvora nela! Segundo o Stone, isso prova que o Jim devia estar a pelo menos um metro de distância do rapaz porque esse é o alcance dos resíduos que a arma do Jim expele pelo cano. Segundo o perito, isso significa que não há a menor chance de o meu cliente ter contornado a escrivaninha pra disparar os dois últimos tiros porque, nesse caso, haveria pólvora na camiseta do Danny. E lá se foi a tese do tiro de misericórdia da promotoria. Pensei que o velho dr. Howard fosse desmaiar."

Seiler tirou um envelope pardo da gaveta de sua escrivaninha. "Agora vou mostrar a você uma surpresinha que temos na manga para o promotor. Depois que a polícia chegou no local dos disparos, fotografou o cômodo onde tudo aconteceu. Aquelas fotos mostravam todo tipo de detalhe supostamente incriminador. Certo? Uma perna da cadeira por cima das calças do Danny, fragmentos de papel no topo da arma sobre a escrivaninha, sangue espalhado pelo pulso do Danny. Coisas ruins que o promotor apresentou em cerca de vinte fotografias no primeiro julgamento, só que a fotógrafa da polícia testemunhou dizendo que tirou *cinco rolos* de fotos. O que significa que havia mais de cem fotografias que acabamos não vendo. Algumas semanas atrás, pedimos para dar uma espiada no resto das fotos. Não sabíamos o que estávamos procurando e, sinceramente, não achávamos que fôssemos encontrar nada.

"Bom, conseguimos obter o conjunto completo das imagens faz alguns dias. Certo. Agora, veja só essa aqui."

Seiler me entregou uma fotografia que mostrava a cadeira por trás da escrivaninha de Williams. Uma algibeira de couro se encontrava no tapete contra uma das pernas da cadeira.

"Agora, compare aquela fotografia... com esta aqui." Na segunda imagem, a algibeira de couro já não tocava a perna da cadeira; encontrava-se a vários centímetros de distância. "Dá pra dizer, pelas marcas no tapete, que tanto a cadeira quanto a algibeira de couro foram movidas de lugar. Não sei quem as moveu nem por quê, no entanto ninguém deve tocar nada na cena de um suposto crime até que as fotografias sejam tiradas e a perícia realizada. Se a polícia tirar qualquer coisa do lugar, devem fotografar todo o processo de deslocamento, o que não fizeram. Quando olhamos o restante das fotografias, esse é o tipo de coisa que encontramos."

Seiler alinhou várias outras fotografias mostrando objetos no tampo da escrivaninha de Williams. "Note a posição da caixinha rosa, aqui... e aqui." A caixa cor-de-rosa também havia sido movida de lugar. Bem como uma cópia da *TV Guide*, uma pilha de envelopes, rolos de papel e uma lista telefônica.

"Ao examinarmos todas as imagens — e não apenas as vinte que a promotoria usou no primeiro julgamento — dá para ver que as coisas foram todas mudadas de lugar por todos os cantos. O que significa que a cena nunca foi devidamente preservada. Não era para ter ninguém no cômodo enquanto a fotógrafa da polícia tirava as fotos, contudo olha só essas imagens: dá pra ver pés, braços, pernas, sapatos de civis, sapatos de uniformes, sapatos pretos, sapatos de feltro. Havia um enxame de policiais pela casa inteira naquela noite. Era uma convenção. E agora descobrimos que estavam tirando as provas do lugar. Que maluquice. Isso viola procedimentos policiais rudimentares. O que é pior, *macula todas as provas no local!*"

Seiler irradiava alegria. "Vou lhe contar, viu, estamos numa boa posição. A única coisa fora do controle é a arrogância do Jim no banco das testemunhas. Mas, caramba, isso nós nunca vamos contornar mesmo. É preciso conviver com isso."

O advogado se recostou na cadeira e cruzou as mãos por trás da cabeça. "O promotor está em apuros, contudo a culpa é toda dele. Ele cometeu um erro terrível brincando de esconder as provas no primeiro julgamento. É um profissional articulado e esperto, sem dúvida. No entanto não possui a experiência que um promotor deve ter. Acredite, sei do que estou falando. Faz 25 anos que atuo no direito, já participei de dezenas e mais dezenas de audiências. O Spencer Lawton ainda não cuidou nem de dois casos em toda a vida dele — o processo dos boinas-pretas e o primeiro julgamento do Jim — e nunca ganhou nada, agora que a condenação do Jim foi revogada. É ansioso e imaturo, e vamos tirar vantagem disso. Estamos pressionando-o, inundando a mesa dele de pedidos preliminares, distraindo-o com detalhes. Não há nada que possamos fazer quanto àquela publicidade horrenda, é claro, porém dessa vez vamos isolar o júri e blindá-lo dela. Detesto fazer isso com eles, entretanto vamos tentar acelerar as coisas um pouco agora com as sessões de sábado no tribunal." Seiler sacudiu a cabeça. "E bem no meio da temporada de futebol americano. Isso prova que eu não tomei a decisão com calma. Fui a todos os jogos do Geórgia em casa nos últimos 25 anos. Tô achando que vou perder pelo menos um jogo neste ano, talvez dois, por causa do julgamento. Porém estaremos na partida de abertura contra a UCLA nesse sábado."

"Você e o Uga?"

"Isso", confirmou Seiler. "Já viu o Uga?"

"Não, mas já ouvi falar dele."

"As pessoas *adoram* o Uga! Ele é o animal mais famoso da Geórgia!" Seiler apontou em direção a um arquivo próximo a sua mesa. "Aquilo tudo ali é só sobre o Uga." Saiu puxando as gavetas. Estavam abarrotadas de fotografias de jornais, cartazes, cartas.

"Ano passado, o Uga foi pro jantar de premiação do Troféu Heisman em Nova York", prosseguiu. "Você já ouviu falar? Aqui, ó, veja." Seiler tirou uma foto da Associated Press de Uga IV e ele próprio com Herschel Walker, o zagueiro do Geórgia que havia ganhado o Troféu Heisman naquele ano. Os três, inclusive o cachorro, vestiam trajes de gala. "O Uga é o único cachorro que foi convidado pro jantar do Heisman", informou com brilho nos olhos.

Continuou vasculhando os arquivos. "A correspondência do Uga é incrível. Quando precisou operar o joelho, recebeu *centenas* de cartões do país inteiro lhe desejando uma boa recuperação. Tenho uma pasta com eles em algum lugar. Ele recebeu um cartão até do Mike, o Tigre."

"Quem é Mike, o Tigre?"

O advogado me encarou, surpreso com minha ignorância. Pressionou o interfone. "Betty, aquela pasta com os cartões enviados para o Uga está com você? Não consigo achar."

A secretária entrou na sala com um ar de preocupação. "Devia estar no armário, Sonny", disse ela. Abriu outra gaveta e a vasculhou. Em seguida, deixou a sala. Seiler continuou a resmungar, bastante chateado. Enquanto isso, observei o ambiente. Um buldogue de porcelana em tamanho real descansava sobre a lareira. Logo acima, uma procissão de buldogues entalhados em baixo relevo ao longo do consolo da lareira. Dispersos aqui e ali, outros objetos de coleção da raça buldogue — fotografias emolduradas, um peso de papel de bronze, estatuetas, travesseiros bordados. Betty retornou à sala.

"Eu acho que é isso, Sonny", falou, entregando-lhe uma pasta com a etiqueta "lesão no joelho". Dezenas de cartões e cartas caíram sobre a escrivaninha. Seiler passou a manuseá-los com carinho.

"É esse aqui", disse ele. "Do tigre Mike. E aqui um da Águia da Universidade de Boston... do Lince de Kentucky... a turma da quarta série da srta. Willingham, em Macon." Algumas das cartas se prolongavam por várias páginas. Seiler ergueu um punhado delas.

"Vou lhe contar, viu, o Uga é um fenômeno. O Uga III participou até do *The Animal's Who's Who*. Era a mascote quando vencemos o campeonato nacional há dois anos."

Seiler foi até a estante e tirou o livro. De fato, Uga III estava imortalizado ali, ao lado de Rin Tin Tin, o cavalo de corridas Man o' War, Moby Dick, Totó e O Coelho Branco. Deixei o livro sobre a escrivaninha, já inundada de recordações de Uga.

"Sabe", ele retomou, olhando por sobre a pilha, "você devia tentar ir até Athens neste fim de semana. Vamos jogar contra a UCLA. Você tem que ver pelo menos um jogo enquanto estiver aqui. Se quiser, passa lá na suíte do hotel por volta do meio-dia. Nós sempre nos reunimos antes dos jogos. É quando o Uga se veste."

No sábado de manhã, o trânsito fluía ao norte rumo a Athens com a exuberância de um desfile de cavalaria. Flâmulas vermelhas e pretas tremulavam nas antenas dos carros. Cartazes caseiros exibiam mensagens com temas semelhantes: BORA BULDOGUES! ACABA COM A UCLA! PRA CIMA DELES, CACHORRADA!

Ao meio-dia, uma dezena de convidados se reuniu na suíte de hotel de Sonny Seiler. O rádio na cômoda estava sintonizado em um programa pré-jogo de perguntas e respostas por telefone. Seiler se sentou na beirada da cama, falando ao telefone. Vestia um suéter vermelho, calças pretas e um boné de baseball branco com a letra G. Estava aos berros com o interlocutor.

"É você, Remer? Tá me ouvindo? Estamos todos aqui ouvindo o maldito *talk show*, mas você ainda não ligou...! Tem um monte de maluco ligando. Hein? Ah, caramba, estão fazendo só perguntas idiotas, tipo:

'Quando vestimos calças brancas e quando vestimos calças vermelhas?' e 'Quantos jogos da conferência o Geórgia já perdeu com calças vermelhas?' Vai ligar lá? É aquele 0800 que eu lhe passei. Achou...? Beleza, Mestre, vamos ficar aqui ouvindo você."

Sonny se levantou da cama. "Era o Remer Lane. Voltou pra Savannah. Vai ligar para aquele show de rádio com uma pergunta relacionada ao Uga." Nesse momento, Uga estava reclinado em cima de um cobertor dentro do boxe do banheiro, uma enorme bola de rugas brancas e peludas cercada por um enxame de admiradores, incluindo a filha de Seiler, Swann. "Ei, mocinho, e aí, meu amor", bajulou. "É você quem vai nos levar à vitória hoje, seu fofo?"

Sonny foi até um bar improvisado no vestiário e serviu várias doses. "Vou lhe contar, viu", disse, "tenho toda fé nesse time. Vamos ter outra temporada vitoriosa, mas como sinto falta do Herschel."

"Amém", rebateu um sujeito de blazer vermelho. Herschel Walker havia jogado sua última temporada no ano anterior e era agora um novato no New Jersey Generals.

"A gente vai se sair bem", disse outro homem, "mas já tô começando a suar com o jogo lá na Flórida. Não por causa do resultado do jogo, veja bem. Pelos ingressos. Todo mundo quer ingresso. Costumo ser bem bom quando é pra encontrar ingresso, e a família de todo mundo parece estar ciente disso. É que, sabe, tipo, Jesus amado, a gente ainda tá em setembro e já começou."

"Setembro!", exclamou um homem alto com um corta-vento vermelho e preto. "Meu telefone geralmente começa a tocar lá pelo meio de julho, e eu não tô exagerando. Aí, vem agosto e a coisa esquenta pra valer. Recebo ligações, memorandos, telegramas, cartas. Sou o homem mais popular da Geórgia quando o assunto é o jogo entre Geórgia e Flórida."

A maioria dos homens na suíte era fã de futebol americano com boas conexões, e agora estavam trocando dicas sobre como arrumar ingressos para os amigos. "Ei, Sonny!" Gritou um deles. "E aquele processo de homicídio lá do Williams? Já pensou no que vai fazer pra ganhar?"

O advogado encarou o sujeito. "Por acaso o Geórgia vai ganhar da UCLA?" Geórgia tinha ampla vantagem. "Vou lhe contar, viu, Mestre", disse Seiler, "melhor não sair por aí apostando contra a gente. Temos umas surpresinhas guardadas na manga. Novas provas, algumas novas testemunhas. Vai ser um... ei, *pera!* Começou!" Ele estendeu o braço e aumentou o volume do rádio.

"... *claro, o Uga tem uma fome danada*", dizia o locutor, "*e nosso ouvinte de Savannah quer saber: 'Que marca de ração o Uga come?'*"

"É isso aí, Remer!", berrou Seiler. Todos na suíte sabiam a resposta: a ração de Jim Dandy. Uga não apenas comia essa ração como também a endossava oficialmente. Copos de plástico foram erguidos em um brinde a Uga IV e a Jim Dandy. Swann Seiler passou a cabeça pelo vão da porta entreaberta. "Papai, tá na hora de vestir o Uga."

"Ah, as Vestes do Cão!", entoou um homem corpulento perto da janela.

Seiler suspendeu um uniforme vermelho e gritou: "Eeeeeeeiiiuuhhhh!" Uga entrou trotando na suíte, abanando o rabo e contorcendo seu corpo de trinta quilos. O advogado passou o uniforme pela cabeça do cachorro e prendeu uma coleira com espigões em torno do pescoço. "Se a gente perder", disse Swann, "nunca mais usaremos essa camisa de novo. Às vezes, quando as coisas não vão bem, nós trocamos os uniformes no meio do jogo."

"Trouxemos umas cinco ou seis camisas hoje", rebateu Sonny. "Dá pra trocar se for preciso. Espero que não seja."

"A mamãe costumava fazer as camisas", retomou Swann. "A gente tem alguns uniformes históricos que o Uga veste quando conquistamos os campeonatos. O Uga tem um guarda-roupa maior que o meu."

Os convidados começaram a vestir seus casacos enquanto Seiler escovava os pelos do cachorro e polvilhava talco no topo da cabeça para cobrir uma mancha acinzentada. "É pras câmeras", explicou. "Ele tem que estar perfeito para as fotos, um cão todo branco. Bom, vamos lá." Ele abriu a porta e Uga saiu correndo pelo corredor, quase sufocado pela coleira e abrindo caminho para a procissão até o elevador e deste para o lobby.

No estacionamento, já do lado de fora do estádio Sanford, Seiler colocou Uga na capota de sua perua vermelha, a que tinha a placa escrito "UGA IV". Uma vez entronado, ele recebeu a adoração de seus fãs. Por todo o caminho até o estádio, milhares de espectadores acenaram, gritaram seu nome, deram tapinhas em sua cabeça e tiraram fotos dele. Uga se revolvia e arfava e lambia tantas mãos quantas lhe eram possíveis alcançar.

Poucos antes do pontapé inicial, Seiler tomou Uga nos braços e o levou até a parte descoberta do estádio em formato de U. Ele e Uga pararam logo depois da linha de fundo, em frente a três lápides de mármore dispostas em um montículo ajardinado. Era o memorial de Uga. Flores aos montes aos pés das lápides, cada qual com um epitáfio a um antigo Uga:

"UGA. Invicto, Livre. Seis campeonatos. 'Bom pra cachorro' (1956-1967)."

"UGA II. Cinco campeonatos. 'Nada mal pra um cachorro' (1968-1972)."

"UGA III. Invicto, Livre, inconteste e inequívoco. Campeões Nacionais de Futebol Americano Universitário de 1980. 'Que tal esse cachorro?'"

A banda estava se reunindo na linha de fundo. As líderes de torcida do Geórgia apareceram para pegar Uga e colocá-lo em sua casinha de cachorro oficial, no formato de um grande hidrante vermelho de rodinhas. A casinha tinha ar-condicionado, uma vez que o calor da Geórgia não era lá muito ideal para a raça de Uga, um buldogue inglês. O hidrante foi conduzido até o meio do campo para a cerimônia de abertura. Pouco antes do chute inicial, Uga pulou da casinha e saiu correndo até a lateral. Um urro ecoou pela multidão. "Bom pra cachorro! Bom pra cachorro! Bom pra cachorro! *Au! Au! Au! Au-au-au-au-auauauau!*"

Mais tarde, naquela mesma noite, liguei para Williams a fim de reportar-lhe minha conversa com Seiler.

"Pelo visto, ele arrumou uma artilharia pesada a seu favor", falei.

"Acho que sim", disse Williams, "considerando o valor que ele cobra. O que achou dele?"

"Esperto, enérgico, compromissado com seu processo."

"Hummmm", retrucou Williams, "compromissado também com o dinheiro que está ganhando com isso." Ouvi o barulho dos cubos de gelo sendo servidos no copo.

"Quer que eu lhe diga o que ele está planejando fazer?"

"Não, não muito. Mas me conte — não que eu me preocupe com isso — quem venceu o jogo hoje?"

"Geórgia. Dezenove a oito."

"Ótimo", rebateu Williams. "Isso quer dizer que o Sonny vai estar de bom humor. É sempre tão infantil. Quando o Geórgia perde, ele fica totalmente destruído. Entra em estado de choque e não rende nada por dias a fio."

"Nesse caso, acho que você vai ter uma defesa vigorosa da parte dele. Foi uma vitória expressiva."

"Nem tão expressiva assim, espero. Ele pode encarar meu julgamento como um anticlímax."

"Não acho que o jogo tenha sido assim tão importante. Nem foi um jogo da Conferência Sudeste."

"Maravilha", celebrou. "Não quero que ele fique todo distraído e sonhando acordado. Quero que esteja bem-disposto. É. Isso deve funcionar." Williams fez uma pausa. Os cubos de gelo tilintaram. "Isso deve funcionar muito bem."

21
NOTAS SOBRE UMA REPRISE

O júri não ficou muito feliz ao saber das novidades. Seis homens, seis mulheres — sete negros, cinco brancos. Quando o juiz Oliver lhes disse que fossem para casa e retornassem na manhã seguinte com roupas o suficiente para uma estadia de duas semanas, quatro das mulheres caíram no choro. Um dos homens pulou da cadeira e gritou: "Eu me recuso! Eu me recuso! Eu vou perder o emprego. *Isso vai influenciar negativamente minha atuação no juri!*" Outro homem saiu correndo em direção à porta e teve de ser controlado pelos oficiais de justiça. "Pode me prender!", gritava. "Não vou participar desse júri!" O juiz convocou os seis membros recalcitrantes do júri e ouviu suas reclamações. Então, disse-lhes que fossem para casa e fizessem as malas.

O promotor iniciou os trabalhos com a fotógrafa da polícia, sargento Donna Stevens, que faz um passeio fotográfico pela Casa Mercer usando enormes ampliações sobre um cavalete. "Essa é uma imagem externa da casa", diz ela. "Essa é a sala de estar... esse é o corredor e aqui está o relógio de pêndulo derrubado... esse é o vão da porta do estúdio, mostrando a vítima estirada no chão... essa é a imagem do sangue no tapete..."

Quando ela enfim encerra, Seiler se põe de pé para a acareação.

"A senhora se lembra de ter fotografado uma algibeira e uma perna de cadeira?", pergunta ele.

"Sim", responde ela.

"Você as fotografou logo ao chegar lá?"

"Sim, senhor, fotografei."

"E a senhora as fotografou de novo depois que os inspetores e as outras pessoas ficaram zanzando por lá?"

"Sim."

Seiler segura as duas fotografias mostrando a algibeira e a perna da cadeira em posições diferentes. "Estou interessado na algibeira", diz ele, levantando uma das sobrancelhas. A sargento Stevens reconhece que a cadeira havia sido tirada do lugar, no entanto nega que a algibeira tenha sido. O advogado pergunta se, olhando para as marcas no tapete, ela consegue ver que a algibeira, a bem da verdade, também havia sido tirada do lugar. Não, ela não vê nada disso. O defensor insiste. "Bom, vamos dar uma espiada na primeira foto e contar as marcas no tapete", diz ele. "Uma... duas... três... quatro... cinco... seis! E na segunda foto só tem *duas* marcas, correto?"

A sargento Stevens admite, relutantemente, que também trocaram a algibeira de lugar.

O júri está entretido com a postura autoconfiante de Seiler na audiência. Ele anda de um lado para o outro, impecavelmente arrumado com um terno feito sob medida, abotoaduras francesas, sapatos muito bem engraxados. Vocifera e grunhe. Seu tom de voz passa de curioso a sarcástico e a raivoso e então surpreso. Lawton está desanimado, em comparação. Parece estar em maus lençóis, com seu terno amarrotado. A postura dele é tímida e modesta. Esquiva-se sempre que o advogado de defesa grita "*Protesto!* O promotor está influenciando as testemunhas de novo." E ele faz isso reiteradas vezes a fim de irritar Lawton e mandar o recado ao júri de que falta ao promotor o domínio do procedimento básico em um tribunal.

No Clary's, Ruth pensa em voz alta se esse julgamento será tão "quente" quanto o primeiro. Luther Driggers diz achar que Williams cometeu um erro depois que atirou em Hansford. "Ele devia ter levado o corpo do Danny pra zona oeste, arrancado os dentes, dissolvido tudo em ácido nítrico, despelado o couro e dado pros caranguejos comerem."

"Por que tanta complicação?", pergunta Ruth.

Luther dá de ombros. "Deixar o corpo no chão da Casa Mercer foi de lascar."

"Bom, independentemente do que devesse ter feito com o corpo, a defesa dele tomou o rumo errado", diz Quentin Lovejoy, colocando sua xícara de café com delicadeza sobre o balcão. O sr. Lovejoy é um humanista de fala mansa na faixa dos 60 e poucos anos; mora com a tia solteira em um casarão em estilo vitoriano. "Toda essa conversa a respeito de Danny Hansford ser um criminoso violento, brutal! O Jim Williams não ganha nada blasfemando o nome do garoto assim."

"Mas, Quentin", contesta Ruth, "o Danny Hansford desceu a porrada na própria irmã! A mãe dele teve que pedir proteção policial. O moleque foi preso um zilhão de vezes. Era pra ele estar na cadeia agora. Ele era um criminoso recorrente!"

"Não era mesmo", contrapõe o sr. Lovejoy em um tom de voz ligeiramente mais alto que um sussurro. "O único crime que aquele menino cometeu foi fazer 20 anos."

Seiler contesta o uso reiterado do termo "cena do crime" pelas testemunhas de acusação. "Ainda não se decidiu que um crime tenha sido cometido aqui", diz ele.

O juiz Oliver aparentemente não escuta Seiler. A bem da verdade, o juiz parece estar cochilando. Seus olhos estão fechados, seu queixo repousa contra o peito. O juiz já havia deixado bastante claro, por meio de suspiros profundos e pesados e cada vez mais rabugento, que está entediado com esse segundo julgamento. Seus cochilos descarados provocam comentários pela sala de audiência. Seja como for, ele não responde ao protesto do advogado. Menos de um minuto depois, uma testemunha de acusação diz "cena do crime" outra vez e o defensor deixa passar.

No corredor, durante o recesso, um par de óculos lilases cruza minha vista. Minerva está sentada em um banco com uma sacola de compras de plástico no colo. Sento-me ao lado dela e ela me conta que foi intimada a comparecer como testemunha de Williams. A defesa tem esperança de que ela agrade os sete negros do júri. Ela irá se identificar como lavadeira, sua ocupação em meio período, porém, do banco das testemunhas, estará em posição para fazer contato visual direto com o promotor, com o juiz e com os membros do júri, o que lhe possibilitará fazer um feitiço contra cada um deles.

Enquanto espera, fica sentada no corredor, cantarolando e balbuciando para si própria. De quando em quando, abre uma fenda na porta e dá uma espiada na sala de audiência.

A mãe de Danny Hansford, Emily Bannister, também está sentada no corredor. Sonny Seiler a arrolara como testemunha de defesa, a exemplo de Bobby Lee Cook, a fim de mantê-la fora da sala de audiência. Ela é quieta e comedida, e me parece que a maior preocupação do advogado do réu não seja que ela provoque um tumulto na sala de audiências, mas sim que sua fragilidade conquiste o coração dos membros do juri. Em todo caso, ela ainda se recusa a falar com a imprensa (ou comigo). À medida que o julgamento avança, a sra. Bannister segue sentada no corredor logo ao lado da porta da sala de audiência, lendo, escrevendo anotações em um jornal e bordando.

No primeiro sábado de audiência, tanto Sonny Seiler quanto o juiz Oliver parecem estar à beira de um ataque de nervos. Estão preocupados com o jogo entre a Geórgia e o Estado do Mississippi, o qual ocorreria concomitantemente em Athens. O advogado posiciona um assistente no corredor para que fique ouvindo o jogo, lance a lance, no rádio portátil. Oliver, antigo presidente do Clube da Universidade da Geórgia, pede ao defensor que o mantenha a par da situação. E assim é feito durante conferências sussurradas no banco dos magistrados. O Geórgia vence, vinte a sete.

Segunda de manhã. Williams depõe. Mais cedo, do lado de fora do tribunal, parece relaxado. "O Sonny me ligou ontem à noite para me orientar a agir com humildade e remorso", diz ele. "Não sei se consigo fazer isso, contudo farei um esforço sincero pra parecer empobrecido. Estou usando o mesmo blazer azul que usei na sexta. Vou passar ao júri a impressão de que não tenho mais nada para vestir. Mal sabem eles que se trata de um casaco Dunhill feito sob medida e que os botões são de ouro da Geórgia, dezoito quilates."

O advogado põe seu novo plano de jogo em ação. Antes que Williams se apresente para depor, sua irmã acompanha a mãe deles até o lado de fora da sala de audiência. Ao iniciar a inquirição, o defensor pede ao seu cliente que explique sua relação com Danny Hansford.

"Ele era um bom sujeito", diz Williams. "Sabia ser charmoso. Tinha uma namorada, eu tinha a minha. No entanto, pra mim, sexo é só uma coisa natural. Fomos para cama algumas poucas vezes. Não me incomodava. Não o incomodava. Eu tinha minha namorada e ele tinha a dele. Era algo ocasional, só uma coisa natural que acontecia."

A tirar pelas expressões nos rostos dos jurados, tal arranjo nada tinha de natural.

O promotor se levanta para interrogar o réu. Williams o encara com desprezo indisfarçável.

"O senhor informou que mantinha relações sexuais com Hansford de tempos em tempos", diz Lawton. "Procede?"

"Hum-hmmm."

"E que o senhor acha que sexo é uma coisa perfeitamente natural."

"Bom, sabe, não é apenas natural. Naquela época, o Danny fazia programa na rua Bull se vendendo a quem quisesse pagar."

"Exato", concorda o promotor. "Correto. Ele, então, era um menino de rua desde os 14 anos de idade, segundo o senhor apontou?"

"Isso mesmo."

"Um egresso da oitava série, e algo em torno dos 20 anos, procede?"

"Ele tinha 21. Não era mais criança."

"Eu jamais, evidentemente, discutiria o direito do senhor ter qualquer tipo de relacionamento que quisesse. Mas o senhor tinha 52 anos, e ele, 21. Isso lhe parece uma relação normal, natural?"

"Hum-hmmm. Eu tinha 52 anos, mas ele tinha o equivalente a uns 52 anos em quilômetros rodados."

"Sem mais perguntas", diz Lawton. "Muito obrigado."

A escolha de palavras por parte do réu pode não ter sido a esperada por seu advogado, porém sua franqueza acabou tornando desnecessária a oitiva dos dois amigos de Hansford para a réplica. O que, acredita Seiler, acabou poupando seu cliente de um grande dano.

Durante um dos recessos, o advogado do réu me conta que o juiz Oliver está velho e cansado. Está também apavorado com a ideia de ter uma sentença sua revogada pela suprema corte do estado outra vez, por isso vem permitindo que a defesa apresente bem mais provas relacionadas ao histórico violento de Danny Hansford do que havia permitido no primeiro julgamento. "Não conseguiríamos passar nem metade daquilo se fosse um juiz mais novo e mais capaz", diz Seiler.

Barry Thomas, o responsável pela loja de Williams, é uma das pessoas com permissão do juiz Oliver para relatar uma história envolvendo a agressividade de Hansford. Escocês franzino, Thomas se recorda de como, sem aviso e por nenhuma razão aparente, o garoto o atacou fisicamente na Casa Mercer dois meses antes de morrer.

"Já era fim do expediente", diz Thomas, "e eu estava me preparando para ir embora pela porta da frente da Casa Mercer quando escutei uns passos atrás de mim. Me virei e vi o sr. Hansford vindo em minha direção. Ele já foi chegando e me chutando na boca do estômago. Jim o agarrou e o puxou de cima de mim e disse, 'É melhor você ir embora daqui. O Danny surtou.'

"Bom, uns dois dias depois, o sr. Hansford se desculpou por ter me chutado. Disse que não sabia por que tinha feito aquilo. Queria que eu o chutasse de volta no estômago, mas me neguei. Pensei que ele estivesse doente. Não faço ideia do porquê me atacou, senão pela própria natureza dele."

Thomas sai da sala depois de testemunhar. Ao sair pelo corredor, a mão de alguém lhe alcança por trás e o agarra pela orelha. Ele solta um "Aii-eee!" agudo e a porta se fecha. Chego ao corredor e vejo que a mão que o segura pela orelha é de Minerva.

"*Por que você disse aquilo?*", pergunta ela, sibilando.

"Aquilo o quê?", rebate Thomas, prendendo o braço dela.

"Sobre o menino morto", diz ela, dando um puxão forte na orelha dele. "Por que você falou aquilo?"

"Porque é verdade", responde Thomas. "Ele me chutou no estômago sem motivo nenhum."

"Isso não interessa", retruca ela, largando a orelha dele. "Você deixou o menino bravo de novo. Agora a gente tem que acalmar ele."

"O que posso fazer para resolver isso?"

"Me arruma um pergaminho. Preciso de uma caneta também. Uma caneta vermelha. E, deixa eu ver... tesoura! Precisa ter uma tesoura. E uma vela e uma Bíblia. Me arruma depressa!"

"Pergaminho?", pergunta Thomas. "Onde é que eu vou encon..." Minerva o segura pela orelha outra vez.

"Eu sei onde você pode arrumar uma Bíblia", digo, aproximando-me. "No motel do outro lado da rua."

Com 5 dólares, persuadimos o recepcionista do motel a nos dar uma Bíblia e uma vela. Na Friedman's, loja de material de arte, Thomas compra uma caneta vermelha de ponta porosa e um pacote de papel velino, que é a coisa mais parecida na loja com um pergaminho. Assim que ele se põe a pagar, Minerva leva a mão ao braço dele e o detém. "Coloca o dinheiro na mesa primeiro", adverte ela. "Desse jeito, a madame não consegue trabalhar na sua mão. Beija antes de colocar na mesa, que assim volta pra você." Thomas, obediente, beija o dinheiro e o deposita no balcão.

Já de volta ao carro de Thomas, Minerva espalha sua parafernália no banco de trás e diz: "Leva a gente pro lugar mais perto possível da água." Thomas segue pela rua íngreme de paralelepípedos da Factor's Walk, que dá na rua River. Dirige devagar ao longo da esplanada da rua — as docas de um lado, os antigos armazéns do outro. Minerva aponta para uma velha escuna com três mastros. "Bem ali."

Thomas faz uma parada perto da proa do barco e Minerva acende a vela e começa a entoar cânticos. Com a caneta vermelha, ela rabisca passagens da Bíblia no velino. Ao terminar, corta o velino em quadradinhos e os joga no fogo, um a um. Cinzas ainda incandescentes flutuam pelo carro feito flocos pretos de neve.

"Leva esses três pedaços que eu não queimei", diz a Thomas, "e fala pro sr. Jim pra ele botar nos sapatos."

De repente, me dou conta de que há quatro pessoas, não três. O quarto elemento é um policial olhando pela janela a menos de um metro de mim.

"Senhora?", diz ele.

Minerva segura a vela acesa em frente ao rosto e encara o policial através de suas lentes lilases. Escancara a boca. "Ahhhhhhhhhhhhhhh!", exclama. Então, coloca a vela na boca e fecha os lábios em torno dela. Ao fazê-lo, a luz da vela ilumina suas bochechas feito uma abóbora de Halloween. O brilho se esvai com um chiado. Ela entrega a vela apagada ao policial. "Não vamos queimar mais nada", diz, afável. Dá uns tapinhas no ombro de Thomas e, ao partirmos, olho pelo retrovisor e vejo o policial. Quando dobramos a esquina, ele ainda está segurando a vela e olhando em nossa direção sem expressão alguma no rosto.

De volta à sala de audiência, um psiquiatra testemunha que, quando criança, Danny Hansford sabia prender bem o fôlego. O que ele quer dizer com isso, prossegue, é que o rapaz costumava atormentar a mãe prendendo a respiração até ficar roxo e desmaiar.

Minerva não testemunhará. Ela se deu conta, de repente, que conhece um dos membros do júri e que ele a conhece também.

"Já fiz uns feitiços pra cima dele", diz ela. "Ele ainda tá puto da vida."
Não conta o que fez contra ele nem por quê.

O dr. Irving Stone, patologista forense de Dallas, apresenta-se para depor e utiliza argumentos convincentes favoráveis à defesa relacionados aos resíduos de pólvora e outros aspectos da troca de tiros, como Seiler disse que ele faria. Seus comentários são corroborados por Joseph Burton, o médico-legista de Atlanta que testemunhou no primeiro julgamento e que também participa deste. Mais convincentes que os depoimentos dos dois, todavia, é a conversa casual sobre trabalho que travam enquanto esperam no corredor para depor.

"Identifiquei 357 corpos na queda daquele Delta em Dallas um dia desses", diz Stone. "Me pagaram trinta por dia. Levou doze dias."

"Putz", diz Burton. "Que loucura. Quanto você identificou pelas digitais?"

"Setenta e quatro por cento."

"E pela arcada dentária?"

"Nem lembro. Dez por cento, talvez. Meu favorito foi o que tinha um marca-passo. Anotei o número de série. Liguei para o fabricante. Consegui identificar assim."

Seiler havia guardado suas duas surpresas para o fim do julgamento.

Vanessa Blanton, morena na casa dos 20 anos, é garçonete no bar e restaurante 1790. Alega ter morado em um casarão na praça Monterey e se lembra de ter visto um rapaz disparando uma pistola em direção às árvores cerca de um mês antes da morte de Danny Hansford. Desconhecia que o tal incidente exercia qualquer influência no julgamento de Williams até recentemente, quando um associado de Sonny Seiler calhou de ouvi-la mencionando o ocorrido à outra garçonete no restaurante. O advogado de defesa do réu a intimou. Ela se levanta para depor.

"A gente fechou o bar às 2h30, entrei no carro e fui direto pra casa. Eu tava subindo a escada quando ouvi um tiro. Olhei por cima do ombro em direção à casa do sr. Williams. Pelo barulho, parecia ter vindo daquela direção. Tinha um rapaz de calça jeans e camiseta segurando uma arma, apontando pras árvores. Aí ele foi e deu outro tiro."

"O que a senhora fez depois disso?", pergunta Seiler.

"Abri a porta pra entrar em casa e, quando olhei pra trás, vi que o rapaz tava subindo a escadinha na entrada da casa do sr. Williams. Aí, refleti uns segundos e pensei em chamar a polícia, no entanto, quando olhei pela janela de novo, um carro da polícia já tava estacionado na frente da casa."

O promotor encara a nova testemunha como um sério golpe ao cenário de três de abril pintado por ele. Por isso tenta pôr em xeque a capacidade dela de enxergar com clareza o vulto em frente à Casa Mercer daquela distância e na escuridão da noite. Ela, porém, atém-se a sua história.

A segunda testemunha surpresa de Seiler é Dina Smith, uma loira na faixa dos 30 anos. Na noite em que Danny Hansford fora baleado, ela estava chegando de Atlanta para visitar Savannah e ficou hospedada na casa da prima, perto da praça Monterey. Em algum momento depois das 2h da madrugada, saiu de casa para sentar-se em um dos bancos da praça Monterey e aproveitar o ar da noite. "Depois de já estar alguns minutos na praça, escutei bem alto vários tiros disparados de uma vez. Foi bem alto mesmo. O barulho parecia vir de todos os cantos. Eu meio que só fiquei parada no lugar. Olhei em volta e permaneci na praça por uns vinte a trinta minutos até ter coragem de voltar pra casa."

"Havia alguma viatura policial em frente à casa do sr. Williams nessa hora?", pergunta Seiler.

"Não, senhor. A porta da frente estava aberta. As luzes estavam acesas."

"Certo", diz Seiler. "A senhora viu alguém?"

"Não, senhor."

"A senhora, então, chamou a polícia?"

"Não, não chamei."

"Por que não?"

"Não sabia o que dizer pra polícia. Eu não sabia o que tinha escutado."

Na manhã seguinte, a sra. Smith deixou a casa da prima rumo à praia e viu uma van da imprensa em frente à Casa Mercer. Mais tarde ela leu a respeito da troca de tiros e só então se deu conta do que havia acontecido. A sra. Smith alega ter sido apresentada ao réu pela prima durante uma visita subsequente a Savannah, enquanto o acusado pelo crime apelava contra a condenação. Após contar a Williams o que ouviu naquele dia, lhe foi pedido que conversasse com os advogados dele.

O importante no que Dina Smith tem a dizer é que todos os tiros, de acordo com o que ela ouviu, foram disparados em uma sucessão rápida, bem como Williams afirmou. Não houve uma pausa sequer — não houve tempo, caso acreditemos no depoimento da testemunha, para que Williams pegasse uma segunda arma e forjasse os tiros a partir do lado da escrivaninha onde Danny se encontrava.

Último dia de julgamento, um sábado. Na pauta do dia: alegações finais, as instruções do juiz ao júri, o jogo do Geórgia contra o Mississippi.

Em suas alegações finais, Sonny Seiler dá forte ênfase na inépcia da polícia na Casa Mercer, comparando-os aos Guardas Keystone*.

"Enfiaram tanta gente no estúdio do Jim Williams enquanto investigavam a cena do crime que sequer souberam contar quanta gente havia ali", diz ele. "Primeiro, chega o cabo Anderson e traz um policial novato com ele. Em seguida, pelo que me lembro, vem o agente Traub, e depois vão aparecendo outros sabe-se lá de onde. Foram entrando, um depois do outro — e eu não sei bem quantos, algo em torno de quatorze ao todo — e não era uma questão de simplesmente entrar. Era: 'entrem e aproveitem a festa!', pois não se vê uma coisa dessas acontecendo com tanta frequência em Savannah, numa mansão histórica repleta de antiguidades e coisas finas e um ar de mistério e intriga. E, cedo ou tarde, todos os policiais acabam entrando no estúdio. Anderson, White, Chessler, Burns, Traub, Gibbons, Donna, Stevens. Todos andando de um lado para o outro, para cima e para baixo, por todo o cômodo. Todo mundo muito curioso, sabe. Ficam pegando as coisas e deixando de volta em qualquer lugar. E qualquer especialista presente no recinto, incluindo

---

* Os Keystone Cops são personagens famosos de uma série de comédias do cinema mudo filmada entre 1912 e 1917. Eles são um grupo de policiais atrapalhados e incompetentes que se envolvem em perseguições malucas. [NT]

eles próprios, sabem que isso não é o procedimento investigativo ideal. Mesmo assim, querem que vocês acreditem que colocaram algum tipo de véu sagrado sobre tudo ali enquanto tiravam fotografias. Alegam ter preservado a cena do crime. Os senhores viram as imagens."

O promotor, em suas considerações finais, não desistirá da ideia de que Jim Williams forjou o incidente do dia três de abril, apesar do que Vanessa Blanton declara ter visto. Lawton diz ao júri: "Se os senhores acreditam que Vanessa Blanton de fato viu Danny Hansford na rua atirando contra a praça Monterey, então tudo bem. Porém vou sugerir aos senhores que pode ser bastante difícil afirmar, no meio daquelas sombras todas, se o que você está vendo é mesmo o Danny Hansford... ou o *Jim Williams*. Temos de cogitar a possibilidade de ter sido um treino, um exercício de simulação que define a natureza violenta de Danny Hansford a um mês de ser assassinado".

Quanto a Dina Smith e os disparos que ela ouviu sentada no banco da praça um mês depois, o promotor deixa claro não acreditar nela. "Sugiro que considerem a hipótese de ela ser uma amiga do réu tentando ao máximo ajudá-lo numa emergência."

Já quase no encerramento das alegações finais, Lawton faz um certo teatro em relação à resistência do gatilho, capaz de suportar uma pressão de nove quilos, na arma de Danny: "A defesa alega que, quando Danny Hansford atirou em Williams e errou, foi porque o gatilho de sua arma era duro demais. Tão duro, de fato, que o sr. Stone — um ex-agente do FBI e obviamente nenhum fracote — teve de usar ambas as mãos para apertá-lo. Eu gostaria de mostrar-lhes uma coisa, se me permitem." Lawton entrega a arma de Danny a sua miúda assistente e pede que ela aponte para a parede e puxe o gatilho. Ela assim o faz sem o menor esforço e sem que o cano se mova um milímetro sequer. Seiler faz objeção à demonstração, mas Oliver não lhe concede.

Após as alegações finais, o juiz Oliver lê ao júri suas instruções. Propõe três possibilidades: condenação por homicídio doloso, condenação por homicídio culposo e absolvição. São 17h30 quando o júri se retira para apreciar o veredito. Williams e sua família retornam à Casa Mercer. Seiler segue rumo a seu escritório na Casa Armstrong; no caminho, recebe notícias de um de seus homens no corredor: o time da Geórgia havia derrotado o Mississipi, trinta e seis a onze.

Pergunto a Minerva se ela quer comer alguma coisa enquanto esperamos. Ela sacode a cabeça e remexe sua sacola de compras. "Tenho umas coisas pra fazer aqui."

Três horas depois, o júri manda avisar que havia chegado a uma decisão. Seiler retorna à sala de audiência visivelmente preocupado. "Ainda é cedo demais", diz ele. "Esse caso tem muitas questões. Não houve tempo suficiente para chegarem a um veredito bem pensado. Talvez só queiram resolver isso de uma vez e voltar pra casa." Blanche Williams também tem um mau presságio. "Mal tínhamos sentado pra jantar quando nos ligaram", diz ela. "Fiz um bolo de caramelo, o favorito do James, e estava dando os toques finais quando recebemos a ligação. Antes de sairmos de casa, vi meu filho enfiar alguma coisa na meia. Cigarros, talvez. O que me faz pensar que ele acreditava que não voltaria pra casa."

Sento-me ao lado de Minerva e noto quase de imediato que há um rastro estreito de pó branco no chão em frente à tribuna do júri. Há ainda galhos e pedaços de raiz em frente à bancada do juiz. Minerva mastiga algo bem devagar. Os jurados entram um a um na tribuna. Ela os espia de esguelha por trás de suas lentes lilases.

Por determinação do juiz, Williams se põe de pé. O porta-voz entrega uma folha de papel ao escrevente, que lê o veredito em voz alta:

"Consideramos o réu culpado por homicídio doloso."

O juiz Oliver bate o martelo. "A pena é de prisão perpétua. Cumpra-se."

A sala de audiência está em silêncio. Com toda calma, Williams bebe um gole d'água em um copo de papel. Em seguida, cruza a sala e, escoltado pelos oficiais de justiça, sai pela porta que dá acesso ao túnel que o levará até a prisão.

Sinto a mão de Minerva em meu braço. Seus olhos miram certeiros um grupo de pessoas mais adiante aglomerados em torno de Spencer Lawton, e ela está sorrindo.

"O que foi?", pergunto, tentando imaginar o motivo que a leva a sorrir.

Ela aponta para o promotor, de costas para nós. Ele está reunindo documentos e recebendo as felicitações de sua equipe sem perceber a mancha de pó branco, do tamanho de uma pegada, que vai da ponta do paletó aos fundilhos da calça.

"Foi você quem colocou aquele troço branco na cadeira do promotor, Minerva?"

"Você sabe que sim", retruca ela.

"O que é?"

"Jalapa. Uma raiz poderosa."

"Mas no que isso pode ajudar agora?"

"Estando onde está, aquele pó significa que a Delia ainda está trabalhando no promotor", diz ela. Delia foi um dos nomes que Minerva invocou no cemitério. "E ainda pegou o sujeito pelos fundilhos! Ela ainda tem contas pra acertar com ele."

"O que acha que vai acontecer?"

"Se a Delia não deixar ele em paz?"

"Isso. Se ela ficar por lá."

"Ora, o promotor vai ter que soltar o sr. Jim. Simples assim. Se eu fosse o promotor, não estaria pensando em celebrar nada. Não com a Delia pendurada no rabo dele assim. Quando era viva, ela era má. Morta, ficou ainda pior! E agora está prestes a pintar o diabo!"

"O que aconteceu com as outras oito mulheres mortas que você invocou no cemitério?"

"Não tive resposta das primeiras três. Delia foi a quarta."

"E o dr. Buzzard? Tem envolvimento nisso?"

"Ele deu o sinal verde pra Delia."

"Ele já te deu o tal número?"

Minerva solta uma risada. "Nada. Ele gosta de me ver pobre. Aí eu preciso continuar trabalhando e indo lá no jardim pra visitar ele. É assim que me mantém sob controle." Ela pega sua sacola de compras e se prepara para ir embora. A sacola se abre por um instante e consigo vislumbrar o que parece ser um pé de galinha. Nos despedimos e, após um aceno, ela some em meio à multidão no corredor.

Encaminho-me para fora da sala de audiência e passo por Sonny Seiler, parado diante dos holofotes das emissoras de televisão falando a respeito de uma apelação. O assessor de imprensa do tribunal vem andando de lado, parecendo estar um pouco mais entretido que de costume. "Com bom comportamento", diz, "o Williams sai em sete anos."

"Me disseram que ele pode sair até antes", rebato, "caso uma certa senhorita Delia tenha algo a dizer sobre o caso."

"Quem?" O assessor de imprensa leva a mão em concha à orelha.

"Delia."

"Quem é Delia?"

"Você quer dizer quem *foi* Delia", respondo. "É tudo que sei a respeito dela. Que está morta."

22
O CASULO

Os poderes póstumos da finada Delia, se é que possuía mesmo poderes, aparentemente não eram do tipo que surtiam efeito de imediato. Isso ficou claro no dia seguinte à condenação de Williams, quando seu advogado compareceu perante o juiz Oliver a fim de requerer sua liberdade condicional sob fiança e foi secamente rejeitado. O juiz, todavia, cedeu em um ponto: Williams não seria transferido, a princípio, à temida penitenciária estadual em Reidsville. Poderia permanecer em Savannah, no presídio do Condado de Chatham, onde seus advogados pudessem consultá-lo enquanto trabalhavam na apelação — e isso poderia levar um ano ou mais. Tal concessão não agradou aos comissários do condado, que votaram para promover uma ação contra Williams para que arcasse com os custos de alimentação e hospedagem pelo tempo que permanecesse nas instalações públicas — 900 dólares por mês. (O processo foi retirado quando o procurador do condado aconselhou os comissários a não comparecerem em juízo.)

Na ausência de seu dono, a Casa Mercer assumiu um ar fantasmagórico. As persianas de suas enormes janelas permaneceram fechadas contra o mundo lá fora. As festas de gala acabaram. Os convidados elegantes batendo à porta em roupas de festa já não passavam de lembranças. Contudo as sebes continuaram a ser cuidadosamente aparadas, a grama do jardim era, com frequência, cortada e, à noite, a luz brilhava entre as fendas das persianas nas janelas. A bem da verdade, Blanche Williams havia se mudado de sua casa em Gordon para morar lá. Morava sozinha na casa, e esperava. Lustrava a prataria e espanava o pó das mobílias, e toda semana cozinhava um bolo de caramelo fresquinho na expectativa do retorno de seu filho.

A loja na cocheira seguiu aberta e era gerenciada pelo vendedor de Williams, Barry Thomas. De tempos em tempos, Thomas era visto na rua do lado de fora da loja tirando fotos com uma Polaroid de uma escrivaninha ou de uma cômoda recém-descarregada de um caminhão. Fazia isso e então entregava as fotografias, junto aos catálogos das próximas vendas e leilões, na prisão a alguns quarteirões de distância para que seu chefe pudesse ver as novas aquisições e selecionar quais compraria ou arremataria na próxima vez. Era do conhecimento de todos que Williams vinha tocando seus negócios da prisão.

Teve a sorte de contar, em tal empreitada, com um telefone em sua cela. Normalmente, um detento cumprindo pena de prisão perpétua não teria acesso imediato a um telefone; todavia, a cela de Williams alojava não apenas criminosos condenados como também homens ainda à espera de julgamento e, portanto, com a necessidade — e o direito — de falar com os advogados e famílias. O aparelho estava programado para somente fazer ligações, e todos os telefonemas tinham de ser a cobrar. Teria sido uma situação inimaginável, evidentemente, se as tratativas de negócios começassem com a telefonista anunciando sem rodeios: "Tenho uma chamada a cobrar de Jim Williams, no presídio do Condado de Chatham" — mas ele contornou isso sem maiores complicações. Ligava a cobrar para a Casa Mercer e, então, sua mãe ou Barry Thomas aceitava a ligação e adicionava a chamada à conferência para colocá-lo na linha. Ao rotear seus telefonemas via Casa Mercer,

Williams permaneceu em contato com as maiores figuras do mundo das antiguidades sem jamais ter de revelar que estava falando da prisão. Conversou com Geza von Habsburg na casa de leilões Christie's em Genebra e propôs um lance por um par de abotoaduras Fabergé, modelo império, confeccionado para um grão-duque russo. Falou com o editor da revista *Antiques* a respeito de um artigo que prometera escrever sobre a retratista do século XVIII, Henrietta Johnston. Após cada chamada, Williams ditava um bilhete por telefone à Casa Mercer, posteriormente datilografado em seus cartões de visita — "Foi bom falar com você hoje. Espero que voltemos a nos ver em breve...".

O esquema que o possibilitava simular um telefonema feito no ambiente digno da Casa Mercer era algo difícil de executar, conforme descobri na primeira vez em que conversamos. Um aparelho de televisão retumbava ao fundo, assim como vozes roucas e um berro estridente de vez em quando. Ele fora colocado em uma cela para homossexuais e mentalmente instáveis. Assim como seus companheiros de cela, estava segregado do resto da população carcerária em nome da própria segurança. A cela era conhecida como "casulo". A mistura das personalidades ali confinadas criava uma atmosfera imprevisível.

"Tudo depende de quem está aqui em determinada hora", explicou Williams. "Nesse momento, só tem mais outro detento branco e cinco *garçons noirs*. Três dos cinco *noirs* ficam jogando cartas o dia inteiro, porém sempre que tem música na TV eles se levantam e dançam e cantam a plenos pulmões. Isso acontece bastante, porque a TV fica ligada das 8h da manhã até 2 ou 3h da madrugada, com o volume nas alturas. Uso protetores de ouvido e, por cima deles, coloco meus fones para ficar escutando minhas fitas. Mas o barulho da TV atravessa tudo, e, quando eles estão cantando e batendo os pés no chão, mal consigo escutar minha própria música. Sinto verdadeiro pavor quando começa *Soul Train*.

"Os outros dois *noirs* são um casal de amantes que estavam separados há bastante tempo e que se reencontraram aqui na semana passada. Houve muito choro e lamúrias quando se reconheceram — acusações de traição, declarações de amor e perdão, choro, risada, gritinhos. Durou horas e horas. Agora mesmo estão fazendo tranças nos cabelos um do outro. Logo, logo, vão estar se dando tapas na cara, e depois provavelmente passem pro sexo. O detento branco é um pouco fraco das ideias. Chegou hoje de manhã e até agora não parou de esfregar as paredes e de pregar em voz alta. Não conseguimos fazê-lo parar. É um zoológico.

"No entanto as coisas costumam dar uma acalmada na hora das refeições. O menu geralmente consiste em sanduíches de pasta de amendoim com geleia no pão dormido ou uma pequena fatia de carne rançosa. É totalmente intragável, claro, mas meus companheiros de cela não sabem disso, e a comida os acalma por um tempo. É quando dou meus telefonemas. Em outras ocasiões, se estiver precisando, posso sempre suborná-los com cigarros e barras de chocolate que compro no refeitório pra que calem a boca."

Williams desencorajava seus amigos de o visitarem na prisão. "A sala de visitas é um corredor longo, estreito, com uma fileira de bancos de frente para a vidraça", disse ele. "Famílias inteiras vêm ver seus entes amados. Bebês chorando, todo mundo gritando para ser ouvido, e ninguém consegue escutar nada. É uma confusão." Williams claramente preferia não se encontrar em circunstâncias tão humilhantes. O telefone servia a seus propósitos de maneira bem melhor. Costumava fazer seus telefonemas sociais no início da noite. Não havia cubos de gelo tintilando em seu copo, porém era-lhe permitido fumar suas cigarrilhas, e pude escutá-lo soltando uma baforada enquanto conversávamos.

"De vez em quando, acontece algo inusitado", disse-me certa noite em meados de novembro. "Chegou um novo detento que fica de quatro latindo que nem um cachorro o dia inteiro. De vez em quando, levanta a perna e urina na parede. Nós já reclamamos, entretanto ninguém fez nada a respeito. Ontem à tarde, enquanto o sujeito dormia, molhei a mão dos outros para que desligassem a TV e ficassem quietos e eu pudesse fazer algumas ligações de negócios. Estava no meio de uma conversa com um importante marchand de Londres sobre uma pintura que coloquei à venda quando o novo detento acordou e começou a latir. Continuei falando. 'Ah, é meu cão de caça russo', disse. Só que aí o tom dos latidos subiu uma oitava e se transformaram num ganido. 'E esse aí?', o marchand perguntou. 'Um

Shar-pei?' 'Não, não', respondi, 'é um Yorkie', aí cobri o bocal do telefone com a mão e gritei: *'Será que alguém por favor pode levar os cachorros pro jardim?'* Nessa hora, fiz um sinal de cabeça para os meus outros companheiros de cela, que derrubaram o maluco e tamparam a boca do sujeito. O marchand e eu prosseguimos cordialmente nossa conversa alusiva às sutilezas da tradição britânica de pinturas de paisagens, enquanto meus companheiros de cela se debatiam aos meus pés. Dava para ouvir uns grunhidos e uns ruídos abafados de estrangulamento. Não sei o que o marchand pensou, porém no fim das contas acabou comprando a pintura."

Muito embora Williams falasse com a costumeira autoconfiança, não fez tentativa alguma durante nossa conversa de disfarçar a natureza de sua existência/vida. Não mantinha o menor contato visual com o mundo lá fora. As seis janelas estreitas da cela tinham vidros translúcidos amarronzados e as luzes no interior dela ficavam acessas 24 horas por dia. Ele relatou que não conseguia comer a comida de lá e vivia primordialmente à base de amendoins e doces comprados no refeitório. Um galo havia aparecido em sua testa, seus ouvidos zumbiam, seus braços e costas coçavam. Quando a comichão piorou, foi até o médico e se deparou com outros cinco detentos na sala de espera com a mesma coceira. "Nem os lençóis nem os colchões são limpos entre o uso por um detento e outro", disse, "e eu não tenho a menor confiança no médico daqui". Várias coroas haviam caído dos seus molares, e não havia dentista no presídio. Uma ida a seu próprio dentista poderia ser providenciada, contudo, como seria obrigado a ir algemado, acorrentado na cintura, acabou desistindo de ir.

Ele seguiu sustentando a própria inocência. Estava convencido de que o júri no segundo julgamento havia tão somente endossado a primeira condenação. Estavam todos a par do caso de antemão por conta da grande notoriedade e encontravam-se sob a impressão de que a primeira condenação havia sido revertida com base em um detalhe técnico. Williams desprezava o júri, as testemunhas, o promotor público, o juiz Oliver e os jornais locais. Porém guardou os escárnios mais afiados aos próprios advogados.

"Abomino-os todos", afirmou. "Fazem reuniões e conferências supostamente para discutir minha apelação, todavia não concretizam nada e aí me mandam a conta pelo tempo que desperdiçaram. Estão metendo a faca, cobrando 5, 10 mil dólares. A última coisa que querem é resolver meu caso. Isso cortaria a fonte de renda deles. Já me custaram 400 mil dólares até agora, e já tive de vender carregamentos e mais carregamentos de antiguidades lá de casa para pagá-los. Alistair Stair, representando a Stair & Cia. de Nova York, comprou uma escrivaninha Rainha Ana, laqueada, e um raro armário Charles ii feito em Charleston. Também comprou o relógio de pêndulo do corredor que o Danny Hansford derrubou. Coisas *finas*, sabe? A cafeteira de prata mais bonita que já vi. Um par de leões de mármore da época Fu que veio do Palácio Imperial em Pequim durante a Rebelião dos Boxer. Eram meus tesouros. Vendi a cama de quatro colunas estilo colonial americano do meu quarto, a cama mais luxuosa que já vi desse tipo. Vendi um armário de roupa de cama que consta num livro sobre mobiliário irlandês escrito pelo Desmond Guinness. Tapetes. Pinturas. Vendi um par de cadeiras Chippendale irlandesas — uma delas, a cadeira que supostamente coloquei sobre a perna de Danny. Cada centavo das vendas entra no banco e daí vai direto para as contas de advogados, investigadores e testemunhas periciais. Não tenho escolha. É o que tenho de fazer. Dinheiro é munição e, enquanto eu ainda tiver um pouco, vou usar. O Spencer Lawton tem um orçamento ilimitado, investigadores em tempo integral, livre acesso aos laboratórios do Estado. Porém sou obrigado a pagar cada passo que meus advogados dão para fazer meus contra-ataques.

"As pessoas pensam que estou nadando em dinheiro. Pensam que eu vivia uma vida luxuosa com um monte de empregados e café da manhã na cama. Entretanto isso tudo não passa de ilusão. Eu mesmo preparava meu café da manhã. Comia um sanduíche no almoço e saía para jantar, geralmente na cafeteria do Days Inn. Só que a maioria das pessoas se recusa a acreditar nisso. Em Savannah, é só pagar as contas em dia pra dizerem que o sujeito é rico."

E como os advogados estavam progredindo com sua apelação?

"Hummmm", respondeu. "Sempre que ligo para o Sonny Seiler, ou ele está em Athens num jogo de futebol, ou de férias, ou sabe-se lá onde. Quando enfim consegui falar com ele ao telefone dia desses e falei 'E aí, Sonny. Como vão as coisas?', ele apenas respondeu 'Não muito bem, Jim. Nada bem mesmo'. Parecia estar bem pra baixo, então é claro que presumi o pior. Perguntei: 'Por quê? O que aconteceu?'. E o Sonny respondeu, 'Meu Deus, Jim, você não lê jornal? Os Dogs perderam no último sábado'.

"Eu retruquei: 'Sonny, vamos esclarecer uma coisa. O único jogo que me interessa é o que eu estou jogando'."

A bem da verdade, não havia progresso a ser feito na apelação de Williams até que a transcrição do julgamento fosse digitada pela estenógrafa do tribunal. O julgamento havia sido longo e complexo, e a transcrição chegaria a cento e cinquenta páginas. Levaria meses até ficar pronto. Enquanto isso, Williams permanecia otimista. "Vou sair daqui", garantiu. "A Suprema Corte da Geórgia vai reverter minha condenação e, quando eu sair, aquele tal de Spencer Lawton será acusado de abuso de poder, indução ao perjúrio e por ter negado meus direitos."

"Como pretende fazer tudo isso?"

"Do mesmo modo como restauro casas", respondeu Williams. "Passo a passo. Centímetro a centímetro. Aprendi uma lição inestimável do meu antigo mentor, dr. L. C. Lindsley. Já lhe falei dele? O dr. Lindsley foi um professor universitário que restaurou e morou em uma das maiores casas da Geórgia, a Westover. Foi construída em Milledgeville, em 1822, em grande estilo. Tinha escadaria em espiral e um par de colunas brancas, com pé-direito duplo, uma em cada lado da entrada.

"Ele certa vez me disse que uma casa antiga poderia aniquilar alguém que tentasse reformá-la numa tacada só — do telhado às janelas, forragem, melhorias, aquecimento central, cabeamento. Deve-se pensar em se fazer uma coisa de cada vez. Primeiro, dizemos: hoje vou pensar a respeito do nivelamento das soleiras. E tratamos de nivelar todas as soleiras. Depois, focamos na forragem, e de forma gradual providenciamos toda a forragem. Aí, pensamos nas janelas. Só uma janela por vez.

Aquela janela bem ali. Nos perguntamos: 'O que tem de errado com *aquela parte* daquela janela?'. Tem de se fazer por partes, porque foi assim que ela foi construída. E aí, de repente, está tudo completo no lugar. Caso contrário, aniquila a pessoa.

"É como eu vou sair daqui. Passo a passo. Primeiro, vou falar com o Sonny Seiler. Persuadi-lo a fazer essa apelação andar. Depois, vou mentalizar os sete ministros da suprema corte estadual. Enviar-lhes mensagens telepáticas, assim como fiz depois do meu primeiro julgamento. Fazer com que vejam as coisas da minha maneira."

Ouvi Williams dando um trago em sua cigarrilha. Eu o visualizei jogando a cabeça para trás e soltando uma nuvem de fumaça ao teto.

"De um jeito ou de outro", prosseguiu, "vou sair daqui. Pode contar com isso. E não estou falando de suicídio, muito embora já tenha considerado essa possibilidade. Minha condenação vai ser revertida. Pode parecer impossível para você, no entanto tem mais uma coisa que aprendi com o dr. Lindsley. Certo dia, ele disse 'Sabe, os tordos movem casas inteiras de lugar. Passarinhos de barriga alaranjada podem mover uma casa do lugar. Na verdade, tentaram mover Westover.' Aí, rebati, 'Certo, desisto. Como fazem isso?' E a resposta dele foi: 'Eles comem cinamomos e aí derrubam suas sementes perto do alicerce de uma casa. Das sementes cresce uma árvore que expulsa a casa'. E ele tinha razão. Já vi isso acontecer. As árvores de cinamomo crescem muito rápido e destroçam o alicerce de uma casa. É assim que pretendo desfazer todo o esforço que o Spencer Lawton empenhou para me botar aqui. Vou estremecer os alicerces dele. Só vai levar um tempinho."

23
ALMOÇO

Em vez de chegar mais cedo para o almoço oferecido por Blanche Williams, Millicent Mooreland ficou contornando a praça Monterey de carro várias vezes. Então seguiu adiante dois quarteirões ao norte e passou a contornar a praça Madison. Ia e voltava, contornando uma praça e depois a outra, sem pressa alguma, dirigindo bem devagar.

A sra. Mooreland mal conhecia Blanche Williams. Conheceram-se nas festas de Natal de Jim Williams, nas quais conversaram brevemente, e, nos oito meses desde a prisão do filho dela, fizera questão de telefonar para a sra. Williams a cada poucas semanas para saber como ela estava. Afinal, a mãe de Jim estava quase com 80 anos e havia se mudado para a Casa Mercer sozinha sem qualquer familiar nem amigos por perto.

A sra. Williams apreciou o gesto e disse ao filho que gostaria de poder agradecer à sra. Mooreland e a muitos de seus outros amigos por serem tão atenciosos. "Por que não convidar todos eles pra um almoço?", havia sugerido ele. A ideia aterrorizou a sra. Williams, porém seu filho a tranquilizou. "A senhora não vai precisar fazer nada", disse ele. "Eu tomo conta de tudo."

De sua cela na prisão, ele organizou cada detalhe do almoço de sua mãe. Fez a lista de convidados. Encomendou cartões para os convites e rascunhou um modelo para que sua mãe copiasse. Telefonou para Lucille Wright, a cozinheira, e lhe pediu que preparasse um buffet com comida tipicamente sulista. Selecionou o menu — camarão, presunto defumado, cordeiro assado, quiabo, purê de batata-doce, arroz, broa de milho, cookies e bolos — e disse à sra. Wright que se programasse para vinte convidados (mais tarde, expandiu a lista para 24) e servisse o almoço no porcelanato da Duquesa de Richmond com a prataria da Rainha Alexandra, que poderiam ser encontrados no armário da sala de jantar. Williams contratou seu *barman* de sempre e persuadiu sua mãe, que não bebia, a deixar os convidados bebericarem seus coquetéis por ao menos meia hora antes de servir o almoço. "Isso vai deixá-los mais soltos", comentou. "Não queremos que fiquem carrancudos e sérios demais." Por fim, orientou Barry Thomas a encher a casa de flores frescas na manhã do almoço e a não se esquecer de ir ao jardim antes dos convidados chegarem e ligar a fonte.

Ao dar voltas pelas praças, a sra. Mooreland não estava simplesmente matando tempo. Espreitava os parques de um modo como nunca havia feito antes — escrutinando as pessoas sentadas nos bancos, em particular os rapazes. Estava surpresa consigo mesma por fazer isso, mas não conseguia resistir. Sentimentos conflitantes digladiavam-se em seu peito naquele dia. Tudo havia começado com a manchete no jornal da manhã: NOVAS TESTEMUNHAS NO CASO WILLIAMS. Duas novas testemunhas haviam se apresentado, ambas favoráveis ao réu. Que boa notícia! Era o primeiro raio de esperança para Jim Williams em quase um ano. Antes de sequer ler a matéria, ela saiu correndo até o pé da escada e telefonou ao marido para contar-lhe a novidade. Em seguida, retornou à cozinha e sentou-se para ler.

As novas testemunhas eram rapazes, um com 18 anos e o outro com 21. Não se conheciam. Haviam se apresentado de forma independente um do outro a fim de relatar que Danny Hansford os havia abordado nas semanas antes de morrer e tentado recrutá-los em esquemas para matar ou lesionar Jim Williams e, depois, roubar dinheiro da casa dele. Ambos alegaram terem conhecido Danny nas praças da rua Bull, fazendo programa com homens gays.

A sra. Mooreland foi tomada por constrangimento enquanto lia, mas prosseguiu a leitura.

Uma das jovens testemunhas havia se inscrito em um programa de reabilitação de entorpecentes. A outra possuía uma série de condenações e, no momento, encontrava-se detida no presídio do Condado de Chatham por furto de automóvel. Os rapazes afirmaram que Hansford queria que eles induzissem Williams a um "cenário sexual" como parte do plano. Recusaram-se. Mais tarde, quando Hansford morreu, um dos rapazes disse ter pensado, "o idiota tentou levar o plano adiante". O jornal citava que Sonny Seiler havia declarado que usaria os depoimentos dos dois rapazes em sua apelação.

A sra. Mooreland estava confusa. Por mais feliz que estivesse por seu amigo Jim Williams, estava também horrorizada. Desconhecia os detalhes da vida privada do amigo até que os processos a despertassem de maneira tão rude, e, enfim, começava a lidar melhor com tudo aquilo, sobretudo ao externar seus pensamentos. Agora, ainda por cima, esse negócio sórdido em relação às praças. E essas novas testemunhas! Quem eles *eram*? Prostitutos! Ladrões! Bandidos! Ela desabafou durante o café da manhã com o marido, que por sua vez tentou fazê-la encarar os recentes acontecimentos sob uma nova perspectiva. "Você não esperaria que esse tal de Danny Hansford, um marginal repugnante, conversasse a respeito de seus esquemas assassinos com alguém da estirpe de um Mac Bell, não é? Ou de um Reuben Clark?". Os nomes mencionados pelo sr. Mooreland eram de dois dos cavalheiros mais estimados de Savannah, ambos presidentes de banco.

Bom, aquilo tudo até que fazia algum sentido, a sra. Mooreland teve de admitir. Porém ainda estava atordoada com o que havia descoberto quanto à conduta execrável nas praças e, enquanto dirigia em torno delas sob o sol de um meio-dia em maio, fez um trabalhinho modesto de detetive. Talvez seja um deles, pensou, lançando um olhar a um garoto de cabelo desgrenhado, recostado de modo casual contra um banco na praça Madison. Contudo então passou por sua cabeça que ele poderia ser um dos estudantes da Escola de Artes e Design de Savannah. E como daria para saber, afinal? Ela estremeceu e checou seu relógio de pulso. Era hora de ir para o almoço. Entretanto ainda não havia resolvido seu maior dilema: como contar à mãe de Jim as novidades? Não poderia dizer algo como "Não é maravilhoso?", pois uma trama envolvendo sodomia, assassinato e roubo de maneira alguma poderia ser descrita como maravilhosa. Não havia nada naquelas historinhas horrendas que fosse minimamente discutível em um almoço cordial. Disse ao marido ter pensado que talvez pudesse só fingir ignorância e agir como se não houvesse lido jornal algum naquela manhã. Todavia, ele observou, uma tática dessas poderia sair pela culatra. "Talvez só acabe obrigando a sra. Williams a lhe contar tudo a esse respeito", disse ele. "Melhor dizer algo evasivo como 'Estamos todos de dedos cruzados'." E foi o que ela fez.

A bem da verdade, de um jeito ou de outro, foi como todos os convidados lidaram com a questão. A sra. Williams se pôs à porta da Casa Mercer em um vestido de chiffon azul-claro, recebendo felicitações um tanto oblíquas à medida que os convidados chegavam.

"Sinto que a maré está mudando", disse a sra. Garrard Haines, dando um beijo na bochecha da sra. Williams.

"Domingo ensolarado *esse*, não?", comemorou Lib Richardson.

Alexander Yearly formulou de outro modo: "Espero que não demore até que o Jim esteja entre nós de novo".

A sra. Williams abriu um sorriso. "É como o James disse. Vai dar tudo certo."

As portas duplas ao fim do hall de entrada estavam abertas para o pátio, permitindo que o verde opulento do jardim entrasse pela casa. Os fundos da Casa Mercer eram inteiramente diferentes da fachada à italiana. A parte de trás da casa tinha a aparência de uma mansão da época anterior à Guerra da Secessão. Colunas altas sustentavam o teto de uma ampla varanda sombreada por densas grinaldas de glicínias. Vários dos convidados da sra. Williams foram se sentar do lado de fora da casa, em cadeiras de vime, e admirar o jardim molhado, o pequeno bosque de bananeiras com três metros de altura cada e o lago de nenúfares enquanto almoçavam.

Betty Cole Ashcraft se sentou ao lado de Lila Mayhew. A sra. Mayhew cutucava, ausente, seus tomates e quiabos. "Suponho que vamos passar outro Natal sem a festa formidável do Jim", comentou em um tom melancólico.

"Deus do Céu, Lila", rebateu a sra. Ashcraft, "ainda estamos em maio. Pode acontecer tanta coisa antes do Natal e, de todo modo, não me parece que está tudo acabado pro Jim."

"O Jim sempre fez essa festa na noite de véspera do baile de debutantes", prosseguiu a sra. Mayhew. "Era a noite dele. Sexta. Nem consigo me lembrar o que costumávamos fazer antes do Jim começar a realizar essas festas. Já até tentei, mas não consigo me lembrar. Minha memória anda falhando, sabe."

"Bom, não se preocupe, Lila", retrucou a sra. Ashcraft. "Antes que a gente perceba, ele estará de volta dando suas festas outra vez. Só precisam deixá-lo sair de lá. Estou segura quanto a isso, ainda mais agora com todos esses rufiões pipocando de repente e alegando como estavam prontos pra matá-lo. É de se admirar que o Jim não tenha atirado neles todos. Estaria no direito dele, sabe."

A sra. Mayhew acomodou seu garfo no prato. "Todo ano, a Beautene faz um vestido novo para que eu vista na festa do Jim. A Beautene é minha costureira negra. Acho que, às vezes, ela simplesmente redecora um vestido velho para que pareça novo. Eu nem notaria a diferença, de qualquer forma. Porém, no último Natal, quando o Jim já estava na prisão, lhe disse, 'Beautene, nem vamos nos preocupar com isso nesse ano. Não vai ter nada para se fazer em Savannah na véspera do Cotillion, de todo modo'."

"Por enquanto, Lila", respondeu com gentileza a sra. Ashcraft.

"E sabe o que a Beautene me falou? Ela disse: 'Dona Lila, talvez não tenha nada para vocês fazerem nessa tal noite aí. Mas essa noite — a noite antes do Cotillion — é a noite do *nosso* baile de debutantes'."

"Deus Pai do Céu!", exclamou a sra. Ashcraft. "Você não está falando sério."

"Sim. As meninas de cor. Elas têm um baile de debutantes na noite de véspera do Cotillion. Quando a Beautene me contou isso, pensei, que maravilhoso para elas. E eu soube na hora que sentiria falta da festa de Natal do Jim Williams mais do que nunca."

A sra. Mayhew deu um gole em seu chá gelado e mirou o jardim.

Como as duas senhoras ficaram em silêncio, passei a inteirar-me de uma conversa sendo travada em voz baixa entre um homem e duas mulheres sentadas no divã a minha frente. Estavam falando como ventríloquos, mal movendo os lábios de modo a não serem ouvidos. Quando me liguei no que diziam, entendi o porquê.

"Não vai funcionar?", perguntou uma das mulheres ao homem. "Por que não?"

"Por vários motivos, pois essas declarações soam como se tivessem sido compradas pelo Jim."

"Será que o Jim faria isso?"

"Claro que faria", afirmou o homem, "e eu também faria, se estivesse na situação dele. O Sonny Seiler contratou um detetive particular para checar a vida dos dois garotos — o Sam Weatherly, ex-policial, um bom homem. O Sam falou que um dos garotos pode estar falando a verdade. O outro é uma cobra; tem fama de vender depoimentos pra quem pagar mais."

"Por que o Sonny simplesmente não fica com o menino que está dizendo a verdade?"

"Porque júri nenhum vai acreditar na palavra de um michê e, de todo modo, o que ele tem a dizer é irrelevante. Os motivos do Danny Hansford não são o problema. Ele pode até ter planejado matar o Jim, mas não existe nenhum indício que tenha tentado. Não existe prova material nem de que ele tinha uma arma na mão naquela noite. Nada de digitais. Nada de resíduos de pólvora. As provas materiais são o problema. Agora, se o Jim foi capaz de pagar alguém pra desacreditar as provas materiais, *isso sim* seria um dinheiro bem gasto."

A sra. Williams apareceu na varanda com uma câmera Polaroid em mãos.

"Vamos lá, pessoal", disse ela, "tratem todos de ficar bonitos pra foto!" Seus convidados tiraram os olhos dos pratos e a sra. Williams os fotografou. A câmera fez um chiado e ejetou o retângulo preto de filme. Ela voltou para dentro da casa e colocou a foto no aparador junto às demais. "Mais tarde", disse, "vou levar todas essas fotografias pro James. Sei que elas farão com que ele se sinta presente no almoço. Sei mesmo, de verdade. Sempre que algo importante acontece, tiro uma foto para lhe mostrar. Tirei uma da glicínia quando deu flor na porta de entrada e ele me ligou e disse: 'Obrigado, mãe. Agora eu sei que já é primavera'."

Os rostos começavam a aparecer nas fotografias. Emma Kelly estava sentada entre Joe Odom e Mandy no salão dos fundos. Ao chegar no almoço, Emma dissera à sra. Williams que, todos os dias nos últimos oito meses, havia tocado "Whispering" no piano, pois sabia que era a música favorita de Jim. Joe Odom observou, com um sorriso irônico, que, do jeito que as coisas andavam ultimamente, ele e Jim talvez acabassem trocando de lugar em breve.

Duas pessoas cujos rostos só então ganhavam cor nas fotografias sobre o aparador deixaram outros convidados boquiabertos ao chegarem no almoço: Lee e Emma Adler.

"Agora, sim, já vi de tudo nessa vida", dissera Katherine Gore quando os Adler apareceram no hall de entrada.

O antagonismo entre Lee Adler e Jim Williams ganhou uma nova dimensão por conta da estreita associação entre Adler com o promotor. Lawton havia recentemente anunciado que concorreria à reeleição e Adler contratou um empréstimo bancário de 10 mil dólares para patrocinar a campanha. Tal cheque o tornava responsável por mais de dois terços de toda a verba da campanha de reeleição. Ele não fazia o menor esforço para ocultar sua proximidade com o candidato; pelo contrário, colocou um grande cartaz onde se lia REELEJA SPENCER LAWTON na cerca em frente à sua casa. O rosto sorridente do promotor podia ser visto das janelas da Casa Mercer. Quando muito, Adler parecia deleitar-se com a situação de Williams. Organizou uma festa de arrecadação para o promotor na qual se pôs de pé e leu o telegrama de "um apoiador da campanha da reeleição" que não havia podido comparecer. Acabou por se revelar uma piada, um telegrama de mentira, assinado por "Jim Williams, presídio do Condado de Chatham", e desejava a Lawton a pior sorte possível. Os presentes na festa não acharam graça. "Foi de muito mau gosto a piada", disse um convidado. "Deixou todo mundo desconfortável, em especial Spencer Lawton, que estava presente."

Enquanto isso, Williams declarou guerra à campanha de reeleição de Lawton de dentro de sua cela na prisão, injetando dinheiro por baixo dos panos na campanha do concorrente. Uma série de anúncios anti-Lawton de página inteira foi publicada no jornal de Savannah, estampando a manchete PROMOTOR PÚBLICO ACUSADO DE CORRUPÇÃO E ABUSO DE PODER. O anúncio lembrava aos eleitores que, ao reverter a primeira condenação de Williams, a Suprema Corte da Geórgia havia acusado o promotor de "corromper a busca pela verdade, função do rito processual." Os anúncios haviam sido escritos e pagos por Jim Williams.

No que lhes competia, os Adler estavam tão perplexos quanto todos, sem ideia de por que tinham sido convidados para o almoço da sra. Williams. Após escrever seus nomes no livro de convidados, Emma Adler escreveu a palavra "vizinhos" entre parênteses, como se para salientar que a conexão da família com a celebração era puramente geográfica.

A sra. Williams enfiou o instantâneo dos Adler no meio da pilha. "O James tem suas razões, estou certa disso", explicou em seu costumeiro tom de voz baixo, "no entanto, ai, aquele Lee Adler me deixou tão irritada um dia desses. Não contei isso para o Jim. Foi há cerca de três meses, acho. Certa tarde, ele veio fazer uma visita de cortesia, e eu pensei, bom, o sujeito sabe que o James no momento está numa situação apertada e vem por aqui xeretar. Deve pensar que vai encontrar as paredes vazias e todos os móveis vendidos. Aí, ele chega e é bastante educado e tudo mais. Porém eu o conhecia bem. Sabia que não era do feitio dele ser simpático com o James. Ele me falou: 'Sra. Williams, vi o sr. Fulano da Sotheby's em Nova York e isso e aquilo e mais aquilo outro, e se eu puder fazer qualquer coisa pelo James, ou se houver algo que ele queira vender, por favor me avise.' *Sei!* É cada coisa, viu, que nessa hora tive de me segurar pra não explodir, no entanto fiquei quieta. Mantive a calma o máximo que pude. E respondi: 'Agradeço muito, sr. Adler, porém, mesmo estando preso, o James ainda tem as conexões dele. Ele pode ligar pra Nova York. Pode ligar pra Londres.

Pode ligar pra Genebra.' Não que tenha sido feio para ele nem nada. Mas, meu bem, por dentro eu estava fervendo, porque sabia que o sujeito tinha ido lá só pra fuçar".

A ligação entre Lee Adler e Spencer Lawton era precisamente a única razão pela qual Jim Williams pediu a sua mãe que o convidasse. Na visão de Williams, Lee Adler controlava o promotor. "O Leopold é o poder por trás do trono", disse. "Ele é como o vizir no tribunal turco, o homem que fica por trás de uma cortina de seda sussurrando no ouvido do sultão. O Lawton nem se atreve a dar um passo sequer sem uma orientação expressa do seu mentor. Isso torna o Leopold perigoso, em particular para mim. Já dei milhares de motivos para ele me odiar. Orquestrei a saída dele do conselho do museu Telfair quando fui presidente, e tenho absoluta certeza de que ele pressionou o promotor para me processar por homicídio doloso em vez de culposo, embora negue ter feito isso. É um sujeito perigoso. Sem dúvida. Mas eu o entendo. Sei falar a língua dele, caso precise. Honra entre bandidos, sabe. Nunca é tarde demais para oferecer um ramo de oliveira. Com essas novas testemunhas, meu processo vai ganhar o mundo. Estou sentindo isso. E quando isso acontecer, não quero o Leopold fazendo intriga escondido atrás daquela cortina de seda."

Williams visivelmente tinha alguns trunfos na manga — uma apelação em curso, possíveis novas testemunhas e um candidato em campanha para destronar Spencer Lawton. Nada disso, em particular, parecia ser promissor, mas se ele conseguia tirar algum conforto desses trunfos, que mal teria? Era improvável que um convite para um almoço amigável pudesse converter Lee Adler a sua causa. Ainda assim, havia lançado mão de toda sua influência para auxiliá-lo na batalha — o charme inerente de sua mãe, o deleite da comida de Lucille Wright, a companhia dos amigos em comum e, não menos importante, os poderes misteriosos de Minerva. Viera de Beaufort e estava vestida de acordo com a ocasião, com uniforme de copeira. Durante a primeira hora, mais ou menos, ficou quieta no lugar enquanto os convidados se serviam do buffet na sala de jantar. Mais tarde, circulou com uma jarra de chá gelado. A certa altura, serviu duas taças aos Adler enquanto mascava raiz de olhos fixos no casal através das lentes lilases de seus óculos de aro de metal.

Williams se manteve informado a respeito do desenrolar da celebração por meio de telefonemas periódicos durante o curso do almoço. Relembrou Barry Thomas de ligar a fonte (Thomas havia esquecido), e passava instruções a sua mãe e a Lucille a cada etapa do almoço. Quando o último dos convidados foi embora, a sra. Williams e Barry Thomas lhe comunicaram que o almoço fora um sucesso. Sua mãe disse que logo levaria as fotografias até a prisão para que ele pudesse ver com os próprios olhos.

Após desligar, hesitou, sentada à escrivaninha por um tempo. O jornal matutino estava em cima do tampo da escrivaninha a sua frente.

"Barry?"

Barry Thomas, que já estava de saída, deu meia-volta. "Sim, sra. Williams?"

A sra. Williams fez uma pausa, incerta. Fitou o jornal e a matéria falando das novas testemunhas.

"Eu... eu estive pensando", disse ela. "Tudo isso que tem se falado sobre o James... e aquele menino, o Hansford... e agora esses outros garotos." A sra. Williams apontou para o jornal. "Tento não dar bola. Mas não sei. Acho que ouvi as pessoas dizerem o mesmo do rei James da Inglaterra. Sabe, o rei James que mandou escrever a Bíblia? Sabe se isso é verdade? Já ouviu alguém falar alguma coisa do rei James?"

"Olha, sim, pra dizer a verdade, já ouvi sim", respondeu Thomas. "O rei James tinha seus favoritos entre os homens da corte, se é isso que a senhora quer saber. Ele tinha seus amigos especiais. Acho que tinha vários."

O esboço de um sorriso se formou nos cantos dos lábios da sra. Williams. "É", disse com suavidade, "tudo bem então."

24
MINUETO NEGRO

Em meados de agosto, apesar das declarações feitas pelas novas testemunhas arroladas pela defesa de Jim Williams, o juiz Oliver rejeitou o pedido de um novo julgamento. Sonny Seiler de pronto anunciou que entraria com recurso à instância seguinte, a Suprema Corte da Geórgia. Poucas semanas depois, Spencer Lawton venceu a reeleição como promotor público, assegurando a posição que lhe permitiria lutar contra o recurso em qualquer etapa do processo.

Quando as más notícias chegaram aos ouvidos de Williams, ele pegou o telefone e ligou para a Christie's em Genebra a fim de dar um lance por um cigarreira Fabergé que já pertencera a Edward VII. "Me custou 15 mil dólares, muito além das minhas posses", confessou, "mas faz com que me sinta melhor. Sou a única pessoa no mundo que já comprou um Fabergé de dentro de uma cela na prisão."

Cada vez mais, Williams se valia de seus truques para convencer-se e aos outros de que não estava, de fato, na prisão. Continuava roteando seus telefonemas via Casa Mercer e ditando cartas que eram datilografadas em papel personalizado em sua casa. Enviava várias cartas do gênero aos jornais e revistas. Uma delas foi publicada na *Architectural Digest*, um bilhete elogiando a revista por ter publicado um artigo escrito pela socialite de Nova York, Brooke Astor. "Encantador!", dizia o bilhete, "Brooke Astor nos brindou com um mimo delicioso ao recontar suas primeiras experiências com jantares formais. Suas recordações servirão como um guia duradouro sobre a arte de se viver bem. Meus melhores votos a nossa anfitriã — *James A. Williams, Savannah, Geórgia.*"

Ele não aceitava passivamente a ideia de estar preso. "É uma questão de sobrevivência", disse ele. "Eu me hipnotizo pra que, ao menos na minha mente, *eu não esteja aqui.*"

Onde quer que a mente de Jim Williams o tenha levado, já no começo do outono estava claro que seu corpo ainda estaria na prisão durante a época do Natal. Mais uma vez haveria uma lacuna no calendário social na noite da véspera do baile no Cotillion, noite antes reservada para sua festa de Natal. Recordei-me das lamúrias de Lila Mayhew, ainda em maio, de que não haveria nada para fazer naquela noite. Também me lembrei do que sua costureira havia lhe contado — que a noite da festa de Jim Williams era a noite em que a comunidade negra realizava seu baile de debutantes. Quanto mais pensava nisso, mais começava a sentir necessidade, enquanto observador da cena local, de obter maiores informações acerca do baile das debutantes negras e, se possível, de ser convidado a comparecer.

A comunidade negra de Savannah vinha apresentando suas debutantes em bailes formais há quase quarenta anos. O baile era patrocinado pelo setor dos alunos já graduados da Alpha Phi Alpha, uma irmandade negra na Universidade Estadual de Savannah. Nacionalmente, a Alpha Phi Alpha era a irmandade universitária negra mais antiga do país, tendo sido fundada em Cornel na virada do século. A irmandade se pretendia mais do que um mero clube social para estudantes universitários, conforme seu slogan, "Maiores e Melhores Negócios de Negros", sugeria. A bem da verdade, o setor dos graduados na cidade, com 65 integrantes, era mais ativo que o setor dos alunos ainda na graduação, com apenas quinze.

Os Alphas graduados eram a nata da sociedade negra local. Seu quadro de membros incluía professores, diretores de escolas, médicos, pastores, pequenos empresários e advogados. Chamava a atenção a ausência de banqueiros, sócios das firmas de direito mais influentes da cidade, diretores de grandes corporações e pessoas com fortunas herdadas. Os Alphas, ao contrário dos membros do Cotillion, não pertenciam à Associação Oglethorpe, ao clube de golfe nem ao iate clube. Um dos três representantes municipais negros de Savannah era um Alpha, mas não se podia dizer que os Alphas — ou a comunidade negra como um todo — faziam parte das estruturas de poder na cidade. As atividades anuais do setor dos graduados da irmandade eram compostas de uma campanha de novas inscrições, um baile a fim de arrecadar fundos para bolsas de estudo e uma série de eventos sociais que culminavam no baile de debutantes.

O baile de debutantes fora criado pelo dr. Henry Collier, ginecologista e primeiro médico negro a realizar uma cirurgia no Hospital Candler. O dr. Collier teve a ideia do baile na década de 1940, quando soube que um grupo de empresários negros do Texas havia patrocinado um baile de debutantes. Sugeriu a seus companheiros Alphas que patrocinassem um baile similar em Savannah e os todos concordaram.

O dr. Collier morava na avenida Mills N. Lane, a vários quilômetros a oeste do centro. Havia construído sua casa na década de 1950, quando ninguém mais lhe venderia uma propriedade no enclave exclusivo para brancos do parque Ardsley. Era uma estrutura de tijolos desconjuntados que recebera acréscimos ao longo dos anos sem plano aparente algum. Uma modesta porta de entrada se abria para um vestíbulo com pé-direito duplo onde havia uma imponente escadaria circular com uma fonte borbulhante de dois andares ao centro. Homem animado, com seus 60 e tantos anos, o dr. Collier me recebeu calorosamente e me conduziu até a sala íntima, na saída da cozinha, onde tomamos café enquanto, com grande entusiasmo, falou a respeito de sua criação, o baile de debutantes.

"Nosso primeiro baile foi em 1945", relatou. "Apresentamos cinco moças naquele ano e estabelecemos um sistema que temos usado desde então. Os membros da irmandade indicam as moças que, então, são avaliadas pra nos certificarmos de que satisfazem nossos critérios. As moças devem ter qualidades morais. Isso é o mais importante. Devem ter concluído o ensino médio e estar matriculadas numa instituição de ensino superior. Entrevistamos os vizinhos, os professores da escola e pessoas da igreja que frequentam. Pra que uma moça seja desclassificada, alguém deve ter conhecimento concreto de uma conduta imprópria — se ela fugiu de casa, se frequenta bares e boates ou se já se envolveu em problemas com a polícia. Caso uma moça tenha feito um aborto, por exemplo, está descartada.

"Uma vez aprovadas, solicitamos que as debutantes compareçam ao que chamamos de 'semana do charme', a fim de aprenderem como se tornar moças graciosas e coisas do tipo. As Alphabettes se encarregam disso. É esse o nome pelo qual chamamos as esposas dos Alphas."

O dr. Collier abriu um álbum de fotografias dos bailes de debutantes anteriores. "Esse foi nosso primeiro baile", retomou. "Foi realizado no Coconut Grove, que era um salão de baile negro. Naquele tempo, claro, os estabelecimentos públicos eram segregados, então nenhum dos hotéis aceitou nos alugar seu salão de baile, e os jornais agiram como se não existíssemos. Só a imprensa negra nos cobriu. Isso tudo mudou com a integração. Em 1965, pela primeira vez na história, apresentamos nossas debutantes no salão de baile do antigo Hotel DeSoto — mesmo salão onde o Cotillion realizou seu baile logo na noite seguinte. Por volta daquela época, também, o *Savannah Morning News* enfim decidiu que poderia se referir aos negros por meio de títulos de cortesia — sr., sra. e srta. — e passaram a publicar os nomes das nossas debutantes. Contudo eu não diria que alcançamos uma paridade absoluta. As colunas sociais sempre noticiam todas as festividades que precedem o baile do Cotillion — os almoços entre mães e filhas, os churrascos, as festas ao ar livre, os assados de ostras, e o que mais houver. No entanto quando enviamos as fotografias das nossas festas, ninguém as usa. No entanto..." O dr. Collier fez um gesto com a mão. "Em seu tempo, isso também vai mudar."

À medida que folheava as páginas do álbum de fotografias, anos após anos de debutantes se sucediam. No meio do caminho, por volta de 1970, notei uma mudança na cor da pele das moças. Quase todas as primeiras debutantes eram negras de pele mais clara; agora, havia rostos retintos também. A mudança coincidia com o surgimento do movimento Black Power, e parecia que os Alphas haviam reagido, expandindo o alcance das tonalidades de pele aceitáveis para as debutantes.

O médico continuou virando as páginas. "Sabe, algumas pessoas dizem que nosso baile de debutantes não passa de uma cópia do baile do Cotillion. Claro que é. Entretanto, quer saber, de certa maneira o nosso é melhor do que aquele baile. E isso me anima toda vez. Está vendo essa foto?" Ele apontou para uma fotografia de quinze debutantes em procissão, com suas mãos esquerdas delicadamente repousadas sobre as mãos direitas erguidas de seus acompanhantes. "Sabe o que elas estão fazendo aqui? Estão dançando o minueto! Não fazem isso lá no Cotillion." O dr. Collier soltou uma risada leve e divertida. "Isso mesmo. Nós botamos as meninas pra dançar *minueto*!"

"Como foi que vocês escolheram essa dança?"

Ele jogou as mãos para o alto e riu. "Não sei! Acho que devo ter visto no cinema. E fazemos direitinho também, como deve ser feito. Contratamos um quarteto de cordas pra tocar o minueto de *Don Giovanni*, do Mozart. E, deixa eu lhe dizer, é um espetáculo e tanto. Gostaria que você fosse como meu convidado. Aí você vê e me diz."

"Ôoooo, *querido*!", Chablis arrulhou quando lhe contei que iria ao baile de debutantes negras. "Me leva com você, amor!"

Seria bastante difícil imaginar um ato mais tresloucado do que aparecer no baile de braços dados com uma drag queen negra. Tinha esperança de passar o mais desapercebido possível e já havia decidido ir sozinho. "Desculpa, Chablis", falei. "Não vai dar."

Chablis não via nada de mais na ideia de me acompanhar ao baile. "Eu prometo que não vou te envergonhar, amado", implorou. "Não vou xingar, nem dançar de um jeito sexy, nem sacudir a bunda. Não faço nada dessas coisas. Prometo. Vou me comportar como uma dama a noite inteira, Lady Chablis. Só por você. Ai, eu nunca fui a um baile de verdade. Me leva, me leva, me leva."

"Isso está fora de questão", tentei encerrar o assunto.

Chablis fez bico. "Sei bem o que você tá pensando. Tá pensando que eu não sou boa o suficiente pra me misturar com aqueles negros metidos a besta."

"Eu nem pensei nisso", garanti, "porém, agora que você mencionou, as debutantes são todas moças bem-comportadas, pelo que me falaram."

"Hein?" Chablis me lançou um olhar carregado de malícia. "E o que isso significa, se você me permite perguntar?"

"Bom, pra começo de conversa", respondi, "nenhuma delas nunca foi pega roubando uma loja."

"Então elas devem ser bem boas nisso, amor. Ou não sabem como fazer compras. É sério. Não dá pra acreditar que você tá tentando me dizer que, de vinte e cinco vadias, nenhuma delas nunca roubou um sutiã ou um par de meia-calça, porque eu não caio nesse papinho, não. Maravilha, agora me diz o que mais elas têm de tão conveniente?"

"Estão todas matriculadas na universidade", respondi.

"A-hã." Chablis examinou as unhas.

"Elas atuam como voluntárias em trabalho comunitário.."

"A-hã."

"Vão à igreja regularmente e são conhecidas por serem mulheres de bom caráter."

"Hummm."

"Nenhuma delas jamais foi vista farreando em bares ou em boates."

"Querido, você tá começando a me dar nos nervos! Daqui a pouco, vai me dizer que elas todas tiveram as bocetinhas verificadas, e são todas virgens."

"Tudo o que sei, Chablis, é que elas têm reputações imaculadas. Isso aí já foi verificado. E não se tem notícia de que alguma delas já tenha sido condenada por 'conduta imprópria'."

Chablis me lançou um olhar de esguelha. "Você tem certeza de que essas meninas são negras?"

"Claro."

"Então eu só posso dizer que elas devem ser *muuuuuito* feias."

"Não, Chablis, elas são bem bonitas, na verdade."

"Bom, pode ser, mas se eu quiser ver um bando de freiras frígidas desfilando de vestido branco, sento meu rabinho numa igreja. Não preciso ir pra baile nenhum pra ver isso. Então, pode esquecer essa história de me convidar pra sair, querido, porque eu não vou."

"Bom", concluí, "acho que isso encerra o assunto."

As vinte e cinco debutantes tinham sido selecionadas de um grupo original de cinquenta candidatas. Algumas das indicadas haviam recusado o convite por falta de interesse ou porque não podiam arcar com os custos de 800 dólares para ser uma debutante. As debutantes em potencial eram convidadas a um encontro no Quality Inn, onde eram recepcionadas por membros do Comitê Debutante Alphabette, que lhes repassavam o que as aguardava nos meses que precediam o baile.

Esperava-se delas que realizassem dez horas de serviços comunitários ou escrevessem um artigo de três páginas acerca de determinado assunto. Eram obrigadas a comparecer a quatro aulas de minueto e a organizar uma festa de apresentação com várias outras debutantes à qual todas as debutantes, pais, acompanhantes e membros do Comitê Debutante Alpha e as respectivas esposas seriam convidados. A Semana do Charme era o ponto central da doutrinação. As esposas dos Alphas, as Alphabettes, ministravam aulas de beleza e boas maneiras — como planejar uma festa, enviar convites, arrumar uma mesa, apresentar pessoas de forma apropriada e escrever mensagens de agradecimento. Havia uma sessão relacionada a bons modos à mesa ("Passem manteiga só no pedaço de pão que vocês estão prestes a levar à boca. [...] Caso caia comida no chão, deixem lá; chamem o garçom. [...] Caso aconteça de vocês colocarem um pedacinho de cartilagem na boca, tirem-no da mesma maneira que o puseram lá — com um garfo, uma colher, só não tirem com os dedos"). As debutantes aprendiam a aperfeiçoar sua linguagem ("Jamais digam 'pregunta', digam 'pergunta'. 'Pregunta' deve ser extirpado do vocabulário de vocês... e livrem-se de expressões como 'hum' e 'bom'"). Era-lhes ensinado a fazer reverência ("Não sejam bruscas — levantem-se devagar"), a sentar-se com classe ("Deixem suas pernas bem juntas ou atravessadas na altura dos tornozelos, jamais cruzadas na altura dos joelhos"), e a caminhar como uma dama ("Costas eretas, ombros erguidos, braços caídos ao lado do corpo e *sem rebolar!*").

Havia certos critérios a serem seguidos pelos acompanhantes das debutantes. Resumiam-se a duas exigências: deviam ser formados no ensino médio e estar matriculados em uma universidade ou servindo o exército, e não podiam ter sido condenados na justiça. Arregimentar pares não era tarefa fácil. Garotos tendiam a considerar o papel de acompanhante mais como um encargo do que como uma honraria. Torciam o nariz para comparecer às aulas de dança, alugar o traje de gala e ir a uma infinidade de festas na quais a quantidade de acompanhantes mais velhos tendia a ser maior que a de jovens. Não era nada incomum, portanto, que o namorado de uma debutante fugisse do compromisso com uma desculpa qualquer e que a debutante fosse acompanhada por alguém que já tivesse experiência no assunto — um irmão mais velho, o filho de um Alpha formado ou algum dos Alphas ainda não formados.

No dia do baile, às 12h, as vinte e cinco debutantes chegaram ao hotel Hyatt Regency para o ensaio geral carregando seus vestidos em sacolas apropriadas. Foram encaminhadas a um conjunto de quartos reservados como provadores e, depois de se trocarem, desceram até o salão de baile onde os respectivos pais e acompanhantes se encontravam à espera do ensaio da valsa e do minueto.

O baile Alpha seria um pouco mais modesto que o baile do Cotillion na noite seguinte: haveria dois bares com bebida paga em vez de cinco bares com bebida livre; haveria café da manhã servido à 1h da madrugada, em vez de tanto um jantar quanto um café da manhã, e haveria o mínimo de decoração. Não obstante, o iminente evento não passaria desapercebido no hotel. Durante a prova de roupas, um amontoado de curiosos ficou espiando pela porta, cativados pela imagem de tantas jovens negras em vestidos brancos esvoaçantes. Um dos observadores, um homem de terno cinza e sapatos marrons, chamou a atenção para as caixas de vinhos e destilados sendo desempacotados no canto do salão de baile. "Não se engane", disse ele com um ar de sabedoria. "Os negros bebem uísques melhores que os brancos. Dewar's, Johnnie Walker, Seagram's, Hennessy. Todas as marcas mais caras. Tenho uma teoria do porquê disso." O homem levou a mão ao cotovelo do braço com que segurava o cachimbo e se balançou nos calcanhares, olhando de esguelha para ambos os lados a fim de se certificar que ganhava a devida atenção das pessoas ao redor. Em seguida, pôs-se a tecer uma teoria peculiarmente simplória: "Lembram quando os atletas negros nas Olimpíadas da Cidade do México ganharam um monte de medalhas e ergueram os punhos cerrados numa saudação do movimento Black Power? Na mesma época os negros de Savannah começaram a beber uísque Dewar's, gin Seagram e vodca Smirnoff. Se você olhar aquelas garrafas, vai notar que todas as etiquetas têm medalhas. De uma hora para outra eles passaram a se identificar com medalhas por causa das Olimpíadas e é por isso que compram essas marcas. Por volta da mesma época, também começaram a beber conhaque Hennessy. A etiqueta do Hennessy tem a imagem da mão segurando um mace — algo parecido com a saudação Black Power. O Johnnie Walker tem no rótulo um homem com traje de montaria e uma cartola, que representam a 'vida boa'. Isso tem tudo a ver com a simbologia da etiqueta. O melhor exemplo disso foi quando ocorreu a integração escolar. Foi quando os negros começaram a tomar Teacher's, que tem no rótulo um professor vestindo um capelo. Eles vão pela simbologia, percebem? Pelo menos foi o que percebi."

Perto das 21h, o amplo lobby do Hyatt começou a encher de convidados chegando para o baile. Uma escada rolante longa e íngreme conduzia um fluxo majestoso de casais negros formalmente vestidos, deixando para trás as plantas e árvores do saguão rumo ao salão de baile no segundo andar. No salão, um quarteto de cordas tocava música de câmara enquanto quatrocentos convidados confraternizavam por uns instantes antes de tomarem, em silêncio, seus assentos às mesas ao redor da pista de dança. Os convidados de uma mesa, cientes de que não seria servido jantar algum, levaram uma cesta de lanches, os quais passaram a comer tão logo a intensidade das luzes diminuiu.

O presidente do setor dos graduados da Alpha Phi Alpha subiu ao palco vestido com as cores da irmandade — um fraque preto com detalhes em dourado, camisa social e gravata borboleta douradas. Cumprimentou os presentes e ordenou o início da cerimônia. Com o quarteto de cordas tocando ao fundo, uma Alphabette pegou o microfone e leu o nome da primeira debutante. A moça, acompanhada pelo pai, seguiu até uma pequena plataforma, subiu os degraus, virou-se de frente para os presentes e fez reverência. O mestre de cerimônias proclamou os nomes dos pais, da escola e da universidade da menina, além da área de estudos em que vinha se especializando. Depois disso, o acompanhante dela se aproximou pelo outro lado, tomou sua mão e a conduziu plataforma abaixo enquanto o apresentador lia o nome do rapaz e dos pais dele, assim como sua escola e área de especialização. Uma a uma, as debutantes e os respectivos acompanhantes foram apresentados de igual modo. Cada moça segurava um buquê de flores amarelas salpicadas de luzinhas faiscantes alimentadas por pilhas na haste do buquê. Os acompanhantes vestiam trajes de gala, colarinho de ponta virada, casaca e luvas brancas. Levavam a mão esquerda às costas, com as palmas para fora.

Terminadas as apresentações, as debutantes e os acompanhantes ficaram de frente um para o outro em duas longas fileiras de ponta a ponta do salão. O salão ficou em silêncio por uns instantes; em seguida, o quarteto de cordas voltou a tocar. Os acompanhantes curvaram-se em sincronia e as debutantes fizeram reverência, seus vestidos varrendo o chão com uma onda espumante de babados e renda branca. Os casais, então, deram-se as mãos e, qual um desfile elegante, cheios de graça, dançaram um minueto cadenciado ao som de *Don Giovanni*. O recinto entrava em polvorosa a cada passo deslizante; era quase como se estivessem patinando. Um frêmito de exaltação percorreu o salão. Mulheres sem fôlego, homens com olhares extasiados. Sentado à mesa de honra, o dr. Collier sorria de orelha a orelha, alegria compartilhada por todos.

Quando o minueto terminou, as debutantes dançaram duas valsas, primeiro com os pais, depois com os acompanhantes. Na sequência, o quarteto de cordas guardou os instrumentos e partiu, e a banda de Bobby Lewis começou a se preparar para tocar no baile.

O dr. Collier havia me colocado em uma mesa com vários Alphas e Alphabettes. No rastro de emoção do minueto, os Alphas resplandeciam de orgulho. Uma das mulheres mencionou que o setor local da Links, a organização social e civil de mulheres negras mais prestigiada dos Estados Unidos, havia expressado o desejo de presidir a cerimônia das debutantes em Savannah, como haviam feito em Atlanta e em outras cidades. No entanto os Alphas não estavam dispostos a abrir mão.

"Os AKAS também querem patrocinar", acrescentou outra mulher, referindo-se à fraternidade feminina Alpha Kappa Alpha. Muito embora a mulher fosse uma Alphabette, também era uma AKA, e era visível a confusão de sentimentos quanto a isso. "Tem sido uma batalha longa", contou. "Nós, mulheres, achamos que a questão das debutantes deveria ser uma prerrogativa nossa. Não devia ser deixada aos cuidados de uma irmandade de homens."

Os três Alphas sentados à mesa gargalharam satisfeitos. "Se abríssemos mão", rebateu um deles, "perderíamos nosso status. Não dá, né?"

As mulheres trocaram olhares em silêncio. Uma delas mudou intencionalmente de assunto. "Nossa, mas que graça *aquele* vestido", comentou, cruzando o salão com os olhos.

Virei-me e olhei na mesma direção. Uma mulher elegante se encontrava à entrada do salão indecisa, observando o recinto como se procurando por alguém. Usava um vestido de gala azul-marinho bem justo com um sólido manto de pedrarias brilhando na pala. Virei-me de volta à mesa, mas algo na figura de pé à entrada — alguma coisa relacionada às pedrarias e ao jeito insolente como a mulher empinava o queixo — me fez dar uma segunda olhada. Com toda certeza era Chablis.

Assim que a vi, ela também me viu. Respirou fundo, ergueu o queixo um pouquinho mais e começou a caminhar em minha direção a passos exageradamente imperiais. Fixou o olhar no meu e fez biquinho ao estilo das modelos de passarela. Estava incorporando Lady Chablis, A Grande Imperatriz de Savannah. A multidão se abriu para ela enquanto passava, os olhos todos nela. Senti um súbito latejar na cabeça e um zumbido nos ouvidos. Ela já não estava a mais que cinco passos de mim quando estendeu o braço delgado e enluvado. No último instante, virou-se à direita e agarrou o braço de um adolescente musculoso que se encontrava perto da minha cadeira.

"Meu jovem", disse ela, "você pode me ajudar?" Ela o encarou bem nos olhos, tristonha. "Sou uma donzela em desespero. E sou mesmo."

O jovem rapaz abriu um belo sorriso. "Posso tentar, senhora", retrucou ele. "Qual é o problema?"

Chablis virou um pouco os ombros a fim de me ver enquanto falava. "Vim sozinha", ela disse. "Não faço a menor ideia de quem me convidou. É sério. Minha secretária anotou as informações num pedaço de papel, mas eu deixei o papel na limusine e despachei o motorista. Agora ele só volta à meia-noite."

Disse isso e enlaçou os bíceps do jovem rapaz. "E você sabe como é que funciona conosco, que somos mulheres. A gente nunca deve ficar sozinha. Isso não é aceito pela sociedade. A gente deve sempre ter um homem ao nosso lado."

"Entendo o que a senhora quer dizer", concordou o rapaz.

"Então eu meio que estou me perguntando se você ficaria comigo até eu conseguir achar quem me convidou", ela prosseguiu. "E pode parar de ficar me chamando de senhora. Meu nome é Chablis. E o seu?"

"Philip. Sou um acompanhante."

"Ôoooo, querido! Um acompanhante! Quer dizer que você trabalha pra um daqueles serviços de namoro?"

"Não, não", respondeu ele. "Tipo, todas as debutantes têm um acompanhante. Tô aqui acompanhando uma debutante."

"Ah, sim. E qual é a sua?"

"Ela tá naquele grupo ali. É minha irmã."

Chablis recuou, surpresa.

"Querido, você só pode estar brincando! Quer dizer que você tá fazendo aquilo com a sua *irmã*?"

"Não, não, não", Philip repeliu a insinuação. "Você entendeu tudo errado. Tipo, o Gregory — que é o namorado da minha irmã — se recusou a vir pra essa coisa. Ele falou, 'De jeito nenhum. Não vou naquele lugar'. Aí fui obrigado a vir no lugar dele. É assim que funciona às vezes."

"Ah, agora entendi", disse Chablis, "você tá só substituindo ele, né? Você não tem uma namorada de verdade aqui, né?" Ela se aproximou ainda mais do rapaz, suas mãos acariciando os braços dele gentilmente.

"É, não deixa de ser verdade", confirmou.

"Me diz uma coisa, querido. Você tem uma arma aí com você?"

"Arma? Não, eu não me meto com essas coisas."

"Que bom. Não achei mesmo que tivesse uma arma, amor. Mas, sabe, uma vez eu saí com um cavalheiro de alto nível e ele apontou uma arma pra minha cabeça. Então, né, eu sempre prefiro perguntar."

"Acho que você não vai tropeçar em nenhuma arma nesse salão", disse Philip. "Todo mundo aqui é bem obediente à lei."

"Você nunca foi preso? Nenhuma vez?"

"Bom..." Philip deu um sorriso tímido. "Meio que uma vez só."

"Ôoooo! Conta, conta, conta! Preso por quê? Drogas? Um baseado? Porque eu simplesmente tô morrendo por um tapa num..."

"Não, não foi nada. Eu e uns caras bebemos um pouquinho demais numa noite aí e meio que a gente, saca, perturbou de leve a paz."

"Ôoooo, eu aposto que sim! Aposto que você seria capaz de perturbar a paz de verdade se quisesse. Agora botei fé. *Agora siiim.*" Chablis estremeceu de prazer. Já estava massageando o braço de Philip. "Ai, olha ali", disse ela, "lá vem a madre superiora!"

"É a minha irmã", disse Philip.

Ela soltou o braço do jovem rapaz quando a debutante se aproximou, uma moça alta em um vestido de renda.

"Chablis, essa é a minha irmã LaVella", apresentou-as Philip. "LaVella, essa é Chablis." LaVella tinha um penteado pajem com mechas caindo na testa.

A penetra estendeu a mão. "A gente tava agorinha mesmo falando de você", disse. "Quer dizer, então, que cês tão tudo na universidade?"

"Isso, eu sou caloura na Estadual de Savannah", respondeu LaVella com um sorriso todo prosa. "Estou cursando engenharia elétrica."

"Sério, querida?! Engenharia elétrica! Olha só, taí uma coisa que eu queria saber fazer. Semana passada, minha TV quebrou bem no meio da minha novela, e a única coisa que eu soube fazer na hora foi dar um chute nela. O que não ajudou muito. Claro que eu nunca entrei numa universidade. Tive professores particulares desde o jardim da infância. Mas isso não importa agora. Trabalho no *show business* e, na maior parte do tempo, tô em turnê."

"Ah!", exclamou LaVella. "Isso parece ser tão glamoroso! Dá pra viajar pra tantos lugares."

"Viajar tem lá suas vantagens", comentou Chablis. "Tá vendo essa bolsinha?" Chablis ergueu uma bolsa de contas que cintilava sob a luz. "Comprei em Londres."

"Ai! É tão bonita!", encantou-se LaVella.

"E os meus sapatos são de Roma. E, deixa eu ver... as luvas são de Paris, e o vestido é de Nova York."

"Nossa! Todo mundo aqui está admirando o seu vestido. É bem chique."

"Olha, amadinha, você também pode ter roupas assim se souber se comportar direitinho."

"Acho melhor começar a economizar desde já!"

"Ah, não! Não, não!" Chablis sacudiu o dedo. "Não é assim que se faz. Nunca gaste seu próprio dinheirinho suado com roupas nem acessórios. Você tem de arrumar um bofe que te compre tudo isso." Ela levou as mãos ao braço de Philip novamente. "Você precisa conversar com esse seu namorado — qual é o nome dele mesmo? Gregory, o que se recusou a vir hoje com você. E precisa dizer pra ele começar a se preparar pra soltar as moedinhas dele e te comprar uns vestidos e uns enfeites."

"Posso tentar", falou LaVella com um sorriso pesaroso, "mas acho que não vai dar muito certo."

"Aí, então, acho que o jeito vai ser você simplesmente fazer que nem eu fiz", emendou Chablis. "Roubei das lojas."

Antes que LaVella pudesse lhe responder, ela tomou Philip pelo braço e o conduziu até a pista de dança. "Licença, coisinha", disse, "eu e o Philip estamos prestes a perturbar a paz um pouco."

Meu primeiro pensamento foi fugir de imediato antes que Chablis tivesse a chance de tornar público o fato de eu ser mais ou menos responsável por sua presença. Ela carregava um sorrisinho diabólico no rosto. Estava no auge da glória. Pressionava o corpo contra o de Philip enquanto rodopiavam pela pista. As pedrarias em seu vestido faiscavam e iluminavam seu rosto. Reconheci o vestido da noite em que eu havia fechado o zíper nos bastidores do Pickup, o que tinha uma fenda nas costas. De quando em quando, a fenda se abria, revelando um bom pedaço de perna, coxa e traseiro.

Até ali, as travessuras de Chablis haviam passado despercebidas, no entanto eu duvidava de que continuariam assim por muito tempo, considerando-se os mergulhos de costas que ela às vezes dava; isso para não mencionar os sacolejos e amassos em pleno salão. Levantei-me da cadeira e segui em direção à porta, porém meu caminho foi obstruído pela exuberância em pessoa, o dr. Collier.

"Finalmente! Estava procurando por você! O que achou do minueto?"

"Foi fabuloso", respondi, "e queria muito lhe agradecer por ter me convidado. Foi muito gentil da sua parte. Me diverti muito..."

O dr. Collier segurava-me com firmeza pelo braço. Perscrutava o salão. "Eu quero apresentá-lo ao homem que ensinou tudo isso para eles. É o diretor esportivo da Estadual de Savannah, John Myles. Foi ele quem os ensinou a dançar valsa também. Não consigo vê-lo agora, mas tudo bem... mais tarde nós o encontramos."

Meu pensamento estava dividido entre sair de fininho e fazer uma desfeita a meu anfitrião ou permanecer no baile e enredar-me de vez no inevitável desenlace de Chablis. Fui até o bar mais próximo da porta para pensar no que fazer em seguida. Daquele ponto estratégico, eu tinha visão tanto da pista de dança quanto da porta de saída. Pedi um uísque duplo. "E vou querer um Schnapps de maçã!" Chablis de repente se materializou ao meu lado. Estava ofegante e enxugava o rosto com um guardanapo.

"O que aconteceu com seu amigo, Philip?"

"A irmã dele cortou a gente", disse ela com um olhar de extremo desgosto. "Mas tá tudo bem, amor. Eu vou dar o troco. Nem ligo mesmo. A boneca aqui já tá de olho em dois dos outros acompanhantes. Assim que mandar um pouco de bebida pra dentro, vou começar a agir. Me aguarde." O *barman* serviu Chablis, acomodando uma taça de Schnapps de maçã a sua frente. Ela tomou tudo de só um gole e tossiu. Os olhos dela pegavam fogo. Olhou em direção à pista de dança e seus lábios se retorceram com malícia. "Uni-duni-tê... o acompanhante escolhido foi você. Não é assim que se canta o versinho, meu bem? Cantei direito? Cantei? Ei, sr. *chofer*, o senhor tá me ouvindo?"

"Desculpa, Chablis", interferi, "mas acho que foi muita audácia sua aparecer aqui desse jeito."

"*Aaaaaaa*, eu te deixei bravo, amor. Você até que fica bonitinho quanto tá braviiinho, querido. Mas olha só, lindo, a boneca aqui se sentiu um pouco presunçosa hoje. E esse baile calhou de ser o lugar mais presunçoso de Savannah no momento. É por isso que vim aqui."

"Bom, não vamos discutir", lhe disse. "Não tenho a menor intenção de insultar essas pessoas, então, caso esteja planejando vir com outras gracinhas, gostaria que ficasse bem longe de mim. Melhor ainda, por que você simplesmente não vai embora? Antes que as coisas fujam do controle. Você já se divertiu. Arriscar pra quê?"

"Ah, mas a diversão tá só começando, amor."

"Bom, pra mim então já acabou. Estou indo embora."

"Ah, não, não vai, não, querido. Porque, se for, vou contar suas historinhas em público aqui mesmo, juro que vou. Vou gritar e dar um show. Vou até aquele velho de camisa de babado azul ali com quem você tava falando e digo pra ele que foi você quem me trouxe aqui e que eu tô grávida de um bebê seu e que você me abandonou."

Cada folículo capilar em minha cabeça se arrepiou. Eu tinha muito respeito pelo senso dramático de Chablis para descartar aquela ameaça. Ela sorriu e se aproximou de mim. "É isso que você ganha por não ter me trazido", disse. "Mas se for um bom menino, prometo que não conto nada."

"Só se comporta, Chablis", pedi.

"Vou tentar, amor", respondeu. "Mas não vai ser fácil. Sempre que fico perto desses bacanas, fico nervosa. Entende? E esse lugar tá cheio deles. Olha só em volta." Ela se apoiou no cotovelo e analisou a multidão, perscrutando devagar o salão de uma ponta a outra. "Isso aqui que você tá vendo é a 'sociedade negra'", prosseguiu. "E agora você já sabe o grande segredo da sociedade negra: quanto mais branco você é, mais você sobe nela."

"Nem todas as debutantes têm pele clara", argumentei. "Elas representam uma diversidade bem ampla até, na minha opinião."

"Podem arrumar debutantes da cor que quiserem", retrucou Chablis, "mas não vai fazer qualquer diferença. São com as meninas de pele mais clara que os homens negros de sucesso vão se casar. Confere status pra eles. A pele negra pode até ser bonita, querido, mas é a pele branca que ainda faz as coisas girarem nesse mundo, caso você não saiba. Eu não tenho nada contra esses bacanas. Eles não têm culpa da cor deles, mas esses caras gostam de se juntar em grupinhos. Você precisa ver eles na Igreja Episcopal de São Mateus na rua West Broad. É a igreja da alta sociedade negra aqui em Savannah. O povo fala que eles têm um pente na entrada e não te deixam entrar a menos que você consiga passar o pente pelo cabelo sem quebrar. Dentro da igreja, as pessoas com pele clara se sentam nos bancos da frente, e os mais escuros se sentam nos fundos. Isso mesmo, querido. Que nem era antigamente nos ônibus. Sabe, quando se trata de preconceito, os negros tão empatados com os brancos. Pode acreditar. Nem estranho mais, só que quando eu vejo um negro começando a agir feito branco, meu bem, fico puta da vida." Um sorriso malicioso se abriu no rosto de Chablis. Ela me olhou de maneira sedutora por trás do ombro.

"Comporte-se", frisei.

Chablis pediu outro Schnapps de maçã e o virou de uma vez. "Tá na hora da boneca aqui brincar com os *boys*."

Disse isso e partiu caminhando toda recatada até a pista de dança, onde cutucou o ombro da primeira debutante que passou. Ela e a debutante se deram sorrisos educados e trocaram de lugar. No instante seguinte, Chablis estava aninhada contra o peito de seu novo companheiro de dança. Fiquei vendo tudo do bar, minha ansiedade um tanto temperada pelo uísque duplo. Cinco minutos depois, ela se desenroscou de seu novo parceiro e interrompeu a dança de outro casal. O que repetiu várias vezes ao longo da meia hora seguinte, percorrendo o salão e esfregando-se nos rapazes mais atraentes. Tomava cuidado, em suas voltas, para não negligenciar os sentimentos das debutantes. "*Amei* o vestido!", dizia ao separar o casal. Seus lábios se moviam tão rápidos quanto seu corpo. Cochichava com os parceiros de dança, fofocava com as garotas.

À 1h, o baile terminou e o buffet do café da manhã foi servido. Chablis encheu seu prato com ovos e salsichas, e então, à medida que as pessoas começaram a voltar às mesas reservadas, ela zanzou pelo recinto em busca de um lugar para se sentar. Pouco depois, percebi que vinha em nossa direção. Surrupiou uma cadeira desocupada da mesa ao lado e a arrastou até a nossa, espremendo-a entre duas matronas sentadas a minha frente. Por gentileza, abriram espaço para ela.

"Ai, perdão", disse Chablis. "Tudo bem se eu me juntar a vocês?"

"Imagina, claro que sim", respondeu uma das mulheres. "Devo dizer que não consegui tirar os olhos do seu vestido durante a noite inteira. Você fica parecendo uma estrela de cinema nele."

"Obrigada", agradeceu, acomodando-se na cadeira. "Pra ser sincera, eu uso ele bastante no palco."

"Ah, você faz teatro?"

"Sim, sou atriz."

"Que fascinante. Que tipo de atuação você faz?"

"Shakespeare. Broadway. Só mexendo os lábios. Moro em Atlanta, mas vim até Savannah hoje pra ver minha prima virar debutante."

"Ah, que bom", comentou a mulher. "Qual delas é a sua prima?"

"LaVella."

"Ah, a LaVella é uma moça adorável! Você não acha, Charlotte?"

"Ah, sim", respondeu a outra mulher, concordando com um sorriso largo.

"Eu também acho", concordou Chablis, com a voz afetuosamente doce, "e ela sempre quis ser debutante. Desde criança." Ela comia sua refeição com requinte exagerado, ambos os mindinhos em riste.

"Que lindo isso", disse a mulher. "A LaVella é tão delicada e bonita. E tão inteligente."

"Ela queria muito mesmo. A gente costumava conversar sobre ser debutante quando era criança. Ela sentia medo de não conseguir, sabe."

"Bom", argumentou a mulher, "posso lhe garantir que a LaVella não tinha nada com que se preocupar. É uma moça de alta estirpe."

"Mas se preocupou, mesmo assim. Ela dizia pra mim: 'Ai, prima Chablis, eu nunca vou conseguir. Sei que nunca vou conseguir.' Aí eu falava: 'Olha, me escuta, garota. Você não tem que se preocupar com nada. Se a Vanessa Williams consegue virar Miss América, apesar de toda a checagem que fazem naquele concurso, você tem todas as chances de passar por aquele comitê chinfrim de debutantes da boa e velha Savannah."

As matronas cruzaram seus olhares, Chablis ao centro.

"'Além do quê, LaVella, amadinha', eu disse pra ela, 'você tem sempre tanto cuidado em guardar a putaria só pra quando vem pra Atlanta. Ninguém lá em Savannah faz a menor ideia'."

As duas mulheres, boquiabertas, encararam Chablis, que continuou tomando seu café da manhã toda graciosa enquanto falava.

"Eu também já quis ser debutante", prosseguiu. "Ah, sim, já quis *mesmo*. Mas como falei pra LaVella, 'se for pra eu ser debutante, que eu seja uma debutante *de verdade*. Que seja uma debutante do Cotillion. É sério'."

Uma das mulheres tossiu; a outra desviou o olhar da mesa, desesperada, como se procurasse no horizonte por um navio de resgate.

"'Ah, claro, LaVella', eu falei, 'o baile Alpha é muito bonito e glamoroso. Não me entenda mal. Mas, LaVella', eu falei, 'o que você vai fazer nesse verão durante as férias? Hein? Vai trabalhar no Burger King da rua West Broad. Né? Olha, amadinha, as debutantes do Cotillion não trabalham no Burger King. De jeito nenhum, querida. Elas fazem passeios de bicicleta pela França e pela Inglaterra. É sério. Vão pra Washington e trabalham pra algum senador dos Estados Unidos que calhou de ser amigo da família. Passeiam de iate. Vão pra um spa e ficam lá espichadas durante o verão todo. É isso que fazem. E é isso que *eu* quero fazer como debutante'."

Chablis fingia não perceber o desconforto que causava nas mulheres. Olhou-me rapidamente de relance e comprimiu os lábios. Então, continuou a falar.

"Aí eu falei: 'Vai, garota, anda, pode rir. Mas você sabe que eu *poderia* mesmo ser uma debutante do Cotillion se quisesse. Só porque sou boa nisso de me passar por outra pessoa. Posso ser tudo o que quiser ser, e se eu tiver vontade de ser uma garota branca e rica, meu bem, é isso que vou ser. Deus sabe que já tô quase lá, a meio caminho andado. Tenho um monte de boyzinho loiro e alto com quem brincar, querida, e tô vendo de ter um bebê branco'."

As mulheres me lançaram olhares contritos, envergonhadas por eu — o único branco no salão — estar sendo obrigado a escutar esse tipo de conversa. A temperatura no recinto pareceu subir uns quarenta graus. Tinha certeza que meu rosto estava ruborizado. De repente, Chablis pôs seus talhares na mesa.

"Ai, meu Deus! Que horas são?" Agarrou a mão da mulher a seu lado e checou o relógio. "1h30! Meu motorista tá me esperando desde a meia-noite." Passou os olhos pelo salão, então afastou a cadeira da mesa e se levantou. "Bom, foi um prazer conhecer vocês", disse. "Eu ainda preciso me despedir de algumas pessoas antes de ir. Se por acaso as senhoras virem meu chofer, poderiam avisar que ainda tô aqui e pra ele não ir embora sem mim? Avisem pra ele que vou levar meu primo com a gente — meu *primo* mesmo, não minha prima. O Philip. Digam a ele que o Philip e eu ainda não terminamos de perturbar a paz. Ele vai saber do que se trata."

"Sim, oras, com certeza", uma das mulheres murmurou.

"E nem vai ser difícil identificar o meu chofer", continuou Chablis, lançando um olhar em minha direção. "Ele é branco."

Em seguida, circulou pelo salão, pulando de mesa em mesa e entregando seu número de telefone a vários dos garotos. Agora sim, pensei, passou da hora de ir embora. Depressa. Despedi-me de meus companheiros de mesa com um aceno de mão e segui em direção à porta, evitando Chablis. Sabia que, caso ela me visse, acabaria me arrastando para alguma confusão que estivesse prestes a armar. Abordei o meu anfitrião e agradeci rapidamente pelo convite. O dr. Collier não percebeu a urgência de minha debandada e apresentou-me ao homem ao seu lado, o homem que ensinara as debutantes a como dançar o minueto. Sorri e fiz uns gracejos, no entanto mal ouvi o que os dois diziam; meus olhos observavam o ambiente em busca de Chablis. Quando, enfim, foi possível sair, retirei-me, sorrateiro, circundei o bar, escapuli pelas portas do salão e desci a escada rolante de dois em dois degraus. Consegui cruzar o lobby sem maiores incidentes, saí ventando pela porta da frente e caí nos braços da noite calma e enevoada da rua Bay.

25
O ASSUNTO NA CIDADE

Na metade do segundo ano de Jim Williams na prisão, Savannah meio que se esqueceu dele. A cidade voltou sua atenção a outros assuntos. Falava-se bastante, por exemplo, de uma suposta intervenção divina atuando sobre George Mercer III.

George Mercer III foi um notório homem de negócios e meio-irmão do falecido Johnny Mercer. O sr. Mercer estava saindo de sua casa no parque Ardsley certa tarde para ir a um jantar quando de repente percebeu que esquecera as chaves do carro. Voltou para buscá-las. No hall de entrada, ouviu uma voz dizendo em alto e bom tom: "George, você bebe demais!".

O sr. Mercer olhou em volta, mas o hall estava vazio.

"Quem está aí?", perguntou. "E onde você está?"

"Eu sou o Senhor", respondeu a voz. "Estou em toda parte."

"Bom, sei que bebo além da conta", disse o sr. Mercer, "de modo que como vou saber se você é mesmo o Senhor? Se for mesmo, me mostra. Prova aí agora. Se me provar que é Deus mesmo, nunca mais bebo de novo." De repente, o sr. Mercer sentiu como se estivesse sendo arrebatado ao alto. Acima de sua casa. Acima do parque Ardsley. Estava a uma altura tão elevada que conseguia ver Savannah por inteiro — as praças do centro, o rio, a ilha Tybee e o Hilton. E a voz disse: "Consegui provar que sou real?" O sr. Mercer declarou na hora que acreditava e o Senhor o levou de volta ao hall de entrada. George Mercer III nunca mais bebeu depois disso.

Mesmo quem duvidava da veracidade da história era obrigado a admitir que, em um nível espiritual, ao menos, algo muito estranho estava acontecendo com a camada mais alta de Savannah. De que outra maneira poderiam explicar os rituais carismáticos nas quintas à noite na Igreja Episcopal de Cristo? Tratava-se da casa de oração mais antiga e tradicional de Savannah. Era a Igreja-Mãe da Geórgia, onde John Wesley foi reitor em 1736. Contudo, agora, os carismáticos estavam avançando a olhos vistos e vinham se reunindo no porão nas noites de quinta, falando em línguas, arranhando violões, tocando pandeiro e balançando os braços no ar sempre que movidos pelo espírito. Os paroquianos mais conservadores estavam estarrecidos; alguns simplesmente se recusavam a acreditar no que viam.

Assuntos de cunho espiritual não eram a única preocupação local, todavia. Havia apreensão também quanto à economia da cidade. O renascimento de Savannah chegara ao auge e agora começava a declinar. Ela parecia mais isolada que nunca. As empresas do Norte do estado vinham se reestabelecer no Sul, porém fincavam raízes em Atlanta, Jacksonville e Charleston, não em Savannah. O valor dos imóveis, após vinte anos de uma alta vertiginosa, havia estacionado. As lojas estavam abandonando a rua Broughton e se mudando para o shopping ou qualquer outro lugar do sul do estado. Ainda mais ameaçador, parecia que a fonte de renda mais lucrativa da cidade — o comércio marítimo — encontrava-se à beira de ser estrangulada por, justo quem!, a velha ponte Talmadge. Por mais elevada que a ponte fosse, não era alta o suficiente para permitir que os novos e enormes supercargueiros passassem a caminho das docas rio acima. Vários cargueiros de médio porte já haviam perdido suas antenas e mastros com radar, arrancados pela ponte, e os funcionários do porto temiam que, qualquer dia desses, um tombadilho de popa acabaria parando dentro d'água. Antes que isso acontecesse, evidentemente, uma fatia considerável do comércio marítimo local migraria para outros portos. A ameaça à economia de Savannah e da Geórgia era grave o suficiente para fazer com que a delegação congressista do estado saísse em busca de fundos federais para uma nova ponte. Depois de um período de negociações tensas, o dinheiro foi distribuído, e uma calamidade em potencial, afastada. Os temores em relação à antiga ponte foram substituídos pela curiosidade relacionada a como seria a nova.

Com tais assuntos em pauta, sobrava pouco tempo para se pensar em Jim Williams. "Afinal", suspirou Millicent Mooreland, "o que mais resta dizer senão 'pobre Jim!'"

De fato, uma das preocupações mais imediatas era o repentino aparecimento de um grafite nos muros, calçadas e lixeiras do centro com os dizeres UMA JENNIFER PERTURBADA. O traço de desespero na inscrição sugeria que uma mulher transtornada vinha vagando pelas ruas, o que representava uma ameaça a si mesma e aos outros. Depois de um mês de ataques de ansiedade e tranca dupla nas portas, "Uma Jennifer Perturbada" materializou-se como um grupo de rock composto por quatro estudantes de cabelos verdes da Faculdade de Artes e Design de Savannah. A solução do mistério acalmou os ânimos, porém em nada contribuiu para amenizar a crescente impaciência de Savannah com a nova escola de artes.

A Faculdade de Artes e Design de Savannah abrira suas portas em 1979 com as bênçãos de todos em Savannah. A escola passara a ocupar as instalações do arsenal de guarda da praça Madison, que foram reformadas e transformadas em salas de aula e estúdios para setenta e um estudantes de arte. Em dois anos, o número de matrículas havia subido para trezentos e a faculdade havia adquirido e restaurado várias outras propriedades antigas e desocupadas — armazéns, escolas públicas, até mesmo um presídio. O jovem diretor da instituição, Richard Rowan, informou que o corpo estudantil acabaria subindo para dois mil.

Os moradores do centro não reagiram bem ao anúncio de Rowan. Enquanto os alunos de fato contribuíam com algo em prol da economia local e levavam um pouco de vida às ruas de outro modo vazias, vinham se tornando, aos olhos de algumas pessoas, uma praga na paisagem, com os cabelos verdes, as roupas estranhas, os skates e a tendência de tocar música alta em aparelhos de som até bem tarde da noite. Em reação, um grupo de moradores do centro formou um Comitê de Qualidade de Vida para lidar com a situação. Joe Webster, que liderava o comitê, podia ser visto todo dia na hora do almoço a passos empertigados com o auxílio de uma bengala, fazendo o percurso de seu escritório no prédio do banco C&S até a Associação Oglethorpe, onde almoçava. Seu percurso o levava pela rua Bull abaixo, passando pela entrada principal da faculdade, onde invariavelmente teria de atravessar uma pequena aglomeração de alunos e, em silêncio, apontar com sua bengala para alguns objetos ofensivos — um papel de bombom amassado ou uma moto barulhenta na calçada. Em certa ocasião, o sr. Webster e seu comitê passaram no escritório de Richard Rowan para vê-lo e externar a preocupação do grupo quanto à possibilidade de que a frágil ecologia humana do centro da cidade pudesse não sobreviver aos dois mil alunos. A população total do centro histórico, afinal, era de apenas dez mil pessoas. O diretor disse ao comitê que veria o que poderia fazer em relação à música alta e que, a propósito, havia revisto sua meta de dois mil alunos para *quatro* mil.

Independentemente do quão prejudicial a faculdade possa ter sido para a paz e a tranquilidade em Savannah, nada fez para macular a beleza física da cidade. A faculdade reformou cada prédio que comprou com bom gosto e autenticidade, e a cidade continuou recebendo elogios de seus admiradores mais remotos. O francês *Le Monde* a chamou de "La plus belle des villes d'Amerique du Nord", a cidade mais bonita da América do Norte. O Fundo Nacional de Preservação Histórica colocou a cidade sob o foco dos holofotes ao conceder sua maior honraria — o Prêmio Louise Crowninshield — a Lee Adler por sua contribuição à revitalização de Savannah. Adler foi até Washington para receber o prêmio e, ao retornar, foi recepcionado por seus conterrâneos como de hábito: eles o parabenizariam por ter ganhado mais uma grande honraria e, tão logo desse as costas, deixariam o rancor falar mais alto e o acusariam de mais uma vez levar sozinho os créditos por um trabalho realizado por vários moradores.

Ainda que a cidade tivesse crescido acostumada a receber elogios por sua beleza, ela não estava sequer minimamente preparada para uma notícia chocante sobre si que chegou fazendo barulho direto do escritório do FBI em Washington e ecoou mundo afora. Savannah havia atingido a maior marca em casos de homicídio per capita nos Estados Unidos no ano anterior — 54 assassinatos, ou 22,6 assassinatos a cada cem mil pessoas. A cidade havia se tornado a capital dos homicídios dos Estados Unidos! O prefeito, John Rousakis, chocado, analisou os dados e reclamou que eles foram vítimas de um capricho estatístico. Os números refletiam as taxas de homicídio na área *metropolitana*. Ao contrário da maioria das cidades, Savannah não possuía vastos subúrbios em seus arredores com milhares de suburbanos tranquilos, o que permitiria diluir sua taxa de homicídios. Quando o índice se restringia aos limites urbanos de fato, Savannah ocupava a décima quinta posição no ranking nacional, o que ainda era problemático para uma cidade que sequer constava entre as cem maiores do país.

No intuito de esclarecer a situação, o administrador municipal, Don Mendonsa, informou que uma análise dos dados policiais demonstrava que o crime em Savannah era "um problema dos negros". Quase metade da população local era negra, sendo que 91% dos assassinos eram negros, e 85% das vítimas também. Situação semelhante a dos casos de estupro (os negros eram 89% dos infratores e 87% das vítimas). Noventa e quatro por cento das agressões e 95% dos roubos envolviam infratores negros. O administrador manifestava uma preocupação genuína para lidar com as causas fundamentais — 12,1% de desemprego entre negros contra 4,7% entre brancos, e disparidades similares nos índices de evasão escolar, gravidez na adolescência, mães solteiras e renda familiar.

Muito embora as desigualdades raciais fossem, quando muito, maiores em Savannah que em outras cidades do sul, a comunidade negra local era surpreendentemente pouco hostil com os brancos.

Superficialmente, ao menos, prevalecia a civilidade. Um negro, ao passar na rua por um estranho, branco, cumprimentaria o sujeito e diria: "Bom dia", "Como vai?" ou simplesmente "Oi". Externamente, pouco parecia ter mudado desde a visita do escritor britânico William Makepeace Thackeray a Savannah em 1848, quando a descreveu como uma cidade antiga e tranquila, com ruas amplas e arborizadas e "uns poucos negros saracoteando felizes aqui e acolá". Thackeray não foi a única pessoa a notar que os escravos carregavam um sorriso no rosto. W. H. Pierson escreveu, no jornal *The Water Witch*, em 1863: "[Os escravos] são, sem dúvida, as pessoas de aparência mais alegre na Confederação. Cantam enquanto os brancos só xingam e rezam". Durante a escravidão, alguns observadores consideravam que o aparente bom humor dos escravos tinha algo a ver com as expectativas de que os papéis se invertessem no futuro: haveriam de ser os patrões, e os brancos seriam seus escravos. Na década de 1960, a luta pelos direitos civis levou a uma tensão temporária nas relações, porém a integração foi pacífica, no geral. Desde então, a cidade tinha sido governada na maioria das vezes por brancos moderados que faziam de tudo para conviver em bons termos com a comunidade negra. Como resultado, a paz racial foi mantida e os negros permaneceram politicamente conservadores, ou seja, passivos. Não havia ativismo negro discernível em Savannah. Porém era evidente que, sob a aparente complacência, os negros de Savannah eram assolados pela angústia e pelo desespero que os revolviam por dentro e manifestavam-se com tamanha violência que acabaram por torná-la a capital dos homicídios da América do Norte.

Caso as preocupações espirituais, econômicas, artísticas, arquitetônicas e jurídicas não fossem suficientes para tirar Jim Williams da cabeça das pessoas, havia uma variedade enorme de distrações na cena social. Corriam boatos, por exemplo, a respeito de um impasse no Clube de Carteado da Mulher Casada. Foram abertas inscrições para novas admissões, porém a disputa para preenchê-las havia se tornado tão acirrada que todas as candidatas haviam sido banidas por dois anos. Ninguém havia entrado no clube antes disso e, pela primeira vez, o número de associadas era inferior às dezesseis estipuladas. Muito embora tal impasse tenha sido temporariamente ofuscado pelo receio de intoxicação alimentar em um dos encontros do clube. As senhoras já estavam de saída de um de seus encontros, às 18h em ponto quando encontraram o gato da anfitriã caído morto nos degraus da entrada. Alguém se lembrou de ter visto o gato mordiscando as sobras de uma travessa de caranguejo poucos minutos antes. As mulheres, então, correram para seus carros e seguiram em bando rumo ao Hospital Candler a fim de fazerem uma lavagem estomacal. Na manhã seguinte, a vizinha de porta passou por lá para desculpar-se por ter atropelado o gato.

Nem a crise no quadro de sócias do clube nem o receio de intoxicação alimentar recebeu uma menção sequer na coluna social do jornal. Foi por volta desse período, a bem da verdade, que o jornal anunciou que interromperia essa seção. A coluna nunca havia sido muito mais que uma amena enumeração de listas de convidados, entretanto sua supressão provocou uma repreensão severa de uma das principais *socialites* da cidade, a sra. Vera Dutton Strong. Na carta que escreveu ao editor, uma das mais longas que o jornal já publicara, a missivista manifestou "total incredulidade" diante do cancelamento da coluna, chamando a cobertura social do jornal de uma "genuína desgraça". Havia certa ironia nisso, já que os rumores sociais mais irresistíveis no momento diziam respeito justo à disputa de forças travada entre a sra. Stong e sua filha rebelde, Dutton.

Vera Dutton Strong era a herdeira da imensa fortuna dos Dutton proveniente dos negócios no ramo de madeira para fabricação de papel. Filha única, sua família era uma das mais ricas de Savannah; os pais vestiam trajes e vestido de gala para um simples jantar. Na infância, ficou conhecida como "A Princesa", um apelido que tão somente a ela parecia natural. Foi a "debutante do ano", e em seu casamento vestiu uma réplica idêntica ao vestido que a rainha Elizabeth II havia usado no *próprio* casamento. Com o passar dos anos, passou a mostrar-se bem-humorada, afetuosa e cheia de força de vontade. Fundou a Companhia de Balé de Savannah, da qual era diligente benfeitora. Todo ano, pouco antes do baile do Cotillion, as mães lhe mandavam suas filhas debutantes a fim de que ela as ensinasse a fazer mesuras de maneira correta. Era uma savaniana reclusa da mais pura estirpe; jamais havia viajado à Europa e só depois dos 50 anos visitou Charleston pela primeira vez.

A filha da sra. Strong, Dutton, era uma beldade com cara de anjo, longos cabelos ruivos e sem a menor vocação para ser princesa nem bailarina, como a mãe tanto queria. Obediente, Dutton começou a frequentar as aulas de balé aos 4 anos de idade e logo estava dançando com a companhia de balé da mãe. Sua festa de 15 anos foi a única realizada no museu Telfair; Vera Strong contratou Peter Duchin e sua orquestra e encomendou uma escultura de gelo da Torre Eiffel com seis metros de altura para acompanhar o tema da festa, "Abril em Paris". Foi preciso que Dutton fosse estudar fora para que uma sombra de independência se formasse. Cabulava aulas, parou de dançar e, por fim, abandonou a escola. Voltou para casa em Savannah, onde passou um ano inteiro perambulando sem rumo pela casa e travando uma batalha com a mãe. "Eu *nunca* desejei ser bailarina!", berrava. "*Você* é que queria que eu fosse!" No entanto, sua mãe se recusava a aceitar. "Absurdo! Você adorava dançar, ou jamais teria sido tão boa!" Depois de uma discussão especialmente enérgica, a garota saiu bufando de casa e se mudou para um apartamento, indo morar com uma mulher mais velha que havia sido a criadora dos poodles de sua mãe. Dutton fez um corte curto no cabelo, trocou as saias pelos jeans, ganhou peso e parou de usar batom. Então, certa tarde, foi ver a mãe a fim de comunicar que havia enfim decidido qual carreira seguir. Entraria para a academia de polícia e se tornaria policial em Savannah.

Vera Strong recebeu a notícia com uma tranquilidade atípica. "Se é o que você realmente quer", disse, "só rezo pra que seja tudo o que tanto deseja." A sra. Strong compareceu à formatura da filha na academia de polícia com um sorriso grudado no rosto. Carregava o mesmo sorriso no jantar de Natal em que sua filha, a ex-bailarina-debutante, chegou vestindo um par de calças de poliéster azul-marinho com um revólver de um lado da cintura e um spray de pimenta e algemas do outro.

Recusando-se a admitir a derrota, Vera Strong resolveu encarar a escolha profissional da filha como um gesto desprendido de consciência cívica em vez de uma traição à tradição da família. Na primavera, ligou para a Associação Oglethorpe a fim de reservar uma mesa para o jantar da Páscoa, fazendo questão de dizer ao administrador da associação que Dutton iria para lá direto do serviço e, portanto, ainda estaria de uniforme. Pressentindo uma crise de protocolo, o administrador hesitou e disse que teria de consultar a diretoria. Dez minutos depois, ligou de volta com as mais sinceras desculpas: a proibição de calças para mulheres jamais havia sido revogada, e não era agora que a revogariam. A sra. Strong, sem demora, denunciou o administrador, a diretoria e a Associação Oglethorpe como só ela seria capaz. Por fim, bateu o telefone e reservou uma mesa no mais receptivo, embora menos exclusivo, Chatham Club.

O *Savannah Morning News* provou ser mais contemporizador que a Associação Oglethorpe. Alfinetado pela vituperiosa carta da sra. Strong, o jornal reinstituiu sua coluna social de fofocas. Compreensivelmente, a coluna nunca fez menção à bailarina ruiva e a seu espantoso salto de Coppélia* nem à contínua angústia que isso provocava em sua mãe.

Enquanto tudo isso acontecia, a controvérsia envolvendo Joe Odom e a Casa Hamilton-Turner continuava acirrada. Pouco depois de ter criado a "Fundação Museu Hamilton-Turner" sem fins lucrativos no intuito de proteger suas excursões ilegais de ônibus, seus vizinhos contra-atacaram abrindo uma reclamação no Departamento de Inspeções sob o argumento de que, com ou sem lucro, o imóvel estava localizado a menos de cem metros de uma escola, o que significava ser ilegal vender bebidas alcoólicas e oferecer almoços e jantares sociais. Porém Joe não estava preocupado. "A lei diz que eu não posso *vender* bebidas", disse. "Não diz nada sobre eu *servir*

---

* Referência dupla ao balé cômico Coppélia, que estreou em 1870. Pode ser lido como uma alusão à questão de gênero, pois na primeira apresentação de Coppélia o papel masculino principal foi interpretado por uma bailarina. Nesse caso, seria uma referência invertida à mudança de gênero operada pela bailariana Dutton, filha de Vera Strong, que assumiu um papel masculino. No entanto pode ser também uma referência ao tema do balé, qual seja, o de uma boneca que ganha vida. Sendo essa a leitura, a comparação estaria vinculada ao fato de que bonequinha da mamãe, sem "a menor vocação para ser princesa nem bailarina", teria "ganhado vida" ao casar com uma mulher e se tornar policial. [NE] bebidas." Em um meio-termo entre vender e servir, Joe sabia como ganhar dinheiro oferecendo bebida a seus clientes, e foi exatamente isso que passou a fazer.

A bebida também desempenhava um papel em um pequeno drama envolvendo Serena Dawes. Ela e Luther Driggers haviam se separado, e Serena passou a circular pelo cais tarde da noite na tentativa de pegar marinheiros gregos. Certa noite, dirigia em ziguezague ao longo da rua River e a polícia a parou. Ao ser abordada, optou por uma pose de elegante feminilidade, o que era um espetáculo em si, uma vez que usava uma camisola curta e pantufas com orelhas de coelho. Piscou os cílios e explicou com toda doçura que havia saído para esquentar um pouco o carro e acabou se perdendo. Os policiais levaram-na até a delegacia e a ficharam por direção sob a influência de álcool, e ela teve vontade de gritar e arranhar os rostos de todos eles, no entanto conseguiu se segurar e agradeceu baixinho por salvarem-na. Mencionou que o tataravô de seu marido fora Embaixador da Corte de St. James só para deixá-los a par de que lidavam com uma mulher de estirpe. Uma hora depois, Luther Driggers chegou para pagar a fiança, porém, àquela altura, Serena já havia abandonado a farsa. Uma policial negra e gorda, que havia apreendido e revistado a bolsa de Serena, devolveu-lhe seus pertences.

"Pode ficar com ela", disse a policial. "Tudo limpo."

"Limpo *não* está mais", disparou, tomando a bolsa das mãos da mulher. "E se eu pegar você botando essas mãos imundas nas minhas coisas de novo, eu a viro do avesso e faço essa xereca virar gola rolê!"

Eram essas, à época, as questões de interesse em Savannah, a cidade que o francês *Le Monde* havia chamado de "la plus belle des villes" na América do Norte. Bonita de fato era, porém ainda bastante isolada, e, por conta disso, um pouco crédula demais. A polícia havia recentemente feito circular um aviso informando que uma dupla de vigaristas vinha descontando cheques de uma empresa fantasma. Tudo indicava que era um golpe, ainda mais porque a empresa fictícia fora batizada pelos vigaristas de "Fuga na Noite, Inc.". Mesmo assim, dezenas de comerciantes de Savannah haviam descontado os cheques. Por volta do mesmo período, também se soube que o funcionário responsável por entregar o dinheiro no tribunal de sucessões não sabia multiplicar e que um dos magistrados havia se aproveitado da situação, pegando para si o dinheiro extra no caixa. A vida, em outras palavras, seguiu. Savannah possuía questões comunitárias para resolver, tais como: Um segundo shopping deveria ser construído? Teria o sr. Charles Hall arruinado a praça Whitfield ao pintar sua casa em estilo vitoriano de variados tons de rosa e lilás? E, assim sendo, teria a cidade o direito de obrigá-lo a repintá-la com cores mais aceitáveis?

Então, certo dia em junho, todas essas questões foram ofuscadas pela notícia de que a Suprema Corte da Geórgia havia outra vez revogado a condenação de Jim Williams por homicídio.

A corte invocou dois motivos para justificar sua postura. Primeiro, decidiu que o juiz Oliver não deveria ter permitido que um investigador de polícia de Savannah depusesse na condição de "perito", segundo a promotoria, a respeito de pontos do processo cuja avaliação cabia apenas aos jurados — o sangue espalhado na mão de Danny Hansford, a cadeira sobre sua perna, os fragmentos de papel sobre a arma. Em segundo lugar, a corte censurou Spencer Lawton por ter esperado até as alegações finais para demonstrar que o gatilho da arma de Hansford era bem fácil de ser puxado, conforme a defesa havia alegado. Com efeito, pronunciou-se a corte, a demonstração do promotor introduziu novos elementos, os quais deveriam ter sido apresentados durante o curso do julgamento, que é a fase na qual a defesa teria oportunidade de contraditá-los.

Williams teve sorte. A revogação recebeu quatro votos contra três. Os três magistrados em desacordo argumentaram que os erros eram insignificantes e que, de qualquer forma, não haviam influenciado na decisão. No entanto nada disso importava mais. Como a suprema corte estadual não havia declarado Williams inocente — havia tão somente anulado a sentença — a acusação de homicídio permaneceu vigente. Seria levado a julgamento por uma terceira vez perante a corte do juiz Oliver e um terceiro júri pronunciaria um novo veredito.

Williams saiu da penitenciária do Condado de Chatham um pouco mais magro do que antes, um pouco mais grisalho na altura das têmporas e pálido como um fantasma por conta da clausura de quase dois anos. Seus olhos mal abriram com a luz do sol. Enquanto ele e Sonny Seiler caminhavam até o carro estacionado no acostamento, um pequeno grupo de repórteres e cinegrafistas os acompanhava de perto, gritando perguntas.

Williams tinha chegado a acreditar que seria inocentado num terceiro julgamento?

"Sim, claro", respondeu.

Qual tinha sido o fator decisivo?

"Dinheiro", disse ele. "Meu processo gira em torno de dinheiro desde sempre. O promotor gasta o dinheiro dos contribuintes e eu gasto meu próprio dinheiro — 500 mil dólares no total até o momento. É como funciona o sistema da justiça criminal, caso vocês ainda não tenham percebido. Eu ainda estaria na prisão caso não pudesse pagar por advogados e peritos e todas aquelas custas sem fim. Até agora, só consegui empatar com a promotoria. Dólar por dólar, toma lá, dá cá."

Ao aproximarem-se do carro, Williams lançou um olhar ao outro lado da rua Montgomery e viu uma idosa negra parada no ponto de ônibus. Estava olhando na direção dele através das lentes lilases. Cruzaram brevemente os olhares e Williams sorriu. Então, virou-se aos jornalistas.

"Bem... talvez eu não devesse ter dito 'toma lá, dá cá'. Como sempre disse, há forças ocultas trabalhando a meu favor — forças acerca das quais o promotor nada sabe."

E que forças eram essas?

"Você pode colocá-las sob o título de... 'miscelânea'", declarou.

Em poucos minutos, Jim Williams estava de volta à Casa Mercer, aos noticiários e aos pensamentos das pessoas, gostassem elas ou não.

26
OUTRA HISTÓRIA

Com um terceiro julgamento no horizonte, o processo de Jim Williams já era quase um marco histórico e atraía atenção para além de Savannah. O ar cínico de desprendimento de Williams apimentava a crescente cobertura da mídia. A revista *Us* ("O escândalo que chocou Savannah") o descreveu como tendo uma conduta "semelhante à de von Bülow". Os editores do documentário *A day in the life of America* enviaram um fotógrafo à cidade com orientações para fotografá-lo como um exemplo da decadência sulista. O fotógrafo, Gerd Ludwig, montou seu set na Casa Mercer.

"Ele passou o dia inteiro aqui", disse Williams posteriormente, "fazendo de tudo para capturar minha 'decadência'. Acho que poderia ter facilitado pra ele. Poderia ter me oferecido para posar com minha mais recente aquisição, uma relíquia histórica — a adaga que o príncipe Yussupov usou para matar Rasputin. Teria ficado bem na foto, você não acha? O Yussupov cortou fora o pau do Rasputin com o saco e tudo."

Williams pouco se interessou pelas questões legais de seu próximo julgamento. Em vez disso, ocupou-se das "miscelâneas", ou seja, jogou PsicoDados incessantemente e permitiu que Minerva se tornasse presença constante na Casa Mercer. Ela executava os rituais apropriados para expurgar a maldição da casa, para o caso de haver uma, de fato, e também fazia feitiços contra pessoas de quem o dono da mansão suspeitava. Por acaso, calhei de vê-la no meio de uma dessas cerimônias. Era uma tarde de março e o evento anual "Visita às Casas" estava a pleno vapor. Como de costume, ele se recusara a abrir as portas da Casa Mercer aos turistas, mas Lee e Emma resolveram escancarar com prazer as portas da residência Adler. Williams postou-se à janela de sua sala de estar, fumando uma cigarrilha e tecendo comentários ácidos enquanto observava os visitantes subindo em tropel os degraus de entrada da casa dos Adler, do outro lado da rua. Fez sinal para que eu me juntasse a ele ao lado da janela. Dois casais muito bem-vestidos subiam em fila única a escada da casa vizinha. Minerva vinha logo atrás deles, carregando sua característica sacola de compras. No topo dos degraus, ela fez uma pausa enquanto os outros entravam e, então, depois de olhar em todas as direções, levou a mão à sacola e atirou o que pareceu ser um punhado de terra no jardim. Jogou outro punhado nos degraus. Williams riu.

"Aquilo é terra de cemitério?"

"E o que mais seria?"

"Retirada do cemitério à meia-noite?"

"E quando mais seria?"

Minerva entrou na casa dos Adler. "O que diabos ela vai fazer lá?", questionei.

"As coisas de sempre, presumo", respondeu. "Folhas, gravetos, penas, pós exóticos, ossos de galinha. Falei para ela que o Lee Adler controlava o promotor e foi tudo que precisou ouvir. A Minerva tem estado bastante ocupada com as bruxarias dela ultimamente. Já foi até Vernonburg várias vezes para fazer feitiços na casa do Spencer Lawton e, ontem, fez uma visita ao chalé do juiz Oliver lá em Tybee. Ela jogou terra de cemitério em algumas das melhores casas de Savannah. Deus a abençoe."

Enquanto Williams se dava por satisfeito com tais manipulações místicas, Sonny Seiler montava uma vigorosa campanha judicial para fortalecer a posição da defesa. Impetrou recurso para suprimir a maioria das provas apreendidas na Casa Mercer na noite dos tiros sob o argumento de que a polícia não possuía um mandado de busca; o pedido foi negado pela Suprema Corte da Geórgia. A petição requerendo mudança de foro foi de igual modo rejeitada. À medida que a data do julgamento se aproximava, o advogado se viu com a mesma estratégia de defesa do segundo julgamento. Dessa vez, o júri não seria isolado, o que melhoraria consideravelmente as coisas, no entanto ele não tinha nem provas nem testemunhas novas para apresentar. Havia se posicionado contra usar os dois garotos de programa amigos da vítima, bem como as respectivas histórias relacionadas ao plano de Hansford para matar ou lesionar Williams, temendo que pudessem sair pela culatra; além disso, a propensão do garoto para violência já estava amplamente estabelecida por meio de outras testemunhas. Em todo caso, a questão mais problemática ainda era a total ausência de resíduos de pólvora na mão de Danny Hansford. Tal elemento de prova se mostrara decisivo contra o réu em ambos os julgamentos, a despeito de tudo que a defesa fizera para justificá-la. A testemunha pericial de Seiler, o dr. Irving Stone, havia declarado que o ângulo descendente da arma, mais o sangue na mão de Hansford e a demora de doze horas para que a polícia resolvesse recolher os vestígios, teriam diminuído a concentração de resíduos na mão de Hansford em até 70%, porém não mais que isso. Era improvável que a maior parte dos 30% remanescentes pudesse ter sido removidos por acidente no caminho até o hospital, pois a polícia havia tomado as precauções de praxe, lacrando envelopes de papel sobre as mãos do morto antes de mover o corpo. Seiler telefonou para o dr. Stone mais uma vez a fim de perguntar se havia alguma explicação possível para um índice zero de resíduos de pólvora. "Não", retrucou o dr. Stone, "não com as informações que disponho."

Somando-se ao problema dos resíduos de pólvora, o advogado começou a ficar preocupado com o depoimento de Williams. Já fazia quase quatro anos desde o último depoimento e Seiler se preocupava com a possibilidade de ele se confundir com os pormenores e acabar se contradizendo. Duas semanas antes do início do julgamento, insistiu que Williams se sentasse para revisar seu depoimento inicial. Qualquer divergência em sua história, ainda que o menor detalhe, daria a chance a Lawton para atacar sua credibilidade. Ele disse ao seu cliente que levaria as transcrições até a Casa Mercer no sábado à tarde e os dois repassariam tudo juntos. No sábado de manhã, Williams ligou e me convidou para acompanhar a revisão.

"Chegue meia hora antes", solicitou. "Tenho algo a lhe contar."

No exato momento em abriu a porta, pude sentir que meu anfitrião sabia que as probabilidades estavam contra ele. Havia raspado o bigode. Seiler tentou convencê-lo a raspá-lo ainda para o segundo julgamento, argumentando que o faria parecer menos ameaçador, mas Williams se recusara. Agora, ao que parecia, ele estava disposto a fazer qualquer coisa para cair nas graças do júri.

Foi direto ao assunto. "O Sonny ainda não sabe disso, no entanto vou mudar minha história. Direi o que de fato aconteceu naquela noite. É minha única chance de vencer esse caso."

Não fiz comentário algum. Williams respirou fundo e, então, continuou:

"A noite começou exatamente como eu contei. O Danny e eu fomos ver um filme num drive-in. Ele estava bebendo bourbon e fumando maconha. Voltamos pra casa. Ele começou uma briga, deu um chute no Atari, me agarrou pelo pescoço, me empurrou contra o batente da porta. Isso tudo é verdade. Aí, ele me seguiu até o estúdio, como já contei tantas vezes. Ligamos para o Joe Goodman. Logo depois disso, o Danny pegou a caneca de prata e falou: 'Essa caneca resolveu atravessar aquele quadro ali.' Aí eu o mandei embora. Ele saiu pelo corredor, eu escutei uns barulhos de coisas quebrando, e depois o vi voltar com a Luger na mão e me dizer: 'Só vou embora amanhã, mas você vai hoje'. Em seguida, Danny estendeu o braço e puxou o gatilho. Tudo isso é verdade. É tudo que venho dizendo esse tempo todo. Tem só uma diferença: *a arma estava com o dispositivo de segurança!* Por isso ao puxar o gatilho, nada aconteceu! Nenhuma bala saiu. Nenhuma bala passou de raspão no meu braço. O Danny baixou a arma, destravou, e a arma expeliu uma bala não detonada. Isso me deu tempo para alcançar a gaveta e pegar minha própria arma e atirar nele. Atirei três vezes. Pá, pá, pá. Ele caiu morto. No entanto ele não tinha atirado nenhuma vez. Aí, eu pensei: Merda, o que foi que eu fiz! Contornei a escrivaninha, peguei a arma dele, dei dois tiros do outro lado da escrivaninha e derrubei a arma no chão. No pânico do momento, não soube mais o que fazer."

Tendo dito tudo isso, Williams pareceu estranhamente exultante. "Está vendo, isso explica por que não havia pólvora na mão do Danny!" Ele me examinou com cuidado, procurando discernir minha reação diante da nova história.

Fiquei imaginando se minha cara não entregava minha perplexidade.

"A polícia e meu advogado, o Bob Duffy, chegaram aqui em casa na mesma hora", prosseguiu. "Eu os levei até o estúdio e lhes disse que o Danny tinha atirado em mim e errado, e que aí atirei nele de volta. Tive a sensação de estar piorando uma situação já nada boa ao sustentar essa versão, porém não estava conseguindo vislumbrar nenhuma outra opção. Bom, já fui condenado duas vezes, então finalmente decidi contar como tudo de fato aconteceu. E, quando eu contar, a tese do Spencer Lawton vai cair por terra. Serei absolvido."

"Não entendi muito bem como você chegou a essa conclusão", pontuei.

"Porque explica tudo! A falta de pólvora na mão do Danny. Os cartuchos de bala no piso. Os pedacinhos de papel na arma. Tudo se conecta!

Meu palpite era que Williams estava me usando para soltar um balão de ensaio. Sua nova versão batia bem o suficiente com as provas e preservava sua alegação de legítima defesa. Contudo era conveniente demais, redonda demais e tardia demais para lhe servir de muita coisa.

"Se você contar essa história", argumentei, tentando não soar contestador demais, "vai estar admitindo que cometeu perjúrio por todos esses anos."

"Sim, claro", concordou, "mas e daí?"

Era evidente que ele não queria ser dissuadido. Não lhe disse, portanto, que achava que aquela nova história seria música para os ouvidos de Spencer Lawton nem que, caso admitisse ter realizado todos os disparos, qualquer júri — mesmo um amigável — concluiria que Hansford de fato jamais tivera uma arma em sua mão naquela noite.

"Você ainda não conversou com o Sonny Seiler sobre nada disso?"

"Pretendo falar disso com ele assim que chegar."

Ótimo, Sonny Seiler que lidasse com isso. Não competia a mim aconselhá-lo, em todo caso. Mudei o rumo da prosa para assuntos mais inócuos enquanto o esperávamos. Comentei que, sem o bigode, ele ficava com uma aparência benévola, o que talvez agradasse um júri. Espiei pela janela, à procura de Seiler, e notei Minerva sentada em um banco na praça.

"Ela está jogando um feitiço em alguém?"

"Provavelmente", respondeu. "Eu dou 25 dólares por dia pra ela e aprendi a não fazer perguntas."

Seiler chegou logo em seguida, acompanhado da secretária e de dois advogados que prestavam assistência ao caso, Don Samuel e David Botts. Seiler estava sem fôlego. "Temos muito a tratar nessa tarde", disse, "então vamos lá."

Reunimo-nos no estúdio. Williams se sentou a sua escrivaninha e Seiler se pôs ao centro da sala. Estava vestindo blazer azul e a gravata branca, vermelha e preta do buldogue do Geórgia. Senti uma pontada de pena. Seu caso estava prestes a ruir. Ele era pura energia, impaciente para começar.

"Agora, Jim", começou, "nós estamos entrando nesse julgamento com alguns problemas sérios, e eu não quero dar ao Lawton a chance de confundi-lo em um interrogatório. Se você subir lá e falar que piscou duas vezes antes de atirar no Hansford, ele dirá, 'Mas, sr. Williams, o senhor não declarou anteriormente ter piscado *três* vezes?'"

"Sonny", interrompeu Williams, "antes que passemos a tudo isso, há algo que eu quero lhe contar sobre meu depoimento."

"Certo", respondeu Seiler, "mas só espera um pouco. Eu quero rever em que pé estamos. Número um: não conseguimos obter uma mudança de foro. Número dois: nossa ação para anular as provas foi rejeitada. Número três: tivemos um trabalho danado tentando lidar com aquele maldito teste de resíduos de pólvora."

"Eu já sei disso tudo, Sonny", observou Williams. "O que eu tenho pra dizer tem relação direta com isso."

"Só me escuta. Depois, você pode falar."

Exasperado, Williams se recostou na cadeira, braços cruzados. Seiler continuou.

"Duas semanas atrás, o dr. Stone me falou que não era capaz de explicar como o Danny poderia ter disparado uma arma e ainda assim não apresentar vestígio algum de pólvora na mão. Mas deu uma sugestão. Ele disse: 'Por que você não volta lá no Hospital Candler e vê se não consegue descobrir o que fizeram com o corpo do Hansford antes de recolher amostras das mãos dele em busca de pólvora? Talvez você consiga encontrar algo'. Ele falou que, quanto mais se mexe num corpo, é cada vez mais provável que a pólvora seja removida.

"Fui até o hospital ontem e pedi pra ver a ficha médica do Hansford. Me deram o laudo da autópsia. Nada de novo. Já tínhamos uma cópia desde sempre. Só que essa cópia possuía uma folha de rosto que eu ainda não tinha visto. Era um formulário verde de internação hospitalar preenchido pela enfermeira responsável pelo pronto-socorro — Marilyn Case. Ali estava escrito: 'Mãos envelopadas bilateralmente no setor de emergência.' Isso despertou minha curiosidade, então liguei para ela e pedi que me explicasse aquilo. Ela disse que significava que tinha coberto as duas mãos do Danny com envelopes para que a pólvora não saísse; o legista tinha ligado e dito para ela fazer isso. Eu argumentei: 'Espera um minuto! A polícia falou que *eles* tinham coberto as mãos do Danny com envelopes ainda lá na Casa Mercer! Quer dizer que não tinha envelope nenhum nas mãos do Hansford quando ele chegou no pronto-socorro?'. 'Certeza que não', ela respondeu. 'Eu mesma envelopei as mãos'."

Seiler estava radiante. "Sabe o que isso significa? Significa que a polícia não envelopou as mãos coisa nenhuma! Mentiram esse tempo todo. Eles se esqueceram de envelopar as mãos! Envolveram o Hansford num lençol, botaram numa maca, levaram para ambulância, dali pro hospital, de volta pra maca até a sala de emergência, aí o tiraram da maca, tiraram o lençol e tudo isso enquanto as mãos descobertas dele ficaram balançando e se esfregando na camisa, nas calças, no lençol — *e tirando todo e qualquer resíduo de pólvora da mão dele!* Liguei para o dr. Stone e contei o que tinha descoberto. 'Sonny', ele disse, 'você achou uma mina de ouro!'"

Seiler sacou de sua pasta uma cópia do formulário de internação. "Cá está, Mestre! A sentença de morte do precioso teste de resíduos de pólvora do Spencer Lawton. Basearam a tese inteira deles nisso, caramba, e nós vamos marcar um gol de placa. Ainda pior, o Lawton era obrigado a nos dar uma cópia dessa folha de rosto junto com o laudo da autópsia, e não deu. Então, o pegamos ocultando provas de novo. Ele vai surtar quando essa bomba explodir no colo dele."

Seiler enfiou o papel de volta em sua pasta e a fechou. "Certo, Jim. Sua vez."

Williams ficou parado com a mão no queixo. Olhou-me de relance, mexeu suas sobrancelhas e, então, olhou de volta a Seiler.

"Deixa pra lá, Sonny. Nada importante."

Deixei a Casa Mercer naquela tarde com a desconfortável sensação de saber mais do que gostaria. Por volta da meia-noite, passei no Sweet Georgia Brown's e me sentei no banco do piano ao lado de Joe.

"Preciso lhe fazer uma pergunta sob um ponto de vista jurídico."

"Eu sabia que você ainda ia acabar se metendo em confusão com esse seu livro", disse Joe. "Mas, como eu já falei, é pra isso que estou aqui."

"É uma pergunta meramente hipotética", frisei. "Vamos supor que uma pessoa anônima — um cidadão exemplar cuidando da própria vida — acabasse tendo acesso a informações privilegiadas a respeito de um processo penal. Algo secreto, algo que contradiz um testemunho sob juramento. Essa pessoa se tornaria cúmplice caso simplesmente ficasse de boca calada?"

Joe me encarou e abriu um largo sorriso, enquanto continuava a tocar piano. "Você não tá tentando me dizer que o Jim Williams enfim contou uma das várias versões alternativas de como ele atirou no Danny Hansford, tá?"

"Quem foi que falou alguma coisa sobre o Jim Williams?"

"Ah, tá certo", retrucou Joe, "a gente tava falando hipoteticamente, né? Bom, de acordo com a lei, essa 'pessoa anônima' não tem a menor obrigação de divulgar suas informações secretas, as quais — se forem mesmo o que estou *pensando* — nem são tão secretas assim, mesmo. Ha-ha. Pra ser sincero, eu tava começando a imaginar quanto tempo ia levar até que um certo escritor de Nova York descobrisse pelo menos metade do que Savannah inteira já sabe."

Enquanto Joe falava, dois policiais nos abordaram, um homem e uma mulher, e ficaram parados de um jeito estranho ao lado do piano.

"Sr. Joe Odom?", perguntou o policial.

"Eu mesmo", respondeu Joe.

"Temos um Mandado de Prisão expedido contra o senhor."

"Ah, é? Sob qual acusação?" Joe seguiu tocando piano.

"Transgressão contumaz das leis", disse a policial. "Somos de Thunderbolt. O senhor tem seis multas não pagas por excesso de velocidade e outra por fazer o retorno em local proibido."

"Alguma acusação de cheque sem fundo?", perguntou Joe.

"Não, só excesso de velocidade e retorno indevido", respondeu a mulher.

"Ora, que alívio."

"Temos que levá-lo para Thunderbolt com a gente na viatura", ponderou o policial. "Depois que a gente fichar você e depois o liberar sob fiança de 200 dólares, aí sim o senhor pode ir pra onde quiser."

"Sem problemas", disse Joe, "contudo eu ficaria muito grato se vocês tiverem um pouquinho de paciência comigo enquanto termino umas coisinhas aqui. Estava dando uns conselhos legais para o meu amigo aqui. E..." Ele se inclinou, aproximando-se mais dos policiais, e baixou o tom de voz. "Tão vendo aquele casal de idosos ali ao lado da máquina de gelo? Eles vieram dirigindo lá de Swainsboro para comemorar o aniversário de sessenta anos de casamento e me pediram pra tocar um medley das músicas favoritas deles. Já toquei mais ou menos metade. Fico livre daqui a quatro ou cinco minutos, se não tiver problema pra vocês". A policial murmurou que tudo bem, e os dois tomaram assento perto da porta. Joe pediu ao garçom que lhes servisse duas Cocas e voltou a me dar atenção.

"Agora, quanto a essa informação secreta nem tão secreta aí", disse. "Eu falaria para essa 'pessoa anônima', caso ela estivesse interessada, que, em todas as versões contadas pelo Jim Williams de como ele atirou no Danny Hansford, existem certos pontos bem consistentes. A troca de tiros aconteceu durante uma briga e no calor do momento. Não foi um assassinato premeditado. A vítima é um moleque fora de controle, bêbado, viciado em drogas, com um histórico de comportamento violento, e o réu é um homem mais velho, pacífico, assustado, irritado e sem ficha criminal. Talvez seja o caso de um homicídio culposo, porém não doloso. E, na Geórgia, uma condenação por homicídio culposo geralmente acarreta numa sentença de cinco a dez anos de prisão com dois anos de reclusão até a condicional. E o Jim já cumpriu dois anos."

"Acho que dá pra encarar dessa forma", corroborei, "se quiser."

"De todo modo, essa é minha resposta pra sua pergunta sobre o ponto de vista legal'."

"Obrigado."

"Agora, um pequeno detalhe sobre meus honorários pela consulta — ha-ha. Estou pensando em desistir dos mesmos em troca de um pequeno favor. Tudo o que você precisa fazer é seguir uma certa viatura até Thunderbolt daqui a uns minutos e, depois, dar carona pra um certo advogado-transgressor de volta pra cá."

"Negócio fechado", concordei.

Joe terminou seu pot-pourri com um floreio. Foi até o bar e, enquanto Mandy estava virada para o outro lado, pegou 200 dólares da caixa registradora. A caminho da porta, parou a fim de cumprimentar o casal de Swainsboro. A mulher levava um ramalhete rosa espetado na altura do coração.

"Ai, Joe", disse, "foi lindo. Muito obrigada!"

Seu marido se pôs de pé e sacudiu a mão de Joe. "Ainda não é nem meia-noite, Joe. Por que você tá indo embora tão cedo?"

Joe alisou as lapelas de seu fraque e endireitou sua gravata borboleta xadrez. "Acabei de ser informado que tem uma carreata oficial partindo pra Thunderbolt, e eu fui convidado pra acompanhá-los no carro da frente."

"Meu Deus!", exclamou a mulher. "Que baita honra."

"E não é, senhora", exultou Joe. "Dá pra encarar dessa forma, se quiser."

27
NÚMERO DA SORTE

Blanche Williams entrou na sala de jantar e tomou seu lugar à mesa do almoço.

"A gata não quer comer", comentou ela.

Jim Williams tirou os olhos do catálogo do leilão da Sotheby's que havia levado para a mesa. Fitou a gata imóvel ao vão da porta. Então, voltou sua atenção novamente ao catálogo.

A sra. Williams desdobrou seu guardanapo e o colocou no colo. "Igual à outra vez", voltou a falar. "A gata também não queria comer naquela época. Ou mesmo antes disso. Acontece toda vez que voltamos do tribunal para esperar até que o júri se decida. Ela se recusa a comer."

A irmã de Williams, Dorothy Kingery, checou as horas. "Agora são 13h30", disse ela. "Já faz três horas que estão nisso. Acho que estão almoçando. Tô aqui pensando se vão fazer uma pausa ou continuar deliberando enquanto comem."

Williams tirou os olhos de seu catálogo de leilão. "Escutem isso", por fim falou. "'Quando Catarina de Bragança, a Infanta de Portugal, chegou à Inglaterra em 1662 para casar-se com Charles II, levou consigo o maior dote jamais visto. Parte do dote era o Porto de Mumbai, na Índia...'" Deu uma risada. "Essa, sim, é o tipo de princesa que eu gosto!"

"Essa já é a terceira vez que ela faz isso", disse a sra. Williams, "nem toca na comida."

Dorothy Kingery encarava o sanduíche em seu prato. "O Sonny falou que vai ligar do tribunal assim que tiver notícias. Espero que dê pra escutar o telefone tocando daqui de dentro."

"Eu não sei como ela sabe", murmurou a sra. Williams. "Mas ela sempre sabe."

Jim Williams, de repente, fechou o catálogo e se levantou. "Tive uma ideia! Vamos almoçar com a louça do cargueiro Nanquim. Pra dar sorte."

Pegou vários pratos azuis e brancos de um armário e os passou de mão em mão pela mesa. Sua mãe e sua irmã transferiram os sanduíches dos pratos lisos e brancos aos pratos azuis e brancos que fizeram parte de um enorme carregamento de porcelanato chinês para exportação que se perdera no Mar da China em 1752, e que fora resgatado em 1983. Williams havia comprado várias dezenas de pratos, copos e tigelas em um leilão altamente divulgado na Christie's, e as peças haviam chegado nas últimas semanas.

"Esses pratos ficaram no fundo do oceano por 230 anos", observou, "mas ainda estão novinhos em folha. Quando foram encontrados, ainda estavam nas caixas de embalagem originais. Estão em perfeito estado. Nunca ninguém comeu neles antes. Somos os primeiros. Jeito engraçado de conservar louças, não?"

A sra. Williams pegou seu sanduíche e ficou olhando para o prato.

"Não dá para enganar um gato", comentou.

Duas semanas antes, no primeiro dia do terceiro julgamento de Williams, o desfecho parecia óbvio — a tal ponto que o *Savannah Morning News* publicou uma manchete aborrecida: WILLIAMS ENCARA MAIS UMA CONDENAÇÃO POR HOMICÍDIO. O júri, composto por nove mulheres e três homens, se mostrava predisposto a proferir uma terceira condenação;

todos eles, por terem sido submetidos a seis anos de uma incansável repercussão na mídia, admitiam que conheciam o caso e tinham conhecimento de que os dois juris pregressos já haviam condenado Williams. A tensão e o suspense dos dois primeiros julgamentos deram lugar a um sentimento de triste fatalidade. Câmeras de televisão se encontravam novamente posicionadas do lado de fora do tribunal, porém dessa vez só metade dos bancos na sala de audiência estavam ocupados. Prentiss Crowe declarou que sequer se preocuparia em ler as notícias, tudo estava ficando muito chato. "É sempre a mesma e velha história, repetidas vezes", disse, "que nem as reprises de *I love Lucy*."

O assessor de imprensa do tribunal estava entre os presentes. Sentava-se com desleixo, um dos braços pendurado sobre o encosto como se para evitar que escorregasse até o chão. Como de costume, era o próprio oráculo da sabedoria e das fofocas no tribunal. "A inocência ou não do Jim Williams nem é mais a questão", afirmou. "A incompetência do Spencer Lawton que é o problema. O que todo mundo se pergunta é: por mais quanto tempo ele vai continuar cagando tudo? Tipo, esse processo está começando a ficar que nem uma tourada ruim. O Lawton é o toureiro que não consegue liquidar o touro. Por duas vezes ele enfiou a espada, mas o touro ainda está de pé, e os fãs estão ficando agitados. Esse promotor é ridículo."

A promotoria deu início com seu já familiar repertório de testemunhas — a fotógrafa da polícia, os policiais que foram à Casa Mercer na noite dos tiros, os técnicos de laboratório. Responderam às perguntas de Spencer Lawton e, em seguida, foram submetidos ao interrogatório de Sonny Seiler para, enfim, deixar o banco das testemunhas. O juiz Oliver assentiu, sonolento, do alto de seu assento. O assessor de imprensa do tribunal bocejou.

"Que papel o senhor desempenhou na remoção do corpo da Casa Mercer?", perguntou Lawton ao investigador Joseph Jordan, como havia feito em cada um dos dois primeiros julgamentos.

"Eu envelopei as mãos", respondeu Jordan.

"O senhor poderia explicar ao júri o que quer dizer com envelopar as mãos e qual seria o propósito disso?"

"Sempre que tem troca de tiros", prosseguiu o investigador Jordan, "e existe motivo pra se acreditar que uma pessoa morta disparou uma arma, ensacamos as mãos da pessoa com envelopes de papel pra evitar que qualquer substância estranha entre em contato e contamine as mãos, ou que algum vestígio de pólvora — caso haja mesmo — seja suprimido por acidente."

Com rosto impassível, Sonny Seiler interrogou o indubitável investigador Jordan.

"Que tipo de envelope o senhor usou?"

"Envelopes de papel."

"Com o que o senhor os lacrou?"

"Acredito que com fita adesiva."

"O senhor está absolutamente certo de que aquelas mãos foram envelopadas antes do corpo deixar a casa?"

"Eu mesmo envelopei", confirmou Jordan.

Assim que a promotoria terminou suas alegações, Sonny Seiler se levantou para chamar sua primeira testemunha.

"Convoco Marilyn Case", disse ele.

Um rosto novo! Uma nova testemunha! Uma mudança no script! O assessor de imprensa do tribunal se debruçou sobre a própria barriga. O juiz Oliver arregalou os olhos. Lawton e seu assistente trocaram olhares, desconfiados.

Era uma mulher na faixa dos 40 anos, loira e de cabelos cacheados. Vestia um terninho cinza com uma blusa branca de seda. Afirmou ter trabalhado como enfermeira no Hospital Candler por quinze anos; antes disso, havia servido como legista assistente do Condado de Chatham. Sim, estava em serviço no pronto-socorro do Candler quando deram entrada com o corpo de Danny Hansford. Seiler lhe entregou uma cópia do formulário de internação do hospital e, então, passou por Spencer Lawton como quem não quer nada e atirou outra cópia à frente dele sobre a mesa. Enquanto Lawton e o assistente se debruçavam sobre a folha de papel, Seiler colocou uma cópia ampliada em um cavalete montado diante do júri e retomou seu interrogatório.

"Deixe-me perguntar uma coisa, srta. Case, a senhorita reconhece esse documento?"

"Sim, senhor, reconheço."

"É a sua letra nele?"

"Sim, senhor, é sim."

"Diga a este júri, srta. Case, por favor, se as mãos de Danny Hansford estavam ou não envelopadas quando a senhorita recebeu o corpo no hospital."

"Não, senhor, não estavam."

Um murmurinho de pura surpresa varreu a sala de audiência. O juiz Oliver bateu seu martelo, ordenando silêncio no recinto.

"Muito bem, srta. Case", prosseguiu Seiler, "então foi a senhorita mesmo quem envelopou as mãos?"

"Sim, fui eu."

"E como a senhorita fez isso?"

"Peguei dois sacos plásticos de lixo, envolvi as duas mãos com cada um deles e passei fita adesiva em volta dos pulsos."

Após um breve e hesitante interrogatório por parte do promotor, visivelmente abalado, Marilyn Case deixou o banco das testemunhas. O advogado do réu, em seguida, chamou o dr. Stone, o patologista forense. O dr. Stone alegou que, devido às mãos de Hansford não terem sido envelopadas antes de o corpo ser transportado ao hospital, todos os vestígios de pólvora poderiam ter sido facilmente apagados. Então, de maneira gentil, acrescentou que, ao usar sacos plásticos de lixo em vez de envelopes de papel, ainda que de boa-fé, Marilyn Case acabou piorando ainda mais a situação. "Sacos plásticos estão fora de cogitação", afirmou. "Criam eletricidade estática, que pode de fato atrair as partículas presentes na mão. Além do mais, se o corpo em seguida ficar numa câmara mortuária por cinco horas, como aconteceu com o corpo do Hansford, forma umidade no interior do saco plástico, e a água meio que acaba escorrendo pelas mãos."

"À luz disso tudo", perguntou Seiler, "o senhor está surpreso com o fato de não haver resíduo algum de pólvora na mão do Hansford?"

"Eu ficaria surpreso caso *houvesse* algum vestígio", afirmou o experto.

As emissoras de televisão interromperam suas programações normais da tarde com as notícias de última hora: "Novas e chocantes provas vêm à tona no julgamento de Jim Williams por homicídio doloso... o promotor público foi pego de surpresa... os rumores que circulam no tribunal são de que Williams irá sair...". Mais tarde, naquela mesma noite, Sonny Seiler chegou ao restaurante 1790 para jantar e foi ovacionado de pé.

Lawton, tendo perdido a utilidade de seu principal elemento de prova, mudou o discurso em seu argumento final. "Não precisamos de um teste residual de pólvora para provar que Jim Williams é culpado", declarou. "É só um elemento de prova dentre vários outros." Ponto a ponto, ele foi enumerando as provas existentes contra Jim Williams: a posição dos fragmentos de bala, os pedacinhos de papel sobre a arma, a trajetória do disparo, a perna da cadeira sobre o tornozelo de Hansford, o sangue na mão de Hansford, mas não em sua arma. Em particular, focou no lapso temporal de 36 minutos entre a hora em que Hansford foi baleado e a ligação de Williams para a polícia. "O que Jim Williams fez nesses 36 minutos?", perguntou o promotor. "Vou dizer o que ele fez. Ele pegou outra arma, foi até onde o corpo estava caído e atirou contra a escrivaninha. Em seguida, puxou a mão do homem morto de baixo do corpo e a colocou sobre a arma. O que foi que ele fez no resto do tempo? Vou dizer o que fez: saiu pela casa *seletivamente destruindo a mobília!*"

Lawton ergueu as fotografias da polícia que mostravam o interior da Casa Mercer. "Esse é o relógio de pêndulo que Danny Hansford supostamente derrubou. Está de cara no chão no corredor. Percebam como a base do relógio ainda está bem próxima da parede. Acredito que não estaria assim caso um rapaz forte de 21 anos, como o Danny Hansford, o tivesse jogado no chão num ataque de fúria. Teria acertado esse piso de ladrilho e deslizado pelo corredor. No entanto o relógio mal se afastou da parede. E isso porque quem o derrubou foi Jim Williams. Ele inclinou o relógio com todo cuidado e o deixou cair a poucos centímetros do chão, de uma altura suficiente para rachar o casco e quebrar o vidro. Porém não alto o bastante para deixá-lo sem conserto. Caso vocês se lembrem, o próprio Jim Williams afirmou aqui que poderia restaurar e vender o relógio.

"Agora, vejamos quais outros danos foram causados. Uma cadeira e uma mesa viradas. Uma bandeja de prata derrubada de uma mesa. Um console de Atari pisoteado e um copo de bourbon espatifado. O dano total ficando em, o quê, 125,17 dólares? Não sei. Porém peço a vocês que vejam todas as antiguidades caríssimas que *não foram* quebradas, baús, mesas, pinturas — que valiam uns 50, 100 mil dólares. Perguntem a si mesmos se um jovem rapaz numa fúria assassina, destruindo a mobília da casa de alguém que amava antiguidades, teria parado após o dano insignificante que causou. Claro que não. Aquela mobília foi aniquilada, digamos assim, por um homem que a adorava: Jim Williams."

Os semblantes solenes na tribuna do júri davam todos os sinais de que o promotor havia recuperado ao menos parte do terreno perdido mais cedo. A voz de Lawton estava carregada de sarcasmo. "O que Jim Williams *não fez* naqueles 36 minutos foi chamar uma ambulância. Ele tem sido pintado como um homem compassivo que faz contribuições à causa animal. Bom, mas nem sequer ligou para que a sociedade dos animais fosse ver o Danny Hansford." Uma jovem jurada enxugou os olhos com um lenço. "Podemos dar de lambuja para eles o teste de resíduos de pólvora", concluiu o promotor. "Não precisamos dele pra condenar Jim Williams."

Ao fim do dia, a palpável mudança de humor do júri havia alarmado Sonny Seiler. Lawton havia efetivamente reformulado seus argumentos em torno dos elementos existentes de prova material, desviando a atenção do júri depois do constrangimento das mãos envelopadas. Não havia nada que Seiler pudesse fazer; já havia encerrado seu caso e realizado suas considerações finais. O juiz determinou que o júri passasse a noite em casa. Na manhã seguinte, leu as instruções e o júri se retirou para discutir o veredito.

De volta à Casa Mercer, os Williams terminaram de comer seus sanduíches em silêncio. A sra. Williams dobrou seu guardanapo e mirou a janela. Dorothy mexia, nervosa, em uma colher. Jim folheava o catálogo da Sotheby's, sem de fato lê-lo.

O telefone tocou. Era Sonny Seiler informando que o júri estava almoçando hambúrgueres. Às 16h30, o advogado ligou de novo para dizer que o júri havia pedido um dicionário. Um dos jurados não sabia o significado da palavra "malícia".

Às 17h30, o juiz Oliver determinou que o júri passasse o fim de semana em casa em meio ao impasse. O advogado ficou sabendo, por meio dos oficiais de justiça, que eram famosos bisbilhoteiros e contadores de histórias, que os jurados estavam divididos por igual. As deliberações foram retomadas às 10h em ponto na manhã da segunda. Por volta das 12h, Seiler notou que os oficiais de justiça tinham, do nada, parado de falar com ele. Desviavam o olhar quando passava pelo corredor. Era um mau sinal. "Significa que tem decisão saindo a favor da promotoria", disse.

Às 15h, a margem havia ampliado para onze a um a favor de uma condenação. A porta-voz enviou um bilhete ao juiz. "Tem uma pessoa que se recusa a mudar de ideia, não importa o que a gente faça ou diga." Dali a alguns minutos, os oficiais passaram a informação de que a única opositora era uma mulher chamada Cecilia Tyo, divorciada e geniosa, na faixa dos 50 e tantos. A sra. Tyo dissera aos outros jurados que há alguns anos passara por uma situação de vida ou morte não muito diferente da descrita por Jim Williams. Seu namorado, que morava com ela, havia entrado na cozinha embriagado de raiva e tentado estrangulá-la enquanto estava preparando seu jantar. Já prestes a desmaiar, ela pegou uma faca de cortar carne e o esfaqueou nas costelas, chegando a feri-lo, mas não a matá-lo. A sra. Tyo afirmou entender o conceito de "legítima defesa" melhor do que qualquer pessoa naquele júri e que não mudaria seu voto. "Meus três filhos já estão crescidos", disse. "Não preciso ir para casa cozinhar. Não tenho nenhuma responsabilidade. Posso continuar aqui pelo tempo que vocês quiserem."

Às 17h, o juiz convocou as partes à sala de audiência. Williams chegou da Casa Mercer, Seiler do escritório. O júri tomou lugar na tribuna. A sra. Tyo, cabelos brancos presos em um coque, estava sentada com o maxilar contraído, taciturna, encarando o chão. Não olhava nem conversava com os outros jurados.

"Senhora porta-voz, os senhores chegaram a um veredito?"

"Perdão, Excelência", disse a porta-voz, "ainda não."

"Os senhores acreditam que, caso deliberem por mais tempo, chegariam a um veredito?"

"Estou começando a acreditar, Excelência, que podíamos ficar deliberando até que neve no inferno e ainda assim não chegaríamos a um veredito."

Sonny Seiler requereu a anulação do julgamento, mas o juiz Oliver bruscamente rejeitou o pedido. Em vez disso, sob o protesto do advogado, leu uma "acusação explosiva" ao júri, o que essencialmente lhes dizia em alto e bom tom que parassem de enrolar e chegassem logo a uma decisão unânime. Então, suspendeu a sessão até às 10h da manhã seguinte, advertindo os jurados, como já havia feito tantas vezes antes, a não ler, não escutar e a não assistir às notícias sobre o julgamento, muito menos conversar sobre o processo com ninguém.

Jim Williams foi do tribunal para casa, porém, em vez de entrar, atravessou a rua até a praça Monterey e sentou-se em um banco ao lado de Minerva.

"Meus advogados foderam com tudo de novo", desabafou. "Só tem uma jurada que ainda está do meu lado. Uma mulher."

"Ela é forte?", perguntou Minerva.

"Não sei. Ela é bem teimosa, acho, porém vai estar sob muita pressão hoje à noite. O promotor sabe quem ela é e está desesperado pra fazê-la ceder. Temos que impedi-lo."

"Sabe onde ela mora?"

"Posso descobrir. Você consegue protegê-la?"

Minerva mirou o horizonte. "Tem umas coisas que posso fazer."

"Bom, dessa vez, quero que use as armas mais poderosas que tiver."

Minerva assentiu. "Assim que eu terminar de fazer minhas coisas, ela vai ficar bem protegida."

"Me faz um favor", disse Williams. "Quando você fizer o que quer que vá fazer, vê se usa algum pertence do dr. Buzzard. Tipo uma das meias velhas dele, ou uma camisa, um pente. Qualquer coisa."

Minerva lançou um olhar irritado a Williams. "Eu não fiquei com nenhuma meia dele. E, se eu tivesse ficado, não saberia nem por onde começar a procurar naquela bagunça que chamo de casa."

"Certo, mas você tem outras coisas dele."

"Não sei. Eu não guardei nada. Não conhecia o sujeito assim tão bem."

"Olha, Minerva, já nos conhecemos há bastante tempo pra ficarmos nessa." Williams falava como se conversasse com uma criança recalcitrante. "Esses óculos lilases que você está usando eram dele, não?"

Minerva soltou um suspiro profundo. "Deixa eu pensar. Acho que passei por um par de sapatos dele dia desses. Ai, Jesus, sei lá o que foi que eu fiz com aqueles sapatos."

"Não precisa ser um sapato. O que mais você tem?"

Minerva fitou uma árvore. "Acho que, em algum canto, se eu tiver forças pra procurar, talvez encontre alguma coisa. Isso... alguma coisa." Ela sorriu. "Acho até que tenho a dentadura dele em algum lugar."

"Bom, está na hora de usá-la", orientou Williams, com um quê de urgência tomando-lhe a voz. "Não quero ninguém mexendo com essa mulher hoje à noite."

"Podem até tentar", contrapôs Minerva, "mas, se tentarem mesmo, vão cair de cama rapidinho. Podem até morrer."

"Isso não me beneficiaria em nada", refutou Williams. "Só não quero ninguém falando com ela, *mesmo*. Ponto. O que você pode fazer quanto a isso?"

"Vou lá no jardim mais tarde da noite", disse. "Na hora dos mortos. Vou conversar com o velho."

"Ótimo."

Um sorriso se abriu no rosto redondo de Minerva. "E aí eu trato duma vez dos seus assuntos, e aí vou fazer ele me dar um número."

"Ah, não faz isso, Minerva! Você sabe que ele não vai dar número nenhum. Isso só vai irritar o homem. Não, não. Hoje não é um bom dia pra fazer isso."

O sorriso dela logo se amuou. "Mas eu preciso de um número pra poder jogar e descolar uma grana", justificou ela.

"Tá bom, caramba, eu mesmo vou lhe dar esse número, é pra já!"

Minerva lançou um olhar atento a Williams.

"Você sempre diz que sou 'sábio'", argumentou.

"Isso é verdade. Você nasceu com um véu no rosto, benzinho. Você tem um dom."

"Me diz quantos números você precisa."

"Eu preciso de um número triplo — tipo um, dois, três. Pode ser o mesmo número três vezes ou três números diferentes.

"Tudo bem", disse Williams. "Vou me concentrar por um instante. Aí, falo um número que vai lhe render um bocado de dinheiro." Williams fechou os olhos. "Os números são... seis... oito... e um."

"Seis-oito-um", repetiu Minerva.

"Isso. Agora, quanto custa para poder jogar? Um dólar, 5 dólares, 10 dólares?"

Uma faísca de dúvida cruzou o rosto de Minerva. "Você por acaso tá tirando sarro da minha cara?"

"Não sou de fazer isso", ele disse com firmeza. "Mas você ainda não me respondeu. Quanto custa pra cobrir a aposta?"

"Seis dólares."

"Quanto leva se ganhar?"

"Trezentos. Mas, ei, esse jogo tem duas pistas", observou ela. "Em que pista eu jogo? Nova York ou Brooklyn? Eu jogo lá na pista de Nova York. Não quero jogar seis-oito-um na de Nova York e dar a do Brooklyn. Em qual deles eu jogo?"

"Não dá pra jogar nos dois?"

"Não, não. Custaria mais 6 dólares. E escuta só, o homem que escreve os números lá na outra pista, na do Brooklyn, ele mora a uns 100 km de mim. Então eu preciso ter um número pra pista de Nova York."

Williams fechou os olhos outra vez. "Certo. Agora eu vejo. É a pista de Nova York. Joga seis-oito-um na pista de Nova York. Você vai ganhar os 300 dólares, com certeza. Eu dou os 6 dólares pra você jogar."

Minerva pegou o dinheiro.

"Só lembra de uma coisa", disse. "O seis-oito-um só vai funcionar se você deixar o dr. Buzzard em paz essa noite e não ficar perturbando o velho por causa de um número. Se você o incomodar, o seis-oito-um vai automaticamente se tornar inútil."

"Pode deixar, vou deixar ele em paz, benzinho."

"Ótimo. Quero que vocês dois se concentrem numa só coisa essa noite. Em manter a sra. Tyo do meu lado. E não quero ver nem você nem o velho gastando energia à toa com esses números de novo até que isso tudo termine."

Minerva assentiu com toda seriedade.

"E não se preocupe com esses 300 dólares. Considere que já estão ganhos. Entendeu?"

Minerva enfiou os 6 dólares na sacola. "Sim, benzinho, entendi."

O terceiro andar do Tribunal do Condado de Chatham era um cenário de caos e confusão às 10h da manhã seguinte. As portas da sala de audiência do juiz Oliver permaneciam trancadas com cadeado. A multidão de espectadores zanzando pelo corredor era maior por causa da presença do delegado Mitchell e de meia dúzia de seus agentes. O delegado e seus homens haviam comparecido ao tribunal na expectativa de uma sentença condenatória; neste caso, escoltariam Williams pela passagem subterrânea até a prisão. O cadeado na porta da sala de audiência, porém, era inusitado. Significava que a sessão atrasaria para começar. Algum imprevisto havia ocorrido. E foi o seguinte:

Às 7h daquela manhã, o promotor havia recebido um telefonema de um paramédico que trabalhava na LifeStar, um serviço médico de emergência. O paramédico contou que, às 2h30, uma mulher havia feito uma ligação anônima com perguntas de cunho médico referentes a "uma troca de tiros entre um homem mais velho e um moço". Quanto tempo levava para que o sangue coagulasse na mão de uma pessoa? O quão depressa alguém morreria se levasse um tiro na aorta? Embora se recusasse a identificar-se, a mulher acabou admitindo que era jurada no processo de Jim Williams e a única a acreditar em sua inocência. Acrescentou ainda que os outros jurados haviam comentado que o processo era sobre um casal de veados e que só queriam condenar Williams e voltar para casa.

Lawton ligou de imediato para o juiz Oliver e exigiu que a sra. Tyo fosse expulsa do júri por discutir o caso em outro lugar que não o tribunal e substituída por um jurado suplente, o que acabaria por garantir uma condenação. O advogado, ao saber disso, insistiu para que o juiz anulasse o julgamento.

Às 10h, enquanto a multidão tagarelava no corredor do lado de fora da sala de audiência trancada, o juiz Oliver convocou uma sessão a portas fechadas em seu gabinete na tentativa de lidar com a situação. Na presença de Lawton, Seiler, uma estenógrafa do tribunal e o paramédico, o juiz convocou cada um dos jurados individualmente e perguntou-lhes sob juramento se haviam telefonado a um paramédico no meio da noite para conversar sobre o processo. Todos negaram, inclusive a sra. Tyo, muito embora o paramédico tenha dito ao juiz, quando a sra. Tyo deixou a sala: "Essa voz me é familiar".

Do lado de fora, no corredor, as especulações giravam em torno de três possibilidades: que a sra. Tyo havia feito a ligação, que o paramédico havia sido ludibriado por alguém agindo em conluio com a promotoria, e que o paramédico estava compactuado com a promotoria. Tendo fracassado em obter uma confissão de alguém, o juiz Oliver retornou da sala do júri e reabriu a sessão. Novamente, perguntou aos jurados se algum deles havia conversado sobre o processo com o paramédico. Ninguém disse nada. A sra. Tyo, aparentando estar angustiada, segurava um lenço contra a boca. Ela havia confidenciado à porta-voz do júri que recentemente sofrera de um infarto e estava com medo de que pudesse estar à beira de ter outro. Seiler requereu processo inconcluso. O juiz o rechaçou e mandou que o júri, incluindo a sra. Tyo, voltasse a deliberar.

Na expectativa de que algo pudesse acontecer em breve, Williams se encaminhou ao corredor para esperar. Minerva estava sentada sozinha em uma das extremidades. Ele foi até onde ela estava e ficou parado na sua frente. Ela conversou com Jim como se estivesse em transe.

"Na noite passada, peguei a dentadura do velho e enterrei no quintal daquela mulher. Que nem você disse pra fazer."

"Mesmo assim, estão aprontando alguma", disse Williams. "Inventaram uma história e agora estão tentando tirá-la do júri."

"É a única esperança deles", afirmou Minerva. "Porque ela não vai mudar de lado. Isso é certo, e eu não tô mentindo. O velho cuidou ele mesmo do assunto dessa vez. Foi sim. E, depois da meia-noite, eu e a Delia fizemos uns feitiços contra o promotor e o juiz, de um lado e do outro."

Williams sorriu. "Você jogou aquele número que eu lhe dei?"

"Não tive tempo pra jogar. Ando ocupada demais."

Por volta das 12h, o juiz chamou o júri de volta à sala de audiência e perguntou se já estavam próximos de uma decisão. Não estavam. Relutante, o magistrado declarou a anulação do julgamento e bateu o martelo, encerrando os trabalhos. Em meio à subsequente comoção, a voz do promotor podia ser ouvida desafiando o juiz. "Pra constar, Excelência, vou requerer ao administrador do tribunal que prepare esse processo pra um novo julgamento o mais rápido possível!"

Um quarto julgamento seria um recorde. Jim Williams se tornaria a primeira pessoa a ser julgada quatro vezes por homicídio no Estado da Geórgia. O assessor de imprensa do tribunal gargalhava e estapeava as coxas e gritava que o toureiro já estava mais ensanguentado que o touro. No andar de baixo, as equipes de televisão se concentraram em Lawton, que, embora ensanguentado, permanecia de cabeça erguida. "Após três julgamentos", declarou, "o placar está 35 a 1 a favor de uma condenação. Estou confiante de que, caso tenhamos um júri disposto e capaz de decidir, teremos um veredito justo". Enquanto falava, uma pequena multidão se aglomerou em volta dele. Minerva ficou na periferia com um sorriso estampado no rosto e três notas novinhas de cem dólares emboladas na mão.

Mais tarde, já à noite, Williams bebericava um vinho Madeira e jogava uma rodada atrás da outra de PsicoDados. Sua gata cinzenta, depois de comer a primeira refeição em dois dias, dormia em seu colo. Ele calculou que seu terceiro julgamento lhe custara uns 250 mil dólares.

"Pra mim", disse ele, "só 300 dólares dessa dinheirama toda valeram de alguma merda."

28
GLÓRIA

Lillian McLeroy desceu a escada da frente de sua casa para regar suas plantas e ver mais de perto a comoção na praça Monterey. Senhoras com saias armadas e senhores de sobrecasacas perambulavam ao sol da manhã, junto a soldados de uniformes azuis com mosquetes pendurados nos ombros. Nuvens de poeira pairavam no ar em frente à casa de Jim Williams enquanto operários rastelavam carregamentos de terra pela rua Bull no intuito de fazê-la parecer uma via não pavimentada do século dezenove. O panorama era estarrecedor, porém a sensação estranha de já ter vivenciado tudo aquilo deixou a sra. McLeroy toda arrepiada. A praça Monterey, naquela manhã, parecia idêntica à de dez anos antes, quando o filme sobre o assassinato de Abraham Lincoln estava sendo rodado. As equipes cinematográficas estavam de volta, com seus holofotes e câmeras e grandes vans estacionadas do outro lado da praça. Dessa vez, estavam filmando *Tempo de Glória*, um longa-metragem sobre o primeiro regimento negro do Exército da União durante a Guerra Civil. A sra. McLeroy olhou em direção à Casa Mercer, meio que na expectativa de ver Jim Williams drapejando outra bandeira nazista na varanda.

Mas Jim Williams não estava disposto a repetir o ato dessa vez. A bem da verdade, em vez de opor-se às filmagens, deixou que os cinegrafistas usassem sua casa. Permitiu que guardassem os equipamentos lá e pendurou cortinas de renda nas janelas da sala de estar a fim de conferir à Casa Mercer o ar de uma mansão de Boston em meados da década de 1860. Ele até havia se reunido em seu estúdio com o produtor e, entre charutos e vinho Madeira, negociaram uma taxa. O produtor ofereceu 10 mil dólares. O dono da casa se recostou na cadeira e sorriu. "Há oito anos, atirei num sujeito que estava bem aí onde você está agora. Daqui a algumas semanas, vou ser julgado por homicídio pela quarta vez e meu advogado é um homem que gosta de coisas caras. Faça por 25 mil e fechamos negócio."

As disputas legais em torno de um quarto julgamento por homicídio se arrastaram por quase dois anos. Sonny Seiler primeiro requereu à corte para barrar outro julgamento com o argumento de que essa possibilidade deixaria Williams em risco duplo. O pedido foi negado, bem como a apelação de Seiler. Tanto o defensor quanto o promotor, então, demandaram, em ações distintas, que a corte desqualificasse um ao outro de envolvimento futuro no caso. Seiler, citando a ocultação de provas cometida pela promotoria, afirmou que Lawton era culpado por "desvio de conduta do mais alto nível". O promotor contestou alegando que o advogado do réu havia defendido Williams "de modo negligente, incompetente e antiético." (Tal acusação foi baseada, sobretudo, na arguição de Lawton de que os jovens amigos michês de Hansford haviam sido subornados pelo réu e seu advogado para depor. Não havia prova alguma de tal alegação, todavia, e nenhuma das duas testemunhas foi ouvida no tribunal.) Ambas as ações foram rejeitadas. O quarto julgamento seguiria adiante.

Em um ponto todas as partes concordavam: que seria impossível encontrar um único jurado em Savannah que já não tivesse opinião formada a respeito do processo e do dinheiro dos contribuintes gasto nesse imbróglio jurídico. Assim, na manhã em que as filmagens de *Tempo de Glória* começaram na Casa Mercer, Sonny Seiler se dirigiu à suprema corte e requereu uma mudança de foro. Ele sabia que dessa vez o pedido seria concedido e só rezava para que o julgamento não caísse na fogueira de algum reduto reacionário depois da frigideira de Savannah.

No fim, as honras foram para a cidade de Augusta. Spencer Lawton considerou a decisão uma vitória, contando todo animado aos amigos que aquela era uma "cidade de boiadeiros" e que Williams seria condenado com certeza. Já o defensor não ficou tão seguro quanto a isso.

Segunda cidade mais antiga da Geórgia, Augusta fica a 210 km rio acima de Savannah, em linha descendente dos montes Apalaches. A população de cinquenta mil habitantes estava espalhada por seu território em declive, uma hierarquia descendente que seguia de perto a configuração do terreno. Na colina e nas terras altas ao norte, famílias ricas viviam em casas luxuosas e jogavam golfe no Augusta National Golf Club, sede do torneio anual Masters. Ao pé da colina, as antigas avenidas arborizadas da cidade serviam como centro comercial e zona residencial da classe média. Mais ao sul, a cidade mergulhava no baixo nível de uma vasta zona pantanosa de moradias populares, casas móveis, barracos, a base militar Fort Gordon e uma estrada rural que se tornou famosa pelas mãos do romancista Erkine Caldwell como um símbolo da miséria no campo — a Tobacco Road.

Augusta, portanto, gozava tanto de indivíduos sofisticados quanto dos mais simples. Quando a seleção dos jurados começou, porém, ficou claro que, independentemente de morarem na colina ou no pântano, os habitantes de Augusta tinham algo em comum: nunca haviam ouvido falar em Jim Williams.

Repórteres e equipes de televisão chegaram de Savannah para cobrir o julgamento, mas a mídia local praticamente o ignorou. Não havia manchetes nos jornais da cidade nem notícias de última hora interrompendo a programação das emissoras de TV, nem multidões lotando a galeria. Todo santo dia, por duas semanas a fio, um júri de seis homens e seis mulheres se reuniam tranquilamente no Tribunal do Condado de Richmond para ouvir e observar o julgamento em curso. Estavam fascinados, excitados até, e ainda assim permaneciam desconectados. Não tinham vivenciado o processo de Jim Williams como as pessoas de Savannah o vivenciaram. A Casa Mercer, apesar de toda sua grandeza e significância, não passava de uma fotografia para eles; não compunha a paisagem de suas vidas cotidianas. Jim Williams não havia ascendido à pirâmide social no meio deles, despertando sentimentos de admiração, inveja e indignação como havia feito em Savannah ao longo de trinta anos. Um dos candidatos ao júri deu a Sonny Seiler um motivo para acreditar que a questão da homossexualidade não seria tão negativa em Augusta quanto fora em Savannah. "Esses gays para mim não valem nada", admitiu o homem durante a seleção do júri, "mas eu nem ligo tanto assim caso eles morem em outro lugar".

Até que o quarto julgamento enfim começasse, Sonny Seiler já havia aprimorado ao máximo sua apresentação, concentrando suas energias em sua linha de ataque mais forte — a incompetência da polícia. Quando o inspetor Jordan subiu ao banco das testemunhas e declarou ter colocado envelopes nas mãos de Danny Hansford, Seiler lhe entregou um envelope de papel marrom e um rolo de fita adesiva, ergueu sua mão direita e pediu que ele a envelopasse. Seiler, então, andou de um lado para o outro em frente ao júri, sacudindo sua mão envelopada, não deixando dúvidas de que, caso Jordan tivesse mesmo envelopado as mãos de Hansford, ninguém no hospital jamais poderia não ter notado. Seiler ridicularizou a promotoria por conta das inconsistências nos depoimentos das testemunhas periciais — em especial, o dr. Larry Howard, diretor do Laboratório de Criminalística. O dr. Howard havia alegado em um julgamento que Williams não poderia ter realizado todos os disparos contra Hansford por detrás da escrivaninha; no outro, disse que Williams *poderia* tê-lo feito. Em ocasiões diversas, Howard dissera que a cadeira de Danny Hansford caíra para trás, de lado e para frente. O defensor alegremente brandiu um memorando que mostrava como os agentes da criminalística estadual tinham, a princípio, planejado encobrir os resultados dos testes de resíduos de pólvora caso não beneficiassem a promotoria. "Se você quiser divulgar os resultados do teste", escreveu um agente ao outro, "fala com a gente. A audiência do júri é no dia 12 de junho".

"Eles jogam bola juntos", berrou o advogado, "e isso é simplesmente repugnante. Estavam *sedentos* por uma condenação. Ficavam falando uns pros outros: 'Vamos ver se os testes de resíduos vão nos ajudar. Se ajudarem, a gente usa. Caso contrário, a gente esquece que existem'".

Seiler manteve o júri muito bem entretido e, já no meio da primeira semana, deram-lhe o apelido de "Matlock", em homenagem ao advogado interpretado por Andy Griffith na popular série de televisão. Era um bom sinal, e o defensor de Jim sabia bem disso. Por várias vezes, em suas observações finais, arrancou gargalhadas dos jurados. Outro bom sinal. "Os jurados nunca riem se estiverem prestes a mandar um homem pra prisão", declarou.

Minerva fez uma única aparição no julgamento e, ao fazê-lo, contou a Williams que sentia uma movimentação a seu favor. "Mas escuta", alertou, "só pro caso de alguma coisa dar errada, não esquece de colocar suas cuecas do avesso. Assim você vai levar uma sentença mais curta."

Os jurados chegaram a um veredito quinze minutos após terem se sentado para deliberar, contudo permaneceram na sala do júri por outros 45 minutos, com receio de que pudessem parecer precipitados demais caso mandassem avisar ao juiz de pronto. Consideraram Williams inocente.

Enfim absolvido, Jim Williams nunca mais poderia ser julgado pelo homicídio de Danny Hansford. Havia acabado — a preocupação, o temor, os gastos. Por ter sido considerado inocente de qualquer crime na morte de Danny Hansford, sua seguradora entraria em cena e em um acordo com a mãe de Hansford. Portanto, estava de igual modo livre de tal fardo.

De volta à Casa Mercer, Williams se serviu de uma bebida e pôs-se a analisar suas opções. Pela primeira vez em oito anos, era um homem livre. A Casa Mercer era sua outra vez, não estava mais sob custódia como garantia de sua fiança. Poderia vender a casa se quisesse. Valia mais de um milhão de dólares, mais de dez vezes a quantia que havia pagado por ela. Possuía condições de deixar as más lembranças para trás e comprar uma cobertura em Nova York, um casarão em Londres ou uma quinta em Riviera. Ou simplesmente ir conviver com pessoas que não pensassem automaticamente em armas e assassinatos e julgamentos sensacionalistas toda vez que olhassem para ele. Os olhos escuros de Williams brilhavam enquanto ele pensava nas possibilidades. Então, um sorriso lhe cruzou o rosto.

"Não, acho que vou ficar por aqui mesmo", disse ele. "Minha presença na Casa Mercer irrita todas as pessoas certas."

29
E OS ANJOS CANTAM

Seis meses após sua absolvição, Jim Williams se sentou a sua escrivaninha a fim de traçar planos para sua primeira festa de Natal em oito anos. Ligou para Lucille Wright e lhe pediu que preparasse um banquete tipicamente sulista para duzentas pessoas. Contratou um *barman*, quatro garçons e dois músicos. Em seguida, pegou sua pilha de cartões e embarcou na mais delicada e gratificante tarefa de todas: compilar a lista de convidados.

Williams examinou cada cartão com todo cuidado antes de passá-lo à pilha dos que estavam "dentro" ou à pilha dos que estavam "fora". Colocou a maioria dos frequentadores habituais na pilha dos que estavam "dentro" — os Yearley, os Richardson, os Blun, os Strong, os Cram, os Maclean, os Minis, os Hartridge, os Haines. No entanto hesitou ao observar o cartão de sua velha amiga Millicent Mooreland. Embora tenha se mantido firme na crença de sua inocência, havia cometido o grave erro de não comparecer à última festa sob o argumento de que seria realizada logo depois da morte de Danny Hansford. Por conta de tal transgressão, foi colocada na pilha dos que estavam "fora". Ficaria de castigo naquele ano e, depois, voltaria às boas graças no Natal seguinte, pressupondo-se que ela nada faria para desagradá-lo antes disso.

Já quanto a Lee e Emma Adler, Williams simplesmente jogou o cartão do casal na lixeira. Williams não precisava mais bajular os Adler. De qualquer forma, Lee Adler andava aprontando de novo. Havia acabado de retornar da Casa Branca, onde recebera um Medalha Nacional das Artes e posara para fotografias com o presidente Bush e a primeira-dama, o que só o tornou ainda mais detestável aos olhos de Williams e da maioria das pessoas que compareceriam a sua festa. Além disso, seu vizinho havia se envolvido em uma disputa local amarga por conta de seus planos de construir novas moradias em estilo vitoriano para a comunidade negra no centro de Savannah. O projeto dele requeria fileiras de casas idênticas revestidas com placas de vinil, uma grudada na outra, sem gramado e áreas verdes entre elas. A Fundação Histórica de Savannah havia se levantado em indignada oposição, denunciando a baixa qualidade das moradias propostas por Adler, que fora obrigado a reestruturar o projeto, colocando áreas verdes e substituindo as placas de vinil por madeira. Jim Williams sabia que os convidados de sua festa de Natal estariam ansiosos por trocar impressões relacionadas às mais recentes atividades de Lee Adler sem o temor de serem escutados tanto por ele quanto por Emma. Problema nenhum; não estariam lá.

Williams também jogou o cartão de Serena Dawes no cesto de lixo — contudo, infelizmente, por outros motivos. Alguns meses antes, Serena decidira que as décadas de 1930 e 1940 — os tempos de seus glamorosos anúncios de página inteira na revista *Life* — haviam sido o ponto alto de sua vida e que, dali em diante, seria ladeira abaixo. Anunciou que morreria em seu aniversário e, em vista disso, recusava-se a sair de casa ou receber visitas ou comer. Após várias semanas, foi levada para o hospital, onde certa noite chamou seu médico e as enfermeiras e agradeceu-lhes por cuidarem dela. Pela manhã, estava morta. Não havia morrido de inanição ou cometido suicídio por quaisquer meios convencionais. Simplesmente teve vontade de morrer e, sendo uma mulher com força de vontade, obtivera êxito. Não morreu em seu aniversário por dois dias.

A morte de Serena não estava, de maneira alguma, relacionada ao fim de seu caso com Luther Driggers, mas mesmo assim Williams pausou por uns instantes com o cartão dele nas mãos. Luther Driggers fora alvo de muita atenção nos últimos meses. Fora atingido por um raio. O episódio ocorrera no auge de uma das típicas tempestades nas tardes de verão em Savannah. Ele estava na cama com sua nova namorada, Barbara, quando uma língua de fogo cortou o céu cinza-carvão e envolveu sua casa.

Os cabelos de Barbara de repente ficaram em pé. O primeiro pensamento que passou pela cabeça de Driggers foi de que nunca antes havia provocado um efeito assim em uma mulher. Mas em seguida sentiu o cheiro de ozônio no ar e soube que aquilo significava estarem cercados por uma enorme corrente elétrica. "Se abaixa!", gritou. E então caiu. Luther foi jogado ao chão e Barbara ficou inconsciente por vários minutos. Mais tarde, quando a energia já havia voltado, descobriram que o raio havia derretido o interior do aparelho de televisão.

A princípio, Driggers não relacionou o raio com os subsequentes episódios de tontura e uma tendência crescente de tropeçar na escada e perder o equilíbrio durante o banho. Havia passado a maior parte da vida bêbado e essas coisas pareciam atribuíveis à bebida. Após parar de beber, todavia, a tontura persistiu. Os médicos encontraram e removeram de seu cérebro uma massa semifluida do tamanho de uma bola de golfe e com a consistência de óleo de motor.

Nos meses que se seguiram, a barriga de Barbara começou a inchar e isso sim pareceu ser consequência direta dos eventos daquela tempestuosa tarde. Decidiram que, se o bebê fosse menino, seria batizado de Thor (em homenagem ao deus nórdico do trovão). Se fosse menina, seria batizada de Atena (em homenagem à deusa grega que carregava os raios de Zeus). No fim das contas, porém, Barbara não estava grávida. O raio havia lesionado seus órgãos internos, a exemplo do que havia feito com o aparelho de televisão e, dali a meses, ela ficou doente e morreu. Driggers, embora saudável, voltou a sair do Clary's sem tomar seu café da manhã. Os antigos temores relacionados aos seus demônios ressurgiram e, novamente, as pessoas voltaram às cogitações sombrias quanto à possibilidade de que ele despejasse seu frasco de veneno no depositório de água de Savannah.

"Só sendo muito trouxa para acreditar nisso", disse-me Driggers certa manhã no Clary's.

"Você nunca sequer imaginou fazer algo assim, não é", provoquei.

"Ah, eu seria bem capaz de fazer isso sim", prosseguiu, "caso eu *pudesse*. Infelizmente, não é possível. Lembra do que eu lhe falei no dia em que a gente se conheceu? Que a água de Savannah vinha de um aquífero de calcário? E que *esse* era o motivo do seu vaso sanitário estar com uma crosta de sujeira cristalizada? Bom, pelo mesmo motivo — que a água de Savannah vem de um aquífero lá no fundo da terra — não posso envenenar nada nem se eu quisesse. Não dá pra chegar lá. Agora, se fosse um reservatório na superfície, eu poderia jogar veneno em tudo, muito fácil. Mas não é."

"Fico aliviado em saber disso", comentei.

"Não é pra ficar tão aliviado assim, não", argumentou Driggers. "Com todo aquele bombeamento industrial rolando, já começou a infiltrar água salgada no aquífero, e logo não vai dar mais para beber. Aí, a gente vai ter de beber a água imunda do rio Savannah. E não tem como meu veneno deixar aquela água pior do que já está."

Jim Williams ficou segurando o cartão de Driggers entre o dedão e o indicador, imperiosamente ponderando os prós e os contras. Apesar de Luther Driggers ser um amigo de longa data, ele se lembrava de como seu amigo o ridicularizara por não ter sido esperto o suficiente para desovar o corpo de Danny Hansford antes que a polícia chegasse, sugerindo que era culpado pelo homicídio e, portanto, deveria ter sumido com as provas. O cartão de Driggers foi parar na pilha dos que estavam "fora".

Williams hesitou novamente ao deparar o cartão de Joe Odom. Joe havia entrado pela primeira vez na sua lista de convidados quando se casou com a terceira esposa, Mary Adams, cujo pai calhava de ser presidente do conselho do banco C&S. Tal casamento o catapultou rumo aos círculos da alta sociedade de Savannah. Depois disso ele se tornou uma figura tão popular, por méritos próprios, que continuou sendo convidado às festas mesmo depois do divórcio, apesar dos crescentes constrangimentos financeiros. Ultimamente, todavia, a sorte de Joe Odom havia sofrido uma queda vertiginosa.

Em julho, o senhorio do Sweet Georgia Brown's havia trancado o bar a cadeado, despejado o locador por atraso no aluguel e o processado por mora. Ele entrou com pedido de falência. Mandy, que havia perdido mais de 5 mil dólares com o colapso do bar, arcou com o prejuízo sem reclamar até que, por acaso, ouviu Joe se referindo a outra mulher como "minha quarta esposa". Com isso, saiu bufando da Casa Hamilton-Turner jurando vingança. Sua revanche tomou forma de modo particularmente devastador, conforme Joe descobriu ao pegar o jornal certa manhã de novembro e ver a manchete ADVOGADO JOE ODOM INDICIADO POR FALSIFICAÇÃO.

De acordo com a matéria, Joe havia sido acusado, com sete denúncias, de falsificar a assinatura de Mandy Nichols, sua sócia no "já extinto bar de jazz" Sweet Georgia Brown's. Os sete cheques totalizavam 1.193,42 dólares. Falsificação de assinatura era um crime grave, punível com até dez anos de reclusão.

Joe soube na hora o que Mandy fizera. Ela havia esquadrinhado os cheques sustados no extrato da conta corrente do Sweet Georgia Brown's — conta que estava no nome de Mandy, pois seu nome era um anátema a todos os bancos de Savannah — e selecionado sete cheques que ele havia assinado na ausência dela.

Ele ficou parado em seu hall de entrada, jornal em mãos, assimilando a enormidade da crise diante de si. Deu-se conta de que o delegado não demoraria a aparecer com um mandado de prisão, então enfiou-se em uma camisa e um par de calças, saiu por uma janela nos fundos, pulou em sua van e seguiu rumo ao sul pela rodovia I-95. Não tinha a menor intenção de passar o fim de semana com delegados, fiadores e advogados. Não aquele fim de semana, pelo menos. A partida de futebol americano entre os times da Geórgia e da Flórida seria no sábado e Joe definitivamente estaria lá. Nada era mais importante que um Geórgia *versus* Flórida. Nada. Nem mesmo um indiciamento criminal.

"O delegado pode esperar", disse Joe ao telefonar para amigos direto de Jacksonville a fim de informar-lhes sobre seu paradeiro. "Volto na segunda."

Depois que retornou, ele compareceu ao juízo federal e alegou ao juiz que os sete cheques não haviam sido de fato falsificados, era apenas um jeito pouco ortodoxo de se fazer negócio. Observou que um dos cheques havia sido repassado à lavanderia, outro à companhia telefônica e outro ao encanador — todos para pagar despesas legítimas de seu negócio com Mandy. Apresentou comprovantes de depósito demonstrando que havia colocado mais dinheiro na conta do que tirado com os sete cheques. Concluiu afirmando que, caso tivesse a real intenção de cometer falsificação, teria levado mais do que o montante em discussão.

Contudo falsificação era falsificação, independente do montante. Além disso, Joe não conseguiu explicar muito bem por que os dois cheques de maior valor haviam sido sacados em dinheiro vivo. No fim das contas, não lhe restou outra opção senão declarar-se culpado. O juiz sentenciou dois anos de liberdade condicional, estipulando que, por se tratar de réu primário, teria sua ficha de antecedentes criminais limpa se restituísse os valores em um ano. Caso contrário, cumpriria o resto da pena na prisão.

Jim Williams pôs o cartão de Joe direto na pilha dos que estavam "dentro". Sim, senhor. Joe Odom seria o homem sob os holofotes para variar um pouco, o alvo dos olhares vexatórios. E ele haveria de levar tudo muito na boa. Williams admirava isso nele, sua resiliência. Apesar dos problemas crescentes, ainda era o mesmo sujeito carismático, comunicativo, bonachão, boêmio. A bem da verdade, foi o rosto sorridente de Joe Odom que primeiro me chamou a atenção quando cheguei à festa.

"Então parece que seu livro vai ter um final feliz", comentou. "Tipo, é só olhar em volta. O Jim Williams não é mais um assassino condenado e eu vou deixar de ser um falsificador condenado assim que pagar o dinheiro que de fato não devo pra Mandy. Estamos todos fora da cadeia e é hora de festejar de novo. Se isso não é felicidade, o que mais seria?"

Eu estava remoendo a formulação do pensamento de Joe Odom a respeito da felicidade quando Minerva apareceu diante de mim usando o uniforme branco e preto de copeira. Carregava uma bandeja com taças de champanhe. Os convidados se amontoaram em torno dela para se servirem e, quando a bandeja ficou vazia, ela se aproximou mais de mim.

"Preciso arrumar umas garras do diabo", disse ela em voz baixa.

"O que é isso?"

"É uma erva. Algumas pessoas chamam de harpago. Chamo de meu bebê, porque funciona bem pra mim. Só que eu não trouxe nadinha comigo e preciso de um pouco antes da meia-noite. Tem problema vindo por aí. Aquele menino de novo."

"O Danny Hansford?"

"A-hã. Ele ainda tá confabulando contra o sr. Jim."

"Mas o que ele poderia fazer agora?", perguntei. "O Jim Williams já foi absolvido. Nunca mais vai ser julgado pelo assassinato do Danny."

"Tem um monte de coisa que aquele menino pode fazer! Não precisa de julgamento algum pra causar um inferno. O menino morreu odiando o sr. Jim e esse é o pior tipo de maldição que alguém pode ter contra si mesmo. E é o tipo mais difícil de se desfazer."

Minerva contraiu os olhos. "Agora escuta", alertou, "preciso arranjar um pouco daquela raiz e sei onde tem umas mudinhas. Não fica nem a 4 ou 5 km daqui. O sr. Jim não pode me levar até lá por causa da festa, então o que eu preciso saber é se você me daria uma carona até lá." Confirmei que sim e Minerva me disse para encontrá-la na praça ao lado do monumento às 23h.

Caso o fantasma enfurecido de Danny Hansford estivesse mesmo pairando sobre a festa de Jim Williams, não chegou a esfriar os ânimos nem um pouco. Sonny Seiler estava presente, de bochechas rosadas e sorridente, recebendo os parabéns pela absolvição de Williams e condolências pelo recente falecimento de Uga IV, que fora acometido de uma falência renal em casa enquanto assistia a um jogo de basquete do time da Geórgia na televisão. A mascote fora enterrada em um funeral privado perto do portão 10 do Estádio Sanford, ao lado dos túmulos de Uga I, Uga II e Uga III. Seiler escolheu um sucessor e, depois de duas semanas, o estado da Geórgia enviou-lhe uma nova placa para sua perua vermelha: UGA V.

Blanche Williams, que foi o próprio espírito do estoicismo durante toda a provação de seu filho, usava um vestido de gala com um corpete cor-de-rosa. Afirmou estar feliz como nunca. Já estava com 83 anos, revelou, e, agora que seu filho estava a salvo, o bom Deus poderia levá-la quando quisesse.

Jim Williams vestia trajes de gala e abotoaduras Fabergé. Circulava entre os convidados, gargalhando com vontade e demonstrando uma alegria e tranquilidade não manifestados em muitos anos. Ergueu ligeiramente uma das sobrancelhas quando lhe contei que havia concordado em levar Minerva para fazer um serviço logo mais.

"Acho que ela está passando um pouco dos limites", incomodou-se Williams, "e eu já disse isso a ela. Temo que possa estar muito entusiasmada com os 25 dólares que pago sempre que ela faz um servicinho pra mim. Mas isso não importa. Nunca vai me custar nem uma fração do que eu tive de pagar aos meus advogados."

Às 23h, Minerva e eu entramos em meu carro e, em poucos minutos, estávamos seguindo em direção ao oeste na estrada rumo ao aeroporto.

"Isso cresce solto bem do lado de um viaduto", observou, "eu só não me lembro qual viaduto."

Paramos no acostamento na altura do viaduto na Lynes Parkway. Minerva tirou uma lanterna de sua sacola e abriu caminho em meio ao matagal. Voltou de mãos vazias. Tampouco teve sorte no segundo viaduto. No terceiro, vasculhou um pouco mais longe e retornou carregando um punhado de ervas e raízes.

"Achei as raízes, mas ainda tem coisa pra fazer. Agora a gente tem que ir lá ver o cabeça."

"O dr. Buzzard?" Estava começando a suspeitar que havia sido ludibriado para participar de uma longa e intricada expedição. O túmulo do dr. Buzzard ficava em Beaufort, uma hora de viagem cada trecho.

"Não, ele não", respondeu ela. "Ele já fez tudo que tinha pra fazer. A gente vai ver o cabeça *de verdade* agora, o único capaz de botar um fim nessa coisa toda de uma vez." Ela não deu mais detalhes, e em pouco tempo estávamos de volta à estrada rumo à praia, descampados e carriçais espalhavam-se escuridão adentro por todos os lados.

"O Jim Williams não me parece tão preocupado como você com o Danny Hansford", argumentei.

Os faróis dos veículos que passavam por nós se refletiam nas lentes lilases de Minerva. "Ele tá preocupado, sim", disse ela com leveza, "e é pra estar mesmo. Porque *eu* sei... e *ele* sabe... e *o menino* sabe também... que a justiça ainda não foi feita."

Ela mirou o horizonte sem piscar e falou como se estivesse em transe. "O sr. Jim não me contou nada", prosseguiu. "Nem precisou contar. Tava na cara dele. Na voz. Quando as pessoas falam comigo, eu não escuto a voz delas, vejo uma imagem. E quando o sr. Jim falou, vi tudo: o menino deixou ele irritado naquela noite. O sr. Jim ficou nervoso e atirou nele. Ele mentiu pra mim e mentiu no tribunal. Mas eu o ajudei mesmo assim porque não foi a intenção dele matar o garoto. Eu sinto muito pelo menino, de verdade, mas sempre fico do lado dos vivos, não importa o que tenham feito."

Cruzamos uma ponte baixa sobre uma via fluvial até a ilha Oatland. Várias curvas depois, chegamos a uma rampa de barco à beira de um extenso riacho.

"Você quer que eu a espere aqui?"

"Não, pode vir também, mas só se você não fizer barulho nenhum."

Saímos do carro e descemos a rampa. Estava tudo quieto ao redor, a não ser pelo barulho de uma pequena lancha circulando pelo meio do riacho. Minerva fitou a escuridão e esperou. Era noite de lua nova, disse, por isso estava tão escuro. Explicou que as noites de lua nova eram as melhores para se fazer o tipo de serviço que ela fazia. "Antes de sair de casa hoje", continuou, "dei comida pras bruxas. É o que se tem que fazer quando existem problemas com maus espíritos. Tem que dar comida pras bruxas antes de qualquer coisa."

"Como você faz isso?", perguntei. "O que as bruxas comem?"

"Bruxa adora carne de porco", afirmou. "Elas amam arroz com batata. Adoram feijão-de-corda e broa de milho. Feijão-de-lima também e couve-galega e repolho, tudo feito em banha de porco. A maioria das bruxas são velhinhas já. Tão nem aí pra baixa caloria. Junta essa comida num prato de papel, mete um garfo de plástico e deixa tudo debaixo de uma árvore. Aí, elas vão lá e comem."

O motor da lancha desligou. Ouvimos um remo contra a água.

"É você, Jasper?", perguntou Minerva.

"A-hã", uma voz baixa respondeu. Uma silhueta tomava forma a uns vinte metros da costa. Era um homem negro e velho com um chapéu de aba larga. Estava remando um barquinho de madeira. Minerva me cutucou. "O cabeça não é esse aí, não", sussurrou ela. "Esse aí só vai levar a gente até ele." Jasper levou a mão ao chapéu quando embarcamos, depois deu impulso com o remo e ligou o motor de novo. Enquanto navegávamos escuridão adentro, Minerva mergulhou seu punhado de raízes na água para tirar a terra. Quebrou um pedacinho e o colocou na boca. O bote foi seguindo meio afundado na água. Fiquei sentado, paradinho no lugar, com medo de que, caso eu fizesse o menor movimento, pudéssemos emborcar.

Um paredão maciço de árvores se ergueu a nossa frente na margem oposta do riacho. Uma ameaçadora massa escura, sem um único ponto visível de luz. Jasper desligou o motor e foi remando até que o bote roçasse a areia. Desembarcamos todos. Jasper puxou o bote até a margem e sentou-se para nos esperar.

Minerva e eu escalamos até o topo de uma pequena elevação. Aos poucos, à medida que meus olhos se acostumavam à escuridão, fui tomando consciência do denso matagal que nos rodeava e das cortinas fantasmagóricas das barbas-de-velho. Avançávamos cada vez mais em meio às árvores e comecei a distinguir silhuetas bem contornadas emergindo do chão — obeliscos, colunas, arcos. Estávamos no cemitério Bonaventure. Já havia ido àquele lugar várias vezes desde que Mary Harty me levara lá em meu primeiro dia em Savannah, mas nunca depois de escurecer. Lembrava-me do que a srta. Harty havia me dito — que, tarde da noite, se escutássemos com atenção, daria para ouvir os ecos de um jantar realizado havia muito tempo, com a casa em chamas e os convidados brindando e atirando suas taças contra o tronco de uma árvore. Tudo o que ouvi naquela noite foi o vento soprando as copas das árvores. Então, ocorreu-me o porquê de eu jamais ter ido até lá tão tarde: o cemitério fechava os portões ao anoitecer. Estávamos invadindo a propriedade.

"Não acho que devíamos estar aqui agora, Minerva", pontuei. "O cemitério está fechado."

"Não posso fazer nada quanto a isso", disse. "A hora dos mortos não muda pra ninguém."

"Mas e se tiver um vigia noturno?"

"Eu já fiz um monte de serviço nesse jardim e nunca tive problema nenhum", garantiu Minerva com firmeza. "Os espíritos tão do nosso lado. Eles vão proteger a gente." Jogou a luz da lanterna em um pedaço de papel com um mapa desenhado à mão.

"E se tiver cães de guarda?", insisti.

Minerva tirou os olhos do mapa e me encarou. "Olha só", avisou, "se você tá com medo, pode voltar e ficar esperando com o Jasper. Mas se decide logo porque só faltam vinte minutos pra meia-noite."

Na verdade, eu já estava começando a sentir a força protetora de Minerva e seus espíritos. Então continuei seguindo-a, que caminhava à frente com mapa e lanterna em mãos, balbuciando sozinha. O Bonaventure à noite era um lugar vasto e sombrio, nada como o pequeno e amistoso cemitério em Beaufort onde o sr. Buzzard estava enterrado e os garotos jogavam basquete em uma quadra iluminada a cem metros de distância. Pouco depois, demos em um terreno mais aberto com algumas poucas árvores dispersas e lápides modestas em fileiras ordenadas. Na metade de uma das fileiras, ela parou e checou de novo o mapa. Então, virou-se e iluminou o chão com a lanterna. "Aqui está."

De primeira, não vi nada. Lápide nenhuma, tumba nenhuma. Ao aproximar-me, porém, notei uma pequena pedra de granito disposta no chão, bem nivelada ao solo arenoso. O feixe da lanterna de Minerva iluminou o epitáfio: DANNY LEWIS HANSFORD. 1 DE MARÇO DE 1960 — 2 DE MAIO DE 1981.

"É ele", afirmou. "Esse que é o cabeça disso tudo. É ele que tá causando todo esse problema."

Marcas profundas de pneus enquadravam a lápide de Danny Hansford. Caminhões utilitários haviam, ao que parecia, passado de um lado para o outro sobre o túmulo. Havia até uma mancha de óleo na lápide.

O que, em silêncio, zombava do alarde feito por Danny de que ele teria uma grande lápide caso morresse na Casa Mercer. Minerva se ajoelhou em frente à lápide e, com toda delicadeza, espanou a areia solta.

"Uma pena, né?", observou. "Agora sei por que ele não se liberta. Ele não está feliz aqui. Tem um carvalho bacana e um corniso sobre ele, mas ele não tá feliz." Ela cavou um pequeno buraco ao lado do túmulo e jogou um pedaço de raiz dentro. Em seguida, enfiou a mão na sacola de compras e tirou uma garrafa de Wild Turkey pela metade. Despejou algumas doses no buraco, depois levou a garrafa aos lábios e bebeu o resto.

"Pode beber o quanto quiser quando se está na tumba de alguém que adorava beber", explicou. "A gente nunca fica bêbado porque o morto tira o álcool todo. Quando a gente destampa a garrafa, eles já tão no nosso pé. Dá pra ficar bebendo por horas. O sr. Jim me disse que o menino amava Wild Turkey, então dei um pouco pra ele tomar e ficar mais bem-humorado. Já eu prefiro uma fungada. Quando morrer, pode me levar meu rapé favorito. Pêssego ou mel de abelha. Põe debaixo do lábio quando for lá visitar meu túmulo."

Minerva parecia ela mesma estar mais bem-humorada. Despejou o conteúdo de sua sacola no chão e fez sinal para que eu me afastasse e lhe desse espaço. Então, começou a falar com aquela voz distante.

"Pra onde foi que te levaram agora, menino? Te mandaram pro céu? Se você ainda não tá no céu, é pra lá que você quer ir, não é? Porque, sabe, é melhor encarar de uma vez, menino, você vai ficar morto por um *boooom* tempo. Então, me escuta bem. O único jeito de subir para o céu é *parando de mexer com o sr. Jim!*"

Minerva se inclinou um pouco mais, ficando a alguns centímetros da lápide, como se sussurrando no ouvido de Danny. "Eu posso te ajudar, menino. Eu tenho as conexões! Tenho as influências! Eu conheço *os mortos*. Vou chamar eles e dizer pra te levarem pro céu. Quem mais vai fazer isso por você? Ninguém! Tá me ouvindo, menino?"

Ela encostou o ouvido no túmulo. "Acho que tô escutando alguma coisa", disse ela, "mas não tenho certeza do quê." A expressão esperançosa de Minerva aos poucos se transformou em uma carranca. "Parece risada. Droga, ele tá *mesmo* rindo. Ele tá rindo um monte da minha cara, é só isso que está fazendo."

Minerva juntou sua parafernália e enfiou tudo com raiva de volta na sacola. "Caramba, menino, você não é nadinha melhor que meu velho. Eu juro que você não vai receber ajuda nenhuma de mim."

Ela se pôs de pé e saiu andando pela fileira de lápides, tropeçando e murmurando. "Menino, você pensa que teve uma vida difícil. Olha, você não faz a menor ideia. Nunca pagou uma conta, limpou uma casa nem teve uma boca pra alimentar. Sua vida foi moleza. Bom, pode ficar deitado aí, então, agora. Vai acabar aprendendo uma coisa."

Minerva avançou pela escuridão, o facho de sua lanterna dançando a sua frente. Passamos pelos túmulos dos dois mais famosos residentes do Bonaventure, Johnny Mercer e Conrad Aiken — com o epitáfio de Mercer anunciando um porvir no qual os anjos cantavam, e o de Aiken levantando o espectro da dúvida e do destino desconhecido. Danny Hansford teria de traçar o próprio curso dali em diante. Minerva havia lavado suas mãos. Ao menos por ora.

Uma vez de volta ao bote, ela se animou. "Vou deixá-lo quieto lá um pouco. Vou deixar ele ficar preocupado por ter perdido a chance de ser levado pro céu. Da próxima vez que voltar, ele vai ficar agradecido por me ver. Vou levar um pouco de Wild Turkey e um pouco de garra do diabo e vou dar outra chance pra ele. Ah, ele vai largar do pé do sr. Jim aos poucos. A-hã. Aí depois eu faço ele subir e ele não vai mais ficar rindo de mim. Espera só pra ver. Ele e eu ainda vamos ser bons amigos, e daqui a pouco ele vai estar me dando uns números pra eu poder jogar e ganhar uma grana!"

Menos de um mês depois, na manhã do dia 14 de janeiro de 1990, Jim Williams desceu as escadas para alimentar a gata e preparar uma xícara de chá. Depois disso, antes de pegar o jornal na porta da frente, teve um colapso e morreu.

A notícia da repentina morte de Williams aos 59 anos de idade imediatamente fez com que surgissem rumores de que ele havia sido assassinado ou tomado uma overdose de drogas. O médico legista, porém, anunciou não ter encontrado indicação alguma de crime ou abuso de drogas e que Williams parecia ter morrido de causas naturais, provavelmente um infarto. Após a autópsia, o legista foi mais específico: a causa da morte era pneumonia. O que desencadeou outro boato — que poderia ter morrido de AIDS. No entanto ele não havia apresentado sintoma algum; a bem da verdade, poucas horas antes de morrer, havia comparecido a uma festa onde demonstrara estar de bom humor e com aparente boa saúde.

Minerva, evidentemente, tinha seu próprio palpite a respeito do que havia acontecido. "Foi o menino que fez isso", assegurou. Um detalhe pouco notado da morte de Williams conferia um fundo de verdade à declaração da curandeira. Ele morrera em seu estúdio, no mesmo cômodo onde atirara em Danny Hansford. Fora encontrado sobre o tapete atrás da escrivaninha, no exato lugar onde teria caído morto, oito anos antes, caso Danny Hansford tivesse de fato disparado uma arma e os tiros tivessem atingido o alvo.

30
POSFÁCIO

Dois dias depois do funeral de Williams, prestei condolências a sua mãe e a sua irmã na Casa Mercer. Quando já estava de saída, vi uma carruagem puxada a cavalo contornando a praça e diminuindo a marcha até parar em frente à mansão. Da calçada pude ouvir a guia turística contando aos três passageiros que o general Hugh Mercer havia construído a casa durante a Guerra Civil, que o compositor Johnny Mercer havia crescido lá e que Jacqueline Onassis já havia oferecido 2 milhões de dólares pelo imóvel. A essa rotina já então familiar, a guia acrescentou que cineastas haviam usado a casa como cenário na última primavera para rodar algumas cenas do filme *Tempo de Glória*. Nada disse, contudo, sobre Jim Williams, nem Danny Hansford, tampouco acerca do sensacional caso de assassinato que havia fascinado a cidade por tanto tempo. Os turistas partiriam de Savannah dali a poucas horas, encantados pela elegância e o romantismo daquela cidade arborizada cheia de praças e jardins, porém totalmente ignorantes dos segredos que jaziam nos atalhos mais recônditos de seu jardim secreto.

Eu também me encantei pela cidade. Porém, depois de morar na cidade por oito anos, entrando e saindo, acabei entendendo algo de seu isolamento voluntário do mundo lá fora. O orgulho fazia parte disso. Bem como a indiferença e, de igual modo, a arrogância. Porém por baixo de tudo isso, o motivo de Savannah era um só: preservar um modo de vida que seus cidadãos acreditavam estar ameaçado por todos os lados. Foi por esse motivo que Savannah havia desencorajado a Prudencial de estabelecer sua sede regional na cidade nos anos 1950 (e razão pela qual a Prudencial acabou indo para Jacksonville). Foi por isso também que desprezou o Spoleto Festival quando Gian Carlo Menotti, na década de 1970, quis trazê-lo para os Estados Unidos (e por isso o festival enfim passou a ser realizado em Charleston). Ela não estava muito interessada no que se passava fora de seus limites. Não se entusiasmava muito com o que acontecia na cultura popular contemporânea — como artistas de renome a exemplo de Eric Clapton, Sting, George Carlin, Gladys Knight e os Pips descobriram quando fizeram apresentações em Savannah e se viram tocando em auditórios quase vazios.

Savannah rejeitou todos os seus pretendentes — empreendedores urbanos com planos grandiosos e indivíduos (os "aventureiros Gucci", conforme Mary Harty os chamou) que se mudavam para lá e de imediato começavam a sugerir maneiras de melhorar a cidade. A cidade resistiu a cada um deles como se imbuída pelo espírito do general William Tecumseh Sherman. O que, às vezes, significou levantar barreiras burocráticas; outras vezes, significou contar aos turistas apenas o que bem lhes interessasse. Savannah era invariavelmente receptiva com forasteiros, no entanto imune aos encantos deles. Não queria nada além de ser deixada em paz.

Repetidas vezes, lembrei-me das palavras de Mary Harty no dia em que chegara à cidade: "É que gostamos das coisas do jeitinho que estão!" Não fazia ideia da profundidade desse sentimento até me ocorrer um incidente revelador já no final de minha estadia. A Câmara do Comércio contratou uma equipe de consultores urbanos de fora do município para estudar os problemas econômicos e sociais de Savannah. Quando os consultores apresentaram o relatório final, incluíram uma nota dizendo que, no decorrer da pesquisa, haviam perguntado a vinte proeminentes savanianos como achavam que a cidade estaria dali a cinco, dez e quinze anos. Nenhum deles sequer parou para pensar no assunto.

Para mim, a resistência de Savannah à mudança era sua graça salvadora. A cidade olhava para dentro, fechava-se ao barulho e às distrações do mundo em geral. E também *crescia* para dentro, e de uma maneira tal que seu povo florescia feito as plantas de uma estufa cuidadas por um jardineiro indulgente. O ordinário se tornava extraordinário. Os excêntricos prosperavam. Cada nuance e cada desvio de personalidade alcançavam, naquele cerco luxuriante, um brilho maior do que em qualquer outro lugar do mundo.

UM JARDIM DE AGRADECIMENTOS

Tenho uma dívida imensa para com umas tantas dezenas de savanianos que aparecem como personagens neste livro, alguns com seus verdadeiros nomes, outros com pseudônimos.

Além disso, muitas pessoas em Savannah, não necessariamente retratadas nestas páginas, foram-me solícitas das mais variadas maneiras: Mary B. Blun, John Aubrey Brown, Peter e Gail Crawford, sra. Garrard Haines, Walter e Connie Hartridge, Jack Kieffer, Mary Jane Pedrick e Ronald J. Straham.

Duas pessoas em especial conquistaram meu eterno afeto e minha eterna gratidão por sua energia e seu entusiasmo ao nortear este livro até sua conclusão: minha agente, Suzanne Gluck, e minha editora, Ann Godoff.

Pelas leituras críticas do manuscrito e por outras formas de aconselhamento, também sou grato a Stephen Brewer, Rachel Gallagher, Linda Hyman, Joan Kramer, Russell e Mildred Lynes, Carolyn Marsh, Alice K. Turner e Hiram Williams.

De todos aqueles que me ajudaram, porém, nenhum teve maior interesse nem acompanhou o progresso deste livro tão de perto quanto Bruce Kelly. Natural da Geórgia, arquiteto paisagístico de genialidade extraordinária, além de um verdadeiro amigo, foi ele quem me sugeriu que escrevesse este livro, para começo de conversa, e quem, mais que qualquer outra pessoa, permaneceu solidário e encorajador durante os longos anos que levei para escrevê-lo.

JOHN BERENDT (1939) é um renomado escritor norte-americano. Após graduar-se em Letras na Universidade de Harvard no ano de 1961 mudou-se para a cidade de Nova York. Trabalhou na redação das revistas *New York* e *Esquire*. Publicado em 1994, *Meia-Noite no Jardim do Bem e do Mal* se tornou um sucesso instantâneo, permanecendo por 216 semanas na lista de best-sellers do *New York Times*. O livro lhe rendeu o Southern Book Award, em 1994, e uma indicação ao Prêmio Pulitzer de 1995 na categoria Não Ficção.

CRIME SCENE®
DARKSIDE

Moon river
Wider than a mile
I'm crossin' you in style some day

— "MOON RIVER" —

DARKSIDEBOOKS.COM